（供中医类、临床医学、卫生管理、健康管理类等专业使用）

卫生法学
SCIENCE OF HEALTH LAW

陈 瑶—主编

中国政法大学出版社

2018·北京

《卫生法学》编委会

主　编

陈　瑶

副主编

田　侃（南京中医药大学）　　李德学（贵阳中医学院）
赵　敏（湖北中医药大学）　　史君榕（黔南高等医学专科学校）

编　委

刘书文（成都中医药大学）　　金　浪（福建中医药大学）
王梅红（北京中医药大学）　　霍增辉（北京中医药大学）
黄劲松（云南中医学院）　　　王艳翚（南京中医药大学）
李　娜（贵阳中医学院）　　　周漫漫（贵阳中医学院）
徐继红（江西中医药大学）　　南美花（贵阳中医学院）
段晓鹏（河南中医药大学）　　佟　欣（黑龙江中医药大学）
夏兴林（贵阳中医学院）　　　魏　星（辽宁中医药大学）

前 言
PREFACE

20世纪中叶以来，随着"生物-心理-社会"医学模式的确立，人们越来越认识到医学与人文社会科学结合的重要性。一批具有明显医学和人文社会科学交叉渗透特点的新兴边缘学科应运而生并迅速发展。卫生法学就是医学人文学科群中一颗璀璨的明珠。

卫生法学是我国社会主义法律体系的重要组成部分。随着社会经济的不断发展和人民健康水平的日益提高，卫生法学越来越受到人们的重视。目前，全国绝大多数的医药院校都开设了卫生法学类课程，并加强了卫生法学的理论研究。国家执业医师资格考试也将卫生法学列入各级各类医师的必考科目。

本书以介绍我国现行的医药卫生法学为主，同时对卫生法学涉及的法学基础理论做了较为系统的介绍，对现代医学发展中产生的新的法律问题也做了有益探讨，并尽可能地采用最新资料和学术成果，力求做到科学性、系统性和实用性。

本书针对各专业的特点，充分注意到内容的适用性，并将卫生法学的内容做了有益的拓展，使该书更符合卫生法学理论体系的完整要求，因此，既可作为医药院校临床医学各层次和医药经济及管理专业卫生法学类课程的专用书，也可作为执业医师资格考试参加者较好的参考书和培训书；既可供医药卫生行政机关、卫生监督执法机构工作人员和卫生专业技术人员学习和运用卫生法律知识之用，也可供医药卫生系统干部、职工教育培训使用，还可供卫生法学爱好者自学使用。

在本书的编写过程中，贵阳中医学院、南京中医药大学、贵州大学等院校的领导给予了支持和帮助，特别是贵阳中医学院人文与管理学院和南京中医药大学经贸管理学院为了保证本书质量，为编者提供了大量帮助，承担了许多协调工作，中国政法大学出版社也为本书的出版做了许多具体细致的工作，对此我们一并致以诚挚的谢意。

本书由陈瑶拟编大纲，后经过全体编者讨论修改完善，绪论由陈瑶编写、第一章由冯波编写、第二章由王梅红编写、第三章由周漫漫编写、第四章由南美花编写、第五章由徐继红编写、第六章由黄劲松编写、第七章由李德学编写、第八章由王艳翚编写、第九章由赵敏编写、第十章由金浪编写、第十一章由李娜编写、第十二章由刘书文编写、第十三章由李娜编写、第十四章由段晓鹏编写、第十六章由魏星编写、第十七章由史君榕编写、第十八章由霍增辉编写、第十九章由夏兴林编写、第二十章由佟欣编写、第二十一章由田侃编写、第二十二章由陈瑶编写。

因水平和能力有限，加之时间仓促，书中疏漏、不妥和错误之处在所难免，敬请专家同行和广大读者批评指正，也希望使用本书的师生提出宝贵意见，以供今后修订时参考。

《卫生法学》编委会
2018年1月于贵阳

目 录
Contents

前　言 / 001

绪　论 / 001

第一章　卫生法概论 / 010
第一节　概述 / 010
第二节　卫生法律关系 / 020
第三节　卫生法的渊源 / 025
第四节　卫生法的制定 / 028
第五节　卫生法的实施 / 031
第六节　卫生法律责任 / 034

第二章　卫生法律救济法律制度 / 038
第一节　概述 / 038
第二节　卫生行政复议 / 039
第三节　卫生行政诉讼 / 043
第四节　卫生行政赔偿 / 046
第五节　卫生民事诉讼 / 048
第六节　卫生刑事诉讼 / 053

第三章 医疗机构管理法律制度 / 059

第一节 概述 / 059

第二节 医疗机构的设置 / 062

第三节 医疗机构的执业登记和校验 / 066

第四节 医疗机构的执业与监督管理 / 070

第五节 法律责任 / 073

第四章 执业医师法律制度 / 076

第一节 概述 / 076

第二节 医师资格考试和执业注册 / 079

第三节 医师执业规则 / 084

第四节 执业医师的考核和培训 / 086

第五节 法律责任 / 087

第五章 执业药师法律制度 / 091

第一节 概述 / 091

第二节 执业药师考试和注册制度 / 093

第三节 药师执业规则 / 096

第四节 执业药师的继续教育 / 098

第五节 法律责任 / 100

第六章 执业护士管理法律制度 / 102

第一节 概述 / 102

第二节 护士执业资格考试和注册制度 / 103

第三节 护士执业规则及职责 / 106

第四节 法律责任 / 108

第七章 中医药法律制度 / 110

第一节 概述 / 110

第二节 中医药法律关系 / 114

第三节 备案制中医诊所法律制度 / 117

第四节 确有专长中医考核注册法律制度 / 122

第八章 医疗损害处理法律制度 / 129

第一节 概述 / 129

第二节 医疗损害责任的构成 / 135

第三节 医疗损害责任的类型 / 136

第四节 医疗损害的预防和处置 / 140

第五节 医疗损害鉴定 / 143

第六节 医疗损害的处理与赔偿 / 147

第七节 法律责任 / 153

第九章 母婴保健法律制度 / 157

第一节 概述 / 157

第二节 母婴保健机构法律制度 / 159

第三节 母婴保健工作法律制度 / 161

第四节 法律责任 / 169

第十章 血液管理法律制度 / 171

第一节 概述 / 171

第二节 无偿献血法律规定 / 173

第三节 血站和采供血管理法律制度 / 175

第四节 临床用血法律制度 / 181

第五节 血液制品管理法律制度 / 186

第六节 法律责任 / 190

第十一章 食品安全法律制度 / 196

第一节 概述 / 196

第二节 食品安全风险监测和评估 / 203

第三节 食品安全标准及食品检验 / 206

第四节　食品生产经营 / 209
第五节　食品安全事故处置 / 218
第六节　法律责任 / 221

第十二章　药品管理法律制度 / 230

第一节　概述 / 230
第二节　药品管理法律制度 / 232
第三节　医药企业管理法律制度 / 238
第四节　药品监督法律制度 / 246
第五节　药品不良反应监测法律制度 / 248
第六节　药品价格和广告管理法律制度 / 250
第七节　法律责任 / 251

第十三章　特殊药品管理法律制度 / 257

第一节　麻醉药品和精神药品管理法律制度 / 257
第二节　医疗用毒性药品管理法律制度 / 262
第三节　放射性药品管理法律制度 / 265
第四节　法律责任 / 267

第十四章　传染病防治法律制度 / 270

第一节　概述 / 270
第二节　传染病预防和控制法律制度 / 272
第三节　传染病监督和保障措施法律制度 / 280
第四节　法律责任 / 282
第五节　艾滋病防治法律制度 / 286
第六节　其他传染病防治法律制度 / 288

第十五章　国境卫生检疫法律制度 / 290

第一节　概述 / 290
第二节　国境卫生检疫机关及职责 / 292

第三节 卫生检疫法律制度 / 293

第四节 传染病监测法律制度 / 297

第五节 卫生监督和卫生处理法律制度 / 298

第六节 国境口岸突发公共卫生事件出入境检验检疫应急处理 / 301

第七节 法律责任 / 302

第十六章 人口与计划生育法律制度 / 304

第一节 概述 / 304

第二节 人口发展规划的制度与实施 / 306

第三节 计划生育 / 307

第四节 计划生育技术服务 / 309

第五节 法律责任 / 312

第十七章 公共卫生法律制度 / 315

第一节 学校卫生法律制度 / 315

第二节 公共场所卫生法律制度 / 320

第三节 突发公共卫生事件应急处理法律制度 / 326

第四节 生活饮用水卫生法律制度 / 335

第五节 放射卫生法律制度 / 339

第六节 控制吸烟法律制度 / 347

第十八章 职业病防治法律制度 / 351

第一节 概述 / 351

第二节 职业病的预防和防护 / 354

第三节 劳动者的职业卫生保护权利与义务 / 359

第四节 职业病诊断与职业病病人保障 / 360

第五节 职业病防治的监督检查 / 363

第六节 法律责任 / 364

第十九章 医药知识产权法律制度 / 370

第一节 概述 / 370

第二节 医药专利保护法律制度 / 374

第三节 药品商标保护法律制度 / 383

第四节 医药商业秘密和医药未披露数据保护法律制度 / 389

第五节 法律责任 / 393

第二十章 精神卫生法律制度 / 398

第一节 概述 / 398

第二节 心理健康的促进与精神障碍的预防 / 407

第三节 精神障碍的诊断和治疗 / 409

第四节 精神障碍的康复 / 413

第五节 保障措施 / 416

第六节 法律责任 / 418

第二十一章 其他卫生法律制度 / 422

第一节 保健用品卫生管理法律制度 / 422

第二节 化妆品卫生管理法律制度 / 424

第三节 医疗器械卫生管理法律制度 / 428

第二十二章 现代医学与法律问题 / 437

第一节 人工生殖技术与法律 / 437

第二节 器官移植与法律 / 444

第三节 脑死亡与法律 / 451

第四节 安乐死与法律 / 455

第五节 人类基因工程与法律 / 460

参考文献 / 465

绪 论

> **学习目标**
>
> 掌握：卫生法学的学习方法。
> 熟悉：卫生法学体系及其与各相关学科的关系。
> 了解：卫生法学的概念、性质和任务，卫生法学的研究对象。

一、卫生法学的概念、性质和任务

（一）卫生法学的概念

卫生法学（medical jurisprudence）是研究卫生法律规范及其发展规律的一门法律学科。

20 世纪以来，自然科学和社会科学逐渐从分化走向综合，出现两大领域汇流、不断融合渗透的历史趋势；20 世纪 60 年代后期，传统的生物医学模式日渐式微，新的"生物-心理-社会"医学模式蓬勃兴起。卫生法学就是在这一深刻的社会历史背景下孕育和成长起来的一门新兴的边缘交叉学科。从医学角度来看，卫生法学属于人文医学的范畴；从法学角度来看，卫生法学则属于法律科学中一门有关卫生问题的应用法学范畴。

我们在研究卫生法学的时候，首先应该了解"卫生"和"法律"的含义。

1. 什么是卫生。 "卫生"一词在这里应作广义的理解，即泛指为维护和保障人体生命健康而进行的一切个人和社会活动的总和。它包含以下三个方面的内容：一是使人体在出生前后便有一个比较强健的体质；二是促使人体在生活和劳动过程中增强体质，能够避免和抵御外部环境对人体的不良影响，保持完满的精神状态和良好的社会适应能力；三是对业已患病的人体进行治疗，使之恢复健康。《牛津辞典》为"health"和"medicine"下的权威定义分别是："soundness of body or mind"和"art of restoring and preserving health"，即分别为"心理与机体的圆满状态"和"恢复和保护健康的技艺"。

在我国，卫生范围主要包括：传染病防治、国境卫生检疫、妇幼卫生保健、计划生育、职业病防治、食品卫生、药品和生物制品、医疗器械、公共卫生、环境卫生、口腔卫生、精神卫生、特殊人群卫生、传统医学、康复医学、医疗服务、卫生规划、卫生组织、卫生人员、卫生技术、卫生立法、卫生伦理、卫生信息、卫生监督、医疗保障、医药学高科技发展、医药学教育、卫生国际合作等。

2. 什么是法律。法律一般认为是阶级社会特有的一种历史现象。法律的含义可以从形式与内容两个方面去理解。从形式上看，法律具有公平、正义、无私、威严等自然品性，但从本质上看，法律是由一定物质生活条件决定的统治阶级意志的体现，是由国家制定或认可并由国家强制力保证实施的行为规则的总和，是确认、维护和发展对统治阶级有利的社会关系和社会统治的工具。

法律是一种特殊的社会规范，它从统治阶级的利益出发，以国家的名义规定了人们的权利和义务，明确地告诉人们，什么行为是合法的、可以做的，什么行为是非法的、禁止做的。以此来规范人们的行为，钳制被统治阶级，调整社会成员的相互关系，从而使有利于统治阶级的社会关系和社会秩序得到维护和发展，以实现统治阶级的阶级专政。

（1）法律的特征。法律作为一种特殊的社会规范，其特征如下：

第一，法律是由国家制定或认可的，具有国家意志性。制定或认可是统治阶级将自己的意志上升为国家意志的两种方式。制定，就是国家机关根据法定权限和程序制定规范性法律文件的活动。认可，就是统治阶级根据需要对社会上早已存在的风俗习惯、道德规范、宗教信条等，由国家机关加以确认，并赋予其法律效力。法律的国家意志性还可以派生出法的国家权威性、统一性和普遍适用性三个属性。

第二，法律规定人们的权利和义务，具有确定性和可预测性。法律作为一种社会规范，是通过规定人们的权利和义务，以权利和义务为机制影响人们的行为动机，指引人们的行为，调整社会关系的，这与道德和宗教有明显区别。一般说来,道德是通过规定人对人的义务来调整社会关系。而宗教则是通过规定人对神明的义务来调整社会关系。法律上的权利和义务规定则具有确定性和可预测性的特点,明确地告诉人们该怎样行为,不该怎样行为以及必须怎样行为,人们根据法律来预先估计自己与他人之间该怎样行为,并预见到行为的后果以及法律的态度等。

第三,法律由国家强制力保证实施,具有国家强制性。社会规范一般都具有某种强制性,但各自强制的性质、范围、实现的程度和方式不尽相同。如道德规范是由社会舆论、人们的内心信念及习惯、传统力量加以维护,它不具有国家强制力。所谓国家强制力,主要是指国家的军队、警察、监狱、法庭等有组织的国家暴力。法律规定人们行为所应该遵循的准则、权利和义务能否在现实中得以实施,必须依靠国家强制力予以保证,如果没有国家强制力作后盾,法律就是一纸空文,毫无意义。

(2) 法律的作用。法律是阶级社会重要的社会调整器,它的基本作用就是建立、维护和发展对统治阶级有利的社会关系和社会秩序,通过调整人们行为的规范来实现维护阶级统治的社会作用。就社会作用的范围或方向而言,可概括为两个基本职能:①政治职能。这里指统治阶级运用法律开展政治斗争,维护其政权的统治职能。②社会职能。这是指统治阶级基于其根本利益及维护全体社会居民的公共利益之目的,运用法律执行社会公共事务的职能。

(二) 卫生法学的性质和任务

对卫生法学的性质我们可以从以下几方面来认识:从卫生法学的总体职能来理解,卫生法学具有阶级性;从立法的根本宗旨来看,卫生法学具有社会性;从科学技术进步和调整纷繁复杂的社会关系来看,卫生法学具有综合性;从卫生法学是边缘学科来理解,它具有交叉性;从医学高科技发展的角度来分析,卫生法学又具有发展性和时代性。因此,卫生法学的任务就是将生物学、医学、药学、卫生学等基本理论、知识和法学的基本理论、知识结合起来,运用于卫生事业实践,用法律手段促进卫生事业的发展,维护和保障公民的生命和健康。

二、卫生法学的研究对象

卫生法学以卫生法律规范为研究对象,主要研究卫生法的产生及其发展规律；研究卫生法的调整对象、特征、基本原则、卫生法学体系；研究卫生法的制定和实施；研究卫生法学和相关学科的关系；研究国外卫生法学理论、立法和司法实践；研究如何运用卫生法学理论来解决卫生改革和医学高科技发展中的新问题等。

随着社会的不断进步、科学技术的飞速发展以及卫生管理活动内容的日益丰富，健康在人们的实际生活和生产劳动过程中的作用也受到更加广泛的关注和重视。这就为全面地、系统地研究卫生活动中的客观规律和一般方法提供了必要的条件和基础，从而使卫生法学的研究不断得到充实和发展。

三、卫生法学体系

卫生法的内容涉及卫生、预防保健工作的各个方面。由于科学技术日新月异的发展，医学的外延正在不断扩大，卫生法的内容也在逐渐增加。目前，我国尚无一部统一的卫生法典，所以卫生法只是国家有关卫生问题的法律规范的总称。因此，要建立卫生法学的体系，就必须从众多的卫生法律规范中归纳和总结出一般性问题加以研究。

根据我国众多卫生法学专家的观点，一般认为卫生法学由以下几部分构成：

1. 绪论部分。主要阐述卫生法学的概念、性质和任务及研究对象；卫生法学与相关学科的关系；学习卫生法学的目的、意义和方法。

2. 总论部分。主要阐述卫生法的基本理论，包括概念、调整对象、卫生法的产生和历史发展、卫生法的地位和作用、卫生法的基本原则、卫生法的表现形式、卫生法律关系、卫生法律责任、卫生法的制定和实施、卫生行政救济等。

3. 分论部分。主要阐述我国现行的卫生法律制度，包括公共卫生监督与疾病防治法律制度、医政管理法律制度、医疗技术人员管理法律制度、药政管理法律制度、妇幼卫生和计划生育法律制度、中医和民族医药管理法律制度以及医学高科技发展引起的有关法律问题等。

由于卫生法学是一门新兴学科，它的体系尚属初创，许多理论问题有待进一步研究和探讨，在不断总结实践经验的基础上，卫生法学体系必将进一步发展和完善。

四、卫生法学与相关学科的关系

（一）卫生法学与法学

法学是以法和法律现象及其发展规律为研究对象的一门社会科学，卫生法学则是以卫生法为研究对象的一门法学的分支学科。两者之间是一般与特殊的关系。卫生法学在法学基础理论的指导下开拓和发展自己的专门研究领域，而法学则可以吸收卫生法学中带有普遍意义的原则和规律来丰富自己。因而，学习和研究卫生法学应该努力掌握法学基础理论和基本知识。

（二）卫生法学与医药卫生科学

医药卫生科学是研究人类生命过程以及防治疾病的科学，医药卫生科学属自然科学范畴，而卫生法学属社会科学范畴。卫生法学和医药卫生科学的共同使命都是保护人体生命和健康，从这一点来说两者是相通的，因而医药卫生科学与卫生法学又有着必然的联系，表现在：①医药卫生科学的发展使立法思想受到影响和启迪，促进了许多卫生法律、法规的产生，使卫生法逐步形成了自己的结构和体系，并从原有的法律体系中脱颖而出，构成一个新的法律部门。同时，医药卫生科学理论与知识及其研究成果被运用到立法过程中，使卫生法的内容更具有科学性。②卫生法律为医药卫生的发展创造了良好的社会环境。通过卫生法律可以决定医药卫生发展的方向，保证国家医药卫生战略的实施，规定医药卫生机构的设置、组织原则、权限、职能和活动方式，控制现代医药卫生无序、失控和异化带来的社会危害等。同时，国家以适应医药卫生特点的法律来调整医药卫生活动领域中的社会关系，并不断探索现代医学发展引起的立法问题。

（三）卫生法学与医学伦理学

医学伦理学是研究医学道德的一门科学。卫生法律规范和医德规范都是调整人们行为的准则，它们的共同使命都是调整人际关系、维护社会秩序和人民利益。两者的联系表现在：①卫生法体现了医德的要求，是培养、传播和实现医德的有力武器；②医德体现了卫生法的要求，是维护、加强和实施卫生法的重要精神力量。所以，卫生法和医德相互渗透，互为补充，相辅相成。

然而，卫生法与医德又是有区别的，表现在：

1. 在表现形式上，卫生法是拥有立法权的国家机关依照法定程序制定的，一般都是成文的；医德一般是不成文的，存在于人们的意识和社会舆论之中。

2. 在调整范围上，医德调整的范围要宽于卫生法，凡是卫生法所禁止的行为，也是医德所谴责的行为；但违反医德的行为不一定要受到卫生法的制裁。

3. 在实施手段上，卫生法的实施以国家强制力为后盾，通过追究法律责任来制止一切伤害人体健康的行为；医德主要依靠社会舆论、人们的内心信念和传统习俗来发挥作用。

（四）卫生法学与卫生政策学

卫生政策学是以卫生政策的制定和贯彻落实为研究对象的一门学科。卫生政策，是指党和国家在一定历史时期内，为实现一定卫生目标和任务而制定的行为准则。卫生法和卫生政策都是建立在社会主义经济基础之上的上层建筑，在本质上是一致的，体现了广大人民群众的意志和利益，都具有规范性，是调整社会关系的行为准则。它们两者的联系主要表现在：①卫生政策是卫生法的灵魂和依据；②卫生法的制定要体现卫生政策的精神和内容；③卫生法是实现卫生政策的工具，是卫生政策的具体化、条文化、规范化和法律化。

（五）卫生法学与卫生事业管理学

卫生事业管理学是研究卫生事业管理工作中普遍应用的基本管理理论、知识和方法的一门学科。卫生事业管理的方法有多种，法律方法仅是其中的一种。所谓卫生事业管理中的法律方法，是指运用卫生立法、司法和遵纪守法教育等手段，规范和监督卫生组织及其成员的行为，以使卫生事业管理目标得以顺利实现，即通常说的卫生法制管理。所以，卫生法律规范是卫生事业管理工作的活动准则和依据，卫生事业管理工作中的法律方法和其他方法的不同点在于它具有国家强制性。

（六）卫生法学与法医学

法医学是应用医学、生物学、化学及其他自然科学的理论和技术，研究并解决司法实践中有关人身伤亡和涉及法律的各种医学问题的学科。两者研究的内容都与医学密切相关，且都与法律不可分离，因而联系很多。两者的区别在于：

1. 研究的对象不同。法医学以司法实践中有关人身伤亡和涉及法律的各种医学问题为研究对象,而卫生法学则以卫生法为研究对象,两者分属医学学科和法学学科。

2. 产生的依据不同。法医学是应法律的需要而产生的,其任务是运用自然科学解决司法实践中的医学问题;卫生法学是应医学的需要而产生的,其任务是运用法律促进医药卫生事业的发展,保障人体生命健康。

五、学习卫生法学的意义

(一) 依法治国、建设社会主义法治国家的需要

党的十五大报告明确提出"依法治国、建设社会主义法治国家"基本方略以来,"法治"成为推进政治体制改革的核心关键词。党的十八大报告中,重视法治的精神贯穿始终,"法治思维"等新提法引发法学界和社会公众广泛关注。提出了"科学立法、严格执法、公正司法、全民守法"新十六字方针,为了实施这一方针,就必须加强社会各领域的法治。卫生事业是社会主义事业的重要组成部分,依法管理卫生事业是实现依法治国、建设社会主义法治国家的重要内容,只有加强法制宣传教育,包括卫生法制教育,不断提高广大人民群众的法制观念和法律意识,才能实现"依法治国、建设社会主义法治国家"的目标。

(二) 发展卫生事业的需要

市场经济就是法制经济,21世纪的社会将是法制比较健全的社会。卫生事业的发展需要法律予以保障,卫生事业也将逐步走向法制管理的轨道,不仅卫生机构的设置、各类卫生人员的执业要进行法制管理,而且社会公民的求医行为和遵医行为也将全面纳入法制管理的轨道。因此,对于卫生技术人员和医学生来说,学习卫生法可以调整知识结构,拓宽治学领域,了解与自己从事的工作密切相关的卫生法律规范,明确自己在卫生工作中享有的权利和承担的义务,增强法律意识,正确履行岗位职责,为保护人体生命和健康、促进卫生事业的发展做出自己的贡献。

(三) 提高卫生执法水平的需要

卫生行政执法是政府管理全社会卫生的基本方式,是实现预防战略、保护人体生命健康的基本手段,卫生行政执法水平的高低,不仅关系到改善社会公共卫生状况,提高社会卫生水平和人民生活质量的问题,而且关系到规

范市场经济秩序，优化投资环境，促进经济发展的问题。因此，提高卫生行政执法水平，必须要有一支既有丰富的专业知识，又熟悉卫生法律规范，乃至了解整个卫生法律体系基本情况的高素质的卫生行政执法队伍。学习卫生法学理论和知识，将有助于卫生行政执法人员更好地做到依法行政，不断提高卫生行政执法水平。

（四）维护公民生命健康权利的需要

我国的卫生事业以为人民的健康服务为中心，以维护公民的健康权利为核心。对于司法人员和管理者而言，学习卫生法学有利于正确及时地处理日益增多的卫生纠纷，科学合理地调解医患矛盾冲突，更好地维护公民的健康权利。对广大公民来说，通过学习和了解卫生法学基本理论、卫生知识，树立卫生法律理念，可以在自己的生命健康权利受到侵害时，正确运用法律武器来维护自己的合法权益。同时，对生命健康权、卫生行业及行为的特殊性有一个全面、科学、系统的认识，能进一步提高遵守卫生法律规范的自觉性。

六、学习卫生法学的方法

（一）理论联系实际的方法

理论与实际相结合是马克思主义理论研究的出发点和归宿。卫生法学是一门应用性的理论学科，具有很强的实践性。这里的理论，是指卫生法学的基本理论、基本知识和相关学科的知识。所谓联系实际，一是联系客观的事实、制度、现象及实际中存在的问题；二是密切结合我国卫生体制改革和卫生法制建设的实践；三是联系社会思潮、认识及流行的各种观点和见解；四是结合个人的思想实际和专业工作实际。只有广泛地联系和深入地考察生动的社会实际，才能使我们的思路开拓，避免认识僵化；同时我们也会得到对理性认识的检验，提高运用理论解决实际问题的能力。

（二）历史分析的方法

法是人类社会发展到一定历史阶段的产物，它同当时的社会物质生活条件有着密切联系，受当时社会政治、经济、文化、宗教等社会意识形态的影响。卫生法律规范的确定和实施都是基于具体的历史条件和特定的历史背景的，如果脱离了时间和空间，问题就得不到正确的认识和解决。因此，学习卫生法学一定要坚持历史分析的方法，对法律现象及法律关系的研究同一定的社会经济关系、意识形态以及卫生的发展实际等联系起来，深入研究不同卫生法律的产生与发展基础，探究其产生与发展的根源和条件。

(三) 比较分析的方法

比较分析方法是学习卫生法学的重要方法之一，可以分为纵向比较和横向比较两种方法。纵向比较，就是指要了解古今卫生法律规范的历史演变，用批判分析的态度借鉴历史；横向比较，就是指要了解世界各国的卫生法律制度和国际卫生立法的情况，既要吸收国外成功经验、科学成果，又要剔除其不合国情的成分，做到有分析、有比较、有选择，从而形成和发展具有中国特色的社会主义卫生法学体系。

第一章
卫生法概论

> **学习目标**
> 掌握：卫生法的基本原则和卫生法律关系的特征、构成要素。
> 熟悉：卫生法渊源的种类、卫生法的制定和实施。
> 了解：卫生法的作用和法律责任。

第一节 概 述

一、卫生法的概念和特征

（一）卫生法的概念

卫生法，是指由国家制定或认可并由国家强制力保证实施的，旨在调整和保护公民生命健康活动中形成的各种社会关系的法律规范的总和。

卫生法有狭义和广义之分。狭义的卫生法，是指由全国人民代表大会及其常务委员会制定的各种卫生法律。广义的卫生法，不仅包括上述各种卫生法律，而且还包括被授权的其他国家机关制定颁布的从属于卫生法律的，在其所辖范围内普遍有效的卫生法规和规章，以及宪法和其他规范性法律文件中涉及卫生法的内容。本书所指的卫生法是指广义的卫生法。

（二）卫生法的特征

卫生法是我国法律体系的一个重要组成部分，具有法律的一般属性，同时，由于卫生法是以围绕人体健康生命权益而产生的各种社会关系为调整对象，它必然要受到自然规律和科学技术发展水平的影响。因此，和其他法律部门相比，卫生法又具有独有的特点。

1. 卫生法以保护公民生命健康权为根本宗旨。公民的生命健康权是公民人身权中一项最基本的权利。卫生法以保障公民的生命健康权为根本宗旨，这正是它区别于其他法律部门的主要标志。

2. 卫生法是行政法律规范和民事法律规范相结合的法律。卫生法作为一个重要的法律部门，有着与其他法律部门不同的特点。它以调整卫生社会关系为主要内容。从卫生法的内容上看，卫生法是一种行政法律规范和民事法律规范相结合的法律。卫生社会关系既存在于卫生机构、卫生人员与卫生行政部门之间，也存在于卫生机构、卫生人员与患者之间以及其他产生卫生社会关系的主体之间。卫生法调整的社会关系的广泛性，决定了其调整手段的多样性：既要采用行政手段调整卫生行政组织管理活动中产生的社会关系，又要采用民事手段来调整卫生服务活动中的权利义务关系。例如在我国，卫生机构和卫生人员提供卫生服务时，其与患者的关系多是由行政法律规范来调整的，但这并不妨碍医患关系受民事法律规范的制约。虽然我国将患者的权利纳入了行政法律规范，但患者的权利主要具有民事性质，因此法律规定侵害患者权利的行为要承担一定的民事赔偿责任；对在医疗服务过程中出现的严重的侵权行为还要追究相应的刑事责任，因此，从这一角度来说，卫生法是多元的。国外卫生法学将卫生法解释为与卫生保健以及与卫生保健直接有关的一般民事法、行政法及刑法的法律规范的总称。

3. 卫生法与医学等自然科学的发展关系密切。卫生工作是以生命科学为核心的科技密集型行业。现代卫生事业是在现代自然科学及其应用工程技术高度发展的基础上展开的。以卫生关系为调整对象的卫生法，必然要涉及与人的生命、健康相关的自然科学。医学及其他相关学科的技术成果是卫生法的立法依据，也是卫生法的实施手段和实施依据。因此从这个角度说，卫生法具有浓厚的技术性。从医学实践中总结出来的反映客观规律的医学技术成果不断被卫生法所吸收，是卫生法生命力的源泉。卫生法的内容中含有大量的医学技术成果，既显示了卫生法的技术性、专业性，也说明了卫生法的普遍性、广泛性。同时，随着医学的发展与进步，卫生法也不断面临新的问题，如涉及器官移植、脑死亡、基因诊断与治疗、生殖技术等问题，需要制定相应的法律规范，而原有的卫生法也需要不断修改和完善。医学科学在探索人类健康和生命的过程中充满着难以预料的风险，需要一定的社会保证条件，其中包括法律的保护和导向作用。因此，卫生法与医学等自然科学紧密联系、相互促进、互为依存的关系是其他众多法律所难以比拟的，这成为卫生法的基本特征之一。

4. 卫生法是具有一定国际性的国内法。从卫生法所确认的规则看，卫生法是具有一定国际性的国内法。卫生法虽然在本质上属于国内法，但由于对卫生本身共性的、规律性的普遍要求，特别是随着各国之间人员往来和贸易与合作的快速发展，任何一个国家或地区都不可能置身于世界之外，而只能从自身利益的互补性出发，去适应世界经济一体化的发展趋势。因此，各国卫生法在保留其个性的同时，都比较注意借鉴和吸收各国通行的卫生规则，把一些具有共同性的卫生要求、卫生标准载于本国法律，并注意借鉴和吸收各国通行的卫生规则，使得卫生法具有明显的国际性。一些国际组织为卫生法的国际化做出了贡献，如世界卫生组织、国际医学法学会等。国际社会还订立了大量的有关卫生的国际公约。

二、卫生法的历史发展

卫生法的发展在人类历史上源远流长，通过对不同历史时期、不同阶级社会的卫生法律特点及其发展规律进行研究借鉴，对完善和发展社会主义卫生法律理论有着重要的意义。

（一）国外卫生法的发展

据文献记载，早在公元前 3000 年左右，古埃及就开始颁布一些有关卫生方面的法令，如有关掩埋尸体、排水以及处罚违纪医生、严禁弃婴的规定等。公元前 2000 年古代印度的《摩奴法典》，公元前 18 世纪古巴比伦王国的《汉谟拉比法典》，公元前 450 年古罗马的《十二铜表法》《阿基拉法》和《科尼利阿法》等法典中都有对医师的管理、医疗事故的处理、城市公共卫生、食品卫生、疾病预防、医学教育等方面的规定。

欧洲封建国家兴起后，各国逐渐加强了卫生立法，法律规定、调整的范围有所扩大，到中世纪中后期，随着科学的发展，医学学校的出现，在许多方面出现了卫生成文法规，如 13 世纪法国的腓特烈二世颁布了《医师开业法》《药剂师开业法》；14 世纪威尼斯、马塞等地颁布了《检疫法》，开创了国际卫生检疫的先河；15 世纪前后在佛罗伦萨、纽伦堡等地出现了较系统的药典。

随着工业革命的兴起，社会关系发生了的巨大改变，也导致了流行病、职业卫生和妇幼卫生方面问题的出现，由此也促进了卫生立法。1601 年英国制定的《伊丽莎白济贫法》是最早的近代意义上的卫生法，影响长达二百余年。到了 17 世纪和 18 世纪，治理城市环境、防治传染病、改善居民居住条件和劳动条件、建立卫生检查制度已成为卫生立法的主要内容。19 世纪以后，资本主义各国为适应社会的发展，不断制定卫生法律法规，如英国相继制定了《医药卫生法》《助产士法》《精神缺陷法》等。日本从 1874 年开始建立卫生制度并制定了《医务工作条例》，1925 年颁布《药剂师法》，1933 年颁布《医师法》，1942 年颁布了著名的《国民医疗法》，1948 年制定了《药事法》等。1866 年美国纽约市通过了《都会保健法案》，1878 年美国颁布了《全国检疫法》，1902 年美国制定了有关生物制品的法规，1906 年颁布了《纯净食品与药物法》，1914 年制定了《联邦麻醉剂法令》等。加强卫生立法，改造与改善环境，已成为第一次卫生革命的成功经验。

二战以后，卫生立法得到了迅速发展，各国宪法中都明确规定公民享有健康保护权，制定了关于医院管理的医政法规，环境立法也达到了空前兴旺的时期，出现"公害罪"，明确规定了法人犯罪问题，如法国的《公共医药卫生法》、美国的《国家环境政策法》、日本的《公害对策基本法》等。在劳动保护方面，各国制定了职业安全卫生法。在生殖生育方面，也先后制定了优生法。其他如传染病防治法律、卫生检疫法律等都在不断修改、完善。20 世纪后半期，一些国家的老人保健法、精神卫生法、福利法、国民健康保险法等也相继出台，使卫生法律法规在社会生活的各方面发挥越来越大的作用。

(二) 国内卫生法的发展

我国早在二千多年前就有了卫生方面的法律规范。其中《韩非子·内储说》上有"弃灰于道者断其手"的记载。西周的《周礼》详实地记载了当时的卫生管理制度，包括司理医药的机构、病历书写和医生考核制度等。从《秦律》《唐律》《元典章》到《大明会典》《大清律》中，就有涉及医药机构管理、传染病防治、医学教育、公共卫生、医疗事故等各方面的规定。如《秦律》中就有禁止杀婴堕胎等，《唐律》中明令禁止同姓为婚，并对官方征用医生和医校的设置等做了规定。宋朝开设了国家药局，制定了生产药品的法定标准《太平惠民和剂局方》，这是我国也是世界上最早的药品标准，而《安济法》则是我国最早的医院管理规章。宋慈所著的《洗冤集录》是现存世界上最早的法医学著作，自 13 世纪开始到 19 世纪这 600 年间一直被历代法官和检验官奉为经典。此外，《元典章》对医生和百姓发生争执和诉讼等问题做了规定，《大明会典》和《大清律》对庸医行医、传染病防治等问题做了规定。

太平天国的《太平条规》《刑律诸条禁》对医院制度、医疗免费、公共卫生的法制建设做了一次特殊的尝试。

民国时期的卫生法是我国卫生法的专门化、具体化时期，这个阶段国家设卫生部负责全国卫生工作，卫生管理制度日趋完善，制定了卫生行政大纲和涉及卫生行政、防疫、公共卫生、医政、药政、食品卫生和医学教育等多方面内容的一系列法规，卫生管理制度日趋完备。如《全国海港检疫条例》《公立医院设置规则》《中医条例》《医师法》《药师法》《传染病预防条例》等。

中华人民共和国成立后，党和政府制定了大量卫生法规来促进卫生事业的发展和保障公民的身体健康。先后颁布了《中央人民政府卫生组织条例》《管理麻醉药品暂行条例》《种痘暂行办法》《交通检疫暂行办法》《医院诊所管理暂行条例》等卫生法律文件。20 世纪 50 年代后期，在《中华人民共和国宪法》（以下简称《宪法》）的指导下，国家先后颁布了大量的卫生法律文件，如《卫生防疫暂行办法》《传染病管理办法》《管理毒药、限制剧毒药暂行规定》《工厂安全卫生规程》《食品卫生管理试行条例》、《饮用水质标准》等一系列条例和标准。而 1957 年 12 月第一届全国人民代表大会常务委员会通过的《中华人民共和国国境卫生检疫条例》，是新中国历史上第一部真正意义上的卫生法律。从 1954—1966 年起，国务院和卫生部制定发布了上百个卫生法律文件，使我国卫生事业逐步从行政管理、技术管理向法制管理发展。20 世纪 80 年代开始，我国卫生立法也进入了迅速发展的新时期。1982 年《宪法》第 21 条规定："国家发展医疗卫生事业……，保护人民健康"，为新时期的卫生立法提供了立法依据。于是《中华人民共和国食品安全法》《中华人民共和国药品管理法》《中华人民共和国国境卫生检疫法》《中华人民共和国传染病防治法》《中华人民共和国红十字会法》《中华人民共和国母婴保健法》《中华人民共和国献血法》《中华人民共和国执业医师法》先后出台，国务院制定发布和批准发布的如《麻醉药品管理办法》《精神药品管理办法》等二十余部卫生行政法规，以及卫生部制定和颁布的如《药品卫生标准》《医院工作制度》等七十余部卫生规章都相继问世。地方人大和政府也结合实际创定了一大批地方性医药卫生法规、规章。2001年10月27日，我国第一部职业医药卫生法《中华人民共和国职业病防治法》（以下简称《职业病防治法》）也批准通过，并于2002年5月1日开始实施。上述规范性文件初步形成了我国的卫生法律体系。

（三）国际卫生立法

国际卫生法是调整国家、地区及国际组织之间在保护人类健康活动中所产生的各种社会关系的有拘束力的原则、规则和规章制度的总称。国际卫生法的特点是：①其法律关系主体是国家或国际组织；②制定者是国家或国家集团，一般不需要特别的立法机构和专设的部门；③其实施和监督除依靠国家外，有时也依靠临时的国际专业小组或委员会，但却无须暴力等手段强制推行。随着全球经济的一体化以及各国之间相互交流与合作的加强，必须确定在保护人类健康和保护动植物卫生活动中需要共同遵循的基本原则、规则和制度，这就导致了国际卫生法的产生。

早在1851年于巴黎举行的第一次国际卫生会议上，11个国家签署了第一个地区性的《国际卫生公约》。1905年，美洲24个国家签订了《泛美卫生法规》。第二次世界大战后，国际卫生立法步伐明显加快，特别是1948年世界卫生组织（WHO）成立后，为了实现其"使全世界人民获得可能的最高水平的健康"的宗旨，提出将国际卫生公约、规则和协定，制定食品、生物制品、药品的国际标准以及制定诊断方法的国际规范和标准作为自己的任务之一。积极地在国与国之间进行了医学和卫生立法的交流协作，其各专家委员会与特设小组把制定国际医药卫生公约、协约、规则，食品、生物制品、药品的国际标准以及诊疗方法的国际通用规范和原则，作为其主要工作内容。随着高新医学技术的不断出现和卫生经济的发展，生死观念和主流文化的变化，越来越多的特殊法律问题需要认真对待，需要在国际寻找共同的理解和认知。世界卫生组织除进行较广泛深入的卫生法理学研究和向发展中国家提供卫生立法咨询外，还制定了一系列单行国际卫生法规和与医药卫生相关产品的国际标准，订立了多项有价值的国际公约、条约和世界性医学原则。如在防止传染病在国际传播方面制定的《国际卫生条例》；在药品质量控制方面倡导《药品生产质量管理规范》（GMP）；与国际放射防护委员会（TCRP）合作，制定《放射防护基本安全标准》；与联合国粮农组织（FAO）合作，建立食品法典委员会，制定并公布食品卫生标准等。世界卫生组织还编辑出版了《国际卫生立法汇编》(international digest of health legislation)，积极推动国家间卫生立法的交流与合作。

联合国也订立了多项与卫生有关的国际条约如《1961年麻醉品单一公约》《1971年精神药物公约》《儿童生存、保护和发展世界宣言》等，国际性一些涉及医药卫生领域的学会和其他非政府组织对国际卫生立法十分关注，成立于1947年的世界医学会（WMA）在1948年制定了著名的以医学道德规范为核心的《日内瓦宣言》，即后来通过后命名为《医学伦理学国际法》，随之该医学会又制定了一系列世界性医学原则，主要包括：有关人体实验基本原则的《赫尔辛基宣言》；《护士伦理学国际法》；有关死亡确定问题的《悉尼宣言》；有关医学流产处理原则的《奥斯陆宣言》；有关犯人人道待遇问题的《东京宣言》；有关精神病人准则的《夏威夷宣言》；《献血与输血的道德规范》以及《世界人类基因组与人权宣言》等。此外，在世界贸易组织（WTO）的若干个协定中，也涉及与医疗卫生的相关内容，如《实施卫生与植物卫生措施协定》（SPS）和《技术性贸易壁垒协定》（TBT）及其附件，以及在《服务贸易总协定》中关于医疗卫生服务的规定等，这些都极大地推进了国际卫生立法的发展。

三、卫生法的调整对象

卫生法的调整对象，是指各种卫生法所调整的社会关系，包括由国家卫生行政机关、医疗卫生保健组织、企事业单位、个人、国际组织之间及其内部，因预防和治疗疾病，改善人们生产、学习和生活环境与卫生状况，保护和增进身心健康所形成的各种社会关系，具有多层次、多形式的特点，调整的具体社会关系不同，也就形成了不同调整范围的法律规范性文件。一般来说，卫生法主要调整以下三个方面的社会关系：

（一）卫生组织关系

卫生法把各级卫生行政部门和各级各类卫生组织的法律地位、组织形式、隶属关系、职权范围以及权利义务等以法律条文的形式固定下来,以形成规范的管理体系和制度。从而使国家能够有效地对卫生工作进行组织和领导,并使医疗卫生组织的活动有据,同时保障了医疗卫生组织的卫生法律活动。如在《全国卫生防疫站工作条例》《医疗机构管理条例》《计划生育技术服务管理条例》等条例中,分别明确了相关医疗卫生机构的法律地位、职责范围、编制和工作方法,以保证它们在法律规定的范围内从事相应的卫生活动。

(二)卫生管理关系

卫生管理关系,是指国家卫生行政机关及其他有关机关,根据法律的规定,在进行卫生组织、领导、监督、评估等活动时,与企事业单位、社会团体或者公民之间形成的权利义务关系,这是一种纵向的行政关系,受卫生法的调整。如卫生行政机关与行政管理相对人的监督管理关系。在卫生法中,卫生管理关系通常表现为卫生行政隶属关系和卫生职能管辖关系。

(三)卫生服务关系

卫生服务关系,是指卫生行政机关、医疗卫生组织、有关企事业单位、社会团体和公民在向社会提供卫生咨询指导、医疗预防保健服务过程中,与接受服务者所结成的一种平等主体间的权利义务关系。也包括从事健康相关产品的生产经营单位等,就提供的产品和服务的安全卫生质量,与接受服务者所结成的一种平等主体间的权利义务关系。卫生服务关系是一种横向的社会关系,最为常见的是医患关系。

四、卫生法的基本原则

卫生法的基本原则,是指贯穿于各种卫生法律和法规中,对调整保护人体生命健康等活动过程中所发生的各种社会关系具有普遍指导意义的准则。卫生法的基本原则是卫生立法的基础,是卫生法所确认的卫生社会关系主体及其卫生活动必须遵循的基本准则,在卫生司法活动中起指导和制约作用。

(一)保护公民健康原则

保护公民健康的原则,是指卫生法的制定和实施都要从广大人民群众的健康利益出发,把维护人体健康作为卫生法的最高宗旨,使每个公民都依法享有改善卫生条件、获得基本医疗保健的权利,以增进身体健康。我国各类卫生法律法规的总则部分,均将保护公民健康作为立法目的;卫生行政执法过程中的卫生监督检查、行政处罚、强制执行以及按照《医疗事故处理条例》对医疗事故的处理等，其根本目的都是为了维护广大人民群众的生命健康权以及相关权益。

(二) 预防为主原则

预防为主是我国卫生工作的根本方针，也是卫生立法及执法必须遵循的一条重要原则。要正确处理防病和治病的关系，把防疫工作放在首位，坚持防治结合、预防为主。这是一项综合性的系统工程，必须增强全体公民的预防保健意识，明确医药卫生防疫工作是全社会的共同责任。无病防病，有病治病，防治结合，是预防为主的总要求。预防为主是我国卫生工作根本方针，也是卫生立法及执法必须遵循的一条重要原则。预防为主的原则体现在卫生法律法规中的"卫生许可制度""国家卫生监督制度"以及《中华人民共和国传染病防治法》中规定的计划免疫制度，《中华人民共和国职业病防治法》中规定的职业病危害项目报告制度和职业病危害预评价制度等制度中。

(三) 中西医协调发展原则

中国传统医学（包括各民族医药学）有着数千年的历史，是我国各族人民在长期同疾病进行斗争中的经验总结；西方医学随着现代科学技术发展起来，是现代科学的重要组成部分。我们在对疾病的诊疗护理中，要正确处理中国传统医学和西方医学的关系，不仅要认真学习和运用西方医学，努力发展和提高现代医学科技水平，还必须努力继承和发展祖国传统医药学遗产，运用现代科学技术知识和方法对其加以研究、整理、挖掘，把它提高到现代科学水平，从而使中西两个不同理论体系的医药学互相取长补短、协调发展以共同造福人类。

(四) 国家卫生监督原则

国家卫生监督原则，是指卫生行政机关和法律法规授权的组织，对管辖范围内的社会组织和个人贯彻执行国家卫生法律、法规、规章的情况，要予以监察导督。卫生监督包括医政监督、药政监督、卫生防疫监督和其他有关卫生监督。为了体现和实现这一原则，卫生法对各级各类卫生监督机构的设置、任务、职责、管理、监督程序以及对违法者的处罚种类、裁量标准、处罚程序及执法文书等一系列问题做了明确规定，要求卫生监督人员准确适用法律，严格依法办事。

五、卫生法的作用

(一) 贯彻党的卫生政策,保证国家对卫生工作的领导

卫生立法是党和国家的卫生政策的具体化和法律化,是卫生活动的依据和指导。根据卫生法律规范的规定,可以明确合法行为与违法行为的界限,合法行为受到法律的保护,违法行为要承担相应的法律责任。这样,医药卫生行政部门和司法机关就可以依法行政和司法,切实保护公民和社会组织的合法权益。

(二) 促进经济发展,推动医学科学的进步

医学的存在是卫生立法的基础,卫生法的制定与实施是保证和促进医学发展的重要手段。我国颁布了许多卫生法律、法规和规章,从而使医药卫生事业从行政管理上升为法律管理,从一般技术规范和医德规范提高到法律规范,为医学科学的进步和发展起着强有力的法律保障作用。随着新的科学技术不断应用到医学领域中来,当代医学科学也向卫生立法提出了一系列新的课题。例如,人工授精、试管婴儿、安乐死、脑死亡、人体器官与组织的移植、克隆技术等问题,都需要法律做出明文规定,用法律手段加以调整。只有通过卫生立法,才可以确保医学科学的这些新技术和新成果不被滥用,能够受到人类的合法控制,得以造福人类。

(三) 增强公众的卫生法制观念,保护人体健康

在卫生行政管理中,通过对卫生法制的宣传教育,可以使国家机关、企事业单位、社会团体和公民增强卫生法制观念,明确自己在卫生活动中的权利和义务;同时,积极地同违反卫生法的行为进行斗争。

(四) 促进国际卫生交流和合作

疾病的流行没有地域、国界和人群的限制,疾病防治的措施和方法也不会因国家社会制度的不同而不同。为了预防传染病在国际的传播,保护我国公民的健康,保障彼此间权利和义务,我国颁布了《国境卫生检疫法》《艾滋病监测管理的若干规定》《外国医师来华短期行医暂行管理办法》等一系列涉外的卫生法律、法规和规章。随着世界经济发展和对外开放扩大,各国政府都重视卫生立法工作,把一些具有国际共同性的卫生要求、卫生标准载入本国法律,并注意借鉴和吸收各国通行的卫生规则,使卫生法具有明显的国际性。我国与国外的友好往来也在日益增多,为了推动世界医药卫生事业的发展,我国政府正式承认了《国际卫生条约》,并且参加和缔结了《1961年麻醉品单一公约》和《1971年精神药物公约》等国际公约。除此之外,在卫生立法问题上,我国还注意与有关的国际条例、协约、公约相协调,既维护国家主权,保护人体生命健康,又履行国际义务,有利于促进国际卫生交流与合作。

第二节 卫生法律关系

一、卫生法律关系的概念

法律关系,是指法律所调整的人与人之间的权利义务关系。每一个法律部门都调整着特定方面的社会关系,卫生法作为一个独立的法律部门,同样调整着一定范围的社会关系。卫生法律关系,是指卫生法所调整的、在卫生管理和卫生预防保健服务过程中国家机关、企事业单位、社会团体或者公民之间的权利义务关系。卫生法律关系和卫生关系既有联系又有区别,卫生关系是一种未经医药卫生法调整的社会关系,这种关系一旦纳入卫生法调整的范围就成为卫生法律关系,并受到卫生法的保护。在实际生活中卫生关系往往同时也是卫生法律关系。

二、卫生法律关系的特征

由于卫生法的调整对象主要为卫生管理关系和卫生服务关系,因此,卫生法律关系除了具备一般法律关系的共同特征外,还具有其自身的特征:

(一)卫生法律关系是基于保障和维护人体健康而结成的法律关系

卫生法律关系是以保障和维护人体健康为目的的。从卫生法律关系形成的过程看,卫生法律关系是在卫生管理和医药卫生预防保健服务过程中形成的各种关系,但无论是在卫生行政管理中形成的卫生法律关系,或者是在卫生服务中形成的卫生法律关系,还是在生产经营过程中形成的卫生法律关系,其内容都体现了个人和社会的健康利益,其目的都是为了保障人类健康。没有健康问题,也就没有卫生法律关系。其他法律关系均不以保障人体健康为其特定目的,也不是在卫生管理和卫生预防服务这一特定活动中形成的,这是卫生法律关系与其他法律关系的根本差异。

(二) 卫生法律关系是由卫生法调整和确认的法律关系，具有特定的范围

卫生法律关系必须以相应的卫生法律规范的存在为前提。国家为了确保公共卫生安全和人体健康，通过卫生立法，对那些直接关系人体健康的卫生关系加以具体规定，保护其不受非法行为的侵害。在实践中，当这些卫生关系为卫生法所确认和保护时，就上升为卫生法律关系，具有了卫生法律的形式。卫生法律关系是卫生法调整的健康利益的实质内容和卫生法律形式的统一，因此卫生法律关系的范围取决于卫生法调整对象的范围。

(三) 卫生法律关系是一种纵横交错的法律关系

所谓纵横交错，是指卫生法律关系是一种既存在于平等主体之间，又存在于不平等主体之间的法律关系。其中既有国家管理活动中的领导和从属关系，又有各个法律关系主体之间平等的权利义务关系。卫生法律关系的这两个特点，是由卫生法所调整的卫生行政部门与卫生机构、其他行政相对人的不平等性和医疗卫生机构等在提供卫生服务或保证卫生服务的过程中与接受服务者之间关系的平等性所决定的。其中，纵向的卫生法律关系，是指国家有关机关在卫生管理监督过程中，与企事业单位、社会组织和公民之间发生的行政法律关系；横向的卫生法律关系，是指医药卫生预防保健单位及医药企业同国家机关、企事业单位、社会组织和公民之间，在提供医药卫生服务与商品的过程中所发生的民事权利义务关系。

(四) 卫生法律关系的主体具有特殊性

卫生法是一门专业性很强的部门法，这就决定了卫生法律关系主体的特殊身份，即通常是从事卫生工作的组织和个人。在纵向的卫生法律关系中，必定有一方当事人是医药卫生管理机关，如卫生行政部门、卫生监督机构等；在横向的卫生法律关系中，必定有一方当事人是医药预防保健机构或个人。

三、卫生法律关系的构成要素

卫生法律关系的构成要素，是指构成每一个具体的卫生法律关系所必须具备的因素。卫生法律关系同其他法律关系一样，都是由主体、客体和内容三个方面的要素构成。这三个要素必须同时具备，缺一不可，如果缺乏其中任何一要素，该卫生法律关系就无法形成或继续存在。

(一) 卫生法律关系的主体

卫生法律关系的主体，是指参加卫生法律关系，并在其中享有卫生权利、

承担卫生义务的人,一般称为当事人。在我国卫生法律关系的主体包括卫生行政机关、医疗卫生机构、企事业单位、社会团体和公民。

1. 卫生行政机关。国家卫生行政机关包括国家卫生和计划生育委员会、国家中医药管理局、国家食品药品监督管理总局以及所属的各级行政部门。卫生行政机关通过制定和颁布各种卫生法规、政策,采用法律手段或者行政手段管理卫生工作。这种在国家卫生工作中的地位和作用决定了它们同其他主体之间形成的主要是一种命令与服从的管理关系。这种行政关系包括两种情况:一是各级卫生行政机关依法与其管辖范围内的其他国家机关、企事业单位、社会团体、公民等形成卫生行政法律关系;二是各级卫生行政管理机关之间、各级卫生行政管理机关与法律授权承担公共卫生事务管理的事业单位之间形成的卫生行政法律关系。另外,各级各类国家机关因需要医药卫生预防保健服务,同提供医药卫生保健服务的企事业单位形成的是卫生服务法律关系。

2. 医疗卫生机构。是指依法设立的各级各类医疗卫生组织,包括医疗机构、医药院校、药检所、妇幼保健院(所)等机构。

3. 企事业单位和社会团体。主要包括依据卫生法的规定,作为行政相对人的食品、药品、化妆品生产经营单位,公共场所及工矿企业和学校等。

4. 公民(自然人)。公民作为卫生法律关系的主体有两种情况:一是以特殊身份成为卫生法律关系的主体,如医疗机构内部的工作人员,他们一方面因需要申办资格许可和执业许可,而同卫生行政部门结成卫生行政法律关系,另一方面在提供医药卫生预防保健服务时,他们与患者还结成医患法律关系;二是以普通公民的身份参加卫生法律关系而成为主体,如医疗服务关系中的病人。对于依法个体行医的公民,其地位和作用类似于医院,他与病人之间发生的卫生服务关系,同样要接受当地医药卫生行政机关或其他主管机关的管理和监督。

此外,居住在我国的外国人和无国籍人,如果参与到我国的卫生法律关系中,也可以成为我国卫生法律关系的主体,如在国境卫生检疫法律关系中接受我国国境卫生检疫机关检疫查验中的外国入境人员。

(二)卫生法律关系的内容

卫生法律关系的内容,是指卫生法律关系的主体依法享有的权利和应承担的义务。其中,卫生权利指由卫生法规定的,卫生法律关系主体根据自己的意愿实现某种利益的可能性。它包含三层含义:①权利主体有权在卫生法规定的范围内,根据自己的意愿为一定行为或者不为一定行为;②权利主体有权在卫生法规定的范围内,要求义务主体为一定行为或者不为一定行为,以便实现自己的某种利益;③权利主体有权在自己的卫生权利遭受侵害或者义务主体不履行卫生义务时,请求人民法院给予法律保护。

卫生义务指依照卫生法的规定,卫生法律关系中的义务主体,为了满足权利主体的某种利益而为一定行为或者不为一定行为的必要性。它也包含三层含义:①义务主体应当依据卫生法的规定,为一定行为或者不为一定行为,以便实现权利主体的某种利益;②义务主体负有的义务是在卫生法规定的范围内为一定行为或者不为一定行为,对于权利主体超出法定范围的要求,义务主体不承担义务;③卫生义务是一种法定义务,受到国家强制力的约束,如果义务主体不履行或者不适当履行,就要承担相应的法律责任。

卫生权利和卫生义务是卫生法律关系的两个不同方面,两者相互依存、密不可分。当义务人拒不履行义务或不依法履行义务时,权利人可以依法请求司法机关或卫生行政机关采取必要的强制措施,以保障其权利的享有;当权利人的权利受到对方的侵害时,受害人可以依法请求司法机关或卫生行政部门给予法律保护,要求依法追究对方的民事责任、行政责任或刑事责任。

(三)卫生法律关系的客体

卫生法律关系的客体,是指卫生法律关系主体的卫生权利和卫生义务所共同指向的对象。卫生法的目的是保障公共卫生安全和人体健康,其调整范围涉及与人体健康相关的各个领域,因此卫生法律关系的客体具有广泛性和多层次性。卫生法律关系的客体大致可分为几类,即公民的生命健康利益、行为、物、人身和智力成果等。

1. 公民的生命健康利益。它是人身利益的一部分,包括公民的生命、身体、生理功能等。生命健康是每一个公民生存的客观基础,是公民正常生活和从事各种活动的重要前提。保障公民的生命健康利益是我国卫生法的基本目的。因此,人的生命健康利益是卫生法律关系的最高层次的客体,也是各种卫生法律关系的共同客体。

2. 行为。行为,是指卫生法律关系中的主体行使卫生权利和履行卫生义务的活动。如卫生审批、申请许可等。行为包括合法行为和违法行为两种形式。前者应受到法律的确认和保护，如在医疗服务关系中，医疗机构向患者提供医疗保健服务的行为。后者则要承担相应的法律责任，要受到法律的制裁。如卫生行政管理关系中，管理相对人违反有关法律规定，不设置卫生防护设施、不组织从业人员进行健康检查等，或者故意将卫生防护设施拆除。

3. 物。物，是指现实存在的，能够被人所支配、利用，具有一定价值和使用价值的物质财富。包括进行各种医疗服务和卫生管理活动中所需要的生产资料和生活资料，以满足个人和社会对医疗保健的需要。如食品、药品、化妆品、保健品、医疗器械等。

4. 人身。人身，是指由各种生理器官组成的有机体。它是人的物质形态，也是人的生命健康利益的载体。随着现代科技和医学科学的不断发展，器官移植、输血、人工生殖、植皮等医学技术和成果在临床中大量应用，角膜、血液、骨髓、脏器等人体器官成为可供捐献、交易的对象，由此产生了一系列法律问题，人身不仅只是传统意义上的法律关系主体，而且在一定范围内、一定条件下成为法律关系的客体。当然，有生命的人的身体不是法律上的"物"，不能成为物权、债权等某些法律权利的客体，法律禁止任何人将他人或本人的整个身体作为民法上的"物"进行转让或买卖。

5. 智力成果。智力成果是无体物，又称精神财富，是指人们的智力活动所创造的成果，如医学著作或论文、医疗仪器的发明、新药的发明等。

四、卫生法律关系的产生、变更和消灭

在实际生活中，各种各样的卫生法律关系不是自然产生、永恒不变的，而是处于不断产生、变更和消灭的运行过程中。产生，是指在卫生法律关系主体之间形成某种权利和义务的联系；变更，是指卫生法律关系主体、客体及内容发生变化；消灭，是指主体之间权利义务关系的终止。卫生法律关系只有在一定条件下才能产生、变更和消灭，这种条件就是法律事实的实现。

所谓法律事实，是指法律规定的能够引起法律关系产生、变更和消灭的事件和行为。它包括法律行为和法律事件。其中，法律关系当事人以其主观意愿表现出来的法律事实，称为法律行为；不以法律关系当事人的主观意志为转移的法律事实，称为法律事件。

（一）法律行为

法律行为分为合法行为和违法行为，是卫生法律关系产生、变更或消灭的最普遍的法律事实。合法行为，是指卫生法律关系主体实施的符合卫生法律规范、能够产生行为人预期后果的行为，如卫生行政机关依法对相对人进行行政处罚等，合法行为受到法律的确认和保护。违法行为，是指卫生法律关系主体实施的为卫生法所禁止的、侵犯他人合法权益从而引起某种卫生法律关系的产生、变更和消灭的行为，如制售假药、劣药的行为，违法行为不能产生行为人预期的法律后果，是无效行为，为法律所禁止，必须承担相应的法律责任。

（二）法律事件

法律事件分为两类：一类是自然事件，如作为卫生行政相对人的企事业单位因地震、失火等自然灾害而被迫停业，病人因非医疗因素死亡而终止医患法律关系；另一类是社会事件，如卫生政策的重大调整、卫生法律的重大修改、地方政府卫生行政措施的颁布实施等。

第三节 卫生法的渊源

法的渊源是法的外在表现形态，指法律由何种国家机关制定或认可，具有何种表现形式或效力等级。卫生法的渊源是卫生法律规范的具体表现形式。由于这些形式的权威性质，渊源于这些形式的规范具有相应的法律效力。根据我国宪法和法律的规定，我国卫生法的渊源主要有以下几种：

一、宪法

宪法是我国的根本大法，它是由我国最高国家权力机关——全国人民代表大会依照法定程序制定的具有最高法律效力的规范性法律文件。它不仅是国家立法活动的基础，而且也是制定各种法律、法规的依据。我国《宪法》中有关保护公民生命健康的卫生方面的条款，就是我国卫生法的立法依据，也是我国卫生法的重要渊源，并在卫生法律体系中具有最高的法律效力。

我国现行《宪法》中有关卫生方面的法律规定主要有：第21条："国家发展医疗卫生事业，发展现代医药和我国传统医药，鼓励和支持农村集体经济组织、国家企业事业组织和街道组织举办各种医疗卫生设施，开展群众性的卫生活动，保护人民健康。"第25条："国家推行计划生育，使人口的增长同经济和社会发展计划相适应。"第49条："夫妻双方有实行计划生育的义务。"第45条："中华人民共和国公民在年老、疾病或者丧失劳动能力的情况下，有从国家和社会获得物质帮助的权利。国家发展为公民享受这些权利所需要的社会保险、社会救济和医疗卫生事业。"

二、卫生法律

卫生法律，是指由全国人民代表大会及其常务委员会制定的有关卫生方面的专门法律，其效力低于宪法。卫生法律可分为两种：一是由全国人民代表大会制定的卫生基本法，目前我国还未制定卫生基本法；二是由全国人民代表大会常务委员会制定的卫生基本法律以外的卫生法律，现已有《中华人民共和国食品安全法》《中华人民共和国药品管理法》《中华人民共和国国境卫生检疫法》《中华人民共和国传染病防治法》《中华人民共和国红十字会法》《中华人民共和国母婴保健法》《中华人民共和国献血法》《中华人民共和国执业医师法》《中华人民共和国职业病防治法》《中华人民共和国人口与计划生育法》。

此外，在民法、婚姻法、劳动法、环境保护法、刑法等其他法律中，有关卫生的法律条文也属于卫生法律。

三、卫生行政法规

卫生行政法规，是指由国务院制定发布的有关卫生方面的行政法规，其法律效力低于卫生法律。它既是卫生法的渊源之一，也是下级卫生行政部门制定各种卫生行政管理规章的依据。如《医疗事故处理条例》《公共场所卫生管理条例》《精神药品管理办法》《中华人民共和国传染病防治法实施办法》等。

四、地方性卫生法规、卫生自治条例与单行条例

地方性卫生法规，是指省级人民代表大会及其常务委员会，省、自治区的人民政府所在地的市或经国务院批准的较大的市的人民代表大会及其常务

委员会依法制定和批准的，可在本行政区域内发生法律效力的有关卫生方面的规范性文件。如《黑龙江省发展中医条例》《江苏省职业病防治条例》等。

卫生自治条例与单行条例，是指民族自治地方的人民代表大会依法在其职权范围内根据当地民族的政治、经济、文化的特点，制定发布的有关本地区卫生行政管理方面的法律文件。

五、卫生行政规章

卫生行政规章，是指国务院卫生行政部门在其权限内发布的有关医药卫生方面的部门规章，它是卫生法数量最多的渊源。卫生行政规章的法律地位和法律效力低于宪法、卫生法律和卫生行政法规。卫生部是国务院的卫生行政部门，按照宪法的规定，卫生部有权根据法律和国务院的卫生行政法规、决定和命令，在本部的权限内独自制定发布或和其他部门联合制定发布在全国范围有效的规章，如《护士条例》《精神疾病司法鉴定暂行规定》《保健食品管理办法》等。

六、地方性卫生规章

地方性卫生规章，是指省、自治区、直辖市以及省会所在地的市或经国务院批准的较大的市的人民政府，依法在其职权范围内制定、发布的有关本地区医药卫生管理方面的卫生法律文件。地方性卫生规章仅在本地方有效，其法律效力低于宪法、卫生法律、卫生行政法规和地方性卫生法规，且不得同卫生部制定的卫生规章相抵触。

七、卫生标准、卫生技术规范和操作规程

由于卫生法具有技术控制和法律控制的双重性质，因此卫生标准、卫生技术规范和操作规程就成为卫生法渊源的一个重要组成部分。这些标准、规范和规程可分为国家和地方两级。前者由卫生部制定颁布，后者由地方政府卫生行政部门制定颁布。这些标准、规范和规程的法律效力虽然不及法律、法规，但在具体的执法过程中，它们的地位又是相当重要的。因为卫生法律、法规只对社会卫生管理中的一些问题做了原则规定，而对某种行为的具体控制则需要依靠标准、规范和规程，所以从一定意义上说，只要卫生法律、法

规对某种行为做了规范,卫生标准、规范和规程对这种行为的控制就有了极高的法律效力。

八、卫生国际条约

卫生国际条约,是指我国与外国缔结的或者我国加入并生效的有关卫生方面的国际法规范性文件。全国人大常委会有权决定同外国缔结卫生条约和卫生协定,国务院按职权范围也可以同外国缔结卫生条约和卫生协定。按我国宪法和有关法律的规定,除我国声明保留的条款外,这些条约均对我国产生法律约束力,如《国际卫生条例》《1961年麻醉品单一公约》等。

第四节 卫生法的制定

一、卫生法的制定概念和特征

卫生法的制定又称卫生立法活动,是指有权的国家机关依照法定的权限和程序,制定、认可、修改、补充或废止规范性卫生法律文件的活动。

卫生法的制定有广义和狭义之分。狭义的卫生法的制定,专指全国人大及其常委会制定卫生法律的活动。广义的卫生法的制定,不仅包括全国人大及其常委会制定卫生法律的活动,而且还包括国家行政机关、地方权力机关等制定卫生法规、规章和其他相关规范性文件的活动。

卫生法的制定是卫生执法、卫生司法和卫生守法的前提和基础,在国家卫生法制建设中具有重要的地位。我国的宪法、立法法、全国人大组织法、国务院组织法、行政法规制定程序暂行规定、地方组织法等法律、法规都对有关立法制度做了明确规定。

卫生法的制定具有如下特征:①权威性。卫生立法是国家的一项专门活动,只能由享有卫生立法权的国家机关进行,其他任何国家机关、社会组织和公民个人均不得进行卫生立法活动。②职权性。享有卫生立法权的国家机关只能在其特定的权限范围内进行与其职权相适应的卫生立法活动。③程序性。卫生立法活动必须依照法定程序进行。④综合性。卫生立法活动不仅包括制定新的规范性卫生法律文件的活动,还包括认可、修改、补充或废止等一系列卫生立法活动。⑤特定性。卫生立法特定于卫生领域,即有关公共卫生、公民健康保护、防病治病等方面的法律。

二、卫生法的制定依据

（一）宪法是卫生立法的法律依据

宪法是国家的根本大法，具有最高的法律效力，是制定其他法律、法规的依据。因此，宪法中有关卫生的规定，如国家发展医疗卫生事业，发展现代医药和我国传统医药，鼓励和支持农村集体经济组织、国家企事业组织和街道组织举办各种医疗卫生设施，开展群众性的卫生活动，保护人民健康的内容，是我国卫生立法的来源和法律依据。

（二）保护人体健康是卫生立法的思想依据

健康是人类生存与发展的基本条件，人民的健康状况和卫生发展水平是衡量一个国家或地区的发展水平和文明程度的重要标志。国家的富强和民族的进步，包含着健康素质的提高。以卫生关系为调整对象的卫生法必然要把保护人体健康作为其立法的思想依据、立法工作的出发点和落脚点，有利于增进人民健康，提高全民族的健康素质，促进和保障社会的可持续发展。

（三）医药卫生科学是卫生立法的自然科学依据

卫生法是法学与医学、卫生学，药物学等自然学科相结合的产物，其许多具体内容是依据基础医学、临床医学、预防医学和药物学、生物学的基本原理、研究成果而制定的，因此卫生立法工作在遵循法律科学的基础上，必须遵循卫生工作的客观规律，也就是必须把医学、卫生学、药物学、生物学等自然科学的基本规律作为卫生法制定的科学依据，使法学和医药卫生科学紧密联系在一起，促进医学科学的进步和卫生事业的发展。

（四）我国现阶段的社会经济条件是卫生立法的物质依据

卫生立法也离不开我国现阶段的物质生活条件。只有这样才能使卫生法客观地反映自然规律要求，使卫生法所调整的卫生法律关系更趋科学化。不过当前我国仍然是发展中国家，与世界发达国家相比，我国的综合国力、人民生活水平和公民的文化素质水平都不高，地区间发展又严重不平衡，这些都是制约卫生立法工作的因素。因此，卫生法的制定必须着眼于我国的实际，实事求是，正确处理好卫生立法与现实条件、经济发展之间的关系，以适应社会主义市场经济和卫生事业改革的需要，以实现保护人体健康的目的。

(五) 卫生方针、卫生政策是卫生立法的政策依据

党的卫生政策是卫生法制定的依据之一，卫生立法离不开党的方针、政策。卫生政策是党领导国家卫生工作的基本方法和手段，它正确反映医药卫生科学的客观规律和社会经济与卫生事业发展的客观要求，是对人民共同意志和卫生权益的高度概括和集中体现。政策的执行必须依靠法律，通过法律将政策的内容定型化、具体化，变得具有可执行性，政策的具体内容才能够得以贯彻实施，卫生立法以卫生政策为指导，使卫生法反映社会发展的要求，充分体现人民意志，使卫生法能够在现实生活中得到普遍遵守和贯彻，最终形成良好的卫生法律秩序，保障人民群众卫生权益的实现。

此外，在卫生立法过程中，我们应当体现和履行我国已参加的国际卫生条约、惯例的有关规定。同时还要借鉴外国优秀的卫生法律、立法经验及立法技术，以促进卫生立法水平的提高。

三、卫生法制定的基本原则

卫生法制定的原则，是指卫生立法活动应当遵循的指导思想和方针。它反映了卫生立法工作的一般规律，是我国社会主义立法原则在卫生领域中的具体体现。

其基本原则包括：①实事求是，从实际出发的原则；②原则性与灵活性相结合的原则；③遵循医学科学发展的客观规律的原则；④协调的原则；⑤民主立法，走群众路线的原则；⑥总结我国经验与借鉴国外经验相结合的原则。

四、卫生立法机关

我国的立法机关及其权限是由《宪法》《中华人民共和国立法法》（以下简称《立法法》）及其他相关立法制度严格规定的。具体说来，卫生立法机关主要有：

1. 全国人民代表大会有权制定宪法和法律，全国人民代表大会常务委员会有权制定和修改除应当由全国人大制定的法律以外的其他法律。

2. 国务院有权根据宪法和法律，制定卫生行政法规、改变或者撤销各部、各委员会发布的不适当的命令、指示和规章，改变或者撤销地方各级卫生行政机关的不适当的决定和命令。

3. 国务院各部、各委员会根据法律和国务院的行政法规、决定、命令，在本部门的权限内，制定卫生行政规章。

4. 省、自治区、直辖市、省会所在地以及国务院批准的较大的市的人大及其常委会，在不与宪法、法律、法规相抵触的前提下，制定和公布地方性卫生法规。民族自治地方的人民代表大会有权依照当地的民族特点，制定有关卫生方面的自治条例和单行条例。

5. 省、自治区、直辖市、省会所在地以及国务院批准的较大的市的人民政府，有权依据宪法、法律、行政法规和本辖区内的地方性法规，制定地方性卫生政府规章。

五、卫生法制定的程序

我国《立法法》分别对全国人大和全国人大常委会的立法程序做了明确的规定，对行政法规、地方性法规和规章的立法程序做了原则性规定。卫生立法并无特别的程序，依照上述规定，卫生立法程序也包括四个环节：法律案的提出、审议、表决和公布。

第五节　卫生法的实施

一、卫生法实施的概念

卫生法的实施，是指通过一定的方式使卫生法律规范在社会实际生活中贯彻与实现的活动。它包括卫生执法、卫生司法、卫生守法和医药卫生法律监督四个方面。

卫生执法又称卫生法的适用，它有广义和狭义之分。广义的卫生法的适用，是指国家机关和法律、法规授权的社会组织依照法定的职权和程序，行使国家权力，将卫生法律规范创造性地运用到具体人或组织，用来解决具体问题的一种专门活动。它包括卫生行政部门以及法律、法规授权的组织依法进行的卫生执法活动和司法机关依法处理有关卫生违法和犯罪案件的司法活动。狭义的卫生法的适用仅指司法活动。这里指的是广义的卫生法的适用。

卫生司法也是卫生法适用的一种重要形式，是指人民法院依照卫生法审理卫生行政诉讼案件的活动。

卫生守法即卫生法的遵守，是指全体公民和法人自觉遵守卫生法律规范，行使卫生权利，履行卫生义务的行为。

医药卫生法律监督，是指国家机关、党政、团体、企事业单位、新闻媒体、社会舆论及公民等依照转律规定和法定程序，对卫生法律在实施过程中的情况进行监察与督促的活动。

二、卫生法的适用

卫生法在适用中要求做到正确、合法、及时这三个基本原则。"正确"是指在适用医药卫生法律时，事实要清楚，证据要确实，定性要准确，处理要适当。"合法"是指在处理违反卫生规范案件时，必须在法律授权范围内行事，既要符合实体法的要求，又不能违反程序法的规定。"及时"则是指在正确、合法的前提下，在法定的期限内办理完案件。以上三个原则，在卫生法的适用中相互联系、缺一不可。

卫生法的适用是一种国家活动，不同于一般公民、法人和其他组织实现卫生法律规范的活动。它具有以下特点：

1. 目的的特定性。卫生法适用的根本目的是保护公民的生命健康权，这是卫生法保护人体健康的宗旨所决定的。

2. 权威性。卫生法的适用是享有法定职权的国家机关以及法律、法规授权的组织，在其法定的或授予的权限范围内，依法实施卫生法律规范的专门活动，其他任何国家机关、社会组织和公民个人都不得从事此项活动。

3. 合法性。卫生行政机关及法律法规授权的组织对卫生管理事务或案件的处理，应当有相应的法律依据。否则无效，甚至还必须承担相应的法律责任。

4. 程序性。卫生行政机关及法律法规授权的组织适用卫生法的活动必须依照法定程序进行。

5. 国家强制性。卫生法的适用是以国家强制力为后盾实施卫生法的活动，对依卫生行政机关及法律法规授权的组织法做出的决定，任何当事人都必须执行，不得违反。

6. 要式性。卫生法的适用要求必须有表明适用结果的法律文书的制定，如卫生许可证、罚款决定书、判决书等。

三、卫生法的解释

卫生法的解释,是指有关国家机关、组织或个人,为适用或遵守卫生法,根据立法原意对卫生现行的法律规范的含义、内容、概念、术语以及适用的条件等所作的分析、说明和解答。卫生法的解释是完备卫生立法和正确实施卫生法所必须的。按照解释的主体和解释的法律效力不同,卫生法的解释分为正式解释和非正式解释。

(一) 正式解释

正式解释又称法定解释、官方解释、有权解释,是指特定的国家机关依据宪法和法律所赋予的职权,对卫生法有关的法律条文所进行的解释,它具有法律上的效力。正式解释是一种创造性的活动,是立法活动的继续,是对立法意图的进一步说明,具有填补法的漏洞的作用,正式解释在我国主要有:

1. 立法解释。立法解释,是指依法有权制定卫生法律、法规和规章的立法机关,对有关卫生法律规范条文所做的进一步解释。包括全国人大常委会对宪法和卫生法律的解释,国务院对其制定的卫生行政法规的解释,地方人大及其常委会对地方性卫生法规的解释,国家授权其他国家机关的解释。

2. 司法解释。司法解释,是指司法机关依法对卫生法适用工作中的问题如何具体应用法律所做的解释。包括最高人民法院做出的审判解释,最高人民检察院做出的检察解释,以及最高人民法院和最高人民检察院联合做出的解释。

3. 行政解释。行政解释,是指国家行政机关在依法行使职权时,对有关卫生法律规范如何具体应用问题所做的解释。包括国务院及其所属各部门、地方人民政府行使职权时,对如何具体应用卫生法律的问题所做的解释。这种解释仅在所辖区内生效。

(二) 非正式解释

非正式解释又称无权解释、无效解释或非官方解释,是指社会团体或公民对卫生法所做的解释,可分为学理性解释和任意解释。非正式解释虽不具有法律效力,不能直接引用,但对法律的实际适用有参考价值。

1. 学理性解释。学理性解释,是指教学、科研以及法制宣传活动对卫生法所进行的理论性、知识性和常识性解释。

2. 任意解释。任意解释,是指一般公民、当事人、辩护人、代理人对法

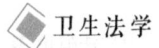

律所做的理解和说明。

四、卫生法的遵守

卫生法的遵守又称卫生守法，是指一切国家机关、政党、社会团体、企事业单位和全体公民都必须恪守卫生法的规定，严格依法办事。它是卫生法实施的一种重要形式，也是法治的基本内容和要求。

（一）卫生法遵守的主体

卫生法遵守的主体，包括一切国家机关、社会组织和全体中国公民，以及在中国领域内活动的国际组织、外国组织、外国人和无国籍人。

（二）卫生法遵守的范围

卫生法遵守的范围极其广泛。不仅包括广义上的卫生法律，而且包括在卫生法适用过程中，有关国家机关依法做出的、具有法律效力的决定书，如人民法院的判决书、调解书，卫生行政部门的卫生许可证、卫生行政处罚决定书等非规范性文件。此外，公共卫生秩序、居民卫生公约、卫生公德等也属于卫生守法的范围。

（三）卫生法遵守的内容

卫生守法不是消极、被动的，其内容包括依法行使权利和履行义务两个方面。它既要求国家机关、社会组织和公民依法承担和履行卫生义务（职责），更包含守法主体依法享有权利、行使权力。

第六节　卫生法律责任

一、卫生法律责任的概念和特点

卫生法律责任，是指卫生法律关系主体由于违反卫生法律规范规定的义务或约定义务，所应承担的带有强制性的法律后果。卫生法律责任主要有以下特点：

1. 卫生法律责任是违反卫生法律规范的后果。这是行为人承担卫生法律责任的前提条件。所谓卫生违法是法律关系主体实施的一切违反卫生法律规范的行为。卫生违法必须符合以下四个条件：①行为人在客观方面实施了违反卫生法律、法规的行为。它可以分为两种基本表现形式，一是作为，即积极地实施卫生法所禁止的行为；二是不作为，即消极的不实施卫生法要求的行为。②卫生违法行为具有一定的社会危害性，侵害了卫生法所保护的社会关系和社会秩序。这种危害性包括两种情况：一是卫生违法行为已经给法律保护的社会关系和社会秩序造成了实际的损害结果；二是虽然尚未造成实际的损害，但已经使卫生法所保护的社会关系和社会秩序处于某种危险之中，即使其可能受到损害。③违法行为的主体在主观方面必须有过错。过错包括故意和过失两种形式。如果卫生违法行为不是因为当事人主观有过错，而是因为不可抗力造成或者是由无民事行为能力人造成的，则不能构成卫生违法。④卫生违法的主体，必须是具有法定责任能力的公民、法人和其他组织。如果违法主体未达到法定责任年龄或不具有法定责任能力，不能控制和辨认自己的行为，则不构成卫生违法。

2. 卫生法律责任必须有卫生法律明文规定。卫生违法行为有很多，但不是所有的违法行为都应负法律责任。只有卫生法律、法规、规章在设定权限范围内做了某些明确规定，行为主体才承担某种相应的法律责任。

3. 卫生法律责任具有国家强制性，以国家强制力作为后盾。如果违法者拒绝承担其应承担的法律责任时，国家强制力将强制其承担。

4. 卫生法律责任必须由国家授权的专门机关在法定职权范围内依法予以追究。其他任何组织或个人都不得行使这种职权。

二、卫生法律责任的种类

根据行为人违反卫生法律规范的性质和社会危害程度的不同，卫生法律责任可以分为：行政责任、民事责任和刑事责任三种。

（一）行政责任

卫生行政责任，是指卫生行政法律关系主体实施了违反卫生法的行为，但尚未构成犯罪所应承担的法律后果。根据我国现行卫生法的规定，卫生行政责任主要包括卫生行政处罚和卫生行政处分两种。

1. 卫生行政处罚。 卫生行政处罚，是指卫生行政机关或者法律法规授权的组织，在职权范围内对违反卫生法而尚未构成犯罪的行政相对人（公民、法人或其他组织），所实施的卫生行政制裁。卫生行政处罚有下列主要特征：

①卫生行政处罚是由特定的行政主体做出的；②卫生行政处罚是行政主体针对行政相对人做出的，属于行政主体依法实施的一种外部行为；③卫生行政处罚是对行政相对人违反卫生行政管理秩序行为的处罚来源于医药卫生法的规定；④卫生行政处罚是一种法律制裁，具有鲜明的惩戒性，并由国家强制力作保证。

根据《中华人民共和国行政处罚法》和我国现行卫生法律、法规和规章的规定，卫生行政处罚的种类主要有：警告、通报、罚款、没收非法财物、没收违法所得、责令停产停业、暂扣或吊销有关许可证等。卫生行政处罚一般由卫生行政、药品监督管理等部门决定，其中有的还必须报请同级人民政府批准。

2. 卫生行政处分。 卫生行政处分，是指有管辖权的国家机关或企事业单位的行政领导依据行政隶属关系，对违法失职人员给予的一种行政制裁。卫生行政处分主要是对卫生行政机关或有关机关内部的执法人员、公务人员及医疗卫生机构内部的医疗卫生人员违反卫生行政管理秩序所给予的一种制裁。行政处分的种类主要有警告、记过、记大过、降级、降职、撤职、留用察看、开除8种。

行政处罚与行政处分虽然都属于行政责任，但它们是两个不同的概念和两种不同的法律制度，其主要区别在：①主体不同：行政处罚由行政执法机关实施，处罚的是行政相对人违反行政法律规范的行为；行政处分一般由国家机关、企事业单位或医疗卫生机构的行政领导做出决定，针对的是其内部所属人员的违法失职行为。②性质不同：处罚是外部行为，多属违法；处分属内部行为，多为失职。③制裁方式不同。④法律救济不同：对行政处罚不服，可以提起行政复议和行政诉讼，对行政处分不服只适用内部申诉途径。

（二）民事责任

卫生民事责任，是指医疗机构和卫生工作人员或从事与卫生事业有关的机构违反法律规定侵害公民的健康权利时，应向受害人承担损害赔偿的责任。民事责任的特点是：①民事责任主要是一种财产性质的责任；②承担民事责任的方式是给予经济赔偿，以补偿受害人的损失；③在法律允许的条件下，民事责任可以由当事人自愿协商解决。

《中华人民共和国民法通则》（以下简称《民法通则》）规定的承担民事责任的方式有：停止侵害，排除妨碍，消除危险，返还财产，恢复原状，修理、重作、更换，赔偿损失，支付违约金，消除影响恢复名誉，赔礼道歉10种。卫生法所涉及的民事责任以赔偿损失为主要形式。

(三) 刑事责任

卫生刑事责任，是指刑事行政机关的工作人员、医疗卫生工作人员及健康相关产品的生产、经营者违反卫生法律法规，实施了《中华人民共和国刑法》（以下简称《刑法》）所禁止的犯罪行为而应承担的法律后果。卫生法律规范中对刑事责任的规定是直接引用《刑法》中的有关条款。构成违反卫生法的刑事责任必须以卫生刑事犯罪为前提。刑事责任有以下特征：①刑事责任是基于行为人实施了刑法明文规定的犯罪行为而产生的；②其确立的依据是行为人实施的行为符合犯罪的构成要件；③刑事责任实现的方式是刑法规定的各类以剥夺行为人自由和生命为主的刑罚，是更为严厉的强制手段。

根据我国《刑法》规定，实现刑事责任的方式是刑罚。刑罚是国家审判机构依照《刑法》的规定，剥夺犯罪分子某种权益甚至生命的两种强制处分，包括主刑，和附加刑。主刑有管制、拘役、有期徒刑、无期徒刑、死刑，它们只能单独适用。附加刑有罚金、剥夺政治权利、没收财产，它们可以附加适用也可以独立适用。对于犯罪的外国人，还可以独立适用或附加适用驱逐出境。

我国《刑法》对违反卫生法的犯罪行为的刑事责任做了明确规定，规定了二十余个与违反卫生法有关的罪名，如生产销售假药罪，生产销售劣药罪，生产销售不符合卫生标准的食品罪，生产销售有害食品罪，生产销售不符合标准的医用器材罪，生产销售不符合标准的化妆品罪，违反规定引起甲类传染病传播或者有传播危险罪，非法经营罪（如非法经营麻醉药品、精神药品等特殊药品），传播性病罪，妨害传染病防治罪，妨害国境卫生检疫罪，非法组织卖血罪，强迫卖血罪，非法采集血液、制作供应血液制品罪，医疗事故罪，非法行医罪，破坏节育手术罪等。

思考题

1. 卫生法的基本原则有哪些？
2. 简述卫生法律关系概念及构成要素。
3. 简述法律事实及其分类。
4. 卫生法的法律渊源有哪些？
5. 卫生法制定的概念及其特征是什么？
6. 简述卫生行政责任的概念和种类。

第二章

卫生法律救济法律制度

> **学习目标**
>
> **掌握**：卫生行政复议和行政诉讼的概念、特征、原则、管辖、程序、受案范围。
>
> **熟悉**：卫生行政赔偿的概念、构成要件及卫生行政赔偿的范围和程序。
>
> **了解**：卫生民事诉讼和刑事诉讼的程序和举证规则。

第一节 概 述

一、卫生法律救济的概念和特征

卫生法律救济，是指在卫生法律责任产生时，或卫生法律关系主体认为存在卫生法律责任时，卫生法律关系主体依照法律规定向有权受理的国家机关告诉并要求解决，予以补救，有关国家机关受理并作出具有法律效力的活动。其核心内容是卫生法律关系主体赖以维护自己的合法权益、追究责任者责任的法律程序和法律制度。

卫生法律救济有以下特征：

1. 受理机关法定。 只能由国家行政机关，法律授权的机构和人民法院受理并做出裁决。

2. 严格的受理范围和审理程序。 相关法律作了明确规定，超出受案范围的不予受理，违反法定程序需承担相应的法律责任。

3. 明确的申请、起诉期限。 各种法律救济程序都有法定的申请、起诉期限和时效。除法律另有规定外，逾期将丧失申请、起诉权。

4. 救济程序明确。行政复议原则上采取书面审理方式，特定情况下也采取调查取证、听取意见等方式审理；行政诉讼、民事诉讼、刑事诉讼一审采取开庭审理，二审视情况采取开庭审理或者书面审理。

5. 做出的决定具有法律效力，由国家强制力保证执行。不履行决定的，有关机关将依法强制执行。

6. 类型多样。不同的卫生法律责任适用不同的卫生法律救济。根据我国法律规定，卫生法律救济包括卫生行政救济、卫生民事救济、卫生刑事救济三类。

二、卫生法律救济的类型

（一）卫生行政法律救济

卫生行政法律救济，是指公民、法人或其他组织认为卫生行政机关的行政行为侵害了自己的合法权益，请求有关国家机关给予救济的法律制度的总称，包括对违法、不当行政行为予以纠正，并对相应的财产损失予以弥补的内容。

卫生行政法律救济的主要途径有行政复议、行政诉讼、行政赔偿等。

（二）卫生民事法律救济

卫生民事法律救济，是指公民的健康权因医疗机构和卫生工作人员的违法、违规或违约行为而受到侵害时，公民请求赔偿的法律制度的总称。

卫生民事法律救济的主要途径是卫生民事诉讼。

（三）卫生刑事法律救济

卫生刑事法律救济，是指卫生法律关系主体的违法行为已触犯刑法的规定，可能构成犯罪时，由国家对涉嫌犯罪的单位和个人进行定罪、量刑的法律制度。

卫生刑事法律救济的途径是卫生刑事诉讼。

第二节 卫生行政复议

一、卫生行政复议的概念和特征

卫生行政复议，是指公民、法人或其他组织认为卫生行政机关的具体行政行为侵犯其合法权益,按照法定的程序和条件向作出该具体行政行为的卫生行政机关的上一级机关提出申请,由受理申请的机关对该具体行政行为进行审查,并作出复议决定的活动。

卫生行政复议的特征:

1. 具有一定司法性的行政行为。卫生行政复议的程序和方式与人民法院审理案件的程序和方式极为相似。行政复议机关作为中立者对行政机关和行政相对人之间的争议进行审查并做出裁决。

2. 是行政机关内部的纠错机制。从实质上讲,行政复议是上级行政机关对下级行政机关的一种纠错行为。

二、卫生行政复议的原则

依照《中华人民共和国行政复议法》(以下简称《行政复议法》)第 4 条"行政复议机关履行行政复议职责,应当遵循合法、公正、公开、及时、便民的原则,坚持有错必纠,保障法律、法规的正确实施"和第 5 条"公民、法人或者其他组织对行政复议决定不服的,可以依照行政诉讼法的规定向人民法院提起行政诉讼,但是法律规定行政复议决定为最终裁决的除外"的规定,卫生行政复议机关履行行政复议职责,应遵循以下原则:

1. 合法原则。行政机关行使复议权、履行复议职责的过程中必须合法。包括复议主体、审理复议案件的依据、审理复议案件的程序等方面的合法。

2. 公正原则。行政复议机关履行复议职责时必须切实站在中立立场之上,公正地对待复议双方,不能偏袒下级行政机关。

3. 公开原则。行政复议活动应当公开进行,复议案件的受理、审理等活动都应当尽可能地向当事人、社会公众公开。

4. 及时原则。行政复议机关应当确保行政复议案件的受理、审理等程序都在法定期限内完成。针对特殊案件,应当根据实际情况尽快做出复议决定。

5. 便民原则。行政复议机关在履行复议职责过程中,应尽可能地减少当事人的复议成本,便于当事人提出行政复议申请和参与行政复议审理程序。

6. 有错必纠原则。行政复议机关应当对被申请复议的行政行为进行全面审查,只要发现被申请的具体行政行为存在违法或不当,就应予以纠正。

7. 诉讼终局原则。如果当事人对复议机关的复议决定不服的,可以在法定期限内向人民法院提起行政诉讼,由人民法院来进行裁决。因此,行政复议决定不是具有终局法律效力的裁决。

三、卫生行政复议的受案范围

依据我国《行政复议法》第 6 条的规定,有下列情形之一的,公民、法人或者其他组织可以依法提出卫生行政复议申请:

1. 对卫生行政机关作出的警告、罚款、没收违法所得、没收非法财物等行政处罚决定不服的。

2. 对卫生行政机关作出的查封、扣押、冻结财产等行政强制措施决定不服的。

3. 对卫生行政机关作出的有关许可证、执照、资质证、资格证等证书变更、中止、撤销的决定不服的。

4. 认为卫生行政机关侵犯合法的经营自主权的。

5. 认为卫生行政机关违法要求履行义务的。

6. 认为卫生行政机关没有依法履行颁发许可证、执照、保护人身权利、财产权利、受教育权利等法定职责的。

7. 认为卫生行政机关的其他具体行政行为侵犯其合法权益的。

四、卫生行政复议的程序

(一) 卫生行政复议申请

1. 申请人。依据《行政复议法》的规定,作为具体行政行为相对人的公民、法人和其他组织都属于行政复议申请人的范畴。

有权申请行政复议的公民死亡的,其近亲属可以申请行政复议。有权申请行政复议的公民为无民事行为能力人或者限制民事行为能力人的,其法定代理人可以代为申请行政复议。有权申请行政复议的法人或者其他组织终止的,承受其权利的法人或者其他组织可以申请行政复议。同申请行政复议的具体行政行为有利害关系的其他公民、法人或者其他组织,可以作为第三人参加行政复议。

2. 申请期限。公民、法人或者其他组织认为具体行政行为侵犯其合法权益的,可以自知道该具体行政行为之日起 60 日内提出行政复议申请;但是法

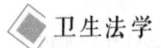

律规定的申请期限超过 60 日的除外。

因不可抗力或者其他正当理由耽误法定申请期限的，申请期限自障碍消除之日起继续计算。

3. 申请方式。申请人申请行政复议，可以书面申请，也可以口头申请；口头申请的，行政复议机关应当当场记录申请人的基本情况、行政复议请求、申请行政复议的主要事实、理由和时间。

（二）卫生行政复议管辖

依据《行政复议法》的规定，卫生行政复议管辖主要有以下几种情形：

1. 对县级以上地方各级人民政府卫生行政部门的具体行政行为不服的，由申请人选择，可以向该部门的本级人民政府申请行政复议，也可以向上一级卫生行政部门申请行政复议。

2. 对政府工作部门依法设立的派出机构作出的具体卫生行政行为不服的，向设立该派出机构的部门或者该部门的本级地方人民政府申请行政复议。

3. 对法律、法规授权的组织的具体卫生行政行为不服的，分别向直接管理该组织的地方人民政府、地方人民政府工作部门或者国务院部门申请行政复议。

4. 对两个或者两个以上行政机关以共同的名义作出的具体卫生行政行为不服的，向其共同上一级行政机关申请行政复议。

5. 对被撤销的行政机关在撤销前所作出的具体卫生行政行为不服的，向继续行使其职权的行政机关的上一级行政机关申请行政复议。

（三）卫生行政复议受理

卫生行政复议机关在收到行政复议的申请后，应当在 5 日内对进行审查，做出受理或不受理的决定。对于依法决定不予受理的，应当书面告知申请人。

（四）卫生行政复议审理

卫生行政复议一般采用书面审查的方式，申请人要求或复议机关认为必要时，可以向有关组织和个人进行调查。行政复议审查过程中，被申请人不得自行向其他组织和个人收集证据。

（五）卫生行政复议决定

卫生行政复议机关应当自受理申请之日起 60 日内作出行政复议决定。法律另有规定的，期限可以延长或缩短，延长最多不能超过 30 日。

复议机关经过审理，应分别针对下列情形做出不同的行政复议决定，并制作书面的行政复议决定书：

1. 具体卫生行政行为无违法或不当的，决定维持。

2. 具体卫生行政行为确有违法或不当的，应决定撤销、变更或确认具体行政行为违法；或责令被申请人在一定期限内履行职责。

卫生行政复议决定已经送达即产生法律效力。被申请人不履行或无故拖延履行的，复议机关或其他有关机关应责令其履行。申请人逾期不起诉，又不履行行政复议决定的，卫生行政机关可以强制执行，也可以申请人民法院执行。

第三节 卫生行政诉讼

一、卫生行政诉讼的概念

卫生行政诉讼是行政诉讼的一种。依据《中华人民共和国行政诉讼法》（以下简称《行政诉讼法》）的规定，可以认为卫生行政诉讼是指公民、法人和其他组织认为行政机关及法律、法规授权组织或行政机关委托组织的具体卫生行政行为侵害其合法权益，诉请法院对其进行审查并作出裁判，解决行政争议的诉讼活动。

二、卫生行政诉讼的基本原则

卫生行政诉讼的基本原则，是指我国《行政诉讼法》所规定的，指导卫生行政诉讼活动的基本准则。除了诉讼的一般原则以外，卫生行政诉讼还有下列特有原则：

1. 具体行政行为合法性审查原则。合法性审查的具体内容包括：行政机关是否享有作出具体行政行为的权限，是否超越法定的职责权限以及是否依法享有事务管辖权、级别管辖权和地域管辖权；具体行政行为的证据是否确凿充分、事实是否清楚，具体行政行为的证据是否具有合法性、客观性和相关性；适用法律是否正确；程序、目的是否合法。

2. 起诉不停止执行原则。一般情况下，卫生行政机关已做出的具体行政行为不因原告提起诉讼而停止执行。但《行政诉讼法》也规定了一些例外的情况：被告人认为需要停止执行的；原告申请停止执行，人民法院裁定停止执行的；法律、法规规定停止执行的。

3. 不适用调解和反诉原则。因为被告卫生行政机关享有的是公共权力，同时又是一种职责，行政机关及其工作人员只能依法行使职权，无权作转让、放弃或处置，所以不适用调解的审理方式和结案方式。同时在诉讼期间，卫生行政机关无权提出反诉。

4. 被告承担举证责任原则。被告对做出的具体行政行为负有举证责任，应当提供作出该具体行政行为的证据和所依据的规范性文件。

三、卫生行政诉讼受案范围

结合我国《行政诉讼法》第12条的规定，有以下情形的，行政相关人可以提起行政诉讼：

1. 对拘留、罚款、吊销许可证和执照、责令停产停业、没收财物等卫生行政处罚不服的。
2. 对强制治疗、强制隔离、临时控制等卫生行政强制措施不服的。
3. 认为符合法定条件申请卫生行政机关颁发许可证和执照，卫生行政机关拒绝颁发或者不予答复的。
4. 认为卫生行政机关违法要求履行义务的。
5. 对卫生行政机关做出的卫生行政复议决定不服的。
6. 对卫生行政机关作出的医疗事故和其他卫生事件的处理决定不服的。

四、卫生行政诉讼参加人

（一）卫生行政诉讼参加人的概念

卫生行政诉讼参加人，是指依法参加卫生行政诉讼，享有诉讼权利，承担诉讼义务，并且与诉讼争议或诉讼结果有利害关系的人，包括当事人、共同诉讼人、第三人和诉讼代理人。

（二）卫生行政诉讼参加人的范围

1. 原告。原告，是指认为卫生行政主体及其工作人员的具体行政行为侵犯其合法权益，向人民法院提起诉讼的公民、法人和其他组织。

2. 被告。被告，是指其实施的具体行政行为被原告指控侵犯其合法权益，由人民法院通知应诉的行政主体。

卫生行政诉讼的被告类型主要有以下情形：作出具体行政行为的行政机关或法律、法规授权的组织；具体行政行为被复议机关改变的，复议机关是被告；行政机关委托的组织作出具体行政行为的，作出委托的卫生行政机关是被告；两个以上卫生行政机关共同作出具体行政行为的，列为共同被告。

3. 第三人。第三人，是指同提起诉讼的具体行政行为有利害关系的公民、法人和其他组织。第三人可以申请参加诉讼或由人民法院通知其参加诉讼。

4. 诉讼代理人。诉讼代理人，是指以当事人的名义，在代理权限内，代理当事人进行卫生行政诉讼活动的人。

五、卫生行政诉讼程序

卫生行政诉讼程序，是指由法律规定的人民法院在审理卫生行政案件时应遵循的步骤，包括起诉和受理、审理和判决、执行三个基本环节。

(一) 起诉和受理

起诉和受理可以说是同一个环节的两个方面。

起诉，是指卫生行政相对人，认为卫生行政主体的具体卫生行政行为侵犯其合法权益，依法请求人民法院用行政审判权加以保护的行为。

受理，是指原告起诉后，受诉人民法院经过审查认为符合法定起诉条件，决定予以立案审理的行为。

1. 起诉期限。一般情形下，具体卫生行政行为相对人应当在知道作出具体卫生行政行为之日起 3 个月内提起诉讼。卫生行政相对人因不可抗力或者其他特殊情况耽误法定期限的，在障碍消除后的 10 日内，可以申请延长期限，由人民法院决定；申请人不服卫生行政复议决定的，可以在收到复议决定书之日起 15 日内向人民法院起诉；复议机关逾期不作决定的，申请人可以在复议期满之日起 15 日内向人民法院起诉。法律另有规定的除外。

2. 起诉条件。起诉应当符合下列条件：原告是认为具体卫生行政行为侵犯其合法权益的公民、法人或者其他组织；有明确的被告；有具体的诉讼请求和事实根据；属于人民法院受案范围和受诉人民法院管辖。

3. 受理决定期限。人民法院接到起诉状，经审查，应当在 7 日内立案或者裁定不予受理。原告对裁定不服的，可以提起上诉。

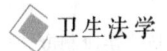

（二）审理和判决

人民法院受理案件后，应组织合议庭，采取合议制，开庭审理。一般情况下，审理应当公开进行，由合议庭进行法庭调查，允许原被告双方进行辩论，在辩论终结后依法进行裁判。卫生行政诉讼实行两审终审制，当事人不服一审人民法院判决的可以向上一级人民法院提起上诉。

人民法院经过审理，根据不同情况，分别作出如下判决：

1. 具体卫生行政行为合法、正当，符合法定程序的，判决维持。

2. 具体卫生行政行为违法或主要证据不足、超越职权、滥用职权的，判决撤销或者部分撤销，并可判决被告重新作出具体行政行为。

3. 被告不履行或者拖延履行法定职责的，判决其在一定期限内履行。

4. 卫生行政处罚显失公正的，可以判决变更。

（三）执行

当事人逾期不提起上诉的，人民法院的第一审判决或者裁定发生法律效力，二审行政诉讼判决一经送达即产生法律效力。当事人拒绝履行发生法律效力的判决或者裁定的，另一方当事人可以向第一审人民法院申请强制执行或者依法由行政机关强制执行。

第四节　卫生行政赔偿

一、卫生行政赔偿的概念和构成要件

（一）卫生行政赔偿的概念

卫生行政赔偿，是指卫生行政机关和工作人员违法行使职权，侵犯公民、法人或其他组织的合法权益并造成损害时，由国家承担赔偿责任的制度，是国家赔偿制度的组成部分。

（二）卫生行政赔偿的构成要件

申请卫生行政赔偿，必须符合下列要件：

1. 侵权主体必须是行使国家卫生管理职权的卫生行政机关、受委托行使国家卫生管理职权的组织或法律、法规授权的组织及其工作人员。

2. 行使卫生行政管理职权的主体及其工作人员必须有违法行为。

3. 行政相对人必须有实际的损害事实发生。

4. 违法行为与损害事实之间必须存在因果关系。

二、卫生行政赔偿的范围

依据《中华人民共和国国家赔偿法》的规定，卫生行政赔偿的范围包括行使卫生行政管理职权的机关及其工作人员违法实施行政处罚、违法采取行政强制措施等给当事人造成损失的情形。

三、卫生行政赔偿的程序

（一）单独请求行政赔偿

单独请求行政赔偿，是指赔偿请求人没有提出其他行政诉讼请求，单独就行政赔偿提出请求或诉讼。

单独请求行政赔偿，赔偿申请人需先向卫生行政赔偿义务机关提交行政赔偿请求申请书。卫生行政赔偿义务机关应自收到申请之日起 2 个月内依法做出给予赔偿或不予赔偿的决定。赔偿义务机关逾期未作出决定或申请人对不予赔偿的决定、赔偿的数额、方式项目有异议的，可以自期限届满之日起 3 个月内向人民法院提起诉讼，由人民法院按照行政诉讼程序审理。

（二）附带请求行政赔偿

附带请求行政赔偿，是指行政相对人在提起行政复议或行政诉讼的同时，一并提出行政赔偿请求。

附带请求行政赔偿，适用行政复议或行政诉讼程序处理。

四、卫生行政赔偿方式和赔偿金计算标准

（一）赔偿方式

卫生行政赔偿以支付赔偿金为主要方式。能够返还财产或者恢复原状的，应当返还财产或者恢复原状；不能够返还财产或恢复原状的，或者造成当事人人身损害的，应当支付赔偿金；造成受害人名誉权、荣誉权损害的，应当在侵权行为影响的范围内，为受害人消除影响，恢复名誉，赔礼道歉。

（二）赔偿金计算标准

赔偿金的计算标准有以下情形：

1. 侵犯财产权造成损害的，应当按造成的直接损失赔偿。

2. 侵犯公民人身自由的，每日赔偿金按照国家上年度职工日平均工资计算。

3. 侵犯生命健康权的，赔偿金按照下列规定计算：

（1）造成身体伤害的，应当支付医疗费、护理费，以及赔偿因误工减少的收入。减少的收入每日的赔偿金按照国家上年度职工日平均工资计算，最高额为国家上年度职工年平均工资的5倍。

（2）造成部分或者全部丧失劳动能力的，应当支付医疗费、护理费、残疾生活辅助具费、康复费等因残疾而增加的必要支出和继续治疗所必需的费用以及残疾赔偿金。残疾赔偿金根据丧失劳动能力的程度，按照国家规定的伤残等级确定，最高不超过国家上年度职工年平均工资的20倍。造成全部丧失劳动能力的，对其扶养的无劳动能力的人，还应当支付生活费。

（3）造成死亡的，应当支付死亡赔偿金、丧葬费，总额为国家上年度职工年平均工资的20倍。对死者生前扶养的无劳动能力的人，还应当支付生活费。被扶养的人是未成年人的，生活费给付至18周岁止；其他无劳动能力的人，生活费给付至死亡时止。

第五节 卫生民事诉讼

一、卫生民事诉讼的概念和构成要件

卫生民事诉讼是民事诉讼的一种。依据《中华人民共和国民事诉讼法》（以下简称《民事诉讼法》）的规定，可以认为卫生民事诉讼，是指公民认为医疗机构或其医务人员由于违法、违规或违约行为侵害了自己或与自己有直接利害关系的人的生命健康权，诉请法院对其进行审理并作出裁判，解决卫生民事争议的诉讼活动。

卫生民事诉讼有下列构成要件：

1. 原告是与本案有直接利害关系的公民。
2. 有明确的被告。
3. 有具体的诉讼请求、事实和理由。
4. 属于受诉人民法院管辖。

二、卫生民事诉讼的基本原则

卫生民事诉讼的基本原则，是指作为民事诉讼的一种，与其他诉讼共有的原则。按照《民事诉讼法》的规定，共有以下 7 项：

1. 人民法院独立行使审判权原则。
2. 以事实为根据，以法律为准绳原则。
3. 合议、回避、公开审判和两审终审原则。
4. 当事人诉讼法律地位平等原则。
5. 使用本民族语言文字进行诉讼原则。
6. 辩论原则。
7. 人民检察院进行法律监督原则。

三、卫生民事诉讼的类型

根据《民事诉讼法》的规定和卫生民事诉讼实践，卫生民事诉讼有以下两种类型：

1. 侵权之诉。侵权之诉，是指原告认为医疗机构或其工作人员存在违法、违规或其他不当行为，侵犯了自身或与自己有利害关系的人的生命健康权，以《民法通则》、《中华人民共和国侵权责任法》（以下简称《侵权责任法》）为基本法律依据要求被告承担侵权责任的诉讼。

2. 违约之诉。违约之诉，是指原告认为医疗机构及其工作人员违反了双方之间的医疗服务合同，给自己或与自己有利害关系的人造成了损失，以《中华人民共和国合同法》为基本法律依据要求被告承担违约责任的诉讼。

在卫生民事诉讼中，通常会出现医疗机构侵权责任和违约责任的竞合。当事人可以启动侵权之诉，要求被告承担侵权责任；也可以启动违约之诉，要求被告承担违约责任。

四、卫生民事诉讼参加人

（一）卫生民事诉讼参加人的概念

卫生民事诉讼参加人，是指依法参加卫生民事诉讼，享有诉讼权利，承担诉讼义务，并且与诉讼争议或诉讼结果有利害关系的人。

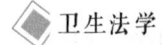

（二）卫生民事诉讼参加人的范围

根据《民事诉讼法》的规定，卫生民事诉讼参加人具体包括当事人、共同诉讼人、第三人和诉讼代理人。

卫生民事诉讼当事人在诉讼的不同阶段有不同的称谓：在第一审中称原告、被告；在第二审中称上诉人、被上诉人；在审判监督程序中称申诉人和被申诉人；在执行程序中称为申请执行人、被申请执行人。

1. 原告。原告，是指在卫生民事争议案件中生命健康权受到侵害的公民或与其有利害关系的人。

2. 被告。被告，是指卫生民事争议案件中的医疗机构。虽然在表现形式上是具体的医务人员的行为侵害了原告的权利，但这些工作人员的行为属于职务行为，其民事责任应由其所在的医疗机构来承担。所以，卫生民事诉讼中应以医疗机构为被告。

3. 共同诉讼人。共同诉讼人，是指当事人一方或双方为二人以上，其诉讼标的是共同的，或者诉讼标的是同一种类，人民法院认为可以合并审理并经当事人同意的，一同在人民法院进行诉讼。

4. 第三人。第三人，是指同诉讼争议的具体行为或结果有法律上的利害关系，申请参加或由人民法院通知参加的公民、法人和其他组织。

5. 诉讼代理人。诉讼代理人，是指以当事人的名义，在代理权限内，代理当事人实施或接受诉讼行为，从而维护该当事人利益的诉讼参加人，包括法定代理人、指定代理人和委托代理人三类。

五、卫生民事诉讼的管辖

（一）卫生民事诉讼管辖的概念

卫生民事诉讼的管辖，是指人民法院系统内审理第一审卫生民事案件的权限划分的法律制度。就法院而言，卫生民事诉讼管辖解决的是法院内部审理民事案件的分工问题。某法院有权管辖某一民事案件，也就意味着其对该类民事案件享有审判权。对原告来说，民事诉讼管辖决定了其应向哪一个人民法院起诉。

（二）卫生民事诉讼管辖的种类

从不同角度可以对卫生民事诉讼管辖进行不同的分类：

1. 级别管辖。级别管辖，是指各级人民法院之间，根据案件性质、影响大小和复杂程度，受理第一审卫生民事案件的权限分工。我国《民事诉讼法》规定：

（1）除法律另有规定外，基层人民法院管辖第一审民事案件。

（2）中级人民法院管辖重大涉外案件、在本辖区有重大影响的案件和最高人民法院确定由中级人民法院管辖的案件。

（3）高级人民法院管辖在本辖区有重大影响的第一审民事案件。

（4）最高人民法院管辖下在全国有重大影响的案件或其认为应该由其审理的案件。

2. 地域管辖。地域管辖，是指不同地区的同级人民法院之间受理第一审卫生民事案件的权限分工。我国《民事诉讼法》规定：

（1）一般情形下，由被告住所地人民法院管辖；被告住所地与经常居住地不一致的，由经常居住地人民法院管辖。

（2）同一诉讼的几个被告住所地、经常居住地在两个以上人民法院辖区的，各该人民法院都有管辖权。

（3）当事人若选择违约之诉，由被告住所地或者合同履行地人民法院管辖。

（4）当事人若选择侵权之诉，由侵权行为地或者被告住所地人民法院管辖。

（5）两个以上人民法院都有管辖权的诉讼，原告可以向其中一个人民法院起诉；原告向两个以上有管辖权的人民法院起诉的，由最先立案的人民法院管辖。

3. 移送管辖和指定管辖。

（1）人民法院发现受理的案件不属于本院管辖的，应当移送有管辖权的人民法院，受移送的人民法院应当受理。受移送的人民法院认为受移送的案件依照规定不属于本院管辖的，应当报请上级人民法院指定管辖，不得再自行移送。

（2）有管辖权的人民法院由于特殊原因，不能行使管辖权的，由上级人民法院指定管辖。

（3）人民法院之间因管辖权发生争议，由争议双方协商解决；协商解决不了的，报请它们的共同上级人民法院指定管辖。

（4）上级人民法院有权审理下级人民法院管辖的第一审民事案件；确有

必要将本院管辖的第一审民事案件交下级人民法院审理的，应当报请其上级人民法院批准。下级人民法院对它所管辖的第一审民事案件，认为需要由上级人民法院审理的，可以报请上级人民法院审理。

人民法院受理案件后，当事人对管辖权有异议的，应当在提交答辩状期间提出。人民法院对当事人提出的异议，应当审查。异议成立的，裁定将案件移送有管辖权的人民法院；异议不成立的，裁定驳回。

六、卫生民事诉讼的证据

（一）证据的种类

依据《民事诉讼法》第63条的规定，卫生民事诉讼证据有当事人的陈述、书证、物证、视听资料、电子数据、证人证言、鉴定意见、勘验笔录8类。

（二）举证责任的划分

按照民事诉讼的一般原理，卫生民事诉讼当事人对自己提出的主张，有责任提供证据。当事人可以自行收集证据或委托代理人收集证据。当事人及其代理人因客观原因不能自行收集证据的，可以依法申请法院调查证据。

依据最高人民法院《关于民事诉讼证据的若干规定》，下列事项作为被告的医疗机构负有举证责任：

1. 原告认为被告所使用的药品或医疗器械存在缺陷，被告持相反主张的。
2. 医疗机构认为医疗行为与损害后果之间不存在因果关系或不存在医疗过错的。

七、卫生民事诉讼的程序

（一）起诉和受理

符合《民事诉讼法》规定的起诉条件的，当事人应在法定诉讼时效期间内向人民法院起诉。起诉应当向人民法院递交起诉状，并按照被告人数提出副本。书写起诉状确有困难的，可以口头起诉，由人民法院记入笔录，并告知对方当事人。

人民法院收到起诉状或者口头起诉，经审查认为符合起诉条件的，应当在7日内立案，并通知当事人；认为不符合起诉条件的，应当在7日内裁定不予受理；原告对裁定不服的，可以提起上诉。

（二）调解程序

基于当事人对自己民事权利的处分权，法庭可以主持诉讼双方进行调解。双方当事人也可以自行和解。

调解贯穿于诉讼的全过程，在法庭没有做出裁决前的任何一个阶段，都可以对双方当事人进行调解，以调解的方式结案。法院制作的调解书，一经双方当事人签字便具有法律效力。以调解方式结案的，当事人不可再提起上诉。

（三）审理与判决

人民法院受理卫生民事诉讼后，应组织合议庭，采取合议制，开庭审理。一般情况下，审理应公开进行，由合议庭进行法庭调查，由原被告双方进行举证、质证，允许原被告双方进行法庭辩论，在辩论终结后依法进行裁判。

卫生民事诉讼实行两审终审制，当事人不服一审人民法院判决的可以向上一级人民法院提起上诉。二审判决为终审判决，当事人必须依法执行。当事人对已经发生法律效力的判决、裁定，认为有错误的，可以向上一级人民法院申请再审。

依据案件的具体情况，法院可以适用简易程序审理卫生民事案件，可以由一名审判员独任审判。

（四）执行

当事人逾期不提起上诉的，人民法院的第一审判决或者裁定发生法律效力；二审民事诉讼判决一经送达即产生强制执行效力。当事人拒绝履行发生法律效力的判决或者裁定的，另一方当事人可以向第一审人民法院申请强制执行。

第六节　卫生刑事诉讼

一、卫生刑事诉讼的概念

卫生刑事诉讼是刑事诉讼的一种。依据《中华人民共和国刑事诉讼法》（以下简称《刑事诉讼法》）的规定，卫生刑事诉讼是指公安机关、人民检察院、人民法院在当事人和其他诉讼参与人的参加下，准确、及时地查明与卫生领域相关的犯罪事实，惩罚犯罪分子，保障无罪的人不受刑事追究的专

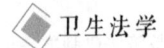

门活动。

二、卫生刑事诉讼的基本原则

卫生刑事诉讼的基本原则，是指作为刑事诉讼的一种，与其他诉讼共有的原则。根据《刑事诉讼法》的规定，共有以下 14 项：

1. 侦查权、检察权和审判权由专门机关依法行使原则。
2. 人民法院、人民检察院依法独立行使职权原则。
3. 依靠群众原则。
4. 以事实为根据，以法律为准绳原则。
5. 公民在适用法律上一律平等原则。
6. 分工负责，互相配合，互相制约原则。
7. 人民检察院依法对刑事诉讼实行法律监督原则。
8. 使用本民族语言文字进行诉讼原则。
9. 审判公开原则。
10. 犯罪嫌疑人、被告人有权获得辩护原则。
11. 人民法院统一定罪原则。
12. 保障诉讼参与人诉讼权利原则。
13. 依照法定情形不予追究刑事责任原则。
14. 追究外国人刑事责任适用我国刑事诉讼法原则。

三、卫生刑事诉讼中的专门机关和诉讼参与人

专门机关和诉讼参与人是刑事诉讼的主体。在我国，刑事诉讼中专门机关包括依法行使国家侦查权、起诉权和审判权的公安机关（含国家安全机关和军队保卫部门）、人民检察院和人民法院。诉讼参与人包括与案件处理结果有利害关系的被害人、自诉人、犯罪嫌疑人、被告人、附带民事诉讼的原告人和被告人及其法定代理人、诉讼代理人、辩护人、证人、鉴定人和翻译人员。

四、卫生刑事诉讼的管辖

（一）卫生刑事诉讼管辖的概念

我国卫生刑事诉讼中的管辖，是指公安机关、人民检察院和人民法院之

间在立案受理刑事案件的范围上以及人民法院系统内审判第一审刑事案件的权限划分。

（二）卫生刑事诉讼管辖的种类

从不同角度，可以对卫生民事诉讼管辖进行不同的分类：

1. 立案管辖。立案管辖又称部门管辖或职能管辖，是指公检法三机关在直接受理刑事案件上的分工。《刑事诉讼法》对卫生刑事案件的立案管辖有下列规定：

（1）除法律另有规定的外，刑事案件的侦查由公安机关进行。

（2）贪污贿赂犯罪，国家工作人员的渎职犯罪，国家机关工作人员利用职权实施的非法拘禁、刑讯逼供、报复陷害、非法搜查的侵犯公民人身权利的犯罪以及侵犯公民民主权利的犯罪，由人民检察院立案侦查。对于国家机关工作人员利用职权实施的其他重大的犯罪案件，需要由人民检察院直接受理的时候，经省级以上人民检察院决定，可以由人民检察院立案侦查。

（3）自诉案件，由人民法院直接受理。

2. 审判管辖。审判管辖，是指普通人民法院之间，普通法院与专门法院之间，以及专门法院之间在审判第一审刑事诉讼案件的权限上的分工，包括级别管辖、地域管辖、指定管辖、专门管辖。

（1）级别管辖。级别管辖，是指各级人民法院之间，根据犯罪的性质和影响、罪行的轻重和可能判处的刑期的长短、案件涉及面的大小等因素，审判第一审卫生刑事案件的权限分工。我国《刑事诉讼法》规定：

基层人民法院管辖第一审普通刑事案件，但是依法由上级人民法院管辖的除外。

中级人民法院管辖危害国家安全案件、恐怖活动案件；可能判处无期徒刑、死刑的案件。

高级人民法院管辖的第一审刑事案件，是全省（自治区、直辖市）性的重大刑事案件。

最高人民法院管辖的第一审刑事案件，是全国性的重大刑事案件。

上级人民法院在必要的时候，可以审判下级人民法院管辖的第一审刑事案件；下级人民法院认为案情重大、复杂需要由上级人民法院审判的第一审刑事案件，可以请求移送上一级人民法院审判。

(2) 地域管辖。地域管辖，是指同级人民法院之间审判第一审卫生刑事案件的权限划分。我国《刑事诉讼法》规定：

刑事案件由犯罪地的人民法院管辖。如果由被告人居住地的人民法院审判更为适宜的，可以由被告人居住地的人民法院管辖。

几个同级人民法院都有权管辖的案件，由最初受理的人民法院审判。在必要的时候，可以移送主要犯罪地的人民法院审判。

(3) 指定管辖。指定管辖，是指上级人民法院依照法律规定指定其辖区内的下级人民法院对某一案件行使管辖权，包括管辖不明的案件和因其他原因须指定管辖的案件。

(4) 专门管辖。专门管辖，是指专门法院与普通法院之间审判第一审卫生刑事案件的职权范围。

根据《中华人民共和国人民法院组织法》的规定，享有刑事案件管辖权的专门法院包括军事法院和铁路运输法院。军事法院主要审理现役军人（含军内在编职工）犯罪的案件。铁路运输法院管辖铁路系统公安机关负责侦破的刑事案件；铁路运输法院与地方人民法院因管辖不明发生争议的，一般由地方人民法院管辖。

五、卫生刑事诉讼的证据

（一）卫生刑事诉讼证据的种类

证据是刑事诉讼程序的灵魂，整个刑事诉讼程序就是运用证据证明案件事实的过程。客观性、相关性、合法性是证据的三大基本特征。根据各个证据的不同特征，《刑事诉讼法》中规定了8类不同的证据：物证；书证；证人证言；被害人陈述；犯罪嫌疑人、被告人供述和辩解；鉴定意见；勘验、检查、辨认、侦查实验等笔录；视听资料、电子数据。

（二）举证责任的划分

在公诉案件中，举证责任由公安、司法机关承担。公诉案件中的犯罪嫌疑人、被告人一般不承担举证责任，即没有提出证据证明自己无罪的义务，法院不能因为他们不能证明自己无罪便据此就得出有罪的结论。但对巨额财产来源不明等案件，是犯罪嫌疑人、被告人不负举证责任的例外。

在自诉案件中，自诉人负有举证责任。自诉人向人民法院提出起诉时，必须提供证据。如果法院认为缺乏罪证，而自诉人又无法提供补充证据时，法院应当说服自诉人撤诉或裁定驳回起诉。但是，在审理自诉案件的过程中，法院也负有一定的查证责任。

六、卫生刑事诉讼的程序

（一）立案

公安机关或者人民检察院发现犯罪事实或者犯罪嫌疑人，应当按照管辖范围，立案侦查。人民法院、人民检察院或者公安机关对于报案、控告、举报和自首的材料，应当按照管辖范围，迅速进行审查，认为有犯罪事实需要追究刑事责任的时候，应当立案；认为没有犯罪事实，或者犯罪事实显著轻微，不需要追究刑事责任的时候，不予立案，并且将不立案的原因通知控告人。

对于自诉案件，被害人有权向人民法院直接起诉。被害人死亡或者丧失行为能力的，被害人的法定代理人、近亲属有权向人民法院起诉。人民法院应当依法受理。

（二）侦查

公安机关对已经立案的刑事案件和人民检察院对直接受理的案件，应当进行侦查，收集、调取犯罪嫌疑人有罪或者无罪、罪轻或者罪重的证据材料。公安机关侦查终结的案件，应当做到犯罪事实清楚，证据确实、充分，并且写出起诉意见书，连同案卷材料、证据一并移送同级人民检察院审查决定。在侦查过程中，发现不应对犯罪嫌疑人追究刑事责任的，应当撤销案件；犯罪嫌疑人已被逮捕的，应当立即释放，发给释放证明，并且通知原批准逮捕的人民检察院。人民检察院侦查终结的案件，应当作出提起公诉、不起诉或者撤销案件的决定。

（三）起诉

凡需要提起公诉的案件，一律由人民检察院审查决定。人民检察院认为犯罪嫌疑人的犯罪事实清楚，证据确实、充分，依法应当追究刑事责任的，应当作出起诉决定，按照审判管辖的规定，向人民法院提起公诉。犯罪嫌疑人具有法定情形的，人民检察院应当作出不起诉决定。

自诉案件的自诉人，可以向人民法院直接起诉。

1. 审判。人民法院受理卫生刑事诉讼后，应组成合议庭，采取合议制，开庭审理。一般情况下，审理应公开进行，由合议庭进行法庭调查，由控辩双方进行举证、质证，允许控辩双方进行法庭辩论，在辩论终结后依法进行裁判。

卫生刑事诉讼实行两审终审制，当事人不服一审人民法院判决的可以向上一级人民法院提起上诉。二审判决为终审判决，当事人必须依法执行。被判死刑的案件，必须报请最高人民法院核准。当事人对生效判决不服的，可以进行申诉，依法启动审判监督程序。

基层法院管辖的案件，符合条件的，可以适用简易程序审判，可以由一名审判员独任审判，也可以组成合议庭进行审判。

2. 执行。已过法定期限没有上诉、抗诉的判决和裁定，终审的判决和裁定，最高人民法院核准的死刑的判决和高级人民法院核准的死刑缓期2年执行的判决，已发生法律效力的，由相应的机关执行。

思考题

1. 卫生法律救济的途径有哪些？
2. 卫生行政复议和卫生行政诉讼有哪些异同点？
3. 卫生行政诉讼的构成要件有哪些？
4. 卫生行政赔偿赔偿金数额如何计算？
5. 当事人应如何选择卫生民事诉讼的类型？
6. 卫生民事诉讼中当事人的举证责任如何划分？

第三章
医疗机构管理法律制度

> **学习目标**
> 掌握：医疗机构的概念和医疗机构的执业规则。
> 熟悉：医疗机构的设置、审批、登记和校验。
> 了解：违反医疗机构管理相关规定应承担的法律责任。

第一节 概 述

一、医疗机构的概念

医疗机构，是依法定程序设立的，以救死扶伤、防病治病为宗旨，从事疾病诊断、治疗活动的卫生机构的总称。

《医疗机构管理条例》及其实施细则中规定，医疗机构必须依法取得行政许可，并履行登记手续，领取《医疗机构执业许可证》后，才能从事疾病诊断、治疗等医疗执业活动。医院、卫生院、社区医疗服务中心是我国医疗机构的主要形式，此外还有疗养院、门诊部、诊所、卫生所（室）以及急救站等，共同构成了我国的医疗机构。

根据国家卫生和计划生育委员会（以下简称"卫计委"）2014年6月公布的数据显示，截至2014年4月底，全国医疗卫生机构数达97.9万个，其中医院约2.5万个，基层医疗卫生机构约91.9万个，专业公共卫生机构约3.2万个，其他机构约0.3万个。

二、医疗机构的分类

（一）按医疗机构的功能、任务、规模的不同分类

按医疗机构的功能、任务、规模的不同，可分为 13 类：①综合医院、中医医院、中西医结合医院、民族医医院、专科医院、康复医院；②妇幼保健院；③社区卫生服务中心、社区卫生服务站；④中心卫生院、乡（镇）卫生院、街道卫生院；⑤疗养院；⑥综合门诊部、专科门诊部、中医门诊部、中西医结合门诊部、民族医门诊部；⑦诊所、中医诊所、民族医诊所、卫生所、医务室、卫生保健所、卫生站；⑧村卫生室（所）；⑨急救中心、急救站；⑩临床检验中心；⑪专科疾病防治院、专科疾病防治所、专科疾病防治站；⑫护理院、护理站；⑬其他诊疗机构。

（二）按医疗机构的性质、社会功能及其承担的任务的不同分类

1. 非营利性医疗机构。 非营利性医疗机构，是指为社会公众利益服务而设立和运营的医疗机构，不以营利为目的，其收入用于弥补医疗服务成本。实际运营中的收支结余不能用于投资者回报，也不能为其职工变相分配，所有利润和盈余只能投入到机构的再发展中，用于改善医疗条件、购买设备、引进技术、开展新的医疗服务项目等。非营利性医疗机构在医疗服务体系中占主导地位，享受相应的税收优惠政策。

2. 营利性医疗机构。 营利性医疗机构，是指以投资获利为目的，医疗服务所得收益可用于投资者经济回报的医疗机构。营利性医疗机构的最大特点是它的营利性。其在价格政策、财会制度和税收上都不同于非营利性医疗机构，营利性医疗机构医疗服务价格放开，依法自主经营，照章纳税。政府不举办营利性医疗机构。

（三）按投资主体是否具有外国国籍分类

1. 内资医疗机构。 内资医疗机构，是指投资主体成分不含有外资成分，全部由中国公民或法人、国家授权的投资部门投资设立。

2. 中外合资、合作医疗机构。 中外合资、合作医疗机构，是指外国医疗机构、公司、企业和其他经济组织，按照平等互利的原则，经中国政府主管部门批准，在中国境内（香港、澳门及台湾地区除外）与中国的医疗机构、公司、企业和其他经济组织以合资或者合作形式设立的医疗机构。为促进卫

生领域对外交流与合作，我国允许开办中外合资、合作医疗机构。

三、医疗机构的管理立法

在新中国成立后，我国十分重视卫生事业，1951年3月15日，当时的政务院批准颁布了我国第一个医疗机构管理方面的行政法规《医院诊所管理暂行条例》。随后国务院及卫生部等又陆续制定了一系列有关医疗机构管理的行政法规和部门规章。

为了加强对医疗机构的管理，促进医疗卫生事业的发展，保障公民健康，在总结过去管理经验的基础上，1994年2月26日，国务院发布了《医疗机构管理条例》，自同年9月1日起施行。为了配合该条例的实施，卫生部又陆续颁布了《医疗机构管理条例实施细则》《医疗机构监督管理行政处罚程序》《医疗机构设置规划指导原则》《医疗机构基本标准（试行）》《医疗机构诊疗科目名录》《医疗机构评审委员会章程》等规章。

为了保护医疗机构、医务人员、患者各方合法权益，2002年4月，国务院颁布了《医疗事故处理条例》，2002年9月1日起施行。之后，卫生部单独或与有关部门联合制定了若干新的法律法规，如《医疗美容服务管理办法》（2002年1月）、《医疗机构病历管理规定》（2002年8月）、《大型医用设备配置与使用管理办法》（2004年12月）、《医疗广告管理办法》（2006年11月）、《关于医疗机构冠名红十字（会）的规定》（2007年1月）、《处方管理办法》（2007年2月）、《医疗技术临床应用管理办法》（2009年3月）、《抗菌药物临床应用管理办法》（2012年4月）、《医疗机构临床用血管理办法》（2012年6月），后卫计委又颁布了《医疗机构临床检验项目目录》（2013年版）（2013年8月）、《医疗机构病历管理规定》（2013年版）（2012年12月）、《内镜诊疗技术临床应用管理暂行规定》（2013年12月）等一系列法律法规，这些法规覆盖了医疗机构执业所涉及的各个环节，形成了比较全面的医疗机构管理法律体系，我国对各级各类医疗机构的管理逐步走上了法制化、规范化的轨道。

2013年11月，在中共十八届三中全会上发布的《中共中央关于全面深化改革若干重大问题的决定》中指出要深化医药卫生体制改革，统筹推进医疗保障、医疗服务、公共卫生、药品供应、监管体制综合改革。深化基层医疗卫生机构综合改革，健全网络化城乡基层医疗卫生服务运行机制。同时，国家鼓励社会办医，优先支持举办非营利性医疗机构。社会资金可直接投向资源稀缺及满足多元需求服务领域，多种形式参与公立医院改制重组。允许医师多点执业，允许民办医疗机构纳入医保定点范围。

第二节 医疗机构的设置

一、医疗机构的设置规划

（一）医疗机构设置规划的含义

医疗机构设置规划是区域卫生规划的重要组成部分，是卫生计生行政部门审批医疗机构的依据。其目的是统筹规划医疗机构的数量、规模和分布，合理配置卫生资源，提高卫生资源的利用效率。

县级以上地方人民政府卫生计生行政部门根据本行政区域内的人口、医疗资源、医疗需要和现有医疗机构的分布状况，依据卫计委制定的《医疗机构设置规划指导原则》，制定本行政区域医疗机构设置规划，经上一级卫生计生行政部门审核，报同级人民政府批准，在本行政区域发布实施。机关、企业和事业单位可以根据需要设置医疗机构，并纳入当地医疗机构的设置规划。县级以上地方人民政府应当把医疗机构设置规划纳入当地的区域卫生发展规划和城乡建设发展总体规划。设置医疗机构应当符合医疗机构设置规划和医疗机构基本标准。

省级和县级的医疗机构设置规划都要以设区的市级所制定的医疗机构设置规划为基础。县级卫生计生行政部门制定医疗机构设置规划的重点是100张床以下的医疗机构的具体配置和布局，省级卫生计生行政部门制定医疗机构设置规划的重点是500张床以上的医院、重点专科和重点专科医院、急救中心、临床检验中心等医疗机构的配置。

（二）医疗机构设置的原则

坚持以人为本，以人人享有基本医疗卫生服务为根本出发点和落脚点，坚持统筹兼顾、协调发展的科学发展观，建立健全覆盖城乡居民的医疗服务体系，为群众提供安全、有效、方便、价廉的医疗服务。医疗机构设置应当遵循以下原则：

1. 公平性原则。医疗卫生服务必须坚持公平、公正原则，要从当地的医疗供需实际出发，面向城乡，以基层为重点，充分发挥现有医疗资源的作用，适当调控城市医疗机构的发展规模，保证全体居民尤其是广大农民都能公平、公正地享有基本医疗服务。

2. 整体效益原则。 医疗机构设置应当符合当地卫生发展总体规划的要求，建立各级各类医疗机构相互协调和有序竞争的医疗服务体系，局部要服从全局，科学合理配置医疗资源，充分发挥医疗服务体系的整体功能和效益，避免诱导以趋利为目的、争夺病人的无序甚至恶性竞争的发生。

3. 可及性原则。 各级各类医疗机构服务半径的规划、确定要适宜，交通便利，布局合理，易于群众得到服务。

4. 分级医疗原则。 落实医疗机构的功能和职责，建立和完善分级医疗、双向转诊的医疗服务体系，做到常见病、多发病在基层医疗机构诊疗，危重急症和疑难病在城市医院诊疗。

5. 公有制主导原则。 坚持非营利性医疗机构为主体、营利性医疗机构为补充，公立医疗机构为主导、非公立医疗机构共同发展的办医原则，鼓励和引导社会资本发展医疗卫生事业，促进非公立医疗卫生机构发展，形成投资主体多元化、投资方式多样化的办医体制。

6. 中西医并重原则。 遵循卫生工作的基本方针，中西医并重，保证中医、中西医结合，民族医医疗机构的合理布局及资源配置。

二、医疗机构的设置申请

（一）申请人

地方各级人民政府设置医疗机构，由政府指定或者任命的拟设医疗机构的筹建负责人申请；法人或者其他组织设置医疗机构，由其代表人申请；个人设置医疗机构，由设置人申请；两人以上合伙设置医疗机构，由合伙人共同申请。

（二）申请材料

申请设置医疗机构的单位或个人，应向当地卫生计生行政部门提出设置申请，并按需求提交申请材料。申请材料包括：①设置申请书；②设置可行性研究报告；③选址报告；④建筑设计平面图。由两个以上法人或者其他组织共同申请设置医疗机构以及由两人以上合伙申请设置医疗机构的，还必须提交由各方共同签署的协议书。

可行性研究报告的内容：包括申请单位名称、基本情况以及申请人姓名、年龄、专业履历、身份证号码；所在地区的人口、经济和社会发展等概况；所在地区人群健康状况和疾病流行以及有关疾病患病率；所在地区医疗资源分布情况以及医疗服务需求分析；拟设医疗机构的名称、选址、功能、任务、服务半径；拟设医疗机构的服务方式、时间、诊疗科目和床位编制；拟设医疗机构的组织结构、人员配备；拟设医疗机构的仪器、设备配备；拟设医疗机构与服务半径区域内其他医疗机构的关系和影响；拟设医疗机构的污水、污物、粪便处理方案；拟设医疗机构的通讯、供电、上下水道、消防设施情况；资金来源、投资方式、投资总额、注册资金（资本）；拟设医疗机构的投资预算；拟设医疗机构5年内的成本效益预测分析。

选址报告内容：包括选址的依据、选址所在地区的环境和公用设施情况；选址与周围托幼机构、中小学校、食品生产经营单位布局的关系；占地和建筑面积。

（三）个人诊所设置要求

在城市设置诊所的个人，必须同时具备下列条件：①经医师执业技术考核合格，取得《医师执业证书》；②取得《医师执业证书》或者医师职称后，从事5年以上同一专业的临床工作；③省级卫生计生行政部门规定的其他条件。

在乡镇和村设置诊所的个人的条件，由省、自治区、直辖市卫生计生行政部门规定。

（四）中外合资、合作医疗机构设置要求

中外合资、合作医疗机构的设置和发展必须符合区域卫生规划和医疗机构设置规划，并执行医疗机构基本标准，满足下列要求之一：①能够提供国际先进的医疗机构管理经验、管理模式和服务模式；②能够提供具有国际领先水平的医学技术和设备；③可以补充或改善当地在医疗服务能力、医疗技术、资金和医疗设施方面的不足。

设立中外合资、合作医疗机构应当符合以下条件：①必须是独立的法人；②投资总额不得低于2000万元人民币；③合资、合作中方在中外合资、合作医疗机构中所占的股权比例或权益不得低于30%；④合资、合作期限不超过20年；⑤省级以上卫生计生行政部门规定的其他条件。

设置中外合资、合作医疗机构，应先向所在地设区的市级卫生计生行政部门提出申请，并提交以下材料：①设置医疗机构申请书；②双方法人代表签署的项目建议书及中外合资、合作医疗机构设置可行性研究报告；③双方各自的注册登记证明（复印件）、法定代表人身份证明（复印件）和银行资信证明；④国有资产管理部门对拟投入国有资产的评估报告确认文件。

（五）不得申请设置医疗机构的情形

有下列情形之一的，不得申请设置医疗机构：①不能独立承担民事责任的单位；②正在服刑或者不具有完全民事行为能力的个人；③发生二级以上医疗事故未满5年的医务人员；④因违反有关法律、法规和规章、已被吊销执业证书的医务人员；⑤被吊销《医疗机构执业许可证》的医疗机构法定代表人或者主要负责人；⑥省级卫生计生行政部门规定的其他情形。

三、医疗机构的设置审批

（一）医疗机构的设置审批权限

医疗机构不分类别、所有制形式、隶属关系、服务对象，其设置必须符合当地《医疗机构设置规划》，任何单位或者个人设置医疗机构，必须经县级以上地方人民政府卫生计生行政部门审查批准，并取得设置医疗机构批准书，方可向有关部门办理其他手续。

床位在100张以上的综合医院、中医医院、中西医结合医院、民族医医院以及专科医院、疗养院、康复医院、妇幼保健院、急救中心、临床检验中心和专科疾病防治机构的设置审批权限的划分，由省、自治区、直辖市卫生计生行政部门规定；不设床位或者床位不满100张的医疗机构，向所在地的县级人民政府卫生计生行政部门申请；机关、企业和事业单位按照国家医疗机构基本标准设置为内部职工服务的门诊部、诊所、卫生所（室），报所在地的县级人民政府卫生计生行政部门备案。国家统一规划的医疗机构的设置，由国务院卫生计生行政部门决定。

卫生计生行政部门对设置医疗机构申请，应当自受理之日起30日内，依据当地《医疗机构设置规划》及《医疗机构管理条例实施细则》的规定，对符合医疗机构设置规划和医疗机构基本标准的，发给《设置医疗机构批准证书》；对不予批准的要以书面形式告知理由。

设置中外合资合作医疗机构的,其申请获国务院计生卫生行政部门批准后,还需按规定向商务部提出申请,并提交以下材料:①设置申请申报材料及批准文件;②由各方的法定代表人或其授权的代表签署的中外合资、合作医疗机构的合同、章程;③拟设立医疗机构董事会成员名单及合资、合作各方董事委派书;④工商行政管理部门出具的机构名称预先核准通知书;⑤法律、法规和商务部规定的其他材料。商务部应当自受理申请之日起45个工作日内,做出批准或者不批准的书面决定,予以批准的,发给《外商投资企业批准证书》。

(二)设置医疗机构申请不予批准的情形

申请设置医疗机构有下列情形之一的,不予批准:①不符合当地《医疗机构设置规划》;②设置人不符合规定的条件;③不能提供满足投资总额的资信证明;④投资总额不能满足各项预算开支;⑤医疗机构选址不合理;⑥水、污物、粪便处理方案不合理;⑦省、自治区、直辖市卫生计生行政部门规定的其他情形。

第三节 医疗机构的执业登记和校验

一、医疗机构的执业登记

医疗机构执业必须进行登记,领取《医疗机构执业许可证》。医疗机构的执业登记,由批准其设置的人民政府卫生计生行政部门办理。

(一)申请执业登记条件

申请医疗机构执业登记,应当具备下列条件:①有设置医疗机构批准书;②符合医疗机构的基本标准;③有适合的名称、组织机构和场所;④有与其开展的业务相适应的经费、设施和专业卫生技术人员;⑤有相应的规章制度;⑥能够独立承担民事责任。

申请医疗机构执业登记必须填写《医疗机构申请执业登记注册书》,并向登记机关提交下列材料:①《设置医疗机构批准书》或者《设置医疗机构备案回执》;②医疗机构用房产权证明或者使用证明;③医疗机构建筑设计平面图;④验资证明、资产评估报告;⑤医疗机构规章制度;⑥医疗机构法定代表人或者主要负责人以及各科室负责人名录和有关资格证书、执业证书复印件;⑦省级卫生计生行政部门规定提交的其他材料。

申请门诊部、诊所、卫生所、医务室、卫生保健所和卫生站登记的,还应当提交附设药房(柜)的药品种类清单、卫生技术人员名录及其有关资格证书、执业证书复印件以及卫生计生行政部门规定提交的其他材料。

(二) 执业登记事项

医疗机构执业登记的事项:①类别、名称、地址、法定代表人或者主要负责人;②所有制形式;③注册资金(资本);④服务方式;⑤诊疗科目;⑥房屋建筑面积、床位(牙椅);⑦服务对象;⑧职工人数;⑨执业许可证登记号(医疗机构代码);⑩省级卫生计生行政部门规定的其他登记事项。

门诊部、诊所、卫生所、医务室、卫生保健所、卫生站除登记前款所列事项外,还应当核准登记附设药房(柜)的药品种类。

(三) 不予执业登记的情形

申请医疗机构执业登记有下列情形之一的,不予登记:①不符合《设置医疗机构批准书》核准的事项;②不符合《医疗机构基本标准》;③投资不到位;④医疗机构用房不能满足诊疗服务功能;⑤通讯、供电、上下水道等公共设施不能满足医疗机构正常运转;⑥医疗机构规章制度不符合要求;⑦消毒、隔离和无菌操作等基本知识和技能的现场抽查考核不合格;⑧省级卫生计生行政部门规定的其他情形。

(四) 登记的变更与注销

医疗机构变更名称、地址、法定代表人或者主要负责人、所有制形式、注册资金(资本)、服务方式、诊疗科目、床位(牙椅)、服务对象,应当向卫生计生行政部门申请办理变更登记。机关、企业和事业单位设置的为内部职工服务的医疗机构向社会开放,应当按规定申请办理变更登记。

医疗机构因分立或者合并而保留的医疗机构应当申请变更登记;因分立或者合并而新设置的医疗机构应当申请设置许可和执业登记;因合并而终止的医疗机构应当申请注销登记。医疗机构歇业,必须向原登记机关办理注销登记。经登记机关核准后,收缴《医疗机构执业许可证》。医疗机构非因改建、扩建、迁建原因停业超过一年的,视为歇业。医疗机构停业,必须经登记机关批准。除改建、扩建、迁建原因,医疗机构停业不得超过一年。

医疗机构在原登记机关管辖权限范围内变更登记事项的,由原登记机关办理变更登记;因变更登记超出原登记机关管辖权限的,由有管辖权的卫生计生行政部门办理变更登记。在原登记机关管辖区域内迁移，由原登记机关办理变更登记；向原登记机关管辖区域外迁移的，应当在取得迁移目的地的卫生计生行政部门发给的《设置医疗机构批准书》，并经原登记机关核准办理注销登记后，再向迁移目的地的卫生计生行政部门申请办理执业登记。

县级以上地方人民政府卫生计生行政部门自受理执业登记申请之日起45日内，根据本条例和医疗机构基本标准进行审核。审核合格的，予以登记，发给《医疗机构执业许可证》；审核不合格的，将审核结果以书面形式通知申请人。《医疗机构执业许可证》不得伪造、涂改、出卖、转让、出借。若遗失，应当及时申明并向原登记机关申请补发。

二、医疗机构执业登记的校验

《医疗机构管理条例实施细则》第35条规定，床位在100张以上的综合医院、中医医院、中西医结合医院、民族医医院以及专科医院、疗养院、康复医院、妇幼保健院、急救中心、临床检验中心和专科疾病防治机构的校验期为3年；其他医疗机构的校验期为1年。

医疗机构应当于校验期满前3个月向登记机关申请办理校验手续。办理校验应当交验《医疗机构执业许可证》，并提交下列文件：①《医疗机构校验申请书》；②《医疗机构执业许可证》副本；③省、自治区、直辖市卫生计生行政部门规定提交的其他材料。卫生计生行政部门应当在受理校验申请后30日内完成校验。

医疗机构有下列情形之一的，登记机关可以根据情况，给予1~6个月的暂缓校验期：①不符合《医疗机构基本标准》；②限期改正期间；③省级卫生计生行政部门规定的其他情形。

暂缓校验期满仍不能通过校验的，由登记机关注销其《医疗机构执业许可证》。不设床位的医疗机构在暂缓校验期内不得执业。

三、医疗机构的名称管理

（一）医疗机构名称的构成

根据《医疗机构管理条例实施细则》第40条的规定，医疗机构的名称由识别名称和通用名称依次组成。

医疗机构的通用名称为：医院、中心卫生院、卫生院、疗养院、妇幼保健院、门诊部、诊所、卫生所、卫生站、卫生室、医务室、卫生保健所、急救中心、急救站、临床检验中心、防治院、防治站、护理院、护理站、中心以及卫计委规定或者认可的其他名称。

医疗机构可以下列名称作为识别名称：地名、单位名称、个人姓名、医学学科名称、医学专业和专科名称、诊疗科目名称和核准机关批准使用的名称。

（二）医疗机构的命名原则

医疗机构的命名必须符合以下原则：①医疗机构的通用名称以上文所列的名称为限；②上文所列的医疗机构的识别名称可以合并使用；③名称必须名副其实；④名称必须与医疗机构类别或者诊疗科目相适应；⑤各级地方人民政府设置的医疗机构的识别名称中应当含有省、市、县、区、街道、乡、镇、村等行政区划名称，其他医疗机构的识别名称中不得含有行政区划名称；⑥国家机关、企业和事业单位、社会团体或者个人设置的医疗机构的名称中应当含有设置单位名称或者个人的姓名。

（三）医疗机构不得使用的名称

医疗机构不得使用下列名称：①有损于国家、社会或者公共利益的名称；②侵犯他人利益的名称；③以外文字母、汉语拼音组成的名称；④以医疗仪器、药品、医用产品命名的名称；⑤含有"疑难病""专治""专家""名医"或者同类含义文字的名称以及其他宣传或者暗示诊疗效果的名称；⑥超出登记的诊疗科目范围的名称；⑦省级以上卫生计生行政部门规定不得使用的名称。

（四）医疗机构名称的核准

以下医疗机构名称由国务院卫生主管部门核准：①含有外国国家（地区）名称及其简称、国际组织名称的；②含有"中国""全国""中华""国家"等字样以及跨省地域名称的；③各级地方人民政府设置的医疗机构的识别名称中不含有行政区划名称的。

属于中医、中西医结合和民族医医疗机构的，由国家中医药管理局核准。

以"中心"作为医疗机构通用名称的医疗机构名称，由省级以上卫生计生行政部门核准；在识别名称中含有"中心"字样的医疗机构名称的核准，由省级卫生计生行政部门规定。含有"中心"字样的医疗机构名称必须同时含有行政区划名称或者地名。

除专科疾病防治机构以外，医疗机构不得以具体疾病名称作为识别名称，确有需要的由省级卫生计生行政部门核准。

中外合资、合作医疗机构命名应当遵循卫计委发布的《医疗机构管理条例实施细则》规定，名称由所在地地名、识别名和通用名依次组成。中外合资、合作医疗机构不得设置分支机构。

（五）医疗机构名称的使用

医疗机构名称经核准登记，于领取《医疗机构执业许可证》后方可使用，在核准机关管辖范围内享有专用权。医疗机构只准使用一个名称。确有需要，经核准机关核准可以使用两个或者两个以上名称，但必须确定一个第一名称。医疗机构名称不得买卖、出借。未经核准机关许可，医疗机构名称不得转让。

第四节 医疗机构的执业与监督管理

一、医疗机构的执业管理

（一）执业条件

医疗机构执业应当进行登记，领取《医疗机构执业许可证》。任何单位或者个人，未取得《医疗机构执业许可证》，不得开展诊疗活动。为内部职工服务的医疗机构未经许可和变更登记不得向社会开放。医疗机构被吊销或者注销执业许可证后，不得继续开展诊疗活动。

（二）开展诊疗活动的规则

1. 医疗机构执业，必须遵守有关法律、法规和医疗技术规范。

2. 医疗机构必须将《医疗机构执业许可证》、诊疗科目、诊疗时间和收费标准悬挂于明显处所，按照人民政府物价等有关部门核准的收费标准收取医疗费用，详列细项，并出具收据。

3. 医疗机构必须按照核准登记的诊疗项目开展诊疗活动，未经允许不得擅自扩大业务范围。需要诊疗科目的，应当按照规定的程序和要求，办理变更登记手续。

4. 医疗机构的印章、银行账户、版匾以及医疗文件中使用的名称应当与核准登记的医疗机构名称相同；使用两个以上名称的，应当与第一名称相同。

5. 标有医疗机构标识的票据和病历本册以及处方笺、各种检查的申请单、报告单、证明文书单、药品分装袋、制剂标签等不得买卖、出借和转让。医疗机构不得冒用标有其他医疗机构标识的票据和病历本册以及处方笺、各种检查的申请单、报告单、证明文书单、药品分装袋、制剂标签等。

6. 医疗机构工作人员上岗工作，必须佩带载有本人姓名、职务或者职称的标牌。医疗机构不得使用非卫生技术人员从事医疗卫生技术工作。

7. 医疗机构应当严格执行无菌消毒、隔离制度，采取科学有效的措施处理污水和废弃物，预防和减少医院感染。

8. 医疗机构的门诊病历的保存期不得少于 15 年；住院病历的保存期不得少于 30 年。

9. 医疗机构应当按照卫生计生行政部门的有关规定、标准加强医疗质量管理，实施医疗质量保证方案，确保医疗安全和服务质量，不断提高服务水平；应当定期检查、考核各项规章制度和各级各类人员岗位责任制的执行和落实情况；应当经常对医务人员进行"基础理论、基本知识、基本技能"的训练与考核，把"严格要求、严密组织、严谨态度"落实到各项工作中；应当组织医务人员学习医德规范和有关教材，督促医务人员恪守职业道德。

10. 医疗机构对危重病人应当立即抢救。对限于设备或者技术条件不能诊治的病人，应当及时转诊。

11. 未经医师（士）亲自诊查病人，医疗机构不得出具疾病诊断书、健康证明书或者死亡证明书等证明文件；未经医师（士）、助产人员亲自接产，医疗机构不得出具出生证明书或者死产报告书；医疗机构为死因不明者出具的《死亡医学证明书》，只做是否死亡的诊断，不做死亡原因的诊断。

12. 医疗机构在诊疗活动中，应当对患者实行保护性医疗措施，并取得患者家属和有关人员的配合；应当尊重患者对自己的病情、诊断、治疗的知情权利。在实施手术、特殊检查、特殊治疗时，应当向患者作必要的解释；因实施保护性医疗措施不宜向患者说明情况的，应当将有关情况通知患者家属。

13. 医疗机构施行手术、特殊检查或者特殊治疗时，必须征得患者同意，并应当取得其家属或者关系人同意并签字；无法取得患者意见时，应当取得家属或者关系人同意并签字；无法取得患者意见又无家属或者关系人在场，或者遇到其他特殊情况时，经治医师应当提出医疗处置方案，在取得医疗机构负责人或者被授权负责人员的批准后实施。

14. 医疗机构发生医疗事故，按照国家有关规定处理。

15. 医疗机构对传染病、精神病、职业病等患者的特殊诊治和处理，应当按照国家有关法律、法规的规定办理。

16. 医疗机构必须按照有关药品管理的法律、法规，加强药品管理，不得使用假劣药品、过期和失效药品以及违禁药品。

17. 医疗机构必须承担相应的预防保健工作，承担县级以上人民政府卫生计生行政部门委托的支援农村、指导基层医疗卫生工作等任务。

18. 发生重大灾害、事故、疾病流行或者其他意外情况时，医疗机构及其卫生技术人员必须服从县级以上人民政府卫生计生行政部门的调遣。

二、医疗机构的监督管理

（一）医疗机构的监督管理机构及其职责

国务院卫生计生行政部门负责全国医疗机构的监督管理工作。卫生计生行政部门依法独立行使监督管理职权，不受任何单位和个人干涉。县级以上地方人民政府卫生计生行政部门负责本行政区域内医疗机构的监督管理工作。中国人民解放军卫生主管部门依照国家有关规定，对军队的医疗机构实施监督管理。

县级以上人民政府卫生计生行政部门行使下列监督管理职权：①负责医疗机构的设置审批、执业登记和校验；②对医疗机构的执业活动进行检查指导；③负责组织对医疗机构的评审；④对违反《医疗机构管理条例》的行为给予处罚。

县级以上卫生计生行政部门设立医疗机构监督管理办公室，在同级卫生计生行政部门的领导下开展工作，其主要职责是：①拟订医疗机构监督管理工作计划；②办理医疗机构监督员的审查、发证、换证；③负责医疗机构登记、校验和有关监督管理工作的统计，并向同级卫生计生行政部门报告；④负责接待、办理群众对医疗机构的投诉；⑤完成卫生计生行政部门交给的其他监督管理工作。

县级以上卫生计生行政部门设医疗机构监督员，履行规定的监督管理职责，其主要职责是：①对医疗机构执行有关法律、法规、规章和标准的情况进行监督、检查、指导；②对医疗机构执业活动进行监督、检查、指导；③对医疗机构违反条例和本细则的案件进行调查、取证；④对经查证属实的案件向卫生计生行政部门提出处理或者处罚意见；⑤实施职权范围内的处罚；⑥完成卫生计生行政部门交付的其他监督管理工作。

（二）监督管理的主要内容

各级卫生计生行政部门对医疗机构执业活动检查、指导的内容主要包括：①执行国家有关法律、法规、规章和标准情况；②执行医疗机构内部各项规章制度和各级各类人员岗位责任制情况；③医德医风情况；④服务质量和服务水平情况；⑤执行医疗收费标准情况；⑥组织管理情况；⑦人员任用情况；⑧省级卫生计生行政部门规定的其他检查、指导项目。

（三）医疗机构的评审

国家实行医疗机构评审制度，由专家组成的评审委员会按照医疗机构评审办法和评审标准，对医疗机构的基本标准、服务质量、技术水平、管理水平等进行综合评价。

县级以上地方人民政府卫生计生行政部门负责组织本行政区域医疗机构评审委员会，并负责医疗机构评审的组织和管理。医疗机构评审委员会由医院管理、医学教育、医疗、医技、护理和财务等有关专家组成，负责医疗机构评审的具体实施。县级以上中医（药）行政管理部门成立医疗机构评审委员会，负责中医、中西医结合和民族医医疗机构的评审。

县级以上地方人民政府卫生计生行政部门根据评审委员会的评审意见，对达到评审标准的医疗机构，发给评审合格证书；对未达到评审标准的医疗机构，提出处理意见。

医疗机构评审包括周期性评审、不定期重点检查。医疗机构评审办法和评审标准由国务院卫生计生行政部门制定。

第五节　法律责任

一、未取得《医疗机构执业许可证》擅自执业

对未取得《医疗机构执业许可证》擅自执业的，由县级以上人民政府卫生计生行政部门责令其停止执业活动，没收非法所得和药品、器械，并处以

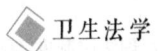

3000元以下的罚款。

有下列情形之一的，责令其停止执业活动，没收非法所得和药品、器械，处以3000元以上1万元以下的罚款：①因擅自执业曾受过卫生计生行政部门处罚；②擅自执业的人员为非卫生技术专业人员；③擅自执业时间在3个月以上；④给患者造成伤害；⑤使用假药、劣药蒙骗患者；⑥以行医为名骗取患者钱物；⑦省级卫生计生行政部门规定的其他情形。

二、逾期不校验《医疗机构执业许可证》又不停止诊疗活动

医疗机构逾期不校验《医疗机构执业许可证》又不停止诊疗活动的，县以上卫生计生行政部门责令其限期补办校验手续；在限期内仍不办理校验的，吊销其《医疗机构执业许可证》。

三、出卖、转让、出借《医疗机构执业许可证》

医疗机构转让、出借《医疗机构执业许可证》的，由县级以上人民政府卫生计生行政部门没收非法所得，并处以3000元以下的罚款。

有下列情形之一的，没收非法所得，处以3000元以上5000元以下的罚款，并吊销《医疗机构执业许可证》：①出卖《医疗机构执业许可证》；②转让或者出借《医疗机构执业许可证》是以营利为目的；③受让方或者承借方给患者造成伤害；④转让、出借《医疗机构执业许可证》给非卫生技术专业人员；⑤省级卫生计生行政部门规定的其他情形。

四、诊疗活动超出登记范围

除急诊和急救外，医疗机构诊疗活动超出登记的诊疗科目范围，情节轻微，由县级以上人民政府卫生计生行政部门处以警告。

有下列情形之一的，责令其限期改正，并可处以3000元以下罚款：①超出登记的诊疗科目范围的诊疗活动累计收入在3000元以下；②给患者造成伤害。

有下列情形之一的，处以3000元罚款，并吊销《医疗机构执业许可证》：①超出登记的诊疗科目范围的诊疗活动累计收入在3000元以上；②给患者造成伤害；③省级卫生计生行政部门规定的其他情形。

五、任用非卫生技术人员从事医疗卫生技术工作

医疗机构任用非卫生技术人员从事医疗卫生技术工作的，由县级以上人民政府卫生计生行政部门责令立即改正，并可处以 3000 元以下的罚款。

有下列情形之一的，处以 3000 元以上 5000 元以下罚款，并可以吊销其《医疗机构执业许可证》：①任用两名以上非卫生技术人员从事诊疗活动；②任用的非卫生技术人员给患者造成伤害。

医疗机构使用卫生技术人员从事本专业以外的诊疗活动的，按使用非卫生技术人员处理。

六、出具虚假证明文件

医疗机构出具虚假证明文件，情节轻微的，给予警告，并可处以 500 元以下的罚款。

有下列情形之一的，处以 500 元以上 1000 元以下的罚款：①出具虚假证明文件造成延误诊治的；②出具虚假证明文件给患者精神造成伤害的；③造成其他危害后果的。对直接责任人员由所在单位或者上级机关给予行政处分。

七、对其他违法情形的处罚

医疗机构有下列情形之一的，卫生计生行政部门可以责令其限期改正：①发生重大医疗事故；②连续发生同类医疗事故，不采取有效防范措施；③连续发生原因不明的同类患者死亡事件，同时存在管理不善因素；④管理混乱，有严重事故隐患，可能直接影响医疗安全；⑤省、自治区、直辖市卫生计生行政部门规定的其他情形。

思考题

1. 医疗机构的概念。
2. 有哪些情形不得申请设置医疗机构？
3. 申请医疗机构执业登记应具备哪些条件？
4. 医疗机构的命名原则和不得使用的名称。
5. 医疗机构开展诊疗活动有哪些规则？

第四章
执业医师法律制度

掌握：执业医师的考试和注册制度，以及医师执业规则。
熟悉：医师的考核和培训制度。
了解：执业医师法的适用范围及违反执业医师法应承担的法律责任。

第一节 概 述

一、执业医师法的概念

执业医师法是在调整、加强医师队伍建设，提高医师职业道德和业务素质，保障医师的合法权益和保护人民健康活动中产生的各种社会关系的法律规范的总称。

医师包括执业医师和执业助理医师。前者是指依法取得执业医师资格并经注册，在医疗、预防、保健机构中按照其注册的执业类别和范围独立从事相应的医疗工作的医务人员；后者是指依法取得执业助理医师资格并经注册，在医疗、预防、保健机构中，在执业医师的指导下，按照其注册的执业类别和范围从事活动的医务人员。

医师应当具备良好的职业道德和执业水平，发扬人道主义精神，履行防病治病、救死扶伤、保护人民健康的神圣职责，全社会应当尊重医师。医师依法履行职责，受法律保护。

20世纪20年代开始，我国出现了对医师执业管理的单行法律，如1929年颁布的《医师暂行条例》；1931年颁布的《高等考试西医师考试条例》，

1934 年颁布的《医师法》。

新中国成立后，人民政府和有关部门相继颁布了一些法律和法规。如 1951 年，经当时的政务院批准，卫生部相继颁布了《医师暂行条例》《中医师暂行条例》等。党的十一届三中全会以后，卫生部制定发布了一系列规范性文件，使医师执业管理法律法规逐步完善，如《卫生技术人员职称及晋升条例（试行）》(1979 年)、《医院工作人员职责》(1982 年)、《医师、中医师个体开业暂行管理办法》(1988 年)、《外国医师来华短期行医暂行管理办法》(1993 年) 等。1998 年 6 月 26 日，第九届全国人大常委会第三次会议通过了《中华人民共和国执业医师法》（以下简称《执业医师法》)，自 1999 年 5 月 1 日起施行。为了贯彻实施《执业医师法》，卫生部 1999 年成立了国家医师资格考试委员会，发布了《医师资格考试暂行办法》《医师执业注册暂行办法》《关于医师执业注册中执业范围的暂行规定》等配套规章，标志着我国的执业医师管理走上了法制化、规范化的轨道。

二、执业医师法的制定意义

1. 有利于提高医师的必备素质。由于医疗、预防保健活动关系到人民群众的生命健康，医师需要利用自己所掌握的医学知识和技术为人们提供医疗、保健服务，这就要求医师不仅应遵守社会公共道德，还必须遵守与其职业性质和职业活动相适应的职业道德，而且还要具有良好的执业水平。医师执业水平更是直接关系到人民群众的生命健康，《执业医师法》建立了国家医师资格考试制度、医师执业注册制度和考核培训制度以及继续医学教育制度，这些制度的建立严格了医师队伍的入门资格，从而保障了进入医师行业的人具有基本的医疗执业水平，加强了对医师执业的经常性管理，保障了医师执业水平的逐步提高，激励医师不断提高自己的业务技术水平，如果达不到要求则不得继续执业。职业医师要在实践中不断接受医学继续教育，努力钻研业务，更新知识，提高专业技术水平。《执业医师法》中的这些规定将促进医师队伍整体素质的不断提高，从而为广大人民群众提供满意的医疗服务。

2. 有利于保护人民群众的生命健康。保护人民健康是国家医疗卫生事业的宗旨，由于医师是我国医疗卫生技术人员队伍的主体，医师执业直接关系到人民的健康。截至 1998 年底，我国从事医疗、预防、保健工作的各级各类医师已达约151.4万人、医士约48.5万人。《执业医师法》对执业医师的职业道德和业务素质建设进行了法制化管理，使得医师必须具有良好的职业道德和医疗执业水平，从而使人民的生命和健康得到切实保护。

3. 有利于医师合法权益的保护。医师依法履行职责时，其合法权益应受法律保护。医师的合法权益，主要是指医师除了作为公民应享有的权利以外，还应享有与医师执业活动相联系的特定的权利。《执业医师法》对医师在执业活动中应享有的权利做了具体的规定，明确了侵害医师合法权益的行为应承担的法律责任，用法律手段使医师的合法权益受到了有效的保护。

4. 有利于加强医师队伍的管理和建设。在医师队伍建设方面仍存在一些不容忽视的问题，如有些医师存在着较严重的医德、医风问题，医患矛盾反应比较强烈，对个体行医者的管理还存在薄弱环节等。《执业医师法》将医师队伍的建设和管理纳入法制化轨道，明确规定了医师管理的一系列制度，如医师资格考试和执业注册制度、考核培训制度等，这些制度的建立有利于医师队伍的建设。同时，还明确规定了医师的权利义务以及执业规则，如遵守卫生行政规章制度和技术操作规范，不得利用职务之便索取、非法收受患者财务或牟取其他不正当利益等。

三、执业医师法的适用范围

执业医师法的适用范围，是指在医疗、预防、保健机构中工作的，依法取得执业医师资格考试或者执业助理医师资格，经注册取得医师执业证书，从事相应的医疗、预防、保健业务的专业医务人员。执业医师法规定医师的执业资格制度，是社会主义市场经济体制改革的一项重要措施，是国家对重要岗位专业技术人员执业的准入控制，对提高医师队伍素质，加强医师岗位管理，规范医师执业活动有着重要的作用。

四、执业医师工作的管理

《执业医师法》规定，国务院卫生行政部门主管全国的医师工作，县级以上地方人民政府卫生行政部门负责管理本行政区域内的医师工作。

2002年1月9日，中国医师协会成立。中国医师协会的成立，打破学会、协会中严格的专业界限，其中容纳了西医、中医、中西医结合医、民族医等，标志着我国医师队伍的管理将发生深刻的变化，将由目前单一的卫生行政管理模式，逐步过渡到卫生行政管理和行业自律管理的协同模式。据有关部门的统计，我国执业医师人数已超过200万人。

卫生行政部门对医师的管理主要包括：①医师资格考试由国务院卫生行政部门统一组织实施；②医师执业注册由各地县级以上人民政府卫生行政部门受理审查，并发给国务院卫生行政部门统一印制的《医师执业证书》；③《医师执业证书》的变更权、注销权由卫生行政部门统一行使；④县级以上人民政府卫生行政部门负责指导考核，并对考核不合格的医师进行处罚；⑤对医师的培训也由卫生行政部门统一制定计划并组织实施；⑥县级以上人民政府卫生行政部门有权对医师在执业活动中的行政违法行为进行调查，并进行行政处罚。

传统医学师资和确有专长人员的资格认定和考核由省级中医药主管部门组织，各考核机构具体实施，其医师资格考试的组织管理与实施，按《医师资格考试暂行办法》的有关规定执行。

第二节　医师资格考试和执业注册

一、医师资格考试

（一）医师资格考试的种类

《执业医师法》规定，国家实行医师资格考试制度。医师资格考试是评价申请医师资格者是否具备执业所必需的专业知识与技能的考试，是医师执业的准入考试。医师资格考试实行统一办法、统一标准、统一组织。考试办法由国务院卫生行政部门制定。考试由省级以上人民政府卫生行政部门组织实施。

我国医师资格考试的种类包括两种：执业医师资格考试和执业助理医师资格考试。考试的类别分为临床医师、中医（包括中医、民族医、中西医结合）师、口腔医师、公共卫生医师四类。考试方式分为实践技能考试和医学综合笔试。

（二）医师资格考试的条件

根据我国《执业医师法》和《医师资格考试报名资格规定》（2014版）（国卫医发〔2014〕11号），报名条件如下：

1. 参加执业医师资格考试的条件。 具有下列条件之一的，可以参加执业医师资格考试：①具有高等学校医学专业本科以上学历（是指国务院教育行政部门认可的各类高等学校医学专业本科以上的学历），在执业医师指导下，在医疗、预防、保健机构中试用期满1年；②取得执业助理医师执业证书后，具有高等学校医学专科学历（是指省级以上教育行政部门认可的各类高等学校医学专业专科学历），在医疗、预防、保健机构中工作满2年；③具有中等专业学校医学专业学历（是指经省级以上教育行政部门认可的各类中等专业学校医学专业中专学历），在医疗、预防、保健机构中工作满5年；④以师承方式学习传统医学满3年或者经多年实践医术确有专长的，经县级以上人民政府卫生行政部门确定的传统医学专业组织或者医疗、预防、保健机构考核合格并推荐；⑤在1998年6月26日前获得医士专业技术职务资格，后又取得执业助理医师资格，医士从业时间和取得执业助理医师执业证书后执业时间累计满5年。

2. 执业助理医师考试报名条件。 根据《执业医师法》的规定，具有下列条件之一的，可以参加执业助理医师资格考试：①具有高等学校医学专业专科学历或者中等专业学校医学专业学历，在执业医师指导下，在医疗、预防、保健机构中试用期满1年；②以师承方式学习传统医学满3年或者经多年实践医术确有专长的，经县级以上人民政府卫生行政部门确定的传统医学专业组织或者医疗、预防、保健机构考核合格并推荐。

3. 其他参加医师资格考试的条件。

（1）军队人员参加医师资格考试具有《执业医师法》第9、10条规定的条件的，可以参加医师资格考试。军队参加医师资格考试的人员，应当在规定的时间内向所在单位报名，填写军队人员医师资格考试报名表。经军队团级以上单位政治机关干部部门和后勤机关卫生部门或者团级以上医疗、预防、保健机构医务部门和政治部门审核符合条件的，由团级以上单位后勤机关卫生部门或者团级以上医疗、预防、保健机构的医务部门，到所在地县级以上人民政府部门具体办理报名手续，并组织参加资格考试。

（2）传统医学师承和确有专长人员参加医师资格考试的条件以师承方式学习传统医学满3年或者经多年实践医术确有专长的，经县级以上卫生行政部门确定的传统医学专业组织或者医疗、预防、保健机构考核合格并推荐，可以参加执业医师资格或者执业助理医师资格考试。《执业医师法》第45条规定，在乡村医疗卫生机构中向村民提供预防、保健和一般医疗服务的乡村医生，符合有关规定的可以依法取得执业医师资格或执业助理医师资格。

师承人员应当具有高中以上文化程度或者具有同等学力，并连续跟师学习满3年。师承人员的指导老师应当同时具备下列条件：①具有中医类别中医或者民族医专业执业医师资格；②从事中医或者民族医临床工作15年以上，或者具有中医或者民族医副主任医师以上专业技术职务任职资格；③有丰富的临床经验和独特的技术专长；④遵纪守法，恪守职业道德，信誉良好；⑤在医疗机构中坚持临床实践，能够完成教学任务。且师承人员应当与指导老师签订由国家中医药管理局统一式样的师承关系合同。该合同应当经县级以上公证机构公证，跟师学习时间自公证之日起计算。指导老师同时带教师承人员不得超过两名。师承人员跟师学习的形式、内容，由省级中医药管理部门制定。出师考核内容应当包括职业道德和业务水平，重点是传统医学专业基础知识与基本技能，学术经验、技术专长继承情况；方式包括综合笔试和临床实践技能考核。具体考核内容、标准及办法由国家中医药管理局制定。

省级中医药管理部门对申请出师考核者提交的材料进行审查，符合考核条件的，发放准考证；不符合考核条件的，在受理申请后15个工作日内向申请出师考核者说明理由。出师考核每年进行一次，具体时间由省级中医药管理部门确定，考核工作开始前3个月在辖区内进行公告。出师考核合格者由省级中医药管理部门颁发由国家中医药管理局统一式样的《传统医学师承出师证书》。

申请确有专长考核的，应当同时具备以下条件：①依法从事传统医学临床实践5年以上；②掌握独具特色、安全有效的传统医学诊疗技术。

确有专长考核内容应当包括职业道德和业务水平，重点是传统医学专业基础知识及掌握的独特诊疗技术和临床基本操作；方式包括综合笔试和临床实际本领考核。具体考核内容、标准及办法由国家中医药管理局制定。

确有专长考核每年进行一次，具体时间由设区的市级卫生行政部门、中医药管理部门确定，考核工作开始前3个月在辖区内进行公告。核合格者由负责组织考核的卫生行政部门、中医药管理部门发给由国家中医药管理局统一式样的《传统医学医术确有专长证书》，并报省级中医药管理部门备案。

依据《中医医术确有专长人员医师资格考核注册管理暂行办法》第 6 条的规定，经多年中医医术实践的，申请参加医师资格考核应当同时具备下列条件：①具有医术渊源，在中医医师指导下从事中医医术实践活动满五年或者《中华人民共和国中医药法》施行前已经从事中医医术实践活动满五年的；②对某些病证的诊疗，方法独特、技术安全、疗效明显，并得到患者的认可；③由至少两名中医类别执业医师推荐。

（三）考试的组织与管理

卫计委医师资格考试委员会，负责全国医师资格考试工作。各省、自治区、直辖市卫生行政部门牵头成立医师资格考试领导小组，负责本辖区的医师资格考试工作。具体考务的组织与管理由国家医学考试中心、考区、考点三级分别负责任。

（四）医师资格证书的取得

医师资格，是指国家确认的、准予从事医师职业的资格，是公民从事医师职业必须具备的条件和身份。医师资格证书是证明某人具有医师资格的法律文件，必须依法取得。对参加全国统一的执业医师资格考试或者执业助理医师资格考试，成绩合格的，授予执业医师资格或者执业助理医师资格，由省级卫生行政部门颁发卫计委统一印制的《医师资格证书》。医师资格一经合法取得，就不得非法剥夺。

二、医师执业注册制度

我国《执业医师法》第 13 条规定，国家实行医师执业注册制度。卫计委负责全国医师执业注册监督管理工作。县级以上地方卫生行政部门是医师执业注册的主管部门，负责本行政区域内的医师执业注册监督管理工作。根据法律规定，凡取得执业医师资格或者执业助理医师资格的，均可申请医师执业注册。医师经注册取得《医师执业证书》后，方可按照注册的地点、执业类别、执业范围，从事相应的医疗、预防、保健活动。未经注册取得《医师执业证书》者，不得从事医疗、预防、保健活动。

（一）申请

凡取得执业医师资格或者执业助理医师资格的，均可向所在地县级以上卫生行政部门申请医师执业注册。拟在医疗、保健机构中执业的人员，应当向批准该机构执业的卫生行政部门申请注册。拟在预防机构中执业的人员，应当向该机构的同级卫生行政部门申请注册。拟在机关、企业和事业单位的医疗机构中执业的人员，应该向核发该机构《医疗机构执业许可证》的卫生行政部门申请。申请医师执业注册，应当提交下列材料：①医师执业注册申请审核表；②二寸免冠正面半身照片两张；③《医师资格证书》；④注册主管部门指定的医疗机构出具的申请人6个月内的健康体检表；⑤申请人身份证明；⑥医疗、预防、保健机构的拟聘用证明；⑦省级以上卫生行政部门规定的其他材料。

重新申请注册的，除提交前款第②~⑦项规定的材料外，还应提交医师重新执业注册申请审核表和县级以上卫生行政部门指定的医疗、预防、保健机构或者组织出具的业务水平考核结果证明。

获得执业医师资格或执业助理医师资格后2年内未经注册者，申请注册时，还应提交在省级以上卫生行政部门指定的机构接受3~6个月的培训，并提交经考核合格的证明。

执业助理医师取得执业医师资格后，继续在医疗、预防、保健机构中执业的，应当按照《医师执业注册管理办法》的规定，申请执业医师注册。申请人应当提交下列材料：①医师执业注册申请审核表；②近6个月二寸白底免冠正面半身照片；③医疗、预防、保健机构的聘用证明；④省级以上卫生计生行政部门规定的其他材料。

取得医师资格的军队医师，可以向所在军区级单位政治机关干部部门和后勤机关卫生部门申请医师执业注册。军区级医疗、预防、保健机构可以为本机构中的医师集体办理注册手续。

（二）审核与注册

主管部门应当自收到注册申请之日起30日内，对申请人提交的申请材料进行审核。审核合格的，予以注册，并发给国务院卫生计生行政部门统一印制的《医师执业证书》。对不符合注册条件的，注册主管部门应当自收到注册申请之日起30日内，书面通知申请人，并说明理由。申请人如有异议的，可以依法申请行政复议或者向人民法院提起行政诉讼。

申请医师执业注册的军队医师应当填写军队医师执业注册申请表，由团级以上单位后勤机关卫生部门或者团级以上医疗、预防、保健机构的医务部门逐级上报至军区级单位后勤机关卫生部门，由军区级单位政治机关干部部门和后勤机关卫生部门共同审核。除有《执业医师法》第 15 条规定的情形外，军区级单位政治机关干部部门和后勤机关卫生部门类别、执业范围依法执业。县级以上地方人民政府卫生行政部门对个体行医的医师，应当按照国务院卫生行政部门的规定，经常监督检查，凡发现有《执业医师法》第 16 条规定的情形的，应当及时注销注册，收回医师执业证书。

被注销注册的当事人有异议的，可以自收到注销注册通知之日起 15 日内，依法申请复议或者向人民法院提起诉讼。

第三节　医师执业规则

一、医师在执业活动中享有的权利

法律意义上的医师执业权利，是指取得医师资格、依法注册的医师在执业活动中依法所享有的权利，是医师能够做出或不做出一定行为，以及要求他人相应做出或不做出一定行为的许可和保障，并为法律所确认、设定和保护。

根据《执业医师法》第 21 条的规定，医师在执业活动中享有的权利为：

1. 在注册的执业范围内，进行医学诊查、疾病调查、医学处置，出具相应的医学证明文件，选择合理的医疗、预防、保健方案。

2. 按照国务院卫生行政部门规定的标准，获得与本人执业活动相当的医疗设备的基本条件。

3. 从事医学研究、学术交流，参加专业学术团体。

4. 参加专业培训，接受继续医学教育。

5. 在执业活动中，人格尊严、人身安全不受侵犯。

6. 获取工资报酬和津贴，享受国家规定的福利待遇。

7. 对所在机构的医疗、预防、保健工作和卫生行政部门的工作提出意见和建议参与所在机构的民主管理。

二、医师在执业活动中应履行的义务

医师执业义务，是指医师在执业过程中必须履行和遵守的责任。医师的

义务与医师的权利相对应，和医师的执业活动密切相关。

根据《执业医师法》第22条的规定，医师在执业活动中应当履行的义务有：①遵守法律、法规，遵守技术操作规范；②树立敬业精神，遵守职业道德，履行医师职责，尽职尽责为患者服务；③关心、爱护、尊重患者，保护患者的隐私；④努力钻研业务，更新知识，提高专业技术水平；⑤宣传卫生保健知识，对患者进行健康教育。

三、医师执业规则

根据《执业医师法》的规定，医师在执业活动中应遵守的执业规则主要是：

1. 医师实施医疗、预防、保健措施，签署有关医学证明文件时，必须亲自诊查、调查并按照规定及时填写医学文书，不得隐匿、伪造或者销毁医学文书及有关材料，不得出具与自己执业范围无关或者与执业类别不相符的医学证明文件。

2. 对危急患者，医师应当采取紧急措施进行诊治，不得拒绝急救处置。

3. 医师应当使用经国家有关部门批准使用的药品、消毒药剂和医疗器械。除正当诊断治疗外，不得使用麻醉药品、医疗用毒性药品、精神药品和放射性药品。

4. 医师应当如实向患者或其家属介绍病情，但应注意避免对患者产生不利后果。医师进行实验性临床医疗前应当经医院批准并征得患者本人或其家属同意。

5. 医师不得利用职务之便索取、非法收受患者财物或者牟取其他不正当利益。

6. 遇有自然灾害、传染病流行、突发重大伤亡事故及其他严重威胁人民生命健康的紧急情况时，医师应当服从县级以上人民政府卫生行政部门的调遣。

7. 医师发生医疗事故或者发现传染病疫情时，应当按照有关规定及时向所在机构或者卫生行政部门报告；医师发现患者涉嫌伤害事件或者非正常死亡时，应当按照有关规定向有关部门报告。

第四节 执业医师的考核和培训

一、执业医师的考核

1. 考核的概念。考核，是指一定的组织按照事先确定的原则、内容、方法和程序对所属的工作人员进行的考察和评价活动。医师考核是指医疗机构或者有关组织对医师的考核，它是对医师进行管理的重要的一环。考核的结果将作为卫生主管部门和医疗机构对医师进行奖惩、职称评定、职务晋升、培训等项管理的依据。

2. 考核的主体。《执业医师法》第32条规定，县级以上人民政府卫生行政部门负责指导、检查和监督医师考核工作。县级以上人民政府卫生行政部门委托的医疗、预防、保健机构或者医疗机构评审委员会、医师协会或者其他医学专业组织负责对医师的业务水平、工作成绩和职业道德状况进行定期考核。

3. 考核的标准、形式和内容。医师考核标准是医师的执业标准，包括医师的执业规则以及医师的其他行业标准。医师考核实行定期考核，平时考核是定期考核的依据。考核内容包括：①业务水平，医师从事本职工作所具备的知识和技能；②工作成绩，医师完成工作的数量和质量；③职业道德，考察医师是否遵守医德规范。

4. 考核的结果。考核机构应当将考核结果报告准予注册的卫生行政部门备案。对考核不合格的医师，县级以上卫生行政部门可以责令其暂停执业活动3~6个月，并接受培训和继续医学教育。暂停执业活动期满，再次进行考核，对考核合格的，允许其继续执业，对考核不合格的，由县级以上人民政府卫生行政部门注销注册，收回医师执业证书。《执业医师法》第5条还规定国家要对在医疗、预防、保健工作中做出贡献的医师给予奖励。医师在执业活动中有下列情形之一的，由县级以上人民政府卫生行政部门给予表彰或奖励：①在执业活动中，医德高尚，事迹突出的；②对医学专业技术的重大突破做出显著贡献的；③遇有自然灾害、传染病流行、突发重大伤亡事故及其他严重威胁人民生命健康的紧急情况时，救死扶伤、抢救治疗表现突出的；④长期在边远贫困地区、少数民族地区等条件艰苦的基层单位努力工作的；⑤国务院卫生行政部门规定应当予以表彰或奖励的其他情形。奖励是对表现突出或者业绩突出的医师给予的荣誉或物质上的鼓励。对医师的奖励是将现代管理科学中的激励机制引入医师的管理领域中。

二、执业医师的培训

执业医师的培训，是指以提高医师的业务水平和素质为目的的各种教育和训练活动。它是一种以学习新理论、新技术、新方法为主的继续医学教育。

1. 执业医师培训的对象和形式。医师培训的对象是通过规范或非规范的医学专业学习毕业后，正在从事医学专业技术工作的各类医务人员。包括执业医师、执业助理医师以及其他医务人员。培训的内容要适应各类医务人员的实际需要，具有针对性、实用性和先进性，应以现代医学科学发展中的新理论、新知识、新技术和新方法为重点。培训形式包括参加学术会议、学术讲座、专题讨论会、专题学习班、专题调研和考察、安全分析讨论会、临床病理讨论会、技术操作示教、短期或长期培训等。培训应以短期和业余为主。

2. 执业医师培训的具体内容。内容包括人民政府卫生行政部门对医师实施培训和继续医学教育职责，以及医疗、预防、保健机构对医师实施培训和继续医学教育职责的规定：

（1）县级以上人民政府卫生行政部门应当制定医师培训计划，对医师进行各种形式的培训，为医师接受继续医学教育提供条件，应当采取有力措施，对在农村和少数民族地区从事医疗、预防、保健业务的医务人员实施培训。

（2）医疗、预防、保健机构应当按照规定和计划保证本机构医师能够接受培训及继续医学教育，县级以上人民政府卫生行政部门委托的承担医师考核任务的医疗卫生机构应当为医师的培训和接受继续医学教育提供和创造条件。

第五节　法律责任

按照违法行为的性质和危害程度，可以将法律责任分为：刑事责任、民事责任和行政责任。医师执业中的法律责任主要有：

一、采取不正当手段取得医师执业证书的违法行为的法律责任

以不正当手段取得《医师执业证书》的行为，主要是指违反《执业医师

法》关于医师注册制度的规定而取得医师执业证书的行为，它主要包括以下几种行为：

1. 没有取得医师法所规定的医师资格的。如未参加医师资格考试，伪造考试成绩合格证书，或在医师资格考试中作弊，骗取考试合格证书、进而经注册取得执业证书的；以及不具备《执业医师法》第9、10、11条所规定的条件，而参加医师资格考试，进而取得执业证书的。

2. 本来具有《执业医师法》第15条规定不予注册的情形，却加以隐瞒、骗取注册，进而获取执业证书的行为。如当事人曾受到吊销《医师执业证书》的处罚还未满2年。当事人本人或医疗、预防、保健机构负责为本机构的医师集体办理注册手续的有关人员却隐瞒了这一情况，向卫生部门申请注册；或当事人患有某种传染病，身体状况不符合国务院卫生行政部门规定的条件，却隐瞒情况，骗取执业证书的。

3. 行政部门的工作人员徇私舞弊，弄虚作假的。明知当事人未取得医师资格，或具有《执业医师法》第15条规定的不予注册的情形，却准予其注册，并给其颁发《医师执业证书》的。

4. 卫生行政部门工作人员玩忽职守，因工作疏忽大意未发现当事人具有《执业医师法》第15条规定的情形，准予其注册并给其颁发执业证书的。

对于上述四种以不正当手段取得的《医师执业证书》，应由发给证书的卫生行政部门予以吊销；对负有直接责任的主管人员和其他直接责任人员（主要是指医疗、预防、保健机构的主管人员和有关人员以及卫生行政部门的工作人员）依法给予行政处分。

二、医师在执业活动中的违法行为及其应承担的法律责任

（一）医师在执业活动中的违法行为

医师在执业活动中的违法行为主要有：①违反卫生行政规章制度或者技术操作规范，造成严重后果的；②由于不负责任延误急危患者的抢救和诊治，造成严重后果的；③造成医疗责任事故的；④未经亲自诊查、调查，签署诊断、治疗、流行病学等证明文件或者有关出生、死亡等证明文件的；⑤隐匿或者擅自销毁医学文书及有关资料的；⑥使用未经批准使用的药品、消毒药剂和医疗器械的；⑦不按照规定使用麻醉药品、医疗用毒性药品、精神药品

和放射性药品的;⑧未经患者或者其家属同意,对患者进行实验性临床医疗的;⑨泄露患者隐私,造成严重后果的;⑩利用职务之便非法收受患者财物或者牟取其他不正当利益的;⑪发生自然灾害、传染病流行、突发重大的伤亡事故以及其他严重威胁人民生命健康的情况时,不服从卫生行政部门调遣的;⑫发生医疗事故或者发现传染病疫情,患者涉嫌伤害事件或者非正常死亡,不按照规定报告的。

(二) 对违法行为所应承担的法律责任

1. 行政责任。

(1) 以不正当手段取得《医师执业证书》的,由发给证书的卫生行政部门吊销;对负有直接责任的主管人员和其他直接责任人员,依法给予行政处分。

(2) 未经批准擅自开办医疗机构行医或者非医师行医的,由县级以上人民政府卫生行政部门予以取缔,没收其违法所得及其药品、器械,并处10万元以下的罚款;对医师吊销其执业证书。

(3) 阻碍医师依法执业,侮辱、诽谤、威胁、殴打医师或者侵犯医师人身自由、干扰医师正常工作、生活的,依照治安管理处罚法的规定给予治安行政处罚。

(4) 医疗、预防、保健机构对属于注销注册情形而未履行报告职责,导致严重后果的,由县级以上卫生行政部门给予警告,并对该机构的主要负责人依法给予行政处分。

(5) 卫生行政部门工作人员或者医疗、预防、保健机构工作人员违反执业医师法的有关规定作假、玩忽职守、滥用职权、徇私舞弊,不构成犯罪的,依法给予行政处分。

2. 民事责任。《执业医师法》规定,医师在医疗、预防、保健工作中造成事故的,依照法律或者国家有关规定处理。未经批准擅自开办医疗机构行医或者非医师行医,给患者造成损害的,依法承担赔偿责任。使患者的身体健康遭到损害的,非法行医的公民或单位应承担当事人的医疗费、生活补助费、误工工资等损害赔偿责任;造成当事人死亡的,还应承担死者的丧葬费、遗属抚恤金等。

3. 刑事责任。对诸种违法行为依照刑法构成犯罪时,应依法追究刑事责任。

(1) 由于不负责延误患者的抢救和诊治,造成严重后果构成犯罪的,依法追究刑事责任。《刑法》第335条规定：医务人员由于严重不负责任，造成就诊人死亡或严重损害就诊人身体健康的，处3年以下有期徒刑或者拘役。"就诊人"是指到医疗机构治疗疾患、进行身体健康检查或者为计划生育而进行医疗的人。"严重不负责任"是指医务人员在对就诊人进行医疗护理或身体健康检查的过程中，在履行职责的范围内，对于应当可以防止出现的危害结果，由于其不负责而出现严重损害就诊人身体健康的后果。其表现为：对就诊人的生命和健康采取漠不关心的态度，不及时救治；严重违反明确的操作规程；经别人指出，仍不改正对就诊人的错误处置等。对不是因严重不负责任，而是由于其他原因造成医疗事故的不构成本罪。

（2）利用职务之便，索取、非法收受患者财物或者牟取其他不正当利益的，构成犯罪的，依法追究刑事责任。《刑法》规定：国家工作人员利用职务上的便利，索取他人财物的，或者非法收受他人财物，为他人牟取利益的，是受贿罪。这里的"利用职务上的便利"是指受贿人利用职权为行贿人办事，至于为他人牟取的利益是否正当，为他人牟取的利益是否实现，不影响本罪的成立。

（3）医务人员因弄虚作假、玩忽职守、滥用职权、徇私舞弊，构成犯罪的追究刑事责任。《刑法》第336条规定，未取得医师执业资格的人非法行医，情节严重的，处3年以下有期徒刑、拘役或者管制，并处或者单处罚金。严重损害就诊人身体健康的，处3年以上10年以下有期徒刑并处罚金。造成就诊人死亡的，处10年以上有期徒刑并处罚金。未取得医师执业资格的人擅自为他人进行节育复通手术、假节育手术、终止妊娠手术或者摘取宫内节育器，情节严重的，处3年以下有期徒刑、拘役或者管制，并处或者单处罚金；严重损害就诊人身体健康的，处3年以上10年以下有期徒刑并处罚金。造成就诊人死亡的，处10年以上有期徒刑并处罚金。

思考题

1. 简述执业医师法和执业医师的概念。
2. 简述参加执业医师资格考试人员的条件。
3. 简述执业医师的权利和义务。
4. 简述执业医师执业规则。
5. 简述违反执业医师法的法律责任。

第五章
执业药师法律制度

> **学习目标**
> 掌握：执业药师的考试和注册制度，以及药师执业规则。
> 熟悉：药师考核和培训制度。
> 了解：执业药师的概念，以及违反执业法律药师应承担的法律责任。

第一节 概　述

一、执业药师的概念

执业药师，是指经全国统一考试合格，取得《执业药师资格证书》并经注册登记，在药品生产、经营、使用单位中执业的药学技术人员。

二、执业药师法律制度

我国执业药师法律包括行政法规、部门规章、地方性法规和规章以及其他规范性法律文件。1994年3月15日，人事部、国家药品监督管理局联合颁发《执业药师资格制度暂行规定》，确定在药品生产和流通领域实行执业药师执业准入制度，以确保药品质量、保障人民用药安全有效。1994年11月18日，国家药品监督管理局发布了《执业药师注册登记管理办法》《执业药师岗位设置和职责规范》《执业药师注册登记管理办法》，规定了执业药师资格实行注册登记制度。未经登记注册，任何人不得使用"执业药师"名称。注册超过有效期，执业药师资格证书失效。《执业药师岗位设置和职责规范》规定各药品生产经营企业必须在关键岗位配备执业药师，并对执业药师的职责、素质、业务能力等提出了要求。1999年4月1日，人事部、国家药品监督管理局修订并颁发《执业药师资格制度暂行规定》和《执业药师资格考试实施办法》，规定执业药师资格制度实行全国统一大纲、统一考试、统一注册、统一管理、分类执业；从事药品生产、经营、使用的单位均应配备相应的执业药师，并以此作为开办药品生产、经营、使用单位的必备条件之一。

2000年4月14日，国家药品监督管理局修订并颁发的《执业药师注册管理暂行办法》，该办法规定执业药师按照执业类别、执业范围、执业地区注册。2000年1月1日，实行《执业药师继续教育管理暂行办法》。2001年7月13日，人事部、卫生部、国家药品监督管理局颁布了《执业药师资格（药品使用单位）认定办法》。2001年8月，实行《国家执业药师资格制度2001—2005年工作规划》，该规划明确规定了药品生产、经营、使用领域执业药师配备目标，加速了执业药师队伍的壮大。2002年8月，国务院颁布的《中华人民共和国药品管理法实施条例》（以下简称《药品管理法实施条例》）规定，经营处方药、甲类非处方药的药品零售企业，应当配备执业药师或者其他依法经资格认定的药学技术人员。2003年11月，国家食品药品监督管理局修订并颁发了《执业药师继续教育管理暂行办法》，该办法规定执业药师继续教育对象是针对已取得《执业药师资格证书》的人员。

2012年1月20日，国务院颁发的《国家药品安全"十二五"规划》指出加大执业药师配备使用力度，自2012年开始，新开办的零售药店必须配备执业药师；到"十二五"后期，所有零售药店法人或主要管理者必须具备执业药师资格，所有零售药店和医院药房营业时有执业药师指导合理用药，逾期达不到要求的，取消售药资格。

截至2013年底，全国共有277 940人通过执业药师资格考试。我国现有零售药店近46万家，全国医疗机构共有药师36万左右，尚不足执业医师和助理执业医师约占总体的8%。面对公众安全用药、合理用药的迫切需求和大健康发展的新形势，针对《国家药品安全"十二五"规划》和国家新版《药品经营质量管理规范》（GSP）提出的目标与要求，凸显出执业药师数量不足、知识结构与资源分布不合理、素质与能力亟待提高、法规政策与执业环境亟待改善等问题。

第二节 执业药师考试和注册制度

一、执业药师考试制度

为了加强对药学技术人员的职业准入控制,确保药品质量,保障人民用药的安全有效,国家实行执业药师资格制度。人力资源和社会保障部以及国家食品药品监督管理总局负责全国执业药师资格制度的政策制定、组织协调、资格考试、注册登记和监督管理工作。国家食品药品监督管理总局负责组织拟定考试科目和考试大纲、编写培训教材、建立试题库及考试命题工作。按照培训与考试分开的原则,统一规划并组织考前培训。人力资源和社会保障部负责组织审定考试科目、考试大纲和试题,会同国家食品药品监督管理总局对考虑工作进行监督、指导并确定合格标准。

(一) 执业药师资格考试的条件

凡中华人民共和国公民和获准在我国境内就业的其他国籍的人员具备以下条件之一者,均可申请参加执业药师资格考试:

1. 取得药学、中药学或相关专业中专学历,从事药学或中药学专业工作满 7 年。

2. 取得药学、中药学或相关专业大专学历,从事药学或中药学专业工作满 5 年。

3. 取得药学、中药学或相关专业大学本科学历,从事药学或中药学专业工作满 3 年。

4. 取得药学、中药学或相关专业第二学士学位、研究生班结业或取得硕士学位,从事药学或中药学专业工作满 1 年。

5. 取得药学、中药学或相关专业博士学位。

报名参加考试者,由本人提出申请,所在单位审核同意,并携带有关证明材料到当地考试管理机构办理报名手续。考试管理机构按规定程序和报名条件审查合格后,发给准考证,应考人员凭准考证在指定的时间、地点参加考试。党中央、国务院各部门、部队及其直属单位的人员,按属地原则报名参加考试。

(二) 执业药师资格考试的内容

1. 考试科目。

(1) 药学专业技术人员考试科目：

①药事管理与法规；

②药学专业知识一（含药理学部分和药物分析部分）；

③药学专业知识二（含药剂学部分和药物化学部分）；

④药学综合知识与技能。

(2) 中药专业技术人员考试科目：

①药事管理与法规；

②中药专业知识一（含中药学部分和中药药剂学部分）；

③中药专业知识二（含中药鉴定学和中药化学部分）；

④中药综合知识与技能。

2. 考试时间安排。执业药师资格实行全国统一大纲、统一命题、统一组织的考试制度。一般每年举行一次。考试以2年为一个周期，参加全部科目考试的人员须在连续两个考试年度内通过全部科目的考试。参加免试部分科目的人员须在一个考试年度内通过应试科目。考试分四个半天进行，每个科目考试时间为两个半小时。

(三) 考前培训

国务院药品监督管理部门负责执业药师资格考试的培训管理工作。各地培训机构要具备场地、师资、教材等条件，经省、自治区、直辖市药品监督管理部门会同人事部门审核批准，报国务院药品监督管理部门备案。培训收费标准须经当地物价主管部门核准并公布于众，接受群众监督。

(四) 执业药师资格的取得

执业药师资格考试合格者，由各省、自治区、直辖市人力资源与社会保障（职改）部门颁发国务院人力资源与社会保障部门统一印制的、国务院人力资源与社会保障部门和国务院药品监督管理部门用印的《执业药师资格证书》。该证书在全国范围内有效。

二、执业药师注册制度

(一) 注册管理部门

执业药师资格实行注册制度。国家食品药品监督管理总局为全国执业药师资格注册管理机构，各省、自治区、直辖市药品监督管理部门为注册机构。人力资源与社会保障部及各省、自治区、直辖市人力资源与社会保障（职改）部门对执业药师注册工作有监督、检查的责任。

（二）执业药师注册

1. 注册条件。取得《执业药师资格证书》者，须按规定向所在省（自治区、直辖市）药品监督管理部门申请注册。经注册后，方可按照注册的执业类别、执业范围从事相应的执业活动。未经注册者，不得以执业药师身份执业。申请注册者，必须同时具备下列条件：

（1）取得《执业药师资格证书》。

（2）遵纪守法，遵守药师职业道德。

（3）身体健康，能坚持在执业药师岗位工作。

（4）经所在单位考核同意。

2. 不予注册的情形：

（1）不具有完全民事行为能力的。

（2）因受刑事处罚，自刑罚执行完毕之日到申请注册之日不满2年的。

（3）受过取消执业药师执业资格处分不满2年的。

（4）国家规定不宜从事执业药师业务的其他情形的。

3. 注册程序。首次申请注册的人员，须填写"执业药师首次注册申请表"，并提交以下材料：①《执业药师资格证书》；②身份证明复印件；③近期1寸免冠正面半身照片5张；④县级（含）以上医院出具的本人6个月内的健康体检表；⑤执业单位证明；⑥执业单位合法开业的证明复印件。执业药师注册机构须在收到申请之日起30个工作日内，对符合条件者予以注册；对不符合条件者不予注册，同时书面通知申请人并说明理由。执业药师注册机构根据申请注册者的《执业药师资格证书》中注明的专业类别进行注册。执业药师注册机构办理注册时，在《执业药师资格证书》中的注册情况栏内加盖注册专用印章，并发给国家食品药品监督管理总局统一印制的《执业药师注册证》。

执业类别为：药学类、中药学类；执业范围为：药品生产、药品经营、药品使用；执业地区为：省、自治区、直辖市。执业药师只能在一个执业药师注册机构注册，在一个执业单位按照注册的执业类别、执业范围执业。执业药师在同一执业地区变更执业单位或范围的,须到原执业药师注册机构办理变更注册手续,填写"执业药师变更注册登记表",并提交以下材料:①《执业药师资格证书》和《执业药师注册证》;②新执业单位合法开业的证明复印件。执业药师变更执业地区的,须到原执业药师注册机构办理变更注册手续,填写"执业药师变更注册登记表",并向新执业地区的执业药师注册机构重新申请注册。新的执业药师注册机构在办理执业注册手续时,应收回原《执业药师注册证》,并发给新的《执业药师注册证》。

执业药师注册机构每年将注册情况报国务院药品监督管理部门备案,并定期公告。国务院药品监督管理部门发现上报备案的执业药师中有不符合规定条件的,有权责令执业药师注册机构复查并予以改正。

4. 注册期限。执业药师注册有效期为3年,有效期满前3个月,持证者须到注册机构办理再次注册手续。否则,其《执业药师注册证》失效,不能再以执业药师身份执业。

5. 注册的注销。执业药师有下列情形之一的,由所在单位向注册机构办理注销注册手续:

(1) 死亡或被宣告失踪的。
(2) 受刑事处罚的。
(3) 受取消执业资格处分的。
(4) 因健康或其他原因不能或不宜从事执业药师业务的。

注销注册手续由执业药师所在单位在30个工作日内向注册机构申请办理,并填写"执业药师注销注册登记表"。执业药师注册机构经核实后办理注销注册,收回《执业药师注册证》。凡注销注册的,由所在省(区、市)的注册机构向国务院药品监督管理部门备案,并由国务院药品监督管理部门定期公告。

第三节 药师执业规则

一、执业药师的职业道德准则

1. 救死扶伤,不辱使命。执业药师应当以救死扶伤,实行人道主义为己任,时刻为患者着想,竭尽全力为患者解除病痛。在患者和公众生命安全存在危险的紧急情况下，应当提供必要的药学服务和救助措施。

2. 尊重患者，平等相待。执业药师应当按规定着装，佩戴全国统一的执业药师徽记和标明其姓名和执业药师称谓等内容的胸卡，同时，《执业药师注册证》应当悬挂在所执业的药店或药房中醒目、易见的地方。执业药师应当言语、举止文明礼貌，热心、耐心、平等对待患者，不得有任何歧视性或其他不道德的行为。执业药师应当尊重患者隐私，对在执业过程中知晓的患者隐私，不得无故泄漏。

3. 依法执业，质量第一。执业药师应当依法独立执业，认真履行职责，科学指导用药，确保药品质量和药学服务质量，保证公众用药安全、有效、经济、适当。执业药师应当在合法的药品零售企业、医疗机构从事合法的药学技术业务活动，不得在执业场所以外从事经营性药品零售业务。执业药师应当拒绝任何明显危害患者生命安全或身体健康、违反法律或社会伦理道德的购药要求。执业药师应当关注药品不良反应并注意收集药品不良反应信息，自觉严格执行药品不良反应报告制度。

4. 进德修业，珍视声誉。执业药师应当积极参加执业药师自律组织举办的有益于职业发展的活动，珍视和维护职业声誉，模范遵守社会公德，提高职业道德水准。执业药师应当积极参加社会公益活动，深入社区和乡村为城乡居民提供广泛的药品和药学服务，大力宣传和普及安全用药知识和保健知识。执业药师不得以牟取自身利益或所在执业单位及其他单位的利益为目的，利用自己的职业声誉和影响以任何形式向公众进行误导性或欺骗性的药品及药学、医疗服务宣传和推荐。

5. 尊重同仁，密切协作。执业药师应当尊重同行，同业互助，公平竞争，共同提高执业水平，不应诋毁、损害其他执业药师的威信和声誉。执业药师应当加强与医护人员、患者之间的联系，保持良好的沟通、交流与合作，积极参与用药方案的制订、修订过程，提供专业、负责的药学支持。

二、执业药师的职责

1. 执业药师必须忠于职守，以对药品质量负责、保证人民用药安全有效为基本准则。

2. 执业药师必须严格执行《中华人民共和国药品管理法》（以下简称

《药品管理法》）及国家有关药品研究、生产、经营、使用的各项法规及政策。执业药师对违反《药品管理法》及有关法规的行为或决定，有责任提出劝告、制止、拒绝执行并向上级报告。

3. 执业药师在执业范围内负责对药品质量的监督和管理，参与制定、实施药品全面质量管理及对本单位违反规定的处理。

4. 执业药师负责处方的审核及监督调配，提供用药咨询与信息，指导合理用药，开展治疗药物的监测及药品疗效的评价等临床药学工作。

5. 执业药师需努力钻研业务，不断更新知识，掌握最新医药信息，保持较高专业水平。

第四节 执业药师的继续教育

根据国家食品药品监督管理局"三定"（即定机构、定人员、定职责）规定的要求，中国药师协会承担执业药师继续教育的职责。为加强执业药师管理，规范执业药师继续教育工作，中国药师协会制定了《执业药师继续教育管理试行办法》（国药协发［2015］8号）于2015年7月30日开始施行。

一、执业药师继续教育的对象、内容和形式

（一）继续教育的对象

执业药师继续教育对象是针对已取得《执业药师资格证书》的人员。上述人员每年须自觉参加继续教育，完成规定的学分。执业药师可以根据工作需要自主选择继续教育内容、形式和地点。各有关部门应积极支持、鼓励执业药师参加继续教育。执业单位应为执业药师提供学习经费、时间和其他必要条件。执业药师参加继续教育所需经费应从本人工作单位职工教育经费中报销。执业药师参加继续教育期间的工资、福利待遇等按国家有关规定执行。

（二）继续教育的内容

执业药师继续教育的内容必须适应执业药师岗位职责的需求，注重科学性、针对性、实用性和先进性；应以要学服务为核心，以提升执业能力为目标，主要包括有关法律、职业道德和要学、中药学及相关专业知识与技能，包括以下具体内容：

1. 药事管理相关法律法规、部门规章和规范性文件。
2. 职业道德准则、职业素养和执业规范。
3. 药物合理使用的技术规范。
4. 常见病症的诊疗指南。
5. 药物治疗管理与公众健康管理。
6. 与执业相关的多学科知识与进展。
7. 国内外药学领域的新理论、新知识、新技术和新方法。
8. 药学服务信息技术应用知识等。

(三) 继续教育的形式

执业药师继续教育的形式应体现有效、方便、经济的原则。执业药师继续教育可采取面授、网授、函授等多种方式进行，积极探索网络化培训方式，有效运用现代科学技术拓展培训空间，提升培训效率。鼓励执业药师参加各种在职学历教育学习。攻读药学专业的大专、本科、研究生、双学位课程者，在读期间可视同参加执业药师继续教育培训。由省级（执业）药师协会负责确认。

二、执业药师继续教育的组织管理

(一) 继续教育的组织管理部门

中国药师协会负责全国执业药师继续教育管理，其职责是：①研究和建立科学、有效的执业药师继续教育管理政策体系、组织体系和工作体系；②发布全国执业药师继续教育发展规划和指导纲要；③组织开展全国执业药师继续教育示范性网络培训；④负责全国执业药师继续教育施教机构的备案；⑤指导省级（执业）药师协会开展继续教育工作，组织开展继续教育工作研讨及学术交流；⑥建立全国执业药师继续教育统计年报工作制度；⑦建立和完善执业药师继续教育管理系统。

省级（执业）药师协会负责本辖区执业药师继续教育管理工作，其职责是：①负责本辖区执业药师继续教育的统筹规划和管理；②负责本辖区施教机构的确定与管理，施教机构名单报中国药师协会备案；③负责制定本辖区执业药师继续教育年度培训计划，并报中国药师协会备案；④组织开展本辖区执业药师继续教育，并负责对培训质量进行评估；⑤总结本辖区年度执业药师继续教育工作情况，完成年度统计上报。

（二）执业药师继续教育工作委员会

中国药师协会设立执业药师继续教育工作委员会，其职责是：①组织开展执业药师继续教育的理论研究和应用研究；②制定全国执业药师继续教育发展规划；③制定全国执业药师继续教育指导纲要；④制定全国执业药师继续教育示范性网络课程；⑤编写全国执业药师继续教育推荐培训教材；⑥组织执业药师继续教育教学质量的考核评估工作。

三、执业药师继续教育学分管理制度

（一）继续教育学分制度

执业药师继续教育实行学分制。执业药师每年应当参加中国药师协会或省级（执业）药师协会组织的不少于15学分的继续教育学习。执业药师参加继续教育学习，经考核合格，按每3学时授予1学分。由中国药师协会备案的施教机构负责学分授予。执业药师参加中国药师协会或省级（执业）药师协会组织的继续教育学习获取的学分，在全国范围内有效。

（二）继续教育学分登记制度

执业药师继续教育采取学分登记制，实行电子化管理。登记内容主要包括继续教育内容、形式、考核结果、学分数、施教机构等信息。

省级（执业）药师协会负责确认参加本辖区执业药师继续教育的学分信息，中国药师协会负责汇总参加全国示范性网络培训的学分信息，并分别与国家食品药品监督管理总局执业药师注册管理信息系统相衔接。

第五节 法律责任

一、行政责任

执业药师以涂改、伪造或以虚假和不正当手段获取《执业药师资格证书》或《执业药师注册证》的，一经发现，发证机构应收回证书，取消其执业药师资格，注销注册。

执业药师注册机构的工作人员，在注册工作中玩忽职守、滥用职权、徇私舞弊，由其所在单位依据有关规定给予行政处分。

对执业药师违反《执业药师资格制度暂行规定》的有关条款的，所在单位须如实上报，由药品监督管理部门根据情况给予处分。注册机构对执业药师所受处分，应及时记录在其《执业药师资格证书》中的备注《执业情况记录》栏内。

二、刑事责任

执业药师在执业期间违反《药品管理法》及其他法律法规构成犯罪的，由司法机关依法追究其刑事责任。

执业药师注册机构的工作人员，在注册工作中玩忽职守、滥用职权、徇私舞弊，由其所在单位依据有关规定给予行政处分；构成犯罪的，依法追究刑事责任。

思考题

1. 什么是执业药师？执业药师的执业规则有哪些？
2. 简述执业药师的注册条件。
3. 简述执业药师继续教育的内容及形式。
4. 简述执业药师的职责。
5. 简述执业药师资格考试的条件。

第六章
执业护士管理法律制度

> **学习目标**
> 掌握：护士执业规则。
> 熟悉：护士职责和护理工作的重要环节。
> 了解：护士执业考试和注册制度，以及护理工作中的法律问题和相应的法律责任。

第一节 概 述

一、护士的概念

护士，是指经执业注册取得护士执业证书，依照《护士条例》从事护理活动，履行保护生命、减轻痛苦、增进健康职责的卫生技术人员。

二、我国护士管理立法

护理工作是医疗卫生工作的重要组成部分，护士在医疗、预防、保健和康复工作中起着重要作用。为了加强护士管理，提高护理质量，保障医疗和护理安全，保障护士的合法权益，1993年3月26日，卫生部发布了《中华人民共和国护士管理办法》，并于1994年1月1日施行。该办法明确规定国家发展护理事业，促进护理学科的发展，护士的劳动受全社会的尊重，护士的执业权利受法律保护。为了进一步促进护理工作的规范化，维护护士的各项合法权益，2008年1月31日，国务院第206次常务会议通过了《护士条例》，自2008年5月12日起实行。2008年5月6日，卫生部颁布《护士执业注册管理办法》(2008年5月12日施行),2010年5月10日,卫生部、人力资源和社会保障部联合发布《护士执业资格考试办法》(2010年7月1日施行)。《护士条例》的制定和颁布实施,对维护护士的合法权益,进一步规范护理行为,促进护患关系和谐发展,保障医疗安全和人体健康具有重大的意义。

第二节 护士执业资格考试和注册制度

一、护士执业资格考试制度

国家实行护士执业资格考试制度,通过考试对申请者是否具备护士执业所必需的专业知识和技能进行评价,从而实现护士行业的执业准入控制,从源头上保证护士队伍的整体素质。

《护士条例》第7条规定,护士执业必须通过国务院卫生主管部门组织的护士执业资格考试;护士执业资格考试办法由国务院卫生主管部门会同国务院人事部门制定。

(一)参加护士执业资格考试的条件

《护士执业资格考试办法》第12条规定,中等职业学校、高等学校完成国务院教育主管部门和国务院卫生主管部门规定的普通全日制3年以上的护理、助产专业课程学习,包括在教学、综合医院完成8个月以上护理临床实习,并取得相应学历证书的,可以申请参加护士执业资格考试。

(二)护士执业资格考试的组织和管理

护士执业资格考试实行国家统一考试制度,统一考试大纲,统一命题,统一合格标准。护士执业资格考试原则上每年举行一次,具体考试日期在举行考试3个月前向社会公布。

卫计委负责组织实施全国护士执业资格考试。卫计委、人力资源和社会保障部成立全国护士执业资格考试委员会,考试委员会下设办公室,办公室设在卫计委,负责具体工作。考试考务管理实行承办考试机构、考区、考点三级责任制。各省、自治区、直辖市及新疆生产建设兵团设立考区,省、自治区、直辖市人民政府卫生行政部门及新疆生产建设兵团卫生局负责本辖区的考试工作。

(三)报考程序

申请参加护士执业资格考试的人员,应当在公告规定的期限内,到人事档案所在地的考点报名，并提交以下材料：①护士执业资格考试报名申请表；②本人身份证明；③近6个月二寸免冠正面半身照片3张；④本人毕业证书；⑤报考所需的其他材料。

申请人为在校应届毕业生的，应当持有所在学校出具的应届毕业生毕业证明，到学校所在地的考点报名。学校可以为本校应届毕业生办理集体报名手续。

（四）考试内容

护士执业资格考试包括专业实务和实践能力两个科目，一次考试通过两个科目为考试成绩合格。

考试成绩合格者，取得考试成绩合格证明，作为申请护士执业注册的有效证明。

二、护士执业注册制度

国家实行护士执业注册管理制度。护士经执业注册取得《护士执业证书》后，方可在注册的执业地点从事护理工作。

卫计委根据《护士条例》制定的《护士执业注册管理办法》，对护士执业注册管理作出具体规定。

（一）护士执业注册的管理

卫计委负责全国护士执业注册监督管理工作，省级人民政府卫生行政部门是护士执业注册的主管部门，负责本行政区域的护士执业注册管理工作，结合本行政区域的实际情况，制定护士执业注册工作的具体办法，并报卫生部备案。县级以上地方人民政府卫生主管部门应当建立本行政区域的护士执业良好记录和不良记录，并将该记录记入护士执业信息系统。

护士执业良好记录包括护士受到的表彰、奖励以及完成政府指令性任务的情况等内容；护士执业不良记录包括护士因违反《护士条例》以及其他卫生管理法律、法规、规章或者诊疗技术规范的受到行政处罚、处分的情况等内容。

（二）申请护士执业注册的条件

申请护士执业注册，应当具备以下条件：①具有完全民事行为能力；②在中等职业学校、高等学校完成教育部和卫计委规定的普通全日制3年以上的护理、助产专业课程学习，包括在教学、综合医院完成 8 个月以上护理临床实习，并取得相应学历证书；③通过卫计委组织的护士执业资格考试；④符合卫生部规定的健康标准。

护士被吊销执业证书的，自执业证书被吊销之日起 2 年内不得申请执业注册。

(三) 护士执业注册的程序

1. 首次注册。护士首次申请执业注册，应当由本人自通过护士执业资格考试之日起 3 年内向拟执业地省级人民政府卫生行政部门提出申请，并提交以下材料：①护士执业注册申请审核表；②申请人身份证明；③申请人学历证书及专业学习中的临床实习证明；④护士执业资格考试成绩合格证明；⑤省级人民政府卫生行政部门指定的医疗机构出具的申请人 6 个月内健康体检证明；⑥医疗卫生机构拟聘用的相关材料。

逾期提出申请的，还应当提交在省级人民政府卫生行政部门规定的教学、综合医院接受 3 个月临床护理培训并考核合格的证明。

卫生行政部门应当自受理申请之日起 20 个工作日内，对申请人提交的材料进行审核。审核合格的，准予注册，发给《护士执业证书》；对不符合规定条件的，不予注册，并书面说明理由。

2. 延续注册。护士执业注册有效期为 5 年，期满需要继续执业的，应当在有效期届满前 30 日，向原注册部门申请延续注册。

申请延续注册，应当提交下列材料：①护士延续注册申请审核表；②申请人的《护士执业证书》；③省级人民政府卫生行政部门指定的医疗机构出具的申请人 6 个月内健康体检证明。

注册部门自受理延续注册申请之日起 20 日内进行审核。审核合格的，予以延续注册，延续执业注册有效期为 5 年；对不符合规定条件的，不予延续，并书面说明理由。

3. 变更注册。护士在其执业注册有效期内变更执业地点的，应当向拟执业地省级人民政府卫生主管部门报告，并提交护士变更注册申请审核表和申请人的《护士执业证书》。

卫生主管部门应当自收到报告之日起 7 个工作日内为其办理变更手续。护士跨省、自治区、直辖市变更执业地点的，卫生主管部门还应当向其原执业地省级人民政府卫生主管部门通报。

承担卫生行政部门交办或者批准的任务以及履行医疗卫生机构职责的护理活动，包括经医疗卫生机构批准的进修、学术交流等活动不在变更注册之列。

4. 注销注册。护士执业注册后有下列情形之一的，原注册部门应该注销其执业注册：①注册有效期届满未延续注册；②受吊销《护士执业证书》处罚；③护士死亡或者丧失民事行为能力。

第三节 护士执业规则及职责

一、护士执业规则

《护士条例》对护士在执业活动中的权利和义务做出了明确的规定。

（一）护士执业权利

1. 护士执业，有按照国家有关规定获取工资报酬、享受福利待遇、参加社会保险的权利。任何单位或者个人不得克扣护士工资，降低或者取消护士福利等待遇。

2. 护士执业，有获得与其所从事的护理工作相适应的卫生防护、医疗保健服务的权利。从事直接接触有毒有害物质、有感染传染病危险工作的护士，有依照有关法律、行政法规的规定接受职业健康监护的权利；患职业病的，有依照有关法律、行政法规的规定获得赔偿的权利。

3. 护士有按照国家有关规定获得与本人业务能力和学术水平相应的专业技术职务、职称的权利；有参加专业培训、从事学术研究和交流、参加行业协会和专业学术团体的权利。

4. 护士有获得疾病诊疗、护理相关信息的权利和其他与履行护理职责相关的权利，可以对医疗卫生机构和卫生主管部门的工作提出意见和建议。

（二）护士执业义务

1. 护士执业，应当遵守法律、法规、规章和诊疗技术规范的规定。

2. 护士在执业活动中，发现患者病情危急，应当立即通知医师；在紧急情况下为抢救垂危患者生命，应当先行实施必要的紧急救护。

3. 护士发现医嘱违反法律、法规、规章或者诊疗技术规范规定的，应当及时向开具医嘱的医师提出；必要时，应当向该医师所在科室的负责人或者医疗卫生机构负责医疗服务管理的人员报告。

4. 护士应当尊重、关心、爱护患者，保护患者的隐私。

5. 护士有义务参与公共卫生和疾病预防控制工作。发生自然灾害、公共卫生事件等严重威胁公众生命健康的突发事件，护士应当服从县级以上人民政府卫生主管部门或者所在医疗卫生机构的安排，参加医疗救护。

二、护士执业职责

《护士条例》第 26 条规定，医疗卫生机构应当建立护士岗位责任制并进行监督检查。在医疗预防保健机构中，不同岗位的护士有不同的、具体的职责要求，1982 年卫生部颁布的《医院工作人员职责》中明确规定了各级各类护士的岗位职责。

1. 门诊部护士职责。主要包括：①在门诊部护士长领导下进行工作；②负责器械的消毒和开诊前的准备工作；③协助医师进行检诊，按医嘱对病员进行处置；④经常观察候诊病员的病情变化，对较重的病员应提前诊治或送急诊室处理；⑤负责诊疗室的整洁、安静，维持就诊秩序，做好卫生防病、计划生育宣传工作；⑥做好隔离消毒工作，防止交叉感染；⑦认真执行各项规章制度和技术操作常规，严格查对制度，做好交接班，严防差错事故；⑧按照分工，负责领取、保管药品器材和其他物品。

2. 急诊室护士职责。主要包括：①在急诊室护士长领导下进行工作；②做好急诊病员的检诊工作，按病情决定优先就诊，有困难时请求医师决定；③急症病员来诊，应立即通知值班医师，在医师未到之前，遇特殊危急病员，可行必要的急救处置，随即向医师报告；④准备各项急救所需用品、器材、敷料，在急救过程中，应迅速而准确地协助医师进行抢救工作；⑤经常巡视观察室病员，了解病员病情、思想和饮食情况，及时完成治疗及护理工作，严密观察与记录留观病员的情况变化，发现异常及时报告；⑥认真执行各项规章制度和技术操作常规，做好查对和交接班工作，努力学习业务技术，不断提高分诊业务能力和抢救工作质量，严防差错事故；⑦准备各项急救所需药品、器材、敷料；⑧护送危重病员及手术病员到病房或手术室。

3. 病房护士职责。主要包括：①在护士长领导和护师指导下进行工作；②认真执行各项护理制度和技术操作规程，正确执行医嘱，准确及时地完成各项护理工作，严格执行查对及交接班制度，防止差错、事故的发生；③做好基础护理和精神护理工作，经常巡视病房，密切观察病情变化，发现异常及时报告；④认真做好危重病人的抢救工作；⑤协助医师进行各种诊疗工作，负责采集各种检验标本；⑥参加护理教学和科研，指导护生和护理员、卫生员的工作；⑦定期组织病人学习，宣传卫生知识和住院规则，经常征求病人意见，改进护理工作，在出院前做好卫生保健宣传工作；⑧办理入、出院、转科、转院手续及有关登记工作；⑨在护士长领导下，做好病房管理、消毒隔离，物资药品材料请领、保管等工作。

4. 手术室护士职责。主要包括：①在护士长领导下担任器械管理或巡回护士等工作，并负责手术前的准备和手术后的整理工作；②认真执行各项规章制度和技术操作规程，督促检查参加手术人员的无菌操作，注意病人安全，严防差错事故；③参加卫生清洁，保持手术室整洁、肃静，调节空气和保持室内适宜的温度；④负责手术后病员的包扎、保暖、护送和手术标本的保管和送检；⑤按分工做好器械、敷料的打包消毒和药品的保管，做好登记统计工作；⑥指导进修、实习护士和卫生员的工作。

5. 供应室护士职责。主要包括：①在护士长的领导下进行工作，负责医疗器械、敷料的清洗、包装、消毒、保管、登记和分发、回收工作，实行下收下送；②经常检查医疗器械质量，如有损坏及时修补、登记，并向护士长报告；③协助护士长请领各种医疗器械、敷料和药品，经常与临床科室联系，征求意见，改进工作；④认真执行各项规章制度和技术操作规程，积极开展技术革新，不断提高消毒供应工作质量，严防差错事故；⑤指导护理员（消毒员）、卫生员进行医疗器材、敷料的制备、消毒工作。

第四节 法律责任

一、护士违反执业规则的法律责任

护士在执业活动中有下列情形之一的，由县级以上地方人民政府卫生主管部门依据职责分工责令改正，给予警告；情节严重的，暂停其6个月以上1年以下执业活动，直至由原发证部门吊销其护士执业证书：①发现患者病情危急未立即通知医师的；②发现医嘱违反法律、法规、规章或者诊疗技术规范的规定，未依照《护士条例》的规定提出或者报告的；③泄露患者隐私的；④发生自然灾害、公共卫生事件等严重威胁公众生命健康的突发事件，不服从安排参加医疗救护的。

护士在执业活动中造成医疗事故的，依照医疗事故处理的有关规定承担法律责任。

二、医疗卫生机构违反职责的法律责任

1. 低于国务院卫生主管部门规定的护士配备标准、允许或使用不符合规定人员从事护士工作，由县级以上地方人民政府卫生主管部门依据职责分工责令限期改正，给予警告；逾期不改正的，根据国务院卫生主管部门规定的护士配备标准和在医疗卫生机构合法执业的护士数量核减其诊疗科目，或者暂停其6个月以上1年以下执业活动。

2. 未依法保证护士权利的，依照有关法律、行政法规的规定给予处罚。

3. 未制定、实施在职培训计划或者未保证护士接受培训的，未履行护士管理职责的，县级以上地方人民政府卫生主管部门依据职责分工责令限期改正，给予警告。

三、其他人员的法律责任

1. 卫生主管部门或国家举办的医疗卫生机构的工作人员未依照《护士条例》规定履行职责，在护士监督管理工作中滥用职权、徇私舞弊，或者有其他失职、渎职行为的，依法给予处分；构成犯罪的，依法追究刑事责任。

2. 扰乱医疗秩序，阻碍护士依法开展执业活动，侮辱、威胁、殴打护士，或者有其他侵犯护士合法权益行为的，由公安机关依照《中华人民共和国治安管理处罚法》（以下简称《治安管理处罚法》）的规定给予处罚；构成犯罪的，依法追究刑事责任。

思考题

1. 参加护士执业资格考试应该具备什么条件？
2. 护士执业规则的主要内容是什么？
3. 护士违反执业规则可能会承担什么法律责任？

第七章
中医药法律制度

> **学习目的**
> 掌握：中医药法主要内容、备案制中医诊所和确有专长中医的概念。
> 熟悉：中医药法立法背景、备案制中医诊所条件和确有专长中医考核申请条件、新旧法确有专长中医的区别。
> 了解：相关法律责任。

第一节 概 述

一、中医药的概念

中医药是包括汉族和少数民族医药在内的我国各民族医药的统称，是反映中华民族对生命、健康和疾病的认识、具有悠久历史传统和独特理论及技术方法的医药学体系。

中医药发源于我国，是中国各族人民几千年来在同疾病作斗争中形成和发展起来的，是人民群众集体智慧的结晶。在西医传入我国之前，我国只有一种医药学，当然没有必要将其称为"中医药"。"中医药"的称谓是在的近代以后，随着西学、西医传入我国，为了便于区分，我国本土原有的学术体系、医学体系就被称为"中学""中医药"，从此"中医药"就成了与"西医药"相对应的概念。从国际上来说，"中医药"作为包括汉族和少数民族医药在内的我国各民族医药的统称，已得到国际上的普遍认同。少数民族医药是我国中医药的重要组成部分，包括藏医药、蒙医药、维吾尔医药、傣医药等少数民族的医药。

中医药是我国各族人民在长期生产生活和同疾病作斗争中逐步形成并不断丰富发展的医学科学，具有独特有效的系统思维模式及其知识体系，其所注重的整体观念、辨证论治、因人而异、复方用药等认识论和方法论特色，反映了中华民族认识自然、人体、生命、疾病现象及其相互关系的规律。在中医基本理论的指导下，经过长期实践总结出来的，用以防治疾病、健康养生的中医药技术方法也具有不同于其他医学技术的独特性，主要包括：一是针灸疗法，属于针法类；二是灸法类；三是手法类；四是外治疗法；五是内服法；六是中药炮制技术。

二、中医药法立法背景

中医药是我国各族人民在几千年生产生活实践和与疾病做斗争中逐步形成并不断丰富发展的医学科学，为中华民族繁衍昌盛做出了重要贡献。中医药作为中华民族的瑰宝，蕴含着丰富的哲学思想和人文精神，是我国文化软实力的重要体现。扶持和促进中医药事业发展，对于深化医药卫生体制改革、提高人民群众健康水平、弘扬中华文化、促进经济发展和社会和谐，都具有十分重要的意义。

新中国成立后，特别是改革开放以来，党中央、国务院高度重视中医药工作，制定了一系列政策措施推动中医药事业发展，取得了显著成就。中医药总体规模不断扩大，发展水平和服务能力逐步提高。2016年末，全国中医类医疗卫生机构总数达49 527个，其中中医类医院4238个，中医类门诊部、诊所45 241个，中医类研究机构48个；全国中医药卫生人员总数达约61.3万人，其中中医类别执业（助理）医师约48.2万人，中药师（士）约11.7万人；中药工业总产值超过8000亿元。中医药在常见病、多发病、慢性病及疑难病症、重大传染病防病防治中的作用得到进一步彰显，得到国际社会广泛认可，中医药的国际影响力不断加强，已经传播到183个国家和地区。

中医药事业的发展，离不开法治的保障。2003年国务院制定了《中华人民共和国中医药条例》（以下简称《中医药条例》），对于促进、规范中医药事业发展发挥了重要作用。但是，随着经济社会快速发展，中医药事业发展面临一些新的问题和挑战，主要表现为：一是中医药服务能力不足，中医药服务领域出现萎缩现象，特别是基层中医药服务能力薄弱，发展规模和水平还不能满足人民群众的需求；二是现行医师管理、诊所管理制度不能完全适应中医药特点和发展需要，一些医术确有专长的人员无法通过考试取得医师资格，同时现行的审批管理模式导致开办中医诊所门槛过高，医疗机构配制的中药制剂品种出现萎缩现象；三是由于中医药人才培养途径比较单一，中医药教育体系不够完善，导致中医药人才匮乏；四是野生中药材资源破坏严重，人工种植养殖中药材不规范，导致部分中药材品质下降，影响中医药可持续发展；五是中医药科学研究能力不足，导致在中医药理论和技术方法的传承、创新方面面临不少困难。

为了在法律制度上解决这些问题，中共中央、国务院《关于深化医药卫生体制改革的意见》和国务院《关于扶持和促进中医药事业发展的若干意见》明确要求加快中医药立法工作，中医界也一直呼吁制定一部较为全面的中医药法。为了落实党中央、国务院有关文件精神，解决当前存在的突出问题，需要在现行《中医药条例》的基础上进一步完善中医药立法，依法保障中医药事业的发展，促进健康中国建设。

三、中医药法的概念

中医药法是伴随着我国中医药事业的发展和中医药国际影响的不断扩大而逐步兴起的一个新兴的法律部门。

中医药法有广义和狭义之分，广义上的中医药法，是指由国家制定和认可的，调整保护、发展中医药和利用中医药防病治病活动中所产生的各种社会关系的法律规范的总称；狭义上的中医药法，是指中华人民共和国第十二届全国人民代表大会常务委员会第二十五次会议于2016年12月25日通过的《中华人民共和国中医药法》（以下简称《中医药法》），自2017年7月1日实施。《中医药法》分为九个章节，共计63条，内容涉及中医药服务、中药保护与发展、中医药人才培养、中医药科学研究、中医药传承与文化传播、保障措施以及法律责任等。

四、中医药法的基本原则

中医药法的基本原则是贯穿中医药法之中，是指导中医药法制定、保护、促进、发展中医药事业的基本准则。

（一）服务公众健康原则

中医药服务是医疗卫生服务的重要组成部分，为公众健康服务是中医药事业发展的根本目的。在疾病预防与控制、治疗中运用中医药技术和方法，发挥中医药的特色和优势，开展医疗、预防、保健和康复服务，发挥其在服务公众健康中的重要作用。

（二）中西医并重原则

中西医并重是我国《宪法》确定的发展医药卫生事业的基本原则，《中医药法》再次明确国家大力发展中医药事业，实行中西医并重的方针，建立符合中医药特点的管理制度，充分发挥中医药在我国医药卫生事业中的作用。长期以来，中医药和西医药互相补充，共同为人民提供医疗保健服务，这是我国医药卫生事业的重要特征和优势。必须坚持中西医并重原则，坚持中医西医相互学习，发挥中西医的各自优势，促进中西医结合。

（三）中西医协调发展原则

国家鼓励中医西医相互学习，相互补充，协调发展，发挥各自优势，促进中西医结合。

（四）遵循中医药发展规律原则

发展中医药事业应当遵循中医药发展规律，坚持继承和创新相结合，保持和发挥中医药特色和优势，运用现代科学技术，促进中医药理论和实践的发展。

五、中医药法的特征

中医药法与其他法律部门一样，也具有法律的一般属性，但作为一个新兴的法律部门，它所调整的是中医药涉及的社会关系，有其自身的特征。具体说来，主要表现在以下几个方面：

（一）综合性

从调整对象来看，中医药法的调整对象是中医药社会关系，而这种社会关系是以中医药医疗服务为主，由许多种社会关系共同构成的，包括了中医药医疗机构、执业人员、药品与药材、中医药教育、科学研究、文化传承与传播等各类社会关系。从调整调整方法和调整手段来看，涵盖民法、行政法、刑法等调整方法和调整手段。从法律体系来看，中医药法律体系包括了其他法律部门中的调整中医药社会关系的法律规范，还包括大量的技术规范、技术标准等。

（二）伦理性

中医药法的调整对象主要是中医药医疗服务，与人的生命健康息息相关，相应的法律法规构建要符合社会共同的伦理原则；同时对那些违反伦理道德的行为加以禁止。

（三）专业性

中医药法律规范是调整、保护中医药发展为目标的，相应的法律规范的制定就要以中医药学科为基础，体现学科的特点和规律。中医药有自然科学属性，在中医药法律体系中，必然会包涵大量的技术标准、技术规范等。故此，中医药法具有明显的专业性。

六、中医药法的调整对象

中医药法的调整对象是中医药社会关系。概括来说，中医药社会关系主要包括中医药医疗服务、中医药的保护与发展、中医药知识产权保护、中医药人才培养和科学研究、中医药传承与文化传播等方面的社会关系。

中医药医疗服务是医疗卫生服务的重要组成部分，是在中医药理论指导下，应用相应技术方法开展的医疗、预防、保健和康复服务。中医药法调整中医药医疗服务社会关系就是要规范和明确中医药医疗服务体系建设、中医医疗机构建设、中医药从业人员管理等方面的问题。

中医与中药是一个密不可分的整体，甚至可以说，中药本身就是中医的应有之意。中医药法调整、保护和中药相关的社会关系，主要是中药生产和管理中的法律制度，包括中药注册、中药管理、医疗机构中药制剂管理等。

第二节　中医药法律关系

中医药法律关系是在中医药法律规范调整中医药社会关系的过程中所形成的，基于保障和维护人体生命健康利益、保障和促进中医药的发展而形成的综合性法律关系，包括民事法律关系、行政法律关系、刑事法律关系。

一、中医药民事法律关系

中医药民事法律关系主要是中医医患法律关系。

一般而言,患者在接受中医药医疗服务过程中与提供服务的中医医疗机构及其工作人员之间发生的法律关系,即为中医医患关系。

(一) 中医医患关系主体

中医医患关系的主体是中医医疗机构和患者。中医医患关系的一方主体是中医执业机构,而非该机构的医务人员。中医医患关系的另一方主体是患者,无论患者是否具备民事行为能力,都可以成为主体。

(二) 中医医患关系客体

在中医医患关系中,其客体应是医疗机构为患者提供的医疗行为,即医务人员对病患疾病的诊断、治疗、预后判断、护理、医疗美容等专业性行为。

(三) 中医医患关系内容

中医医患关系的内容是医患双方基于医疗合同的约定或法律的规定而产生的权利和义务。具体来说,患者的权利包括:生命健康权、平等救治权、医疗自主权、知情同意权、隐私权等。患者的义务包括:遵守医疗机构的规章制度、支付医疗费用、尊重医务人员人格、接受医学检查治疗等。

中医医疗机构的权利包括:治疗权、医学研究权、收费权等。中医医疗机构的义务包括:诊疗义务、确保患者安全的义务、高度注意义务、告知说明义务等。

二、中医药卫生行政法律关系

中医药卫生行政机关为实现国家卫生行政管理目的,依照中医药卫生法律、法规和规章的规定,在行使卫生行政职权和履行卫生行政职责过程中与行政相对人之间形成的权力义务为内容的社会关系,即为中医药卫生行政法律关系。

(一) 中医医疗机构的管理关系

中医医疗机构的管理关系是针对中医医疗卫生机构及组织的设置标准、准入、许可管理等形成的行政法律关系,主要包括:中医医院管理、中医专科管理、中医坐堂医诊所管理、中医医疗机构仪器设备管理、中医医疗广告管理等。

（二）中医药从业人员的管理关系

中医药从业人员的管理关系主要是指在执业中医师、护士、中药师及药剂师及其他卫生技术人员的资格准入、资源配置和管理、合法权益的保护等方面所形成的行政法律关系。

（三）中药保护管理关系

中药保护管理关系是基于对中药相关产品的生产、流通、销售、制剂及其标准和准入、许可的管理监督等所形成的法律关系。主要体现在以下几个方面：

1. 国家鼓励发展中药材规范化种植养殖，严格管理农药、肥料等农业投入品的使用，禁止在中药材种植过程中使用剧毒、高毒农药，支持中药材良种繁育，提高中药材质量。

2. 国家建立道地中药材评价体系，支持道地中药材品种选育，扶持道地中药材生产基地建设，加强道地中药材生产基地生态环境保护，鼓励采取地理标志产品保护等措施保护道地中药材。

3. 国务院药品监督管理部门应当组织并加强对中药材质量的监测，定期向社会公布监测结果。国务院有关部门应当协助做好中药材质量监测有关工作。采集、贮存中药材以及对中药材进行初加工，应当符合国家有关技术规范、标准和管理规定。

4. 国家鼓励发展中药材现代流通体系，提高中药材包装、仓储等技术水平，建立中药材流通追溯体系。药品生产企业购进中药材应当建立进货查验记录制度。中药材经营者应当建立进货查验和购销记录制度，并标明中药材产地。

5. 国家保护药用野生动植物资源，对药用野生动植物资源实行动态监测和定期普查，建立药用野生动植物资源种质基因库，鼓励发展人工种植养殖，支持依法开展珍贵、濒危药用野生动植物的保护、繁育及其相关研究。

6. 在村医疗机构执业的中医医师、具备中药材知识和识别能力的乡村医生，按照国家有关规定可以自种、自采地产中药材并在其执业活动中使用。

7. 国家保护中药饮片传统炮制技术和工艺，支持应用传统工艺炮制中药饮片，鼓励运用现代科学技术开展中药饮片炮制技术研究。

8. 对市场上没有供应的中药饮片，医疗机构可以根据本医疗机构医师处方的需要，在本医疗机构内炮制、使用。

9. 国家鼓励和支持中药新药的研制和生产。国家保护传统中药加工技术和工艺，支持传统剂型中成药的生产，鼓励运用现代科学技术研究开发传统中成药。

10. 生产符合国家规定条件的来源于古代经典名方的中药复方制剂，在申请药品批准文号时，可以仅提供非临床安全性研究资料。

11. 国家鼓励医疗机构根据本医疗机构临床用药需要配制和使用中药制剂，支持应用传统工艺配制中药制剂，支持以中药制剂为基础研制中药新药。医疗机构配制的中药制剂品种，应当依法取得制剂批准文号。

（四）中医药科研与人才培养的管理关系

在此法律关系中，行政相对人是中医药科研机构和教育机构。主要是对中医药教育、科研机构的设立、中医药专家学术经验和技术专长的继承、中医药对外合作交流等方面的管理。

三、中医药刑事法律关系

中医药刑事法律关系反映的是国家公权力对中医药服务、生产、经营等活动中的犯罪行为进行制裁时发生的法律关系，是中医药民事法律关系、中医药行政法律关系的必要补充和有力保障。

根据罪刑法定原则，《刑法》分别从"破坏社会主义市场经济秩序罪""妨碍社会管理秩序罪"和"渎职罪"三大类犯罪，对医药卫生方面的犯罪加以规定，规定了二十余条与中医药相关的犯罪行为，完善了违法的刑事责任。

第三节　备案制中医诊所法律制度

一、中医诊所概念

中医诊所，是指在中医药理论指导下，运用中药和针灸、拔罐、推拿等非药物疗法开展诊疗服务，以及中药调剂、汤剂煎煮等中药药事服务的诊所。不符合上述规定的服务范围或者存在不可控的医疗安全隐患和风险的，不适用《中医诊所备案管理暂行办法》,简而言之,所谓的中医诊所指只能提供中医药服务的医疗机构。对于中医诊所的概念,我们要理解两个关键点:一是中医诊所不得提供西医西药服务;二是并非所有的中医药服务都可以开展,对所开展的技术存在不可控的医疗安全隐患和风险的不得在中医诊所开展,如中医微创类技术、中药注射剂、穴位注射等。

二、备案制中医诊所

备案制中医诊所,是指依据《中医药法》和《中医诊所备案管理暂行办法》的规定,备案人向拟开办诊所所在地县级中医药主管部门备案后取得《中医诊所备案证》后可开展执业活动的医疗机构。备案制中医诊所与审批制中医诊所相对应的,审批制中医诊所的法律依据是《医疗机构管理条例》和《医疗机构管理实施细则》,因此二者是有区别的。

三、开办备案制中医诊所的条件和材料

（一）条件

开办备案制中医诊所应当同时具备下列条件:

1. 个人举办中医诊所的,应当具有中医类别《医师资格证书》并经注册后在医疗、预防、保健机构中执业满3年,或者具有《中医(专长)医师资格证书》；法人或者其他组织举办中医诊所的,诊所主要负责人应当符合上述要求。

2. 符合《中医诊所基本标准》,即中医诊所的中医药治疗率不得低于85%；至少有一名取得医师资格后从事5年以上临床工作的中医师。经批准设置中药饮片和成药柜的,须配备具有中药士以上职称的人员共同执业；执业房屋的建筑面积不少于40平方米；有基本设备和与开展诊疗科目相应的设备及中医诊疗器具；制订各项规章制度、人员岗位责任制,有国家制定或认可的医疗护理技术操作规程,并成册可用；注册资金到位,数额由各省、自治区、直辖市中医(药)行政管理部门确定。

3. 中医诊所名称符合《医疗机构管理条例实施细则》的相关规定。

4. 符合环保、消防的相关规定。

5. 能够独立承担民事责任。

6. 《医疗机构管理条例实施细则》规定不得申请设置医疗机构的单位和个人，不得举办中医诊所。该细则第12条规定：有下列情形之一的，不得申请设置医疗机构：①不能独立承担民事责任的单位；②正在服刑或者不具有完全民事行为能力的个人；③发生二级以上医疗事故未满五年的医务人员；④因违反有关法律、法规和规章，已被吊销执业证书的医务人员；⑤被吊销《医疗机构执业许可证》的医疗机构法定代表人或者主要负责人；⑥省、自治区、直辖市政府卫生行政部门规定的其他情形。有前款第②~⑤项所列情形之一者，不得充任医疗机构的法定代表人或者主要负责人。

（二）材料

中医诊所备案，应当提交下列材料：①《中医诊所备案信息表》；②中医诊所主要负责人有效身份证明、医师资格证书、医师执业证书；③其他卫生技术人员名录、有效身份证明、执业资格证件；④中医诊所管理规章制度；⑤医疗废物处理方案、诊所周边环境情况说明；⑥消防应急预案。法人或者其他组织举办中医诊所的，还应当提供法人或者其他组织的资质证明、法定代表人身份证明或者其他组织的代表人身份证明。

四、备案制中医诊所的注意事项

1. 备案人应当如实提供有关材料和反映真实情况，并对其备案材料实质内容的真实性负责。

2. 县级中医药主管部门收到备案材料后，对材料齐全且符合备案要求的予以备案，并当场发放《中医诊所备案证》；材料不全或者不符合备案要求的，应当当场或者在收到备案材料之日起5日内一次告知备案人需要补正的全部内容。

3. 中医诊所应当将《中医诊所备案证》、卫生技术人员信息在诊所的明显位置公示。

4. 中医诊所的人员、名称、地址等实际设置应当与《中医诊所备案证》记载事项相一致。中医诊所名称、场所、主要负责人、诊疗科目、技术等备案事项发生变动的，应当及时到原备案机关对变动事项进行备案。

5. 禁止伪造、出卖、转让、出借《中医诊所备案证》。

6. 中医诊所应当按照备案的诊疗科目、技术开展诊疗活动，加强对诊疗行为、医疗质量、医疗安全的管理,并符合中医医疗技术相关性感染预防与控制等有关规定。中医诊所发布医疗广告应当遵守法律法规规定,禁止虚假、夸大宣传。

7. 县级中医药主管部门应当在发放《中医诊所备案证》之日起 20 日内将辖区内备案的中医诊所信息在其政府网站公开,便于社会查询、监督,并及时向上一级中医药主管部门报送本辖区内中医诊所备案信息。上一级中医药主管部门应当进行核查,发现不符合《中医诊所备案管理暂行办法》规定的备案事项,应当在 30 日内予以纠正。

五、备案制中医诊所的监督管理

县级以上地方中医药主管部门对备案制中医诊所要加强事中事后监管,主要体现在以下几个方面:

1. 加强对中医诊所依法执业、医疗质量和医疗安全、诊所管理等情况的监督管理。

2. 在中医诊所备案之日起 30 日内,对备案的中医诊所进行现场核查,对相关材料进行核实,并定期开展现场监督检查。

3. 中医诊所如有下列情况之一的应当向所在地县级中医药主管部门报告,县级中医药主管部门应当注销备案并及时向社会公告:①中医诊所停止执业活动超过一年的;②中医诊所主要负责人被吊销执业证书或者被追究刑事责任的;③举办中医诊所的法人或者其他组织依法终止的;④中医诊所自愿终止执业活动的。

4. 要定期组织中医诊所负责人学习卫生法律法规和医疗机构感染防控、传染病防治等知识,促进中医诊所依法执业;定期组织执业人员参加继续教育,提高其专业技术水平。

5. 要建立中医诊所不良执业行为记录制度,对违规操作、不合理收费、虚假宣传等进行记录,并作为对中医诊所进行监督管理的重要依据。

六、法律责任

(一)中医药主管部门的法律责任

县级以上地方中医药主管部门未履行《中医诊所备案管理暂行办法》规

定的职责，对符合备案条件但未及时发放备案证或者逾期未告知需要补正材料、未在规定时限内公开辖区内备案的中医诊所信息、未依法开展监督管理的，按照《中医药法》第53条的规定予以处理。

(二) 备案人提交虚假材料的法律责任

提交虚假备案材料取得《中医诊所备案证》的，由县级中医药主管部门责令改正，没收违法所得，并处3万元以下罚款，向社会公告相关信息；拒不改正的，责令其停止执业活动并注销《中医诊所备案证》，其直接责任人员自处罚决定作出之日起5年内不得从事中医药相关活动。

(三) 备案制中医诊所擅自执业的法律责任

未经县级中医药主管部门备案擅自执业的，由县级中医药主管部门责令改正，没收违法所得，并处3万元以下罚款，向社会公告相关信息；拒不改正的，责令其停止执业活动，其直接责任人员自处罚决定作出之日起5年内不得从事中医药相关活动。

(四) 与备案证不一致执业的法律责任

中医诊所擅自更改设置未经备案或者实际设置与取得的《中医诊所备案证》记载事项不一致的，不得开展诊疗活动。擅自开展诊疗活动的，由县级中医药主管部门责令改正，给予警告，并处1万元以上3万元以下罚款；情节严重的，应当责令其停止执业活动，注销《中医诊所备案证》。

(五) 出卖、转让、出借《中医诊所备案证》的法律责任

出卖、转让、出借《中医诊所备案证》的，由县级中医药主管部门责令改正，给予警告，可以并处1万元以上3万元以下罚款；情节严重的，应当责令其停止执业活动，注销《中医诊所备案证》。

(六) 超备案范围执业的法律责任

中医诊所超出备案范围开展医疗活动的，由所在地县级中医药主管部门责令改正，没收违法所得，并处1万元以上3万元以下罚款。有下列情形之一的，应当责令其停止执业活动，注销《中医诊所备案证》，其直接负责的主管人员自处罚决定作出之日起5年内不得在医疗机构内从事管理工作；①因超出备案范围开展医疗活动曾受过行政处罚的；②超出备案范围从事医疗活动给患者造成伤害的；③违反本办法规定造成其他严重后果的。

第四节　确有专长中医考核注册法律制度

一、确有专长中医的概念

根据《中医药法》和《中医医术确有专长人员医师资格考核注册管理暂行办法》（以下简称《暂行办法》）的规定，确有专长中医是指以师承方式学习中医或者经多年实践，医术确有专长的人员参加医师资格考核取得《中医（专长）医师资格证书》和《中医（专长）医师执业证书》后可从事中医医疗活动的人员。

《中医药法》与《暂行办法》规定的"确有专长中医"与《传统医学师承和确有专长人员医师资格考核考试办法》（卫生部第52号令）中规定的师承或中医医术"确有专长人员"是有区别的，具体参见下表：

"确有专长中医"不同点

比较项目	《暂行办法》规定	卫生部第52号令规定
条件	师承人员：连续跟师满5年，对某些病症的诊疗，方法独特、技术安全、疗效明显，经指导老师评议合格。由至少两名中医类别执业医师（不含其指导老师）推荐。 中医医术专长：具有医术渊源，在中医医师指导下从事中医医术实践活动满5年或者《中华人民共和国中医药法》施行前已经从事中医医术实践活动满5年的；对某些病证的诊疗，方法独特、技术安全、疗效明显，并得到患者的认可；由至少两名中医类别执业医师推荐。	师承人员：申请出师考核的师承人员应当具有高中以上文化程度或者具有同等学力，并在医疗机构中连续跟师学习满3年。 中医医术专长：依法从事传统医学临床实践5年以上；掌握独具特色、安全有效的传统医学诊疗技术。
考核方式	实行专家评议方式，通过现场陈述问答、回顾性中医医术实践资料评议、中医药技术方法操作等形式对实践技能和效果进行科学量化考核。（考核+技能）	师承和确有专长人员医师资格考试方式分为实践技能考试和医学综合笔试。（技能+考试）

续表

比较项目	《暂行办法》规定	卫生部第52号令规定
时间	5年	师承人员：跟师3年+通过考核后1年考助理+5年后考执业=9年 中医医术专长：依法从事中医药活动满5年+通过考核后1年考助理+5年后考执业=11年
用途	考核合格者，由省级中医药主管部门颁发《中医（专长）医师资格证书》，可以在注册的执业范围内，以个人开业的方式或者在医疗机构内从事中医医疗活动。	师承和确有专长人员取得《传统医学师承出师证书》或《传统医学医术确有专长证书》后，在执业医师指导下，在授予《传统医学师承出师证书》或《传统医学医术确有专长证书》的省（自治区、直辖市）内的医疗机构中试用期满1年并考核合格，可以申请参加执业助理医师资格考试。

二、考核申请

（一）人员

以师承方式学习中医或者经多年实践，医术确有专长的人员，可以申请参加中医医术确有专长人员医师资格考核。通过其他途径达到医术确有专长人员能否提出考核申请，值得斟酌。

（二）条件

以师承方式学习中医的，申请参加医师资格考核应当同时具备下列条件：一是连续跟师学习中医满5年，对某些病证的诊疗，方法独特、技术安全、疗效明显，经指导老师评议合格；二是由至少两名中医类别执业医师推荐，推荐医师不包括其指导老师。

经多年中医医术实践的，申请参加医师资格考核应当同时具备下列条件：一是具有医术渊源，在中医医师指导下从事中医医术实践活动满5年或者《中医药法》实施前已经从事中医医术实践活动满5年的；二是对某些病证的诊疗，方法独特、技术安全、疗效明显，并得到患者的认可；三是由至少两名中医类别执业医师推荐。

（三）提交材料

申请参加中医医术确有专长人员医师资格考核的，应当提交以下材料：①国家中医药管理局统一式样的《中医医术确有专长人员医师资格考核申请表》；②本人有效身份证明；③中医医术专长综述，包括医术的基本内容及特点描述、适应症或者适用范围、安全性及有效性的说明等，以及能够证明医术专长确有疗效的相关资料；④至少两名中医类别执业医师的推荐材料；⑤以师承方式学习中医的，还应当提供跟师学习合同，学习笔记、临床实践记录等连续跟师学习中医满5年的证明材料，以及指导老师出具的跟师学习情况书面评价意见、出师结论；⑥经多年中医医术实践的，还应当提供医术渊源的相关证明材料，以及长期临床实践所在地县级以上中医药主管部门或者所在居委会、村委会出具的从事中医医术实践活动满5年证明，或者至少10名患者的推荐证明。

（四）材料审核程序

县级中医药主管部门和设区的市级中医药主管部门分别对申请者提交的材料进行初审和复审，复审合格后报省级中医药主管部门。省级中医药主管部门对报送材料进行审核确认，对符合考核条件的人员、指导老师和推荐医师信息应当予以公示。申请者在临床实践中存在医疗纠纷且造成严重后果的，取消其报名资格。

三、考核发证

（一）考核方式

中医医术确有专长人员医师资格考核实行专家评议方式，通过现场陈述问答、回顾性中医医术实践资料评议、中医药技术方法操作等形式对实践技能和效果进行科学量化考核。专家人数应当为不少于5人的奇数。

考核专家应当对参加考核者使用中医药技术方法的安全性进行风险评估，并针对风险点考核其安全风险意识、相关知识及防范措施。根据参加考核者使用的中医药技术方法分为内服方药和外治技术两类进行考核。

（二）技能分类考核

内服方药类考核内容包括：医术渊源或者传承脉络、医术内容及特点；与擅长治疗的病证范围相关的中医基础知识、中医诊断技能、中医治疗方法、中药基本知识和用药安全等。

考核程序分为医术专长陈述、现场问答、诊法技能操作和现场辨识相关中药等。

考核专家应当围绕参加考核者使用的中药种类、药性、药量、配伍等进行安全性评估，根据风险点考核相关用药禁忌、中药毒性知识等。

外治技术类考核内容包括：医术渊源或者传承脉络、外治技术内容及特点；与其使用的外治技术相关的中医基础知识、擅长治疗的病证诊断要点、外治技术操作要点、技术应用规范及安全风险防控方法或者措施等。

考核程序分为医术专长陈述、现场问答、外治技术操作等。

考核专家应当围绕参加考核者使用外治技术的操作部位、操作难度、创伤程度、感染风险等进行安全性评估，根据风险点考核其操作安全风险认知和有效防范方法等；外敷药物中含毒性中药的，还应当考核相关的中药毒性知识。

治疗方法以内服方药为主、配合使用外治技术，或者以外治技术为主、配合使用中药的，应当增加相关考核内容。

(三) 考核评定

考核专家根据参加考核者的现场陈述，结合回顾性中医医术实践资料等，围绕相关病证的疗效评价关键要素进行分析评估并提问，对其医术专长的效果进行现场评定。必要时可采用实地调查核验等方式评定效果。经综合评议后，考核专家对参加考核者作出考核结论，并对其在执业活动中能够使用的中医药技术方法和具体治疗病证的范围进行认定。考核合格者，由省级中医药主管部门颁发《中医（专长）医师资格证书》。

四、考核组织

(一) 组织领导

省级中医药主管部门应当加强考核工作的组织领导，完善考核制度，强化考核工作人员和专家培训，严格考核管理，确保考核公平、公正、安全、有序进行。省级中医药主管部门每年定期组织中医医术确有专长人员医师资格考核，考核时间应当提前3个月向社会公告。

(二) 考核专家库

省级中医药主管部门应当建立中医医术确有专长人员医师资格考核专家

库。考核专家应当同时符合下列条件：①中医类别执业医师；②具有丰富的临床经验和技术专长，具备副主任医师以上专业技术职务任职资格或者从事中医临床工作15年以上具有师承或者医术确有专长渊源背景人员；③遵纪守法，恪守职业道德，公平公正，原则性强，工作认真负责。

根据参加考核人员申报的医术专长，由省级中医药主管部门在中医医术确有专长人员医师资格考核专家库内抽取考核专家。考核专家是参加考核人员的近亲属或者与其有利害关系的，应当予以回避。

五、中医（专长）医师实行医师区域注册管理

取得《中医（专长）医师资格证书》者，应当向其拟执业机构所在地县级以上地方中医药主管部门提出注册申请，经注册后取得《中医（专长）医师执业证书》。中医（专长）医师按照考核内容进行执业注册，执业范围包括其能够使用的中医药技术方法和具体治疗病证的范围。取得《中医（专长）医师执业证书》者，即可在注册的执业范围内，以个人开业的方式或者在医疗机构内从事中医医疗活动。

中医（专长）医师在其考核所在省级行政区域内执业。中医（专长）医师跨省执业的，须经拟执业所在地省级中医药主管部门同意并注册。

六、监督管理

中医药主管部门加强中医（专长）医师执业的监督管理工作：

1. 县级中医药主管部门负责对本行政区域内中医（专长）医师执业行为的监督检查，重点对其执业范围、诊疗行为以及广告宣传等进行监督检查。

2. 中医（专长）医师应当参加定期考核，每2年为一个周期。

3. 县级以上地方中医药主管部门应当加强对中医（专长）医师的培训，为中医（专长）医师接受继续教育提供条件。

4. 中医（专长）医师通过学历教育取得省级以上教育行政部门认可的中医专业学历的，或者执业时间满5年、期间无不良执业记录的，可以申请参加中医类别执业医师资格考试。

5. 建立中医（专长）医师管理信息系统，及时更新中医（专长）医师注册信息，实行注册内容公开制度，并提供中医（专长）医师注册信息查询服务。

七、与相关制度规定的衔接

(一) 中医药一技之长人员

《暂行办法》实施前已经取得《乡村医生执业证书》的中医药一技之长人员可以申请参加中医医术确有专长人员医师资格考核，也可继续以乡村医生身份执业，纳入乡村医生管理。自《暂行办法》施行后不再开展中医药一技之长人员纳入乡村医生管理工作。

(二) 传统医学师承和确有专长人员

《暂行办法》实施前已经按照《传统医学师承和确有专长人员医师资格考核考试办法》规定取得《传统医学师承出师证》的，可以按照本办法规定，在继续跟师学习满两年后申请参加中医医术确有专长人员医师资格考核。

《暂行办法》实施前已经按照《传统医学师承和确有专长人员医师资格考核考试办法》规定取得《传统医学医术确有专长证书》的，可以按照《暂行办法》规定申请参加中医医术确有专长人员医师资格考核。

(三) 港澳台地区人员规定

港澳台地区人员在内地以师承方式学习中医的，可在指导老师所在省、自治区、直辖市申请参加中医医术确有专长医师资格考核。

八、法律责任

(一) 违纪违规的法律责任

参加中医医术确有专长人员资格考核的人员和考核工作人员，在考核过程中发生违纪违规行为的，按照国家医师资格考试违纪违规处理有关规定处罚；通过违纪违规行为取得《中医（专长）医师资格证书》《中医（专长）医师执业证书》的人员，由发证部门撤销并收回《中医（专长）医师资格证书》、《中医（专长）医师执业证书》，并进行通报。

(二) 考核专家法律责任

中医医术确有专长人员医师资格考核专家在考核工作中未依法履行工作职责的，省级中医药主管部门应当停止其参与考核工作；情节严重的，应当进行通报批评，并建议其所在单位依法给予相应的处分；存在其他违纪违规行为的，按照国家医师资格考试违纪违规处理有关规定处罚；构成犯罪的，依法追究刑事责任。

（三）推荐医师或指导老师的法律责任

推荐中医医术确有专长人员的中医医师、以师承方式学习中医的医术确有专长人员的指导老师，违反本办法有关规定，在推荐中弄虚作假、徇私舞弊的，由县级以上中医药主管部门依法责令暂停6个月以上1年以下执业活动；情节严重的，吊销其医师执业证书；构成犯罪的，依法追究刑事责任。

（四）超范围执业法律责任

中医（专长）医师在执业中超出注册的执业范围从事医疗活动的，由县级以上中医药主管部门责令暂停6个月以上1年以下执业活动，并处1万元以上3万元以下罚款；情节严重的，吊销其执业证书。造成患者人身、财产损害的，依法承担民事责任；构成犯罪的，依法追究刑事责任。

思考题

1. 简述《中医药法》的立法背景。
2. 简述中医药的概念及其原则。
3. 简述备案制中医诊所概念及其条件。
4. 简述确有专长中医的概念以及与卫生部第52号令规定之间的不同。

第八章

医疗损害处理法律制度

> **学习目标**
>
> 掌握：医疗损害的构成要件和免责事由。
> 熟悉：医疗损害的预防和处置。
> 了解：医疗损害鉴定和医疗事故鉴定，医疗损害的法律责任，医疗损害的赔偿。

第一节 概 述

一、医疗损害的概念

我国《侵权责任法》第54条明确规定："患者在诊疗活动中受到损害，医疗机构及其医务人员有过错的，由医疗机构承担赔偿责任。"既包括有过错的诊疗行为引起的患者损害，也包括有缺陷的产品和不合格的血液引起的患者损害。

民法上的过错包含故意和过失而造成损害他人的违法行为。故意即行为人明知自己的行为可能或必然造成他人民事权利的损害后果而希望或放任其后果发生；过失即行为人能注意、应注意而不予注意或缺乏足够注意的主观心理状态。

必须强调的是，医疗损害责任是发生在诊疗活动中的损害赔偿责任。如果过错不是发生在诊疗活动中，则不存在医疗损害责任。诊疗活动包括：身体检查，医疗器械的植入，对患者的观察、诊断、治疗、护理、康复，进行影像、病理、超声、心电图等诊疗活动，运用药物、手术、医疗器械以及其他具有创伤性或者侵入性的医学技术方法，对人的容貌和人体各部位形态进行的修复与再塑等活动。而该过错所导致的损害后果，可能发生在诊疗活动，也可能发生在诊疗活动结束后。

界定医疗损害责任的概念，应当着眼于全部的医疗损害责任，而不是指某一部分或者某一类型的医疗损害责任。这个概念是指侵权责任的一种类型，即涉及医疗或者发生在医疗领域中的侵权责任类型。因此，医疗损害责任是医疗机构及其医务人员在诊疗活动中因过错，或者是法律规定的情况下，无论有无过错，造成患者人身损害、精神损害或者是财产损害，应当承担的以损害赔偿为主要方式的侵权责任类型。

综上所述，医疗损害，是指在医疗活动中因有过错的诊疗行为或者有缺陷的产品以及不合格的血液造成的患者损害。

医疗损害责任又可称为医疗侵权损害责任，是指医疗机构及其医务人员在医疗活动中因过错，或者在法律规定的情况下，无论有无过失，造成患者人身损害或者其他损害，应当承担的以损害赔偿为主要方式的侵权责任。

二、医疗损害责任的构成要件

构成医疗损害责任应当具备四个要件：①医疗机构及其医务人员在诊疗活动中存在违法行为；②患者受到损害；③违法行为与患者损害后果之间具有因果关系；④医疗机构及其医务人员主观上存在过错。

（一）医疗机构及其医务人员在诊疗活动中存在违法行为

医疗机构及其医务人员在诊疗活动中存在违法行为，简称违法诊疗行为，是构成医疗损害责任的首要要件。这是侵权责任违法行为要件在医疗损害责任构成要件中的具体表现。这一要件包含三个要素：①主体必须是医疗机构及其医务人员；②必须是发生在诊疗活动中；③必须存在违法行为。

1. 医疗侵权主体是医疗机构与医务人员根据国务院《医疗机构管理条例》的规定，医疗机构是经登记取得《医疗机构执业许可证》，从事疾病诊断、治疗活动的医院、卫生院、疗养院、门诊部、诊所、卫生所（室）以及急救站等机构。

医务人员包括医师和其他医务人员。按照《执业医师法》第2条的规定，医师包括执业医师和执业助理医师，是指依法取得执业医师资格或者执业助理医师资格，经注册在医疗、预防、保健机构中执业的专业医务人员。尚未取得执业医师或者执业助理医师资格，经注册在村医疗卫生机构从事预防、保健和一般医疗服务的乡村医生，也视为医务人员。

按照《护士条例》的规定，护士是指经执业全册取得护士执业证书，依该条例规定从事护理活动，履行保护生命、减轻痛苦、增进健康职责的卫生技术人员。

医务人员除了医师与护士外，还包括与诊疗活动有关的相关活动工作人员，如救护车的调度、驾驶、跟班救护人员等。

2. 医疗侵权行为发生在诊疗活动中诊疗活动中是医疗侵权发生的时间条件，限定医疗机构及其医务人员侵害患者相关权利的行为是发生在诊疗活动中。如果侵害行为不是发生在诊疗活动中，则就不构成医疗侵权责任。对于诊疗活动的理解，不是只有医疗才是诊疗活动。诊疗活动，是指患者到医疗机构就以从而在医患之间成立医疗服务合同关系，医疗机构及其医务人员按照相关的医疗卫生法律法规而实施的一系列的诊断、治疗行为，具体包括门诊检查、门诊治疗、住院检查、住院治疗、康复治疗、疾病预防等方面的行为。

3. 医疗机构及其医务人员的诊疗行为须有违法性医疗损害责任的诊疗行为违法性，是指医疗机构及其医务人员在诊疗活动中违反了对患者的生命权、健康权、身体权、自我决定权以及隐私权、所有权等民事权利不得侵害的法定义务构成的形式违法。

医疗损害责任的违法性主要是违反法定义务。但这个法定义务并不是医疗机构及其医务人员对患者的注意义务，因为那是构成过错要件的注意义务。违法性的法定义务是医疗机构及其医务人员作为患者享有的绝对权的义务主体，对患者享有的权利的不可侵犯的违反。医疗机构及其医务人员作为民事主体，在患者作为人格权的权利主体时，自己作为义务主体对患者权利负有不可侵义务，即不得侵害患者的权利。违反这个不作为义务，就具有违法性。

（二）患者受到损害

医疗损害责任构成中的患者受到损害的要件，是医疗机构及其医务人员在诊疗活动中造成患者的人身损害事实和财产损害事实以及精神损害事实。侵权责任构成理论认为，损害事实是指一定的行为致使权利主体的人身权利、财产权利以及其他权利受到侵害，并造成财产利益和非财产利益的减少或灭失的客观事实。损害事实是侵权责任构成要件之一。也就是说"无损害则无责任",只有在损害后果发生的情况下,才考虑医疗机构及其医务人员是否有过错,是否要承担医疗侵权责任。损害后果必须是法律明确规定的后果,必须是侵害了患者受法律保护的合法权利。主要包括侵害患者的生命权、健康权、财产权,在一定情况还可能会侵害患者的隐私权、监护权等权利。

（三）违法行为与患者损害后果之间具有因果关系

医疗侵权责任构成的因果关系要件,是指违法诊疗行为作为原因,患者所受损害事实作为结果,在它们之间存在着前者引起后者、后者被前者所引起的客观联系。这是一种事物与事物之间的客观联系,而不是指主观上的因素与客观上的结果的因果联系。

构成医疗侵权责任,违法诊疗行为与患者损害后果之间必须具有因果关系。现代侵权法的基本原则是责任自负,要求每个人对自己的行为负责。因果关系是任何一种法律责任的构成要件,它要求行为人的不法行为与损害结果之间存在因果关系,唯有如此行为人才对损害结果负责。在医疗侵权中,违法诊疗行为与患者所受损害后果之间必须具有因果关系,医疗机构只有在因果关系存在的情况下,才就医疗机构及其医务人员的过失诊疗行为负有医疗侵权责任。

（四）医疗机构及其医务人员主观上存在过错

构成医疗损害责任,医疗机构及其医务人员必须具备医疗过错要件。这是法律对医疗机构实施违法诊疗行为主观心态的谴责,正因为医疗机构及其医务人员具有医疗过错,法律才对医疗机构用侵权责任以示谴责。如果在诊疗行为造成患者损害中,医疗机构及其医务人员没有过错,医疗机构就不承担医疗损害责任。医疗损害责任重的主观过错要件表现为医疗机构及其医务人员在诊疗护理中的故意或者过失。

医疗过错,是指医疗机构在医疗活动中,医务人员未能按照当时的医疗水平通常应当提供的医疗服务,或者未按照医疗良知、医疗伦理,以及医政管理规范、管理职责应当给予的诚信、合理的医疗服务,没有尽到高度注意义务的主观心理状态,以及医疗机构存在对医务人员疏于选任、管理、教育的主观心理状态。对此,《侵权责任法》第57条作了明确规定:"医务人员在诊疗活动中未尽到与当时的医疗水平相应的诊疗义务,造成患者损害的,医疗机构应当承担赔偿责任。"其中"医务人员在诊疗活动中未尽到与当时的医疗水平相应的诊疗义务"的表述,就是对医疗过错的明确规定。

医疗过错的法律特征是:①医疗过错的主体是医疗机构及其医务人员;②医疗过错损害主观要件而不是客观要件;③医疗过错的认定通常采用客观标准,通常是以医疗卫生管理法律、行政法规、部门规章和诊疗护理规范、常规或者以医疗机构及其医务人员应尽的告知、保密等法定义务为标准;④医疗过错违反高度注意义务的标准是当时的医疗水平、医疗伦理和管理规范。

三、医疗损害与医疗事故的关系

医疗损害与医疗事故既有相同之处,也有明显的区别。

1. 医疗损害与医疗事故的相同之处。医疗损害与医疗事故相同之处是:其一,医疗损害和医疗事故都是发生在诊疗活动中;其二,都给患者造成了损害;其三,医疗机构及其医务人员的违法行为和患者的损害后果之间存在因果关系。

2. 医疗损害与医疗事故之间的区别。医疗损害与医疗事故之间的区别是:其一,责任人不同。医疗事故的责任人只能是医疗机构及其医务人员,而医疗损害的责任人除了可以是医疗机构及其医务人员外,还可以是药品、消毒药剂、医疗器械的生产者和血液的提供机构;其二,造成的损害后果不同。医疗事故造成的是人身损害,而医疗损害造成的损害除了人身损害外,还包括财产损害;其三,责任人的过错形式不同。医疗事故责任人的主观心理状态为过失,而医疗损害责任人的主观心理状态可能是故意,也可能是过失,还可能是无过错。

四、医疗损害责任立法

我国对医疗损害进行专门的立法是从医疗事故开始的。1987年,国务院颁布了《医疗事故处理办法》,这是我国第一个处理医疗事故的法律法规。该办法将医疗事故分为责任事故和技术事故。责任事故,是指医务人员因违反规章制度、诊疗护理常规等失职行为所导致的事故;技术事故,是指医务人员因技术过失所致的事故。根据给患者直接造成的损害程度,医疗事故被分为三级。县级以上地方政府按行政区划成立医疗事故鉴定委员会,负责对医疗事故争议的技术鉴定。其中对于确定为医疗事故的,可根据事故等级、情节和病员情况给予一次性经济补偿。补偿标准由各省、自治区、直辖市人民政府规定。由于该办法是在"实行公费医疗的福利化政策"的历史背景下的产物，基于此历史背景，该制度的设计更侧重于对医疗机构的保护。

2002年4月4日，国务院发布了《医疗事故处理条例》，该条例于2002年9月1日施行之前的《医疗事故处理办法》同期作废。与《医疗事故处理办法》相比，该条例取消了医疗事故的分类，扩大了医疗事故的范围，将医疗事故由三级增加到四级；废除了一次性限额补偿制度，并将补偿改为赔偿，同时提高了赔偿标准；完善了医疗事故鉴定制度，将医疗事故技术鉴定由政府组织调整改为由医学会组织。此外，该条例首次系统地规定了患者权利，并对患者及其家属实质性参与医疗事故争议的处理作了制度性和机制性安排。随后，卫生部相继又发布了《医疗事故技术鉴定暂行办法》《医疗事故分级标准（试行）》《医疗机构病例管理规定》《医疗事故争议中尸检机构及专业技术人员资格认定暂行办法》《医疗重大过失行为和医疗事故报告制度的规定》《病例书写基本规范》等配套规章。

2003年1月6日，最高人民法院出台《关于参照〈医疗事故处理条例〉审理医疗纠纷民事案件的通知》的规定，《医疗事故处理条例》实施后发生的医疗事故引起的医疗赔偿纠纷，诉讼到法院的，参照该条例的有关规定办理；因医疗事故以外的原因引起的其他医疗赔偿纠纷，适用《民法通则》的有关规定。该通知的出台与实施，扩大了赔偿范围，突出了医疗事故赔偿之外的一般医疗损害赔偿，这有利于保护患者的权益，但也产生了医疗损害责任范围的二元化结构。同年12月26日，最高人民法院还出台了《关于审理人身损害赔偿案件适用法律若干问题的解释》，其中详细规定了人身损害的赔偿项目和计算方法，与《医疗事故处理条例》规定的医疗事故的赔偿项目和计算标准也不一致。因此，也产生了赔偿标准的二元化结构。

2009年12月26日，第十一届全国人大常委会第十二次会议通过了《中华人民共和国侵权责任法》，该法于2010年7月1日起实施，该法专设了"医疗损害责任"一章，共11条。"医疗损害责任"一章在继承和发展《医疗事故处理条例》民事赔偿的基础上，确定了医疗损害的基本构成、归责原则、过错责任及过错推定，对医疗服务中涉及患者权益受到侵犯的事项，如患者隐私、过度检查等，都作了明确规定。

第二节 医疗损害责任的构成

一、医疗损害责任主体

与医疗事故的责任主体只能是医疗机构及其医务人员不同，导致医疗损害的原因多种多样，因此相应的承担医疗损害赔偿责任的主体也各有不同。

患者在诊疗活动中受到损害，医疗机构及其医务人员有过错的，由医疗机构承担赔偿责任。《侵权责任法》第55条规定，医务人员在诊疗活动中应当向患者说明病情和医疗措施。需要实施手术、特殊检查、特殊治疗的，医务人员应当及时向患者说明医疗风险、替代医疗方案等情况，并取得其书面同意；不宜向患者说明的，应当向患者的近亲属说明，并取得其书面同意。医务人员未尽到前款义务，造成患者损害的，医疗机构应当承担赔偿责任。医务人员在诊疗活动中未尽到与当时的医疗水平相应的诊疗义务，造成患者损害的，医疗机构应当承担赔偿责任。医疗机构及其医务人员应当对患者的隐私保密。泄露患者隐私或者未经患者同意公开其病历资料，造成患者损害的，应当承担侵权责任。

因药品、消毒药剂、医疗器械的缺陷或者是不合格的血液造成患者损害的，医疗损害的责任主体应该是该缺陷药品、消毒药剂、医疗器械的生产者和该不合格血液的提供机构。但出于保护患、方便受害人索赔的需要，《侵权责任法》第59条规定，患者因缺陷药品、消毒药剂、医疗器械或者是输入不合格血液造成损害的，除可以向相关产品的生产者或供血机构主张索赔外，也可以向相关医疗机构请求赔偿。医疗机构支付赔偿后，有权向负有责任的生产者或是供血机构追偿。

二、推定医疗机构有过错的情形

过错推定也叫过失推定，在侵权行为法上，也就是受害人在诉讼中，能证明违法行为与损害事实之间的因果关系的情况下，如果加害人不能证明损害的发生自己无过错，那么就从损害事实的本身推定被告在致人损害的行为中有过错，并为此承担赔偿责任。

《侵权责任法》第58条规定，患者有损害，因下列情形之一的，推定医疗机构有过错：①违反法律、行政法规、规章以及其他有关诊疗规范的规定；②隐匿或者拒绝提供与纠纷有关的病历资料；③伪造、篡改或者销毁病历资料。

三、医疗机构的免责事由

依照《侵权责任法》第60条的规定，医疗机构不承担赔偿责任的情形包括：①患者或者其近亲属不配合医疗机构进行符合诊疗规范的诊疗；②医务人员在抢救生命垂危的患者等紧急情况下已经尽到合理诊疗义务；③限于当时的医疗水平难以诊疗的。

依照《医疗事故处理条例》第33条的规定，医疗机构不承担赔偿责任的情形包括：①在紧急情况下未抢救垂危患者生命而采取紧急医学措施造成不良后果的；②在医疗活动中由于患者病情异常或者患者体质特殊而发生医疗意外的；③在现有医学科学技术条件下，发生无法预料或者不能防范的不良后果的；④无过错输血感染造成不良后果的；⑤因患者原因延误诊疗导致不良后果的；⑥因不可抗力造成不良后果的。

第三节 医疗损害责任的类型

一、医疗技术损害责任

医疗技术损害责任，是指医疗机构及其医务人员在医疗活动中，违反医疗技术上的高度注意义务，具有违背当时医疗水平的技术过失，造成患者人身损害的医疗损害责任。《侵权责任法》第57条的规定就是这种医疗损害责任类型："医务人员在诊疗活动中未尽到当时的医疗水平相应的诊疗义务，造成患者损害的，医疗机构应当承担赔偿责任。"

（一）医疗技术过失

医疗技术过失，是指医疗机构或者医务人员在从事病情的检验诊断、治疗方法的选择，治疗措施的执行以及病情发展过程的追踪或术后照护等医疗行为中，不符合当时的医疗专业知识或技术水准的懈怠或疏忽。这种医疗过失的判断标准，是诊疗当时的医疗水平，违反之即为有过失。

（二）医疗技术损害责任的归责原则

医疗技术损害责任的归责原则为过错原则，实行"谁主张谁举证"的举证责任规则。证明医疗机构的赔偿责任构成，须由受害患者一方承担举证责任，只在特殊情况下才有条件地实行举证责任缓和，在原告证明到一定程度时，转由医疗机构承担举证责任。

（三）医疗技术损害责任的法律特征

1. 以具有医疗过失为前提。
2. 医疗过失是一种医疗技术过错。
3. 过错的认定方式主要是原告证明。
4. 损害事实只包括人身损害事实，不包括患者其他民事损害事实。

（四）医疗技术损害责任的类型

1. 诊断过失损害责任。诊断过失损害责任是常见的医疗技术损害责任。最典型的诊断过失就是误诊。一般认为：医疗机构从业人员的诊断行为中，针对某种疾病，经治医生没有进行相应的基本检查诊断程序或者在进一步的治疗过程中，未对初始诊断加以审查或未发现初始诊断的错误，即可认定为误诊，并导致赔偿责任。

2. 治疗过失损害责任。治疗过失损害责任，是指医疗机构及其医务人员在治疗中，违反了相关的法律、法规、规章和诊疗技术规范，未尽高度注意义务，实施错误的治疗行为，造成患者人身损害的，为治疗过失损害行为。

3. 护理过失损害行为。护理过失损害行为，是指主要是指医疗机构护理从业人员在为患者实施护理行为中，未遵守相关的法律、法规、规章和诊疗技术规范，未尽高度注意义务，并因此等行为导致患者的人身损害，即构成护理过失损害责任。

4. 院内感染传染损害责任。院内感染又称为医院内获得性感染，是指病人在住院期间因医院环境和医疗行为所获得的细菌、病毒等生物性感染。如果医疗机构以及义务人员未尽到高度注意义务，出现院内感染或者传染，造成患者感染新的疾病损害生命健康的，应当承担院内感染传染责任。

5. 孕检生产损害责任。孕检损害责任，是指在妇产科医院中对胎儿状况的检查存在医疗疏忽或者懈怠，应当发现胎儿畸形而未发现，使胎儿出生后才发现畸形造成的医疗技术损害责任。生产损害责任是指在产妇生产过程中，医疗机构及其医务人员违反相关的法律、法规、规章和诊疗技术规范，并且因此等行为导致了产妇或者胎儿在生产过程中发生医疗损害。

二、医疗伦理损害责任

医疗伦理损害责任,是指医疗机构及其医务人员从事医疗活动时,未对患者充分告知或者说明其病情,未提供患者及时有效的医疗建议,未保护患者与病情相关的隐私权,或者未取得患者知情同意即采取某种医疗措施或停止继续治疗措施等,以及其他违反了医疗职业良知或职业伦理上应遵守的过失行为,医疗机构应当承担的侵权赔偿责任。这一部分主要体现在《侵权责任法》的第54条和第62条。

(一) 医疗伦理过失

医疗伦理过失,是指医疗机构及其医务人员从事各种医疗行为时,未对患者充分告知或者说明其病情,未提供患者及时有用的医疗建议,未保守患者与病情有关的各种秘密,或者未取得患者知情同意即采取各种医疗措施或停止继续治疗措施等,就违反医疗职业良知或职业伦理上应遵守的规则而言,分为医疗资讯过失、患者知情同意过失和保密过失等不同情形。

(二) 医疗伦理损害责任的归责原则

医疗伦理损害责任适用过错推定原则,将医疗伦理过错的举证责任归之于医疗机构。对于责任构成中的医疗违法行为、损害事实以及因果关系的证明,由受害患者一方承担。在受害患者一方能够证明侵权责任的其他构成要件时,医疗机构一方若认为自己不存在医疗过失的,须举证证明自己的主张成立,否则应当承担赔偿责任。

(三) 医疗伦理损害责任的法律特征

1. 以具有医疗过失为前提。
2. 医疗过失为医疗伦理性过失。
3. 医疗伦理过失的认定方式为过错推定。
4. 不仅包括患者的人身损害,还包括其他民事权益损害。

(四) 医疗伦理损害责任的类型

1. 违反资讯告知损害责任。违反资讯告知损害责任,是指医疗机构未对患者充分告知、说明其病情,未对患者提供及时有用的医疗建议的医疗损害责任。

2. 违反患者知情同意损害责任。违反患者知情同意损害责任,是指医疗机构及其义务人员违反其应当尊重患者自主决定意愿的义务,未经患者同意,即采取某种医疗措施或者停止继续治疗的医疗损害责任。

3. 违反保密义务损害责任。违反保密义务损害责任，是指医疗机构及其医务人员违法保密义务，泄露患者隐私或者未经患者同意公开其病历资料等其他秘密造成患者损害的，应当承担侵权责任。

三、医疗产品损害责任

医疗产品损害责任，是指医疗机构在医疗过程中使用有缺陷的药品、消毒药剂、医疗器械以及不合格的血液及血液制品等医疗产品，因此造成患者人身损害的，医疗机构或者医疗产品的生产者、销售者应当承担的医疗损害赔偿责任。这种医疗损害责任类型的法律根据是《侵权责任法》第 59 条。

（一）医疗产品的范围

《中华人民共和国产品质量法》（以下简称《产品质量法》）第 2 条第 2 款规定，本法所称的产品是指经过加工、制作、用于销售的物品。按照这一规定，产品须具备两个条件：一是经过加工、制作，未经过加工制作的自然物，不是产品；二是用于销售，因而是可以进入流通领域的物，未进入流通的，不认为是产品。根据《侵权责任法》第 59 条的规定，医疗产品包括药品、消毒药剂、医疗器械和血液。

（二）医疗产品损害责任的归责原则

医疗产品损害责任适用严格责任原则——无过错原则。即无论有没有过错，只要能证明产品存在缺陷，且不存在免责事由，则构成侵权。

（三）医疗产品损害责任的法律特征

1. 前提是医疗产品存在缺陷。

2. 存在损害后果。

3. 缺陷医疗产品与损害后果之间存在因果关系。

（四）医疗产品损害责任的免责事由

1. 特有的抗辩事由。在下列情形下，医疗产品的生产者可以主张免责：①生产者未将药品、消毒药剂、医疗器械、血液投入流通的，即有缺陷的药品、消毒药剂、医疗器械、血液尚未出厂、销售而发生了损害；②药品、消毒药剂、医疗器械、血液投入流通时，引起损害的缺陷尚不存在；③生产者将药品、消毒药剂、医疗器械、血液通入流通时的科学技术水平尚不能发现缺陷的存在。判定生产者是否能发现医疗产品投入流通时存在缺陷，不应当以生产者所掌握的科学技术为依据，而应以当时社会所具有的科学技术水平为依据。只有依当时社会的科学技术尚不能发现产品缺陷时，生产者才能免除侵权赔偿责任。

2. 一般免责事由。一般免责事由包括以下几种情形：①受害人自身的原因引起的损害；②第三人的原因导致医疗产品缺陷；③超过质保期的产品；④明显的危险引起的损害；⑤超过诉讼时效。

第四节 医疗损害的预防和处置

一、医疗损害的预防

根据《医疗事故处理条例》规定，医疗机构及其医务人员对医疗损害做好预防工作。

（一）遵守有关法律、法规、规范及职业道德

医疗机构及其医务人员在医疗活动中，必须严格遵守医疗卫生管理法律、行政法规、部门规章和诊疗护理规范、常规，恪守医疗服务职业道德。

（二）进行法律、法规、规范及医德的培训和教育

医疗机构应当经常对其医务人员进行医疗卫生管理法律、行政法规、部门规章和诊疗护理规范、常规的培训和医疗服务职业道德教育。

（三）加强医疗质量监控

医疗机构应当设置医疗服务质量监控部门或者配备专（兼）职人员，具体负责监督本医疗机构的医务人员的医疗服务工作，检查医务人员执业情况，接受患者对医疗服务的投诉，向其提供咨询服务。

（四）制定防范、处理预案

医疗机构应当制定防范、处理医疗事故等医疗损害的预案，预防医疗损害的发生，减轻医疗损害。

（五）保障患者权益

在医疗活动中，医疗机构及其医务人员应当将患者的病情、采取的医疗措施、医疗风险等如实告知患者，及时解答其咨询，但是应当避免对患者产生不利后果。

二、医疗过错行为的报告

（一）医疗机构内部报告

医务人员在医疗活动中有下列情形之一的，应当立即向所在科室负责人报告：①发生或可能发生医疗损害；②可能引起医疗损害的医疗过错行为；③发生医疗损害争议。科室负责人接到报告后，应及时向本医疗机构负责医疗质量服务监控的部门或专（兼）职人员报告。负责医疗质量服务监控的部门或专（兼）职人员接到报告后，应立即进行调查和核实，并将有关情况向本医疗机构负责人报告，同时向患者通报、解释。

（二）医疗机构向卫生行政部门报告

发生医疗损害的医疗机构，应当按照规定向所在地卫生行政部门报告。发生下列重大医疗过错行为的，医疗机构应当在12小时内向所在地卫生行政部门报告：①导致患者死亡或者可能造成患者中度以上残疾、器官组织损伤导致严重功能障碍的医疗损害；②导致3人以上人身损害后果；③国务院卫生行政部门和省、自治区、直辖市人民政府卫生行政部门规定的其他情形。

三、病历资料和现场实物封存

病历是医务人员对患者疾病的发生、发展、转归，进行检查、诊断、治疗等医疗活动过程的记录。也是对采集到的资料加以归纳、整理、综合分析，按规定的格式和要求书写的患者医疗健康档案。病历资料分为客观性病历资料和主观性病历资料。客观性病历资料包括门（急）诊病历和住院志（即入院记录）、体温单、医嘱单、化验单（检验报告）、医学影像检查资料、特殊检查（治疗）同意书、手术同意书、手术及麻醉记录单、病理报告、护理记录、出院记录等。主观性病例资料包括死亡病例讨论记录、疑难病例讨论记录、上级医师查房记录、会诊记录、病程记录等。

《侵权责任法》第61条规定，医疗机构及其医务人员应当按照规定填写并妥善保管住院志、医嘱单、检验报告、手术及麻醉记录、病理资料、护理记录、医疗费用等病历资料。《医疗事故处理条例》第8条规定，因抢救急危患者，未能及时书写病例的，有关医务人员应当在抢救结束后6小时内据实补记，并加以注明。

发生医疗损害争议时，主观性病例资料应当在医患双方都在场的情况下封存和启封。封存的病例资料由医疗机构保管。任何单位和个人都不得涂改、伪造、隐匿、销毁或者抢夺病历资料。当事人以伪造、篡改、销毁或者其他不当方式更改病例资料的内容，致使无法认定医疗行为与损害后果之间是否存在因果关系及有无过错的，应当承担相应的不利后果。

疑似输液、输血、注射、药物引起不良后果的，医患双方应当共同对现场实物进行封存和启封，封存的现场实物由医疗机构进行保管。需要检验的，应当由双方共同指定依法具有检验资格的检验机构进行检验。双方无法共同指定时，由卫生行政部门指定。疑似输血引起不良后果，需要对血液进行现场封存保留的，医疗机构应当通知该血液的采供血机构派员到场。

四、病历资料的复印

患者有权查阅、复制自己的客观性病例资料，即门（急）诊病历和住院志（即入院记录）、体温单、医嘱单、化验单（检验报告）、医学影像检查资料、特殊检查（治疗）同意书、手术同意书、手术及麻醉记录单、病理报告、护理记录、出院记录等，医疗机构应当提供复印或者复制服务并在复印或复制的病历资料上加盖证明印记。复印或复制病历资料时，应当有患者在场。医疗机构应患者要求，为其复印或复制病例资料，可以按照规定收取工本费。具体的收费标准由省、自治区、直辖市人民政府价格主管部门会同同级卫生行政部门规定。

五、尸检

尸检即尸体解剖，是指对已经死亡的机体进行剖验以查明死亡原因的一种医学手段。尸检对于解决死因不明或对死因有异议而发生的医疗事故争议具有其独特的无法替代的作用。

患者死亡，医患双方对死因不能确定或者对死因有异议的，应当进行尸检。尸检应当在患者死亡后48小时内进行，具备尸体冷冻条件的，可以延长至7日。尸检应取得死者近亲属的同意并签字，由按照国家相关规定取得相应资格的机构和病理解剖专业技术人员进行。医疗损害争议双方当事人可以请法医病理人员参加尸检，也可以委派代表观察尸检过程。拒绝或者拖延尸检，超过规定时间，影响对死因判定的，由拒绝或者拖延的一方承担责任。

患者在医疗机构内死亡的，尸体应当立即移放太平间，存放时间一般不超过两周。逾期不处理的尸体，经医疗机构所在地卫生行政部门批准，并报同级公安部门备案后，由医疗机构按照相关规定进行处理。

第五节　医疗损害鉴定

一、医疗损害鉴定

医疗损害鉴定，是指医疗机构及其医务人员，因为在日常医疗行为中存在法定过错并造成患者人身损害而导致的医疗损害民事诉讼中，人民法院对于医疗技术等专门问题对外委托的鉴定，统一称为医疗损害鉴定。

我国的医疗损害的鉴定主体可以是医学会、司法鉴定机构或其他具有相关资质的专业性检验机构。从实践中看，目前医学会主要进行诊疗行为引起的医疗损害争议的鉴定；司法鉴定机构主要是根据司法行政部门授予的业务范围进行司法鉴定；检验机构则主要进行缺陷产品或者是不合格血液的质量鉴定。

《侵权责任法》没有规定医疗损害鉴定的具体问题，目前与医疗损害鉴定有关的规定主要是全国人大常委会《关于司法鉴定管理问题的决定》和国务院的《医疗事故处理条例》。依照法律，医疗损害争议可以通过诉讼和非诉讼的方式解决。当医疗侵权涉诉时，人民法院根据当事人的申请或者依职权决定进行医疗损害鉴定的，应当按照全国人大常委会《关于司法鉴定管理问题的决定》及国家有关部门的规定组织鉴定；人民法院委托进行医疗损害责任过错鉴定的，应当委托具有相应资质的鉴定机构组织鉴定；在国家有关部门关于医疗损害鉴定的新规定颁布之前，人民法院也可以委托各级医学会进行医疗损害责任技术鉴定。

从实践中看大多数医疗损害争议都是由非诉讼解决的，因此，大多数医疗损害鉴定是非司法鉴定。

二、医疗事故技术鉴定

(一) 鉴定主体

医疗事故技术鉴定由医学会组织专家鉴定组进行。由设区的市级地方医学会和省、自治区、直辖市直接管辖的县（市）地方医学会负责组织首次医疗事故技术鉴定工作。省、自治区、直辖市地方医学会负责组织再次鉴定工作。必要时，中华医学会可以组织疑难、复杂并在全国有重大影响的医疗事故争议的技术鉴定工作。

经卫生行政机关审核，发现鉴定专家组作出的医疗事故技术鉴定结论不符合《医疗事故处理条例》的规定，卫生行政机关应当要求重新鉴定。

（二）鉴定的提起

《医疗事故处理条例》规定了两种鉴定启动方式：一种是由卫生行政部门在解决医疗事故争议中，对需要进行医疗事故技术鉴定的，应当交由负责医疗事故技术鉴定工作的医学会组织鉴定；另一种方式是医患双方共同委托负责医疗事故技术鉴定工作的医学会组合鉴定。如果当事人对首次医疗事故技术鉴定结果有异议的。可以自收到首次鉴定结论之日起15日内向医疗机构所在地卫生行政部门提起再次鉴定的申请。

（三）鉴定专家库

根据《医疗事故处理条例》，鉴定专家由医学会聘请，而不是卫生行政部门指定。负责组织医疗事故技术鉴定工作的医学会应当按照一定的条件选取医疗卫生专业技术人员组织建立专家库，其中可以包括具有法定条件的法医。专家库由具备下列条件的医疗卫生专业技术人员组成：①有良好的业务素质和执业品德；②受聘于医疗卫生机构或者医学教学、科研机构并担任相应专业高级技术职务3年以上。同时，医学会还可以聘请异地的医疗卫生专业技术人员进入专家库，这是为了尽可能排除由于地域原因而造成鉴定结论缺乏公正性的弊端。

（四）鉴定程序和方法

1. 双方当事人提交相关所需材料。 医学会应当自受理医疗事故技术鉴定之日起5日内通知医疗事故争议双方当事人提交进行医疗事故技术鉴定所需要的材料。当事人应当自收到医学会的通知之日起10日内提交有关医疗事故技术鉴定的材料，被申请人还应当提交有关医疗事故技术鉴定的书面陈述及答辩。这里提到的"通知之日"按当事人签收通知书之日计算。

医疗机构提交的有关医疗事故技术鉴定的材料应当包括以下内容：①住院患者的病程记录、死亡病例讨论记录、疑难病例讨论记录、会诊意见、上级医师查房记录等病历资料原件；②住院患者的住院志、体温单、医嘱单、化验单（检查报告）、医学影像检查资料、特殊检查同意书、手术同意书、手术及麻醉记录单、病理资料、护理记录等病历资料原件；③抢救急危患者，在规定时间内补记的病历资料原件；④封存保留的输液、注射用物品和血液、药物等实物，或者依法具有检验资格的检验机构对这些实物作出的检验报告；⑤与医疗事故技术鉴定有关的其他材料。在医疗机构建有病历档案的门诊、急诊患者，其病历资料由医疗机构提供；没有在医疗机构建立病历档案的门诊、急诊患者的病历资料由患者提供，患者死亡的，由法定代理人提供，但急危患者的抢救病历资料除外。

此外，鉴定申请人提交鉴定申请书后，如果发现新的事实证据或者认为有新的理由需要补充，或者应医学会要求就某一问题作补充说明时，可以提交书面陈述。另外，被申请人提交答辩书后，还可以提交补充书面陈述及答辩。

医疗机构无正当理由未按照规定如实提供相关资料，导致医疗事故技术鉴定不能进行的，应当要承担责任。

2. 抽取参加鉴定的专家。医患双方应当在医学会的主持下从专家库中随机抽取参加医疗事故技术鉴定的相关专业的专家，包括在异地专家库中抽取鉴定专家。在特殊情况下，医学会根据医疗事故技术鉴定工作的需要，可以组织医患双方在其他医学会建立的专家库中随机抽取相关专业的专家参加鉴定或者函件咨询。对于异地专家可按工作的需要，采取函件咨询的方式参加鉴定工作。鉴定专家组人数应为单数，涉及的主要学科的专家一般不得少于鉴定组成员的二分之一。涉及死因、伤残等级鉴定的，应当还要从专家库中随机抽取法医参加。

《医疗事故处理条例》第 26 条再次明确规定了鉴定人员的回避问题，即专家鉴定组成员有下列情形之一的，当事人应当口头或者以书面的方式申请其回避：①是医疗事故争议当事人或者当事人近亲属的；②与医疗事故争议有利害关系的；③与医疗事故争议当事人有其他关系，可能影响鉴定公正的。

3. 调查取证。医学会应当自接到当事人提交的有关医疗事故技术鉴定的材料、书面陈述及答辩之日起 45 日内组织鉴定并出具医疗事故技术鉴定书。专家鉴定组进行医疗事故技术鉴定实行合议制。专家鉴定组应当认真审查双方当事人提交的材料，听取双方当事人的陈述及答辩并进行核实。双方当事人应当按照规定如实提交进行医疗事故技术鉴定所需要的材料，并积极配合调查。必要时，医学会可以向双方当事人调查取证。当事人任何一方不予配合，影响医疗事故技术鉴定的，由不配合的一方承担责任。

专家鉴定组依照卫生管理法律、行政法规、部门规章和诊疗护理规范、常规，运用医学科学原理和专业知识，独立进行医疗事故技术鉴定，对医疗事故进行鉴别和判定，为处理医疗事故争议提供医学依据。任何单位或者个人不得干扰医疗事故技术鉴定工作，不得威胁、利诱、辱骂、殴打专家鉴定组成员。专家鉴定组成员不得接受双方当事人的财务或者其他利益。

（五）鉴定结论

医疗事故技术鉴定结论是卫生行政部门处理医疗事故争议的依据，也是人民法院审理医疗事故争议案件的重要依据。因此，专家鉴定组应当在事实清楚、证据确凿的基础上，综合分析患者的病情和个体差异，实事求是地作出鉴定结论，并出具医疗事故技术鉴定书。鉴定结论以鉴定组成员的过半数通过。鉴定过程应如实记载。医疗事故技术鉴定书应当包括下列主要内容：①双方当事人的基本情况及要求；②当事人提交的材料和负责组织医疗事故技术鉴定工作的医学会的调查材料；③对鉴定过程的说明；④医疗行为是否违反医疗卫生管理法律、行政法规、部门规章和诊疗护理规范、常规；⑤医疗过失行为与人身损害后果之间是否存在因果关系；⑥医疗过失行为在医疗事故损害后果中的责任程度；⑦医疗事故等级；⑧对医疗事故患者的医疗护理医学建议等。

（六）鉴定申请时限和费用

患者或者其家属应当自其知道其身体健康受到损害之日起一年内提出医疗事故技术鉴定的申请。

医疗事故技术鉴定可以收取鉴定费用。经鉴定，属于医疗事故的额，鉴定费用由医疗机构支付；不属于医疗事故的，鉴定费用由提出医疗事故处理申请的一方支付。鉴定费用标准由省、自治区、直辖市人民政府价格主管部门会同同级财政部门、卫生行政部门规定。

第六节　医疗损害的处理与赔偿

一、医疗损害的行政处理

卫生行政部门对医疗机构及其医务人员具有监督管理的职责，医疗机构及其医务人员发生违法违规行为时，卫生行政部门可以依法给予行政处理。卫生行政部门在接到医疗机构关于重大医疗过错行为的报告后，除了责令医疗机构及时采取必要的医疗救治措施，防止损害后果扩大外，应当立即组织调查，判定是否属于医疗损害；对不能判定的，应当依据《医疗事故处理条例》的有关规定交由负责医疗事故技术鉴定工作的医学会进行鉴定。

（一）行政处理申请的提出

发生医疗损害争议，当事人申请行政部门处理的，应当提出书面申请。申请书应当载明申请人的基本情况、有关事实、具体请求及理由等。申请人应当自当事人知道或者应当知道其身体健康受到损害之日起一年内提出。

（二）受理行政处理申请的权限划分

发生医疗损害争议，当事人申请行政部门处理的，由医疗机构所在地的县级人民政府卫生行政部门受理。医疗机构所在地是直辖市的，由医疗机构所在地的区、县人民政府卫生行政部门受理。

有下列情形之一的，县级人民政府卫生行政部门应当自接到医疗机构的报告或者当事人提出医疗损害争议处理申请之日起7日内移送上一级人民政府卫生行政部门处理：①患者死亡的；②可能为二级以上的医疗事故；③国务院卫生行政部门和省、自治区、直辖市人民政府卫生行政部门规定的其他情形。

（三）行政处理申请的审查和受理

卫生行政部门应当自收到申请之日起10日内进行审查，作出是否受理的决定。对符合规定的，给予受理，需要进行技术鉴定的，应当自作出受理决定之日起5日内将有关材料交由技术鉴定工作的医学会组织鉴定，并且书面通知申请人；对不符合规定，不予受理的，应当书面通知申请人并说明理由。当事人对首次技术鉴定结论有异议，申请再次鉴定的，卫生行政部门应当自收到申请之日起7日内交由省、自治区、直辖市地方医学会组织再次鉴定。

医疗损害争议的行政处理和人民法院对医疗损害争议的审理裁决，都是解决医疗损害争议的途径。当事人有权选择任何一种途径解决医疗损害争议。但是当事人不能同时选择两种途径解决争议。如果当事人既向卫生行政部门提出行政处理申请，又向人民法院提起诉讼，那么卫生行政部门应不予受理；卫生行政部门已经受理的，应当终止处理。

二、医疗损害鉴定的监督

卫生行政部门收到医学会出具的鉴定书后，应当对参与鉴定的人员资格和专业类别、鉴定程序进行审核；必要时，可以组织调查，听取医疗损害争议双方当事人的意见。

卫生行政部门经审查，对符合规定作出的技术鉴定结论，应当作为对发生医疗损害的医疗机构及其医务人员作出行政处理以及进行医疗损害赔偿的依据；经审查，对于不符合规定的技术鉴定，应当要求重新进行鉴定。

医疗损害争议由双方当事人协商解决的，医疗机构应当自协商解决之日起7日内向所在地卫生行政部门作出书面报告，并附带协议书。医疗损害争议经人民法院调节或者判决解决的，医疗机构应当自收到生效的调解书或者判决书之日起7日内向所在地卫生行政部门作出书面报告，并附具调解书或者判决书。卫生行政部门依据有关法律、行政法规、部门规章的规定，对发生医疗损害的医疗机构及其医务人员作出行政处理。

县级以上地方人民政府卫生行政部门应当按照规定逐级将当地发生的医疗损害以及依法对发生医疗损害的医疗机构及其医务人员作出的行政处理的情况，上报至国务院卫生行政部门。

三、医疗损害的赔偿

（一）医疗损害赔偿的概念

损害赔偿，是指当事人一方因侵权行为或者不履行债务而对他方造成损害时应承担的补偿对方损失的民事责任。对权利人来说，损害赔偿是一种重要的保护民事权利的手段，对义务人来说，损害赔偿是一种重要的承担民事责任的方法。

医疗损害赔偿，是指医疗机构及其医务人员因医疗过错行为对患者造成损害时应承担赔偿对方损失的民事责任。

(二) 医疗损害赔偿的原则

1. 赔偿统一原则。医疗损害赔偿应当遵守赔偿统一原则。赔偿统一原则要求,医疗损害赔偿责任适用《侵权责任法》规定的统一的赔偿标准,同样的损害,承担同样的赔偿责任,适用同样的赔偿标准,采用同样的赔偿方法,使受害者能够得到同样的法律保护。

2. 全部赔偿原则。医疗损害赔偿责任的全部赔偿原则是侵权损害赔偿的基本规则,是指医疗机构作为侵权人承担赔偿责任的大小,应当以违法诊疗行为所造成的受害患者实际损失的大小为依据,全部予以赔偿。换而言之,就是医疗机构的赔偿以受害患者受到的实际损失为限,损失多少,赔偿多少。医疗损害赔偿适用全部赔偿原则应当特别强调以下几个问题:其一,确定损害赔偿数额只以实际损害作为标准,全部予以赔偿;其二,全部赔偿包括直接损失和间接损失;其三,全部赔偿应当包括受害患者为恢复权利、减少损害而支出的必要费用损失的赔偿;其四,全部赔偿所赔偿的只能是合理的损失,不合理的损失不应予以赔偿。

3. 财产赔偿原则。赔偿责任是侵权责任的一种,赔偿责任最终都会以货币形式予以体现。财产赔偿原则,是指违法诊疗行为无论是造成人身损害、精神损害还是财产损害,均以财产赔偿作为唯一方法进行。财产赔偿原则要求:其一,对财产损害以财产的方式赔偿;其二,对人身损害以财产的方式予以赔偿,不能用其他方式赔偿;其三,对精神损害无论是否造成经济损害都应以财产赔偿。

4. 损益相抵原则。损益相抵原则又称损益同销原则,是指赔偿权利人基于发生损害的同一原因受有利益者,应由损害额内扣除利益,而赔偿义务人就差额予以赔偿的确定赔偿责任范围的规则。医疗损害责任的损益相抵构成,必须具备以下要件:①须有医疗机构医疗损害责任的成立;②须受害者受有利益;③须有构成损害赔偿责任的损害事实与所得利益之间的因果关系。具备以上三个要件即构成损益相抵,应在医疗机构承担的损害赔偿数额中扣除受害者所得利益数额。

5. 过失相抵原则。过失相抵原则,是指对损害的发生或扩大,受害人也有过错,从而减轻或者免除加害人赔偿责任的一种法律规则。《侵权责任法》

第26条规定:"被侵权人对损害的发生也有过错的,可以减轻侵权人的责任。"与有过失的法律后果是过失相抵。医疗损害责任法所说的与有过失,是指医疗机构及其医务人员违法诊疗行为所致受害患者损害结果的发生或是扩大,受害患者也有过错,受害患者的行为和医疗机构及其医务人员的违法诊疗行为对损害的发生均具有原因力的侵权行为形态。医疗损害责任的与有过失具有以下法律特征:①受害患者对于损害的发生或扩大也有过错;②患者损害发生原因事实相混合;③受害患者一方受有损害。对于受害患者应负的责任,须具备以下三个要件:①受害患者的行为是损害发生或扩大的共同原因;②受害患者的行为须不当;③受害患者须有过错。过错相抵是在损害赔偿责任中,由于与有过失的成立,而减轻医疗机构的赔偿责任的赔偿原则。

(三) 医疗损害赔偿的因素

医疗损害赔偿,应该考虑下列因素,确定具体赔偿数额:

1. 医疗事故等级。

2. 医疗过错行为在医疗损害后果中的责任程度,分为:①完全责任,是指医疗损害后果完全由医疗过错行为造成的;②主要责任,是指医疗损害后果主要由医疗过错行为造成,其他因素起次要作用;③次要责任,是指医疗损害后果主要是由其他因素造成的,医疗过错行为起次要作用;④轻微责任,是指医疗损害后果绝大部分由其他因素造成,医疗过错行为起轻微作用。

3. 医疗损害后果与患者原有疾病状况之间的关系,并结合医疗科学发展水平、医疗风险、医疗条件及患者个体差异等因素。

(四) 人身损害赔偿范围和项目

1. 致患者人体损害的赔偿。致人身体损害的治疗和康复支出的合理费用,主要包括:为治疗损伤和康复功能支出的合理费用,因误工减少的收入。

(1) 医疗费。医疗费,是指患者因医疗损害的发生而支出的医疗费用,包括已经实际发生的费用和未来确定要发生的费用。应当依据医疗机构出具的医药费、检查费、治疗费、住院费等收据凭证,结合病历和诊断证明等相关证据确定。医疗费的赔偿数额,按照一审法庭辩论前实际发生的数额确认。医疗费主要包括6个方面:挂号费、药品以及医疗用品费、治疗费、检查费、住院费、其他医疗费用。

(2) 护理费。护理费,是指患者因医疗损害接受治疗期间确需专人护理而发生的相关费用。在造成损害的医疗机构的护理，应当由该医疗机构负责。在其他医院继续治疗的，护理费应当根据护理人员的收入状况和护理人数、护理期限确定。护理期限应计算至受害患者恢复生活自理能力为止。受害患者因残疾不能恢复生活自理能力的，可以根据其年龄、健康状况等因素确定合理的护理期限，但最长不能超过 20 年。受害患者定残后的护理，应当根据其护理依赖程度并结合配制残疾辅助器具的情况确定护理级别。

（3）交通费。交通费，是指患者及其必要的陪护人员因就医或者转院必须乘坐交通工具治疗疾病而实际支出的费用。交通工具一般应以当地普通交通工具为限，以正式票据为凭，有关凭据应当与就医地点、时间、人数、次数相符合。

（4）误工费。误工费，是指患者因治疗医疗行为造成的损害后果耽误其工作而损失的收入，应当根据患者的误工时间和收入状况确定。误工时间根据受害患者接受治疗的医疗机构出具的证明确定。受害患者因伤致残持续误工的，误工时间可以计算至定残之日前一天。受害患者有固定收入的，误工减少的收入按实际减少的收入计算。受害患者无固定收入的，按其最近三年的平均收入计算；无法举证证明其最近三年平均收入状况的，可以参照受诉法院所在地相同或者相近行业上一年度职工的平均收入。

（5）住院伙食补助费。住院伙食补助费，是指患者因发生医疗损害而在医疗机构住院治疗时，医方应支付给患者的膳食补助费用，具体数额以参照当地国家机关一般工作人员的出差伙食补助标准予以确定。该项赔偿费用是对患者住院膳食的补助，不包括其在院外发生的膳食费用，如果患者不能进食、不宜进食或者处于昏迷状态时，该费用不能赔偿。

（6）住宿费。住宿费，是指患者因发生医疗损害后在治疗过程中必须支付的住宿费用。

（7）营养费。营养费，是指患者因医疗过错造成人身损害而需要补充营养物质所产生的费用。其目的是增强体质，以使其尽快或者尽可能恢复至健康状态。

2. 致患者残疾的赔偿。致患者残疾的赔偿项目除了上述一般人身损害的赔偿外，还应包括：

（1）残疾赔偿金。残疾赔偿金，是指患者因医疗损害导致劳动能力全部或者部分丧失需要得到的相应赔偿,属于对患者残疾后造成的财产性损失的赔偿,并非因残疾而得到的精神损害抚慰金。残疾赔偿金根据受害患者丧失劳动能力程度或者伤残等级,按照受诉法院所在地上一年度城镇居民人均可支配收入或者农村居民人均纯收入标准,自定残之日起按 20 年计算。但 60 周岁以上,年龄每增加 1 岁减少 1 年;75 周岁以上的,按 5 年计算。受害人因伤致残但实际收入没有减少,或者伤残等级较轻但造成职业妨碍严重影响其劳动就业的,可以对残疾赔偿作相应调整。

(2)残疾生活辅助器具费。残疾生活辅助器具费,是指患者因医疗损害导致丧失部分生理功能而需配置补偿功能器具时支出的费用。伤情有特殊需要的,可以参照辅助器具配制机构的意见确定相应的合理费用标准。辅助器具的更换周期和赔偿期限参照配制机构的意见确定。

(3)被扶养人生活费。被扶养人生活费,是指根据扶养人丧失劳动能力程度,按照受诉法院所在地上一年度城镇居民人均可支配收入或者农村居民人均纯收入标准计算。被扶养人为未成年人的计算至 18 周岁;被扶养人无劳动能力又无其他生活来源的,计算 20 年。但 60 周岁以上,年龄每增加 1 岁减少 1 年;75 周岁以上的,按 5 年计算。被扶养人还有其他扶养人的,赔偿义务人只赔偿受害人依法应负担的部分。被扶养人有数人的,年赔偿总额累计不超过上一年城镇居民人均消费性支出额或者农村居民人均年生活消费支出额。

3. 致患者死亡的赔偿。侵害生命权致受害患者死亡的,除了常规赔偿费用外,还应赔偿丧葬费和死亡赔偿金。

(1)丧葬费。丧葬费,是指患者因医疗损害死亡时,其家属因安葬患者而支出的费用。丧葬费按照受诉法院所在地上一年度职工月平均工资标准,以 6 个月总额计算。

(2)死亡赔偿金。死亡赔偿金,是指医疗损害造成患者死亡而支付的费用。死亡赔偿金不是对死者的赔偿,而是对死者亲属的赔偿。死亡赔偿金是赔偿义务人对受害人的法定继承人因受害人死亡而遭受的未来可继承的受害人收入侵害的赔偿责任。死亡赔偿金的请求权人只能是受害人的法定继承人,而非被扶养人。死亡赔偿金按照受诉法院所在地上一年度城镇居民人均可支配收入或者农村居民人均纯收入标准按 20 年计算。但 60 周岁以上,年龄每增加 1 岁减少 1 年;75 周岁以上的,按 5 年计算。

（五）精神损害赔偿

1. 医疗损害精神赔偿的概念。精神损害赔偿，是指民事主体因其人身权受到不法侵害，使其人格利益和身份利益受到损害或遭受精神痛苦等无形损害时，要求侵权人通过财产赔偿等方法进行救济和保护的民事法律制度。

医疗损害精神赔偿，是指患者因医疗损害承受精神创伤而应获得的通过财产赔偿方式支付的精神赔偿，是医疗机构承担医疗侵权责任的一种重要方式。

2. 精神损害赔偿的范围。医疗损害责任的精神损害赔偿的适用范围包括：一是违法诊疗行为侵害物质型人格，包括生命权、身体权、健康权等；二是违法诊疗行为侵害精神型人格包括：人身自由权、隐私权、名誉权、名称权、姓名权、肖像权等；三是违法诊疗行为侵害身份权及身份利益。

3. 精神损害赔偿数额的确定。关于精神损害赔偿的具体数额，可以参照《精神损害赔偿解释》的有关规定。《精神损害赔偿解释》第10条的规定，精神损害的赔偿数额根据以下因素确定：①侵权人的过程程度，法律另有规定的除外；②侵权人的手段、场合、行为方式等具体情节；③侵权行为所造成的后果；④侵权人的获利情况；⑤侵权人承担责任的经济能力；⑥受诉法院所在地平均生活水平。具体的赔偿数额，各地法院可以根据当地的经济发展情况、人们的生活等因素，综合确定一个可以参照的赔偿范围。

第七节　法律责任

一、行政责任

1. 《医疗事故处理条例》规定，卫生行政部门的工作人员利用职务上的便利收受他人财物或者其他利益，滥用职权，玩忽职守，或者发现违法行为不予查处，尚不够刑事处罚的，依法给予降级或者撤职的行政处分。

2. 卫生行政部门违反《医疗事故处理条例》的规定，有下列情形之一的，由上级卫生行政部门给予警告并责令限期改正；情节严重的，对负有责任的主管人员和其他直接责任人员依法给予行政处分：①接到医疗机构关于重大医疗过失行为的报告后，未及时组织调查的；②接到医疗事故争议处理申请后，未在规定时间内审查或者移送上一级人民政府卫生行政部门处理的；

③未将应当进行医疗事故技术鉴定的重大医疗过失行为或者医疗事故争议移交医学会组织鉴定的；④未按照规定逐级将当地发生的医疗事故以及依法对发生医疗事故的医疗机构和医务人员的行政处理情况上报的；⑤未依照本条例规定审核医疗事故技术鉴定书的。

3. 医疗机构发生医疗事故的，由卫生行政部门根据医疗事故等级和情节，给予警告；情节严重的，责令限期停业整顿直至由原发证部门吊销执业许可证，对负有责任的医务人员依照刑法关于医疗事故罪的规定，依法追究刑事责任；尚不够刑事处罚的，依法给予行政处分或者纪律处分。对发生医疗事故的有关医务人员，除依照前款处罚外，卫生行政部门并可以责令暂停6个月以上1年以下执业活动；情节严重的，吊销其执业证书。

4. 医疗机构违反《医疗事故处理条例》的规定，有下列情形之一的，由卫生行政部门责令改正：①未如实告知患者病情、医疗措施和医疗风险的；②没有正当理由，拒绝为患者提供复印或者复制病历资料服务的；③未按照国务院卫生行政部门规定的要求书写和妥善保管病历资料的；④未在规定时间内补记抢救工作病历内容的；⑤未按照本条例的规定封存、保管和启封病历资料和实物的；⑥未设置医疗服务质量监控部门或者配备专（兼）职人员的；⑦未制定有关医疗事故防范和处理预案的；⑧未在规定时间内向卫生行政部门报告重大医疗过失行为的；⑨未按照本条例的规定向卫生行政部门报告医疗事故的；⑩未按照规定进行尸检和保存、处理尸体的。

5. 参加医疗事故技术鉴定工作的人员违反《医疗事故处理条例》的规定，接受申请鉴定双方或者一方当事人的财物或者其他利益，出具虚假医疗事故技术鉴定书，造成严重后果的，依照刑法关于受贿罪的规定，依法追究刑事责任；尚不够刑事处罚的，由原发证部门吊销其执业证书或者资格证书。

6. 医疗机构或者其他有关机构违反《医疗事故处理条例》的规定，有下列情形之一的，由卫生行政部门责令改正，给予警告；对负有责任的主管人员和其他直接责任人员依法给予行政处分或者纪律处分；情节严重的，由原发证部门吊销其执业证书或者资格证书：①承担尸检任务的机构没有正当理由，拒绝进行尸检的；②涂改、伪造、隐匿、销毁病历资料的。

7. 《侵权责任法》规定，医疗机构及其医务人员的合法权益受法律保护。

干扰医疗秩序，妨碍医务人员工作、生活的，应当依法承担法律责任。

《医疗事故处理条例》规定，以医疗事故为由，寻衅滋事、抢夺病历资料，扰乱医疗机构正常医疗秩序和医疗事故技术鉴定工作，尚不够刑事处罚的，依法给予治安管理处罚。

二、刑事责任

1. 卫生行政部门的工作人员在处理医疗事故过程中违反《医疗事故处理条例》的规定，利用职务上的便利收受他人财物或者其他利益，滥用职权，玩忽职守，或者发现违法行为不予查处，造成严重后果的，依照《刑法》关于受贿罪、滥用职权罪、玩忽职守罪或者其他有关罪的规定，依法追究刑事责任。

2. 医疗机构发生医疗事故，情节严重的，对负有责任的医务人员依照刑法关于医疗事故罪的规定，依法追究刑事责任。《刑法》第335条规定，医务人员由于严重不负责任，造成就诊人死亡或者严重损害就诊人身体健康的，处3年以下有期徒刑或者拘役。

3. 医疗机构及其医务人员泄露患者隐私，造成患者损害，情节严重的，依法追究刑事责任。根据《刑法》第253条规定，医疗单位工作人员违反国家规定，将本单位在履行职责或者提供服务过程中获得的公民个人信息，出售或者非法提供给他人，情节严重的，处3年以下有期徒刑或者拘役，并处或单处罚金。

4. 参加医疗事故技术鉴定工作的人员违反《医疗事故处理条例》的规定，接受申请鉴定双方或者一方当事人的财务或者其他利益，出具虚假医疗事故技术鉴定书，造成严重后果的，依照《刑法》中关于受贿罪的规定，依法追究刑事责任。

5. 以医疗事故为由，寻衅滋事、抢夺病历资料，扰乱医疗机构正常医疗秩序和医疗事故技术鉴定工作，依照《刑法》中关于扰乱社会秩序罪的规定，依法追究刑事责任。

思考题

1. 什么是医疗损害？它与医疗事故的区别是什么？

2. 医疗损害的种类有哪几个？每一种医疗损害的构成要件是什么？
3. 医疗事故鉴定的基本程序是什么？
4. 医疗损害应如何预防？发生损害后应如何及时处置？
5. 医疗损害的赔偿原则是什么？主要赔偿哪些项目？

第九章

母婴保健法律制度

> **学习目标**
> 掌握：婚前保健及孕产期保健的法律规定。
> 熟悉：母婴保健工作的监督检查及法律责任。
> 了解：母婴保健法的概念。

第一节 概 述

一、母婴保健法的概念

母婴保健法，是指调整保障母亲和婴儿健康，提高出生人口素质活动中产生的各种社会关系的法律规范的总称。

控制人口数量，提高人口素质，是我国的一项基本国策。人口素质直接关系到国家民族的兴衰和国力的强弱。而孕产妇死亡率和婴儿死亡率也是一个国家经济和社会发展的重要指标，是联合国千年发展目标的重要内容，母亲和婴儿的健康与国家的人口素质密切相关。新中国成立以来，国家在母婴保健方面做了大量的工作，并推行了一些保健措施，人口质量不断提高。但由于我国经济发展得不平衡及某些旧的观念影响，在一些西部经济欠发达地区和广大的农村还存在着劣生的现象。因此，以法律手段来保障母婴健康、保证优生、控制减少劣生，不断降低"两个死亡率"，提高人口质量是十分必要的。

二、我国母婴保健的法制建设

国际社会普遍关注妇女儿童权益的保护，并通过一系列国际宣言与公约明确了各国政府在保护妇女儿童权益方面的责任。如联合国妇女地位委员会于1995年通过《北京宣言》《行动纲领》，确定了妇女地位的12个重大关切领域；联合国于1989年通过了《儿童权利公约》，目前已经有191个国家批准了该公约；世界儿童首脑会议于1990年通过《儿童生存、保护和发展世界宣言》，20世纪90年代执行该宣言的《行动计划》；儿童问题特别联大于2002年通过《适合儿童生长的世界》的决议，明确了保健、教育、保护和艾滋病防治四个主要领域保护儿童权益，改善儿童生存条件的原则和目标。

许多国家也制定了全国性的保护母婴健康权益的预防和减少先天性病残儿的出生，提高人口质量的法律。如日本的《优生保护法》（1948年），韩国的《母子保健法》（1973年），我国台湾地区的《母子保健法》（1965年）等。

我国在宪法、婚姻法、劳动法、妇女权益保障法等基本法律中都规定了保护妇女儿童权益的专门条款。国务院、卫生部、民政部等部门也颁布了一系列落实和推进妇女儿童卫生保健工作的法规规章。如国务院颁布的《女职工劳动保护规定》（1988年）、卫生部颁布的《妇幼卫生工作条例》（1986年）、《全国城乡孕产期保健质量标准和要求》（1985年）等一系列保障妇女儿童健康权益的规章。

为了进一步保障和促进母婴保健事业的发展，政府发表了《中国妇女发展纲要》（2001—2010年）和《中国儿童发展纲要》（2001—2010年）；1994年10月，全国人大常委会通过了《中华人民共和国母婴保健法》（以下简称《母婴保健法》），自1995年6月1日施行。这是我国第一部保护妇女儿童健康的专门法律，是宪法对人民的健康和对妇女儿童保护原则的具体化，是我国妇幼卫生史上的一个里程碑。为了更好的贯彻实施母婴保健法，2001年6月，国务院颁布了《中华人民共和国母婴保健法实施办法》（以下简称《母婴保健法实施办法》）。卫生部相继制定了《婚前保健工作规范》（2002年）、《产前诊断技术管理办法》（2002年）、《母婴保健医学技术鉴定管理办法》（1995年）、《关于禁止非医学需要的胎儿性别鉴定和选择性别的人工终止妊娠的规定》（2002年）、《孕前保健服务工作规范（试行）》（2007年）等规章。至此，我国已经建立起了初步完善的母婴保健法律体系。

三、母婴保健工作的领导

母婴保健工作需要政府和社会各部门的共同努力与配合。《母婴保健法》

第2、5、6条明确规定，国家发展母婴保健事业，提供必要条件和物质帮助，使母亲和婴儿获得医疗保健服务；国家对边远贫困地区的母婴保健事业给予扶持；鼓励、支持母婴保健领域的教育和科学研究，推广先进、实用的母婴保健技术，普及母婴保健科学知识；对在母婴保健工作中做出显著成绩和在母婴保健科学研究中取得显著成果的组织和个人给予奖励。

各级人民政府领导母婴保健工作，应当把母婴保健事业纳入国民经济和社会发展计划；采取措施，加强母婴保健工作，提高医疗保健服务水平，积极防治由环境因素所致严重危害母亲和婴儿健康的地方性高发性疾病，促进母婴保健事业的发展。

国务院卫生行政部门主管全国母婴保健工作，根据不同地区情况提出分级分类指导原则，并对全国母婴保健工作实施监督管理；国务院其他有关部门在各自职责范围内，配合卫生行政部门做好母婴保健工作。

第二节　母婴保健机构法律制度

一、母婴保健的机构

《母婴保健法》确立了母婴保健技术服务机构的审批许可制度和母婴保健技术人员的资格考核制度。凡从事母婴保健专项技术服务的机构和人员，必须符合国务院卫生行政部门规定的条件和技术标准，并都要经过卫生行政部门的考核批准，取得相应合格证后方可开展工作。

（一）母婴保健的服务机构

母婴保健服务机构，是指各级妇幼保健院以及经卫生行政部门批准并登记注册的医疗机构。省级人民政府卫生行政部门指定的各省、自治区、直辖市妇幼保健院负责本行政区域内母婴保健检测和技术指导。母婴保健服务机构开展婚前医学检查、遗传病诊断、产前诊断以及施行结扎手术和终止妊娠手术，必须符合国务院卫生行政部门规定的条件和技术标准，并经县级以上人民政府卫生行政部门许可。

医疗保健机构和其他提供母婴保健服务技术的机构，开展结扎手术和终止妊娠手术，必须经县级以上卫生行政部门审批，取得《母婴保健技术服务执业许可证》；医疗保健机构开展婚前医学检查，必须经设区的市级以上卫生行政部门审批,取得《母婴保健技术服务执业许可证》;开展遗传病诊断和产前诊断,以及涉外婚前医学检查,必须经省级卫生行政部门审批,取得《母婴保健技术服务执业许可证》。

二、母婴保健的工作人员

为保证保健对象的健康权益,《母婴保健法》规定从事婚前检查、遗传病诊断、产前诊断、实施结扎和终止妊娠手术及家庭接生技术服务的人员,必须符合《母婴保健专项技术服务标准》,并经考核合格,取得《母婴保健技术考核合格证书》和《家庭接生技术合格证书》。其中,从事遗传病诊断和产前诊断的人员,由省级卫生行政部门考核,取得《母婴保健技术考核合格证书》;从事婚前医学检查的人员,由设区的市级以上卫生行政部门考核,并颁发《母婴保健技术考核合格证书》;实施结扎手术和终止妊娠手术的人员,其技术考核合格证的发放,由县级以上地方卫生行政部门负责;从事家庭接生的人员,则由县级以上地方卫生行政部门颁发《家庭接生技术合格证书》。从事母婴保健技术服务的人员,应当严格遵守职业道德,为当事人保密。

三、母婴保健工作的监督管理

《母婴保健法》第3条规定国务院卫生行政部门主管全国母婴保健工作,其他相关部门在各自职责范围内,配合卫生行政部门做好母婴保健工作。

县级以上卫生行政部门负责管理本辖区内母婴保健工作,并实施监督管理,其主要职责是:①按照国务院卫生行政部门规定的条件和技术标准,对申请从事婚前医学检查、遗传病诊断、产前诊断以及结扎手术和终止妊娠手术的医疗保健机构进行审批;②对从事婚前医学检查、遗传病诊断、产前诊断、结扎手术和终止妊娠手术的人员以及从事家庭接生的人员进行考核,并颁发相应证书;③对《母婴保健法》及其实施办法的执行情况进行监督检查;④依照《母婴保健法》及其实施办法决定行政处罚。

县级以上卫生行政部门根据需要可以设立母婴保健监督员。母婴保健监督员从卫生行政部门和妇幼保健院中聘任,由省级卫生行政部门审核,同级卫生行政部门发证。其主要职责是:①监督检查《母婴保健法》及其实施办法的执行情况;②对违反《母婴保健法》及其实施办法的单位和个人提出处罚意见；③提出改进母婴保健工作的建议；④完成卫生行政部门交给的其他监督检查任务。

第三节　母婴保健工作法律制度

一、婚前保健的法律制度

（一）婚前保健服务的内容

医疗保健机构应当为公民提供婚前保健服务，对准备结婚的男女双方提供与结婚和生育有关的生殖健康知识，并根据需要提出医学意见。

1. 婚前卫生指导。婚前卫生指导，是指对准备结婚的男女双方进行的关于生殖健康为核心，与结婚和生育有关的保健知识如性卫生知识、生育知识和遗传病知识的宣传教育。具体包括：①有关性卫生的保健和教育；②新婚避孕知识及计划生育指导；③受孕前的准备、环境和疾病对后代影响等孕前保健知识；④遗传病的基本知识；⑤影响婚育的有关疾病的基本知识；⑥其他生殖健康知识。

2. 婚前卫生咨询。婚前卫生咨询，是指有关婚配、生育保健等问题的咨询。医师进行婚前卫生咨询时，应当为服务对象提供科学的信息，对可能产生的后果进行指导，并提出适当的建议。让准备结婚的男女了解性生理、性卫生，以及受孕、避孕的科学知识和方法，为妇女生殖健康提供保障。

3. 婚前医学检查。婚前医学检查，是指对准备结婚的男女双方可能患有影响结婚和生育的疾病进行医学检查。婚前医学检查包括询问病史、体格检查、常规辅助检查及其他特殊检查。医学检查的疾病范围包括：

（1）严重遗传病，主要是指由于遗传因素而先天形成，患者全部或部分丧失生活能力，而且后代再现风险高，医学上认为不宜生育的疾病。

（2）指定传染病，主要是指我国《传染病防治法》中规定的艾滋病、淋病、梅毒、麻风及医学上认为影响结婚和生育的其他传染病在传染期内的。

（3）有关精神病，主要是指精神分裂症、躁狂抑郁型精神病以及其他重型精神病。

生育过严重缺陷患儿的妇女再次妊娠前，夫妻双方应当到县级以上医疗保健机构接受医学检查。

婚前检查可以发现遗传病和遗传缺陷方面的问题，对受检查者可以根据遗传学原理加以分析指导；还可以发现一些不宜结婚的疾病，有利于男女双方及后代的身心健康；对检查发现的某些疾病，可以及时地处理和治疗，避免婚后的麻烦。2003年10月，新的《婚姻登记条例》实施后，婚前医学检查采取自愿婚检的形式。

（二）从事婚前医学检查的医疗机构

从事婚前医学检查的医疗、保健机构，由其所在地设区的市级人民政府卫生行政部门进行审查；符合条件的，在其《医疗机构执业许可证》上注明。申请从事婚前医学检查的医疗、保健机构应当具备下列条件：①分别设置专用的男、女婚前医学检查室，配备常规检查和专科检查设备；②设置婚前生殖健康宣传教育室；③具有符合条件的进行男、女婚前医学检查的执业医师。

（三）婚前医学检查证明及医学意见

经婚前医学检查，医疗保健机构应当向接受检查的当事人出具《婚前医学检查证明》，并对有关人员进行医学指导。

对患有指定传染病在传染期内或者有关精神病在发病期内的，医师应当提出医学意见，准备结婚的男女双方应当暂缓结婚；对诊断患医学上认为不宜生育的严重遗传疾病的，医师应当向男女双方说明情况，提出医学意见，经男女双方同意，采取长效避孕措施或者实行结扎手术后不生育的，可以结婚，但我国《婚姻法》规定禁止结婚的除外。

男女双方对婚前医学检查、遗传病诊断有异议的，可以申请医学技术鉴定，取得医学鉴定证明。

二、孕产期保健的法律制度

（一）孕产期保健的内容

孕产期保健是指医疗保健机构为育龄妇女和孕产妇提供的孕前、孕时、产时、产后的保健指导和服务。

1. 母婴保健指导。母婴保健指导，是指对孕育健康后代以及严重遗传性疾病和碘缺乏病等地方病的发病原因、治疗和预防方法提供医学意见。发现或者怀疑育龄夫妻患有严重遗传性疾病的，应当提出医学意见；限于现有医疗技术水平难以确诊的，应当向当事人说明情况。育龄夫妻可以选择避孕、节育、不孕等相应的医学措施。

2. 孕产妇保健。孕产妇保健，是指为孕妇、产妇提供卫生营养、心理等方面的咨询和指导以及产前定期检查等医疗保健服务。具体内容有：①为孕产妇建立保健手册（卡），定期进行产前检查；②为孕产妇提供卫生、营养、心理等方面的医学指导与咨询；③对高危孕妇进行重点监护、随访和医疗保健服务；④为孕产妇提供安全分娩技术服务；⑤定期进行产后访视，指导产妇科学喂养婴儿；⑥提供避孕咨询指导和技术服务；⑦对产妇及其家属进行生殖健康教育和科学育儿知识教育；⑧其他孕产期保健服务。

3. 胎儿保健。胎儿保健，是指为胎儿生长发育进行监护，提供咨询和医学指导。医师发现或者怀疑胎儿异常的，应当对孕妇进行产前诊断。经过产前诊断，有下列情形之一的，医师应当向夫妇双方说明情况，并提出终止妊娠的医学意见：①胎儿患严重遗传性疾病的；②胎儿有严重缺陷的；③因患严重疾病，继续妊娠可能危及孕妇生命安全或者严重危害孕妇健康的。

4. 新生儿保健。新生儿保健，是指为新生儿生长发育、哺乳和护理提供医疗保健服务。医疗保健机构为产妇提供科学育儿、合理营养、母乳喂养进行指导，对婴儿进行体格检查和预防接种，逐步开展新生儿疾病筛查、婴儿多发病和常见病防治等医疗保健服务。

具体内容有：①医疗、保健机构应当按照国家有关规定开展新生儿先天性、遗传性代谢病筛查、诊断、治疗和监测；②医疗、保健机构应当按照规定进行新生儿访视，建立儿童保健手册（卡），定期对其进行健康检查，提供有关预防疾病、合理膳食、促进智力发育等科学知识，做好婴儿多发病、常见病防治等医疗保健服务；③医疗、保健机构应当按照规定的程序和项目对婴儿进行预防接种；④推行母乳喂养。医疗、保健机构应当为实施母乳喂养提供技术指导，为住院分娩的产妇提供必要的母乳喂养条件，不得向孕产妇和婴儿家庭宣传、推荐母乳代用品。

（二）医学指导

提供医学指导和医学意见是医疗机构在提供孕产期保健服务的过程中应当履行的义务。包括：①对患严重疾病或者接触致畸物质，妊娠可能危及孕妇生命安全或者可能严重影响孕妇健康和胎儿正常发育的，应当予以医学指导。②医师发现或者怀疑患严重遗传性疾病的育龄夫妇，应当提出医学意见，育龄夫妇应当根据医师的医学意见采取相应的措施。③经产前诊断，胎儿患严重遗传性疾病的或者有严重缺陷，或者患严重疾病，继续妊娠可能危及孕妇生命安全或者严重危害孕妇健康的，医师应当向夫妻双方说明情况，并提出终止妊娠的医学意见。④既往生育过严重遗传性疾病或者严重缺陷患儿的，再次妊娠前，夫妻双方应当到医疗保健机构进行遗传咨询。医务人员应当对当事人介绍有关知识，给予咨询和指导；并根据咨询的结果，对当事人提出医学建议。

（三）终止妊娠或者结扎手术

依照《母婴保健法》第19条的规定，实施终止妊娠或者结扎手术，须经本人同意，并签署意见；本人无行为能力的，应征得监护人的同意，并签署意见。依《母婴保健法》实行终止妊娠或结扎手术的，接受免费服务。

三、产前诊断技术的法律制度

（一）产前诊断概念

产前诊断，是指对胎儿进行先天性缺陷和遗传性疾病的诊断，包括相应筛查。产前诊断技术项目包括遗传咨询、医学影像、生化免疫、细胞遗传和分子遗传等。产前诊断技术的应用应当以医疗为目的，符合国家有关法律规定和伦理原则，有经资格认定的医务人员在经许可的医疗保健机构中进行。医疗保健机构和医务人员不得实施任何非医疗目的的产前诊断技术。

（二）管理与审批

卫计委根据医疗需求、技术发展状况、组织与管理的需要等实际情况，制定产前诊断技术应用规划，产前诊断技术应用实行分级管理。

国务院卫生行政部门制定开展产前诊断技术医疗保健机构的基本条件和人员条件；颁布有关产前诊断的技术规范；指定国家级开展产前诊断技术的医疗保健机构；对全国产前诊断技术应用进行质量管理和信息管理；对全国产前诊断专业技术人员的培训进行规划。

省、自治区、直辖市人民政府卫生行政部门根据当地实际，因地制宜地规划、审批或组建本行政区域内开展产前诊断技术的医疗保健机构；对从事产前诊断技术的专业人员进行系统培训和资格认定；对产前诊断技术应用进行质量管理和信息管理。

县级以上人民政府卫生行政部门负责本行政区域内产前诊断技术应用的日常监督管理。

(三) 从事产前诊断的机构与卫生专业技术人员

1. 从事产前诊断的机构。应符合下列所有条件：①设有妇产科诊疗科目；②具有与所开展技术相适应的卫生专业技术人员；③具有与所开展技术相适应的技术条件和设备；④设有医学伦理委员会；⑤符合《开展产前诊断技术医疗保健机构的基本条件》及相关技术规范。

申请开展产前诊断技术的医疗保健机构，必须明确提出拟开展的产前诊断具体技术项目。申请开展产前诊断技术的医疗保健机构，由所属省、自治区、直辖市人民政府卫生行政部门审查批准。省、自治区、直辖市人民政府卫生行政部门收到相关申请材料后，组织有关专家进行论证，并在收到专家论证报告后30个工作日内进行审核。经审核同意的，发给开展产前诊断技术的母婴保健技术服务执业许可证，注明开展产前诊断以及具体技术服务项目；经审核不同意的，书面通知申请单位。

卫计委根据全国产前诊断技术发展需要，在经审批合格的开展产前诊断技术服务的医疗保健机构中，指定国家级开展产前诊断技术的医疗保健机构。

开展产前诊断技术的《母婴保健技术服务执业许可证》每3年校验一次。

2. 从事产前诊断的卫生专业技术人员。应符合以下所有条件：①从事临床工作的，应取得执业医师资格；②从事医技和辅助工作的，应取得相应卫生专业技术职称；③符合《从事产前诊断卫生专业技术人员的基本条件》；④经省级卫生行政部门批准，取得从事产前诊断的《母婴保健技术考核合格证书》。

从事产前诊断的人员不得在未许可开展产前诊断技术的医疗保健机构中从事相关工作。

(四) 产前诊断中的知情同意制度

对一般孕妇实施产前筛查以及应用产前诊断技术坚持知情选择。开展产前筛查的医疗保健机构要与经许可开展产前诊断技术的医疗保健机构建立工作联系，保证筛查病例能落实后续诊断。

对于产前诊断技术及诊断结果，经治医师应本着科学、负责的态度，向孕妇或家属告知技术的安全性、有效性和风险性，使孕妇或家属理解技术可能存在的风险和结果的不确定性。

在发现胎儿异常的情况下,经治医师必须将继续妊娠和终止妊娠可能出现的结果以及进一步处理意见,以书面形式明确告知孕妇,由孕妇夫妻双方自行选择处理方案,并签署知情同意书。若孕妇缺乏认知能力,由其近亲属代为选择。涉及伦理问题的,应当交医学伦理委员会讨论。

开展产前诊断技术的医疗保健机构对经产前诊断后终止妊娠娩出的胎儿,在征得其家属同意后,进行尸体病理学解剖及相关的遗传学检查。

(五) 产前诊断的适用

医疗、保健机构发现孕妇患有下列严重疾病或者接触物理、化学、生物等有毒、有害因素,可能危及孕妇生命安全或者可能严重影响孕妇健康和胎儿正常发育的,应当对孕妇进行医学指导和必要的医学检查:①严重的妊娠合并症或者并发症;②严重的精神性疾病;③国务院卫生行政部门规定的严重影响生育的其他疾病。

孕妇有下列情形之一的,医师应当对其进行产前诊断:①羊水过多或者过少的;②胎儿发育异常或者胎儿有可疑畸形的;③孕早期接触过可能导致胎儿先天缺陷的物质的;④有遗传病家族史或者曾经分娩过先天性严重缺陷婴儿的;⑤初产妇年龄超过35周岁的。

孕妇自行提出进行产前诊断的,经治医师可根据其情况提供医学咨询,由孕妇决定是否实施产前诊断技术。

(六) 产前诊断报告

开展产前诊断技术的医疗保健机构出具的产前诊断报告,应当由2名以上经资格认定的执业医师签发。当事人对产前诊断结果有异议的,可以依据《母婴保健法实施办法》第五章的有关规定,申请技术鉴定。

四、新生儿出生医学证明

新生儿出生医学证明,是依据《母婴保健法》出具的、证明婴儿出生状态、血亲关系以及申报国籍、户籍取得公民身份的法定医学证明。医疗保健机构和从事家庭接生的人员应当按照国务院卫生行政部门的规定,出具统一制发的《新生儿出生医学证明》。

《新生儿出生医学证明》由卫计委统一印制,以省、自治区、直辖市为单位统一编号，不得跨省使用或借用。必须由批准开展助产技术服务并依法取得《母婴保健技术服务许可证》的医疗保健机构签发。严禁任何单位和个人伪造、倒卖、转让、出借、私自涂改或使用非法印制的出生医学证明。

《母婴保健法》第23条规定，医疗保健机构和从事家庭接生的人员，应当按照国务院卫生行政部门的规定向卫生行政部门报告产妇、婴儿死亡以及新生儿出生缺陷的情况。

五、严禁采用技术手段对胎儿进行性别鉴定

《母婴保健法》第32条规定，严禁采用技术手段对胎儿进行性别鉴定。2002年11月29日，卫生部、国家计生委、国家药监局联合发布了《关于禁止非医学需要的胎儿性别鉴定和选择性别的人工终止妊娠的规定》，指出未经卫生行政部门或计划生育行政部门批准，任何机构和个人不得开展胎儿性别鉴定和人工终止妊娠手术。法律法规另有规定的除外。

对怀疑胎儿可能为伴性遗传病，需要进行性别鉴定的，由省级卫生行政部门指定的医疗保健机构按照卫生部的规定进行鉴定。实施医学需要的胎儿性别鉴定，应当有实施机构3人以上的专家组集体审核。经诊断，确需终止妊娠的，由实施机构为其出具医学诊断结果，并通报县级人民政府计划生育行政部门。

终止妊娠的药品（不包括避孕药品），仅限于在获准施行终止妊娠手术的医疗保健机构和计划生育技术服务机构使用。终止妊娠的药品，必须在医师指导和监护下使用。禁止药品零售企业销售终止妊娠药品。药品生产、批发企业不得将终止妊娠药品销售给未获得施行终止妊娠手术资格的机构和个人。

六、母婴保健医学技术鉴定

母婴保健医学技术鉴定，是指接受母婴保健服务的公民或提供母婴保健服务的医疗保健机构，对婚前医学检查、遗传病诊断和产前诊断结果或医学技术鉴定结论持有异议所进行的医学技术鉴定。

（一）鉴定组织

县级以上地方人民政府可以设立母婴保健医学技术鉴定组织，统称母婴保健医学技术鉴定委员会（以下简称"医学技术鉴定委员会"），负责对婚

前医学检查、遗传病诊断和产前诊断结果有异议的进行医学技术鉴定。省级医学技术鉴定委员会的医学技术鉴定结论,为最终鉴定结论。

(二) 医学技术鉴定人员

医学技术鉴定组织的组成人员,由卫生行政部门提名,同级人民政府聘任。凡与当事人有利害关系,可能影响公正鉴定的人员,应当回避。医学技术鉴定委员会应由妇产科、儿科、妇女保健、儿童保健、生殖保健、医学遗传、神经病学、精神病学、传染病学等医学专家组成。医学技术鉴定人员,必须具有临床经验和医学遗传知识、并具有主治医师以上的专业技术职务,具体条件包括:①县级应具有主治医师以上的专业技术职务;市级应具有副主任医师以上的专业技术职务;省级应具有主任医师或教授技术职务。②具有认真负责的工作精神和良好的医德医风。

因医学技术鉴定需要,医学技术鉴定委员会可以临时聘请有关专家参加鉴定工作,所聘人员有发表医学诊断意见的权力,但无表决权。

(三) 鉴定程序

公民对许可的医疗保健机构出具的婚前医学检查、遗传病诊断、产前诊断结果持有异议的,可在接到诊断结果证明之日起15日内,向当地医学技术鉴定委员会办事机构提出书面申请,同时填写《母婴保健医学技术鉴定申请表》,提供与鉴定有关的材料。

医学技术鉴定委员会应当在接到《母婴保健医学技术鉴定申请表》之日起30日内作出医学技术鉴定结论,如有特殊情况,最长不得超过90日。如鉴定有困难,可向上一级医学技术鉴定委员会提出鉴定申请,上级鉴定委员会在接到鉴定申请后30日内做出鉴定结论。省级医学技术鉴定委员会作出鉴定为最终鉴定结论。

医学技术鉴定委员会进行医学技术鉴定时必须有5名以上相关专业医学技术鉴定委员会成员参加。参加鉴定人员中与当事人有利害关系的,应当回避。

参加鉴定的医学技术鉴定委员会成员应当在鉴定书上签名,对鉴定结论有不同意见时,应当如实记录。《母婴保健医学技术鉴定证明》必须加盖医学技术鉴定委员会鉴定专用章后方可生效。

当事人对鉴定结论有异议,可在接到《母婴保健医学技术鉴定证明》之日起 15 日内向上一级医学技术鉴定委员会申请重新鉴定。省级医学技术鉴定委员会的医学技术鉴定结论，为最终鉴定结论。

鉴定按规定收取鉴定费。鉴定费由申请医学技术鉴定的当事人预付，根据鉴定结论，由责任人支付。

第四节 法律责任

一、行政责任

医疗、保健机构或者人员未取得母婴保健技术许可，擅自从事婚前医学检查、遗传病诊断、产前诊断、终止妊娠手术和医学技术鉴定或者出具有关医学证明的，由卫生行政部门给予警告，责令停止违法行为，没收违法所得；违法所得 5000 元以上的，并处违法所得 3 倍以上 5 倍以下的罚款；没有违法所得或者违法所得不足 5000 元的，并处 5000 元以上 2 万元以下的罚款。

从事母婴保健技术服务的人员出具虚假医学证明文件的，依法给予行政处分；有下列情形之一的，由原发证部门撤销相应的母婴保健技术执业资格或者医师执业证书：①因延误诊治，造成严重后果的；②给当事人身心健康造成严重后果的；③造成其他严重后果的。

违反《母婴保健法实施办法》规定进行胎儿性别鉴定的，由卫生行政部门给予警告，责令停止违法行为；对医疗、保健机构直接负责的主管人员和其他直接责任人员，依法给予行政处分。进行胎儿性别鉴定两次以上的或者以营利为目的进行胎儿性别鉴定的，并由原发证机关撤销相应的母婴保健技术执业资格或者医师执业证书。

二、民事责任

母婴保健服务机构及其工作人员，在诊疗护理中，违反母婴保健法律、法规、部门规章及技术规范、常规，过失造成就诊人员人身损害的，应当根据《侵权责任法》等相关法律的规定承担民事责任。

三、刑事责任

根据《母婴保健法》规定，取得国家颁发的有关合格证书，从事母婴保健工作的医务人员由于严重不负责任,造成就诊人员死亡或者严重损害就诊人身体健康的,依照《刑法》第335条医疗事故罪追究刑事责任。

未取得国家颁发的有关合格证书,施行终止妊娠手术或者采取其他方法终止妊娠,致人死亡、残疾、丧失或者基本丧失劳动能力的,依照《刑法》第336条的规定,未取得医生执业资格擅自为他人进行节育复通手术、假节育手术、终止妊娠手术或者摘取宫内节育器,情节严重的,处3年以下有期徒刑、拘役或者管制,并处或者单处罚金;严重损害就诊人身体健康的,处3年以上10年以下有期徒刑,并处罚金;造成就诊人死亡的,处10年以上有期徒刑,并处罚金。

思考题

1. 婚前保健的服务内容包括哪些?
2. 孕产期保健的服务内容包括哪些?
3. 产前诊断中的知情同意权的内容有哪些?

第十章 血液管理法律制度

学习目标

掌握：血站采血和供血管理、医疗机构临床用血管理、原料血浆的管理。

熟悉：我国无偿献血的主体、采供血机构。

了解：临床用血组织管理、血液制品的生产经营管理以及违反血液管理法律规定的法律责任。

第一节 概　述

一、献血法的概念和立法概况

（一）献血法的概念

献血法有广义和狭义之分，广义的献血法，是指调整在保证临床用血的需要和安全、保障献血者和用血者身体健康活动中产生的各种社会关系的法律规范的总称；狭义的献血法，是指围绕临床用血而制定的血液管理规范的总和，往往特指由全国人大常委会制定的《中华人民共和国献血法》（以下简称《献血法》）。本章采用广义的解释。

（二）我国献血立法概况

与世界上许多国家一样，我国的血液管理制度经过了一个从有偿供血向无偿献血过渡，最终实现自愿无偿献血的过程。新中国成立以来，在一个相当长的时期里，我国的临床用血主要来自个体供血，但这种献血形式的血源和血液质量难以保证。1978年，国务院批转卫生部《关于加强输血工作的请示报告》的通知中，正式提出实行公民义务献血制度，1979年12月，卫生部又发布了《全国血站工作条例（试行44条）》，建立全国各级输血机构，开始有组织、有计划地开展义务献血。1984年我国开始倡导无偿献血。1987年6月8日，卫生部和中国红十字会总会组织联合发布的《无偿志愿献血奖励办法（试行稿）》指出，无偿自愿献血系献血者在献血单位和本人工作单位均不领取营养费、各种补助费和其他各种报酬者。之后，为了推动我国的无偿献血事业，我国相继出台一系列法律法规对献血活动加以规范。1996年，国务院颁布了《血液制品管理条例》，卫生部相继颁布了《全国血站工作条例》《血站管理办法（暂行）》《无偿志愿献血奖励办法（试行）》《关于加强输血工作管理的若干规定》《血站基本标准》《单采血浆站基本标准》等。

但由于诸多的历史原因，无偿献血在我国发展缓慢。同时，由于现有法规调控功能和监督机制的不完善，卖血和非法采供血的问题仍很突出，使得血液质量难以保证，经血液传播的疾病威胁着献血者和受血者的安全和健康。为了保证临床用血的需要和安全，保障献血者和用血者的身体健康，发扬人道主义精神，1997年12月，八届全国人大第二十九次会议通过了《中华人民共和国献血法》，并于1998年10月1日起施行。卫生部根据《献血法》先后制定发布了《血站管理办法》《医疗机构临床用血管理办法》《临床输血技术规范》《脐带血造血干细胞库管理办法（试行）》《采供血机构设置规划指导原则》等配套规章和规范性文件。2009年，卫生部、中国红十字会总会、总后勤部卫生部联合印发了《全国无偿献血表彰奖励办法》（2009年修订）。2011年，卫生部、国家标准化管理委员会发布了《献血者健康检查要求》（GB18467-2011）国家标准。这些法律及相应配套法规的颁布实施，标志着我国血液事业进入了法制管理的新阶段，也是我国社会文明程度提升的标志。

二、我国献血法的立法宗旨

我国献血法的立法宗旨和目的主要体现为以下三个方面：

1. 保证医疗临床用血需要和安全。 临床用血范围广、用量大，由于无偿献血宣传不够和传统观念的影响，而且缺乏法律的推动，我国开展无偿献血虽经努力，仍不能满足临床用血需要，致使临床用血很大一部分来自有偿的供血，不仅血源不足，而且血液质量难以保证，影响临床用血的安全。所以，通过立法确立无偿献血制度，促进无偿献血事业的发展，才能保证医疗临床用血的需要和安全。

2. 保障献血者和用血者的身体健康。为了确保血液质量，保证献血者和用血者的身体健康，《献血法》对输血的各个环节规定了严格的管理措施。在采集、储存和使用血液的过程中，必须确保质量，避免污染，防止经血液传播疾病。

3. 促进社会主义物质文明和精神文明建设。无偿献血制度实质上是一种社会成员互助互济的行为，是人道主义的重要体现。实行无偿献血，有助于弘扬中华民族团结、友爱、互助的传统美德，是建设社会主义精神文明的具体表现。

三、献血法的适用

献血法律制度适用于中华人民共和国境内的各级人民政府、各级卫生行政部门、所有采供血机构、血液制品生产与经营单位、医疗机构及全体公民。

第二节 无偿献血法律制度

一、无偿献血的含义及历史发展

无偿献血是指达到一定年龄的健康公民自愿地捐献自身的血液或某种血液成分用于临床，而不索取任何报酬的行为。《献血法》第 2 条规定，我国实行无偿献血制度。

为了解决血液的来源问题，各国纷纷探求合乎社会公德、符合医学发展需要的供血方式，并力求用法律制度加以确认。1946 年，国际红十字会与红新月会首倡无偿献血。1948 年，召开的第十七次红十字会国际委员会会议确定各国采取无偿献血制，明确提出医疗用血应该来自无偿献血者，而患者也应该无偿地使用血液，即供者和受者均应贯彻无偿原则，并敦促成员国制定相关法律。1973 年，在德黑兰举行的第二十二次红十字会国际委员会会议首次明确规范了无偿献血，推动自愿无偿献血是发展血液事业的根本。1975 年，世界卫生组织决定敦促成员国加速志愿献血的发展。1981 年，在马尼拉举行的第二十四次红十字会国际委员会会议通过了《献血与输血的道德规范》，重申了组织人民群众自觉参加无偿献血是国际红十字运动的义务。1991年，在布达佩斯召开的红十字联合会第八届大会，对自愿无偿献血进行了定义："出于自愿提供自身的血液、血浆或其他血液成分而不取任何报酬的人被称为自愿无偿献血者。无论是金钱或礼品都可视为金钱的替代，包括休假和旅游等，而小型纪念品和茶点，以及支付交通费则是合理的。"经过几十年的努力，各国无偿献血人数占总人口的比例在逐年提高，自愿献血已在许多国家和地区成为风尚，很多国家都做到了临床用血全部来自无偿捐献。

目前，我国的无偿献血包括单位计划无偿献血和公民自愿无偿献血。单位计划无偿献血是指献血者定期参加本单位组织的无偿献血活动的行为，单位计划无偿献血者作为义务献血者，在献血后可获得一定金额的营养补助费；公民自愿无偿献血是指献血者出于自愿提供自身的血液、血浆或其他血液成分而不取任何报酬的行为，在采血单位和本人工作单位均不领取营养费、各种补助费和其他报酬。

二、无偿献血的主体

《献血法》第2条规定，国家提倡18~55周岁的健康公民自愿献血。2012年7月1日，开始实施的《献血者健康检查要求》规定，既往无献血反应、符合健康检查要求的多次献血者主动要求再次献血的，年龄可延长至60周岁。《献血法》第7条："国家鼓励国家工作人员、现役军人和高等学校在校学生率先献血，为树立社会新风尚作表率。"

三、无偿献血的使用

无偿献血的最终目的是将血液应用于临床，以挽救伤病者的生命。依据《献血法》第11条的规定，临床用血必须来自血站。无偿献血的血液必须用于临床，不得买卖。血站、医疗机构不得将无偿献血的血液出售给单采血浆站或者血液制品生产单位。

《献血法》第14条规定，公民临床用血时，只需交付用于血液的采集、储存、分离、检验等费用，而且这些费用只应是成本费用；而无偿献血者临床需要用血时，免交前述费用；无偿献血者的配偶和直系亲属临床需要用血时，可以按照省、自治区、直辖市的规定免交或者减交前述费用。

四、无偿献血工作的组织与管理

无偿献血工作关系到全体公民,涉及面广,做好无偿献血工作,不仅是各级卫生行政部门的职责,而且也需要全社会的支持和共同参与。

首先,加强政府对无偿献血工作的领导。地方各级人民政府领导本行政区域内的献血工作,统一规划并负责组织、协调有关部门共同做好献血工作。县级以上各级人民政府卫生行政部门监督管理献血工作。各级红十字会依法参与、推动献血工作。

其次,加强无偿献血的宣传。各级人民政府应当采取措施广泛宣传献血的意义,新闻媒介应当开展献血的社会公益性宣传,医疗卫生教育机构应当利用各种形式和宣传工具进行健康教育。通过普及献血的科学知识,开展预防和控制经血液途径传播的疾病的教育,使广大公民掌握献血对身体无害的卫生知识,把无偿献血看成是自己应尽的人道主义义务,是救死扶伤献爱心的善举,提高公民无偿献血的自觉性。

最后,做好无偿献血的动员和组织。国家机关、军队、社会团体、企业事业组织、居民委员会、村民委员会,应当动员和组织本单位和本居住区的适龄公民参加献血。对献血者,发给国务院卫生行政部门制作的《无偿献血证书》,有关单位可以给予适当补贴。各级人民政府和红十字会对积极参加献血和在献血工作中做出显著成绩的单位和个人,给予奖励。

第三节 血站和采供血管理法律制度

《献血法》和《血站管理办法》规定,采供血活动由血站实施。为了确保血液安全,规范血站执业行为,促进血站的建设与发展,2005年11月17日,卫生部发布了《血站管理办法》,自2006年3月1日起施行,同年下发了《采供血机构设置规划指导原则》。

一、采血与供血机构

(一) 血站的概念与类型

血站,是指不以营利为目的采集、制备、储存血液并向临床提供用血的公益性卫生机构。

血站分为一般血站和特殊血站。一般血站包括：血液中心、中心血站、中心血库，由地方人民政府设立；特殊血站包括：脐带血造血干细胞库和卫生部根据医学发展需要批准、设置的其他类型血库。

(二) 血站的设置与审批

1. 一般血站的设置和审批。血液中心、中心血站和中心血库由地方人民政府设立。血站的建设和发展纳入当地国民经济和社会发展计划。国务院卫生行政部门根据全国医疗资源配置及临床用血需求，制定全国采供血机构设置规划指导原则，并负责全国血站建设规划的指导。省、自治区、直辖市人民政府卫生行政部门应结合本行政区域人口、医疗资源、临床用血需求等实际情况和当地区域卫生发展规划，制定本行政区域血站设置规划，报同级人民政府批准，并报国务院卫生行政部门备案。

直辖市、省会市、自治区首府市可规划设置一所相应规模血液中心；设区的市可规划设置一所相应规模中心血站，中心血站供血半径应大于100公里，距血液中心150公里范围内（或在3个小时车程内）的设区的市，原则上不单独设立中心血站，与已经设立中心血站距离不足100公里的相通（邻）设区的市原则上不单独设立中心血站；血液中心或中心血站3个小时车程内不能提供血液的县（市）可根据实际需要在县级医疗机构内设置一所中心血库，其任务是完成本区域的采供血任务，供血半径应在60公里左右，距血液中心或中心血站3个小时车程内的县（市）原则上不予设置。一个城市内不得重复设置血液中心、中心血站。血液中心和中心血站可根据服务区域实际需要，设立非独立的分支机构、固定采血点、储血点。固定采血点、储血点不得进行血液检测。

血液中心的设置必须经国务院卫生行政部门批准，中心血站、中心血库的设置必须经省、自治区、直辖市人民政府卫生行政部门批准。

2. 特殊血站的设置和审批。根据1999年卫生部《脐带血造血干细胞库管理办法（试行）》的规定，国家对脐带血造血干细胞库实行全国统一规划、统一布局、统一标准、统一规范和统一管理制度。符合规划的省级行政区域范围内，只能设置一个脐带血造血干细胞库。脐带血造血干细胞库不得在批准设置地以外的省、自治区、直辖市设置分支机构或采血点。国家不批准设置以营利为目的的脐带血造血干细胞库等特殊血站。任何单位和个人不得以营利为目的进行脐带血采供活动。

依据《血站管理办法》的规定,申请设置脐带血造血干细胞库等特殊血站的,应当按照卫计委规定的条件向所在地省级人民政府卫生行政部门申请。省级人民政府卫生行政部门组织初审后报卫计委,卫计委按照申请的先后次序进行设置审批。

(三) 血站的执业许可与注册登记

血站开展采供血活动,应当向所在省、自治区、直辖市人民政府卫生行政部门申请办理执业登记,取得《血站执业许可证》,否则不得开展采供血活动。《血站执业许可证》有效期为3年。

《血站执业许可证》有效期满前3个月,血站应当办理再次执业登记,并提交《血站再次执业登记申请书》及《血站执业许可证》。省级人民政府卫生行政部门应当根据血站业务开展和监督检查情况进行审核,审核合格的,予以继续执业。未通过审核的,责令其限期整改;经整改仍审核不合格的,注销其《血站执业许可证》。未办理再次执业登记手续或者被注销《血站执业许可证》的血站,不得继续执业。

《血站管理办法》第15条规定,有下列情形之一的,将不予执业登记:

(1)《血站质量管理规范》技术审查不合格的。

(2)《血站实验室质量管理规范》技术审查不合格的。

(3) 血液质量检测结果不合格的。

血站确因采供血需要,在规定的服务区域内设置分支机构,应当报所在省、自治区、直辖市人民政府卫生行政部门批准;设置固定采血点(室)或者流动采血车的,应当报省、自治区、直辖市人民政府卫生行政部门备案。

脐带血造血干细胞库等特殊血站执业,应当向所在地省级人民政府卫生行政部门申请办理执业登记。

(四) 血站的职责

1. 血液中心的职责。①按照省级人民政府卫生行政部门的要求,在规定范围内开展无偿献血者的招募、血液的采集与制备、临床用血供应以及医疗用血的业务指导等工作;②承担所在省、自治区、直辖市血站的质量控制与评价;③承担所在省、自治区、直辖市血站的业务培训技术指导;④承担所在省、自治区、直辖市血液的集中化检测任务；⑤开展血液相关的科研工作；⑥承担卫生行政部门交办的任务。

2. 中心血站的职责。 ①按照省级人民政府卫生行政部门的要求，在规定范围内开展无偿献血者的招募、血液的采集与制备、临床用血供应以及医疗用血的业务指导等工作；②承担供血区域范围内血液储存的质量控制；③对所在行政区域内的中心血库进行质量控制；④承担卫生行政部门交办的任务。

3. 中心血库的职责。 按照省级人民政府卫生行政部门的要求，在规定范围内开展无偿献血者的招募、血液的采集与制备、临床用血供应以及医疗用血业务指导等工作。

（五）血站的监督管理

卫计委主管全国血站的监督管理工作，定期对血液中心执行有关规定情况和无偿献血比例、采供血服务质量、业务指导、人员培训、综合质量评价技术能力等情况以及脐带血造血干细胞库等特殊血站的质量管理状况进行评价及监督检查，并将结果向社会公布。

省级以上人民政府卫生行政部门可以成立血液管理委员会，对血站进行管理、血液质检和技术指导，并对本辖区内的血站执行有关规定情况和无偿献血比例、采供血服务质量、业务指导、人员培训、综合质量评价技术能力等情况进行评价及监督检查，按照卫生部的有关规定将结果上报，同时向社会公布。血站有下列情形之一的，由省级人民政府卫生行政部门注销其《血站执业许可证》：①《血站执业许可证》有效期届满未办理再次执业登记的；②取得《血站执业许可证》后一年内未开展采供血工作的。

县级以上人民政府卫生行政部门对采供血活动进行监督管理，其职责为：①制定临床用血储存、配送管理办法，并监督实施；②对下级卫生行政部门履行血站监督管理职责的情况进行监督检查；③对辖区内血站执业活动进行日常监督检查，组织开展对采供血质量的不定期抽检；④对辖区内临床供血活动进行监督检查；⑤对违反《血站管理办法》的行为依法进行查处。

二、采血管理

（一）基本要求

血站执业，应当遵守有关法律、行政法规、规章和技术规范。血站必须按照注册登记的项目、内容、范围，开展采供血业务，并为献血者提供各种安全、卫生、便利的条件。血站应当建立献血者信息保密制度，为献血者保密。血站开展采供血业务应当实行全面质量管理，必须严格遵守各项技术操作规程和制度。血站技术人员必须经输血业务知识技术考试，取得考试合格证书后方可上岗。血站应当根据医疗机构临床用血需求，制定血液采集、制备、供应计划，保障临床用血安全、及时、有效。血站应当制定紧急灾害应急预案，并从血源、管理制度、技术能力和设备条件等方面保证预案的实施。在紧急灾害发生时服从县级以上人民政府卫生行政部门的调遣。

(二) 献血者健康检查和健康档案

血站在每次采血前必须按照《献血者健康检查标准》免费对献血者进行必要的健康检查。身体状况不符合献血条件的，血站应向其说明情况，不得采集其血液；血站采血前应当对献血者身份进行核对并进行登记，严禁采集冒名顶替者的血液；血站应对献血者履行规定的告知义务，并取得献血者签字的知情同意书。

血站采集血液后要建立献血档案，记录献血者的姓名、性别、出生日期、血型、献血日期、单位或地址、采血者签字，并加盖该血站采血专用章。

(三) 献血量和献血间隔

《献血法》第9条规定，血站对献血者每次采集血液量一般为200ml，最多不得超过400ml；献血间隔不得少于6个月，严格禁止血站违反规定对献血者超量、频繁采集血液。《献血者健康检查要求》遵循医学科学的原则，借鉴其他国家及我国港台地区已经成熟的、经过验证的标准，对献血量和献血间隔作了调整。

1. 献血量。全血献血者每次可献全血400ml，或者300ml，或者200ml。单采血小板献血者每次可献1~2个治疗单位，或者1个治疗单位及不超过200ml血浆。全年血小板和血浆采集总量不超过10 L。上述献血量均不包括血液检测留样的血量和保养液或抗凝剂的量。

2. 献血间隔。全血献血间隔不少于6个月；单采血小板献血间隔，不少于2周，不大于24次/年，因特殊配型需要，由医生批准，最短间隔时间不少于1周；单采血小板后与全血献血间隔不少于4周；全血献血后与单采血小板献血间隔不少于3个月。

(四) 质量管理

血站开展采供血业务应当实行全面质量管理，严格遵守《中国输血技术操作规程》《血站质量管理规范》和《血站实验室质量管理规范》等技术规范和标准。血站应当建立对有易感染经血液传播疾病危险行为的献血者献血后的报告工作程序、献血屏蔽和淘汰制度；建立人员岗位责任制度和采供血管理相关工作制度；并定期检查、考核各项规章制度和各级各类人员岗位责任制的执行和落实情况。

采血必须由具有采血资格的医务人员进行，血站工作人员应当符合岗位执业资格的规定，并接受血液安全和业务岗位培训与考核，领取岗位培训合格证书后方可上岗。血站工作人员每人每年应当接受不少于 75 学时的岗位继续教育。

血液的包装、储存、运输应当符合国家规定的卫生标准和要求。血液包装袋上应当标明：①血站的名称及其许可证号；②献血编号或者条形码；③血型；④血液品种；⑤采血日期及时间或者制备日期及时间；⑥有效日期及时间；⑦储存条件。

(五) 采血器材的使用

血站在采集检验标本、采集血液和成分血分离时，必须使用有生产单位名称、生产批准文号和有效期内的一次性注射器和采血器械，用后必须在血液管理监督员的监督下按规定及时销毁并作记录，避免交叉感染。不得使用可重复使用的采血器材和无生产单位名称和批准文号的一次性采血器材。

(六) 血液检测

血站对采集的血液必须根据国务院卫生行政部门制定的献血者血液检验标准规定的项目由具有血液检测实验室资格的实验室进行检测；未经检测、检测不合格或者报废的血液，不得向医疗机构提供，应当严格按照有关规定处理。血液检测的全血标本的保存期应当与全血有效期相同；血清（浆）标本的保存期应当在全血有效期满后半年。

三、供血管理

医疗机构临床医疗所需血液由血站负责供应。血站应当保证发出的血液质量符合国家有关标准，其品种、规格、数量、活性、血型无差错；未经检测或者检测不合格的血液，不得向医疗机构提供。

血站应当加强对其所设储血点的质量监督，确保储存条件，保证血液储存质量，按照临床需要进行血液储存和调换。血站和医疗机构应当使用符合卫生标准的运输工具进行血液的运输，以确保血液不受污染。

特殊血型的血液需要从外省、自治区、直辖市调配的，由省级人民政府卫生行政部门批准。实施中由需方血站对血液进行再次检验，以保证血液质量。因科研或者特殊需要而进行血液调配的，由省级人民政府卫生行政部门批准。出于人道主义、救死扶伤的目的，需要向中国境外医疗机构提供血液及特殊血液成分的，应当严格按照有关规定办理手续。

四、特殊血站的采供血管理

脐带血造血干细胞库等特殊血站执业，除了须遵守一般血站执业应遵守的规定外，它还应当遵守《血站管理办法》第 49 条的规定：①按照卫生部规定的脐带血造血干细胞库等特殊血站的基本标准、技术规范等执业。②脐带血等特殊血液成分的采集必须符合医学伦理的有关要求，并遵循自愿和知情同意的原则。脐带血造血干细胞库必须与捐献者签署经执业登记机关审核的知情同意书。③脐带血造血干细胞库等特殊血站只能向有造血干细胞移植经验和基础，并装备有造血干细胞移植所需的无菌病房和其他必须设施的医疗机构提供脐带血造血干细胞。④出于人道主义、救死扶伤的目的，必须向境外医疗机构提供脐带血造血干细胞等特殊血液成分的，应当严格按照国家有关人类遗传资源管理规定办理手续。⑤脐带血等特殊血液成分必须用于临床。

第四节　临床用血法律制度

临床用血包括使用全血和成分血，临床用血是医疗工作中一个极为重要的部分。为加强医疗机构临床用血管理，推进临床科学合理用血，保护血液资源，保障临床用血安全和医疗质量，根据《献血法》的有关规定，卫生部先后制定发布了《临床输血技术规范》（2000 年 6 月 1 日发布，2000 年 10 月 1 日实施）和《医疗机构临床用血管理办法》（2012 年 6 月 7 日发布，2012 年 8 月 1 日施行）。

一、临床用血的原则

血液资源必须加以保护、合理应用,避免浪费,杜绝不必要的输血。

医疗机构临床用血应当制定用血计划,遵循合理、科学的原则,不得浪费和滥用血液。医疗机构应当积极推行按血液成分针对医疗实际需要输血。国家鼓励临床用血新技术的研究和推广。

二、临床用血管理组织

(一) 临床用血管理组织及其职责

国务院卫生行政部门成立临床用血专家委员会,做好临床用血管理工作,提高临床合理用血水平,保证输血治疗质量。各省、自治区、直辖市人民政府卫生行政部门成立省级临床用血质量控制中心,负责辖区内医疗机构临床用血管理的指导、评价和培训等工作。

二级以上医院和妇幼保健院应当设立临床用血管理委员会,负责本机构临床合理用血管理工作,主任委员由院长或者分管医疗的副院长担任,成员由医务部门、输血科、麻醉科、开展输血治疗的主要临床科室、护理部门、手术室等部门负责人组成,医务、输血部门共同负责临床合理用血日常管理工作;其他医疗机构应当设立临床用血管理工作组,并指定专(兼)职人员负责日常管理工作。

临床用血管理委员会或者临床用血管理工作组应当履行以下职责:①认真贯彻临床用血管理相关法律、法规、规章、技术规范和标准,制定本机构临床用血管理的规章制度并监督实施;②评估确定临床用血的重点科室、关键环节和流程;③定期监测、分析和评估临床用血情况,开展临床用血质量评价工作,提高临床合理用血水平;④分析临床用血不良事件,提出处理和改进措施;⑤指导并推动开展自体输血等血液保护及输血新技术;⑥承担医疗机构交办的有关临床用血的其他任务。

(二) 医疗机构输血科或血库及其职责

《医疗机构临床用血管理办法》第 10 条规定,医疗机构应当根据有关规定和临床用血需求设置输血科或者血库,并根据自身功能、任务、规模,配备与输血工作相适应的专业技术人员、设施、设备。不具备条件设置输血科或者血库的医疗机构，应当安排专（兼）职人员负责临床用血工作。

《医疗机构临床用血管理办法》第11条规定，输血科及血库的主要职责是：①建立临床用血质量管理体系，推动临床合理用血；②负责制订临床用血储备计划，根据血站供血的预警信息和医院的血液库存情况协调临床用血；③负责血液预订、入库、储存、发放工作；④负责输血相关免疫血液学检测；⑤参与推动自体输血等血液保护及输血新技术；⑥参与特殊输血治疗病例的会诊，为临床合理用血提供咨询；⑦参与临床用血不良事件的调查；⑧根据临床治疗需要，参与开展血液治疗相关技术；⑨承担医疗机构交办的有关临床用血的其他任务。

三、临床用血管理

医疗机构应当加强临床用血管理，建立并完善管理制度和工作规范，科学制订临床用血计划，建立临床合理用血的评价制度，提高临床合理用血水平。

医疗机构应当使用卫生行政部门指定血站提供的血液，配合血站建立血液库存动态预警机制，保障临床用血需求和正常医疗秩序。医疗机构应当对血液预订、接收、入库、储存、出库及库存预警等进行管理，保证血液储存、运送符合国家有关标准和要求。医疗机构接收血站发送的血液后，应当对血袋标签进行核对。符合国家有关标准和要求的血液入库，做好登记，并按不同品种、血型和采血日期（或有效期），分别有序存放于专用储藏设施内。

医疗机构应当在血液发放和输血时进行核对，并指定医务人员负责血液的收领、发放工作。医疗机构的储血设施应当保证运行有效，全血、红细胞的储藏温度应当控制在2℃~6℃，血小板的储藏温度应当控制在20℃~24℃。储血保管人员应当做好血液储藏温度的24小时监测记录。储血环境应当符合卫生标准和要求。

除急救用血外，同一患者一天申请备血量少于800ml的，由具有中级以上专业技术职务任职资格的医师提出申请，上级医师核准签发后，方可备血；同一患者一天申请备血量在800ml~1600ml的，由具有中级以上专业技术职务任职资格的医师提出申请，经上级医师审核，科室主任核准签发后，方可备血；同一患者一天申请备血量达到或超过1600ml的，由具有中级以上专业技术职务任职资格的医师提出申请,科室主任核准签发后,报医务部门批准,方可备血。

医疗机构应当根据国家有关法律法规和规范建年临床用血不良事件监测报告制度。临床发现输血不良反应后,应当积极救治患者,及时向有关部门报告,并做好观察和记录。

医疗机构应当建立临床用血医学文书管理制度,确保临床用血信息客观真实、完整、可追溯。医师应当将患者输血适应证的评估、输血过程和输血后疗效评价情况记入病历;临床输血治疗知情同意书、输血记录单等随病历保存。

四、临床输血技术规范

1. 输血申请。由经治医师逐项填写《临床输血申请单》,由主治医师核准签字,连同受血者血样于预定输血日期前送交输血科(血库)备血。

2. 知情同意。决定输血治疗前,经治医师向患者和家属说明输血的不良反应和经血传播疾病的可能性,征得患者或家属同意,并在《输血治疗同意书》上签字。《输血治疗同意书》入病历。无家属签字的无自主意识患者的紧急输血,应报医院职能部门或主管领导同意、备案,并记入病历。

3. 受血者血样采集与送检。确定输血后,医护人员持输血申请单和贴好标签的试管,当面核对患者姓名、性别、年龄、病案号、病室/门(急)诊号、床号、血型和诊断,采集血样。由医护人员或专门人员将受血者血样与输血申请单送交输血科(血库),双方进行逐项核对。

4. 交叉配血。输血科(血库)要逐项核对输血申请单、受血者和供血者血样,复查受血者和供血者 ABO 血型,并常规检查患者 Rh(D)血型,正确无误时可进行交叉配血。

5. 血液入库、核对、贮存。全血、血液成分入库前要认真核对验收。输血科(血库)要认真做好血液出入库、核对、领发的登记,有关资料须保存10年。

6. 发血。配血合格后,由医护人员到输血科(血库)取血。取血与发血的双方必须共同查对患者姓名、性别、病案号、病室/门(急)诊号、床号、血型、血液有效期及配血实验结果,以及保存血的外观等,准确无误时,双方共同签字后方可发出。

凡血袋有下列情形之一的,一律不得发出:①标签破损、字迹不清;②血袋有破损、漏血;③血液中有明显凝块;④血浆里乳糜状或暗灰色;⑤血浆中有明显气泡、絮状物或粗大颗粒;⑥未摇动时血浆层与红细胞的界面不清或交界面上出现溶血;⑦红细胞层呈紫红色;⑧过期或其他须查证的情况。

血液发出后,受血者和供血者的血样保存于2℃~6℃冰箱,至少7天,以便对输血不良反应追查原因,血液发出后不得退回。

7. 输血。输血前由2名医护人员核对交叉配血报告单及血袋标签各项内容,检查血袋有无破损渗漏,血液颜色是否正常。准确无误方可输血。输血时,由2名医护人员带病历共同到患者床旁核对患者姓名、性别、病案号、病室/门急诊、床号、血型等确认与配血报告相符,再次核对血液后,用符合标准的输血器进行输血。

实施输血和监护的医护人员,要严密观察输血情况,一旦发生输血不良反应,出现异常情况,必须及时处理:①减慢或停止输血,以静脉注射用生理盐水维持静脉通路;②立即通知值班医师和输血科(血库)值班人员,及时检查、治疗和抢救,并查找原因,做好记录;③疑为溶血性或细菌性、感染性输血反应,应立即停止输血,以静脉注射用生理盐水维护静脉通路,及时报告上级医师,在积极治疗抢救的同时,做好7项核对检查。

8. 回报单与统计。输血完毕,医护人员对有输血反应的应逐项填写患者输血反应回报单,并返还输血科(血库)保存。输血科(血库)每月统计上报医务处(科)。

五、患者自身储血和医疗机构临时紧急采血

为保障公民临床急救用血的需要,国家提倡并指导择期手术的患者自身储血,动员家庭、亲友、所在单位以及社会互助献血。医疗机构应当积极推行节约用血的新型医疗技术。医院、有条件的二级医院和妇幼保健院应当开展自体输血技术,建立并完善管理制度和技术规范,提高合理用血水平,保证医疗质量和安全。医疗机构应当动员符合条件的患者接受自体输血技术,提高输血治疗效果和安全性。

为保证应急用血,医疗机构可以临时采集血液,但应当依照规定、确保

采血用血安全。根据《医疗机构临床用血管理办法》第 27 条的规定，医疗机构应当制订应急用血工作预案。为保证应急用血，医疗机构可以临时采集血液，但必须同时符合以下条件：①危及患者生命，急需输血；②所在地血站无法及时提供血液，且无法及时从其他医疗机构调剂血液，而其他医疗措施不能替代输血治疗；③具备开展交叉配血及乙型肝炎病毒表面抗原、丙型肝炎病毒抗体、艾滋病病毒抗体和梅毒螺旋体抗体的检测能力；④遵守采供血相关操作规程和技术标准。医疗机构应当在临时采集血液后 10 日内将情况报告县级以上人民政府卫生行政部门。

第五节 血液制品管理法律制度

血液制品，是指各种人血浆蛋白制品。人血浆蛋白制品在临床上具有极为重要的治疗作用，目前还只能从健康公民的血浆中提取，人血浆蛋白制品的生产既涉及供血浆者的安全，又涉及使用血浆蛋白制品者的安危。为了加强血液制品管理，预防和控制经血液途径传播的疾病，保证血液制品的质量，根据《药品管理法》和《传染病防治法》，国务院于 1996 年 12 月 30 日发布了《血液制品管理条例》。该条例适用于在中华人民共和国境内从事原料血浆的采集、供应以及血液制品的生产、经营活动。

一、原料血浆的管理

（一）原料血浆的概念

原料血浆，是指由单采血浆站采集的专用于血液制品生产原料的血浆。血液制品生产用原料血浆的供应是有偿的，这是其与临床用血的不同之处。

（二）单采血浆站的设置与审批

单采血浆站，是指根据地区血源资源，按照有关标准和要求并经严格审批设立，采集供应血液制品生产用原料血浆的单位。原料血浆的采集由单采血浆站专门从事。为加强单采血浆站的管理，预防和控制经血液途径传播的疾病，保障供血浆者健康和原料血浆质量，卫生部先后制定了《单采血浆站质量管理规范》《单采血浆站基本标准》和《单采血浆站管理办法》。

1. 单采血浆站的设置规划。 国家实行单采血浆站统一规划、设置的制度。

国务院卫生行政部门根据核准的全国生产用原料血浆的需求,对单采血浆站的布局、数量和规模制定总体规划。省、自治区、直辖市人民政府卫生行政部门根据总体规划制定本行政区域内单采血浆站设置规划和采集血浆的区域规划,并报国务院卫生行政部门备案。

2. 单采血浆站的设置条件。单采血浆站由血液制品生产单位设置或者由县级人民政府卫生行政部门设置,专门从事单采血浆活动,具有独立法人资格。其他任何单位和个人不得从事单采血浆活动。

单采血浆站应当设置在县(旗)及县级市,不得与一般血站设置在同一县行政区划内。有地方病或经血传播的传染病流行、高发的地区不得规划设置单采血浆站。省、自治区、直辖市人民政府卫生行政部门根据实际情况,划定单采血浆站的采集区域,采浆区域选择应保证供血浆者的数量,能满足原料血浆年采集量不少于 30 吨。新建单采血浆站应在 3 年内达到年采集量不少于 30 吨。

设置单采血浆站,必须具备下列条件:①符合单采血浆站布局、规模的规划;②具有与所采集原料血浆相适应的卫生专业技术人员;③具有与所采集原料血浆相适应的场所与卫生环境;④具有识别供血浆者的身份识别系统;⑤具有与所采集原料血浆相适应的单采血浆机械及其他设施;⑥具有对所采集原料血浆进行质量检验的技术人员及其必要的仪器设备。在一个采血浆区域内,只能设置一个单采血浆站。

3. 单采血浆站的审批。申请设置单采血浆站的,由县级人民政府卫生行政部门初审,经设区的市、自治州人民政府卫生行政部门或者省、自治区人民政府设立的派出机关的卫生行政机构审查同意,报省、自治区、直辖市人民政府卫生行政部门审批;经审查符合条件的,由省、自治区、直辖市人民政府卫生行政部门核发《单采血浆许可证》,并报国务院卫生行政部门备案。

(三)原料血浆的采集与供应

1. 采血浆区域。单采血浆站只能采集划定区域的供血浆者的血浆,严禁采集非划定区域内的供血浆者和其他人员的血浆。

2. 身份识别与健康检查。单采血浆站必须对供血浆者进行健康检查;检查合格的,由县级人民政府卫生行政部门核发《供血浆证》。《供血浆证》由省、自治区、直辖市人民政府卫生行政部门负责设计和印制。《供血浆证》不得涂改、伪造、转让。单采血浆站在采集血浆前，必须对供血浆者进行身份识别并核实其《供血浆证》，确认无误的，方可按照规定程序进行健康检查和血液化验；对检查、化验合格的，按照有关技术操作标准及程序采集血浆，并建立供血浆者健康检查及供血浆记录档案；对检查、化验不合格的，由单采血浆站收缴《供血浆证》，并由所在地县级人民政府卫生行政部门监督销毁。严禁采集无《供血浆证》者的血浆。

3. 血浆采集。单采血浆站采集原料血浆应当遵循自愿和知情同意的原则，并对供血浆者履行规定的告知义务。单采血浆站开展血浆采集业务应当实行全面质量管理，严格遵守《中华人民共和国药典》中血液制品原料血浆规程、《单采血浆站质量管理规范》等技术规范和标准。单采血浆站必须使用单采血浆机械采集血浆，严禁手工采集血浆。每次采集供血浆者的血浆量不得超过580ml（重量约600g，含抗凝剂溶液）。两次供血浆时间间隔不得少于14天。严禁超量、频繁采集血浆。

采集的血浆必须按单人份冰冻保存，不得混浆。单采血浆站必须使用有产品批准文号并经国家药品生物制品检定机构逐批检定合格的体外诊断试剂以及合格的一次性采血浆器材。采血浆器材等一次性消耗品使用后，必须按照国家有关规定予以销毁，并做记录。

单采血浆站应当建立对有易感染经血液传播疾病危险行为的供血浆者供血浆后的报告工作程序、供血浆者屏蔽和淘汰制度。单采血浆站必须严格执行国家有关报废血处理和有易感染经血液传播疾病危险行为的供血浆者供血浆后保密性弃血处理的规定。

4. 血浆供应。单采血浆站只能向一个与其签订质量责任书的血液制品生产单位供应原料血浆，严禁向其他任何单位供应原料血浆。严禁单采血浆站采集血液或者将所采集的原料血浆用于临床。国家禁止出口原料血浆。单采血浆站采集的原料血浆的包装、储存、运输，必须符合国家规定的卫生标准和要求。

5. 报告与应急预案。单采血浆站必须依照《传染病防治法》及其实施办法等有关规定，严格执行消毒管理及疫情上报制度。单采血浆站应当每半年向所在地的县级人民政府卫生行政部门报告有关原料血浆采集情况，同时抄报设区的市、自治州人民政府卫生行政部门或者省、自治区人民政府设立的派出机关的卫生行政机构及省、自治区、直辖市人民政府卫生行政部门。省、自治区、直辖市人民政府卫生行政部门应当每年向国务院卫生行政部门汇总报告本行政区域内原料血浆的采集情况。

单采血浆站应当制定紧急灾害应急预案，并从血源、管理制度、技术能力和设备条件等方面保证预案的实施。在紧急灾害发生时服从县级以上人民政府卫生行政部门的调遣。

二、血液制品生产经营管理

（一）血液制品生产经营单位的设置审批

新建、改建或者扩建血液制品生产单位，经国务院卫生行政部门根据总体规划进行立项审查同意后，由省、自治区、直辖市人民政府卫生行政部门依照《药品管理法》的规定审核批准。血液制品生产单位必须具备《药品生产企业许可证》并达到国家食品药品监督管理总局制定的《药品生产质量管理规范》规定的标准，经审查合格并依法向工商行政管理部门申领营业执照后，方可从事血液制品的生产活动。

开办血液制品经营单位，由省、自治区、直辖市人民政府卫生行政部门审核批准。血液制品经营单位应当具备与所经营的产品相适应的冷藏条件和熟悉所经营品种的业务人员。

（二）血液制品生产和经营活动管理

血液制品生产单位应当积极开发新品种，提高血浆综合利用率。血液制品生产单位生产国内已经生产的品种，必须依法向国务院卫生行政部门申请产品批准文号；国内尚未生产的品种，必须按照国家有关新药审批的程序和要求申报。

严禁血液制品生产单位出让、出租、出借以及与他人共用《药品生产企业许可证》和药品批准文号。

血液制品生产单位不得向无《单采血浆许可证》的单采血浆站或者未与其签订质量责任书的单采血浆站及其他任何单位收集原料血浆。血液制品生产单位不得向其他任何单位供应原料血浆。

血液制品生产单位在原料血浆投料生产前，必须使用有产品批准文号并经国家药品生物制品检定机构逐批检定合格的体外诊断试剂，对每一人份血浆进行全面复检，并做检测记录。原料血浆经复检不合格的，不得投料生产，并必须在省级药品监督员监督下按照规定程序和方法予以销毁，并做记录。

原料血浆经复检发现有经血液途径传播的疾病的，必须通知供应血浆的单采血浆站，并及时上报所在地省、自治区、直辖市人民政府卫生行政部门。

血液制品出厂前，必须经过质量检验；经检验不符合国家标准的，严禁出厂。

血液制品生产经营单位生产、包装、储存、运输、经营血液制品，应当符合国家规定的卫生标准和要求。

三、血液制品监督管理

省、自治区、直辖市人民政府卫生行政部门负责本行政区域内的血液制品生产单位的监督管理。县级以上地方各级人民政府卫生行政部门负责本行政区域内的单采血浆站、供血浆者、原料血浆的采集及血液制品经营单位的监督管理。

省、自治区、直辖市人民政府卫生行政部门每年组织一次对本行政区域内单采血浆站的监督检查并进行年度注册；设区的市、自治州人民政府卫生行政部门或者省、自治区人民政府设立的派出机关的卫生行政机构每半年对本行政区域内的单采血浆站进行一次检查。

第六节　法律责任

一、行政责任

因违反血液管理法律规定而承担行政责任的情形可以分为以下几种情况。

（一）非法采集、供应、出卖血液和原料血浆的行政责任

1. 违反《献血法》规定，有下列行为之一的，由县级以上地方人民政府卫生行政部门予以取缔，没收违法所得，可以并处10万元以下的罚款；构成犯罪的，依法追究刑事责任：①非法采集血液的；②血站、医疗机构出售无偿献血的血液的；③非法组织他人出卖血液的。

2. 未取得省、自治区、直辖市人民政府卫生行政部门核发的《单采血浆许可证》，非法从事组织、采集、供应、倒卖原料血浆活动的，由县级以上地

方人民政府卫生行政部门予以取缔，没收违法所得和从事违法活动的器材、设备，并处违法所得5倍以上10倍以下的罚款。没有违法所得的，并处5万元以上10万元以下的罚款。

(二) 血站违反相关规定和操作规程的行政责任

1. 血站违反有关操作规程和制度采集血液，由县级以上地方人民政府卫生行政部门责令改正；给献血者健康造成损害的，对直接负责的主管人员和其他直接责任人员，依法给予行政处分。

2. 血站用血的包装、储存、运输，不符合国家规定的卫生标准和要求的，由县级以上地方人民政府卫生行政部门责令改正，给予警告，可以并处1万元以下的罚款。

3. 血站违反《献血法》规定，向医疗机构提供不符合国家规定标准的血液的，由县级以上地方人民政府卫生行政部门责令改正；情节严重，造成经血液途径传播或者有传播严重危险的，限期整顿，对直接负责的主管人员和其他直接责任人员，依法给予行政处分。

(三) 单采血浆站和血液制品生产单位违反相关规定和操作规程的行政责任

1. 依据《血液制品管理条例》第35条规定，单采血浆站有下列行为之一的，由县级以上地方人民政府卫生行政部门责令限期改正，处5万元以上10万元以下的罚款；有第八项所列行为的，或者有下列其他行为并且情节严重的，由省、自治区、直辖市人民政府卫生行政部门吊销《单采血浆许可证》：①采集血浆前，未按照国务院卫生行政部门颁布的健康检查标准对供血浆者进行健康检查和血液化验的；②采集非划定区域内的供血浆者或者其他人员的血浆的，或者不对供血浆者进行身份识别，采集冒名顶替者、健康检查不合格者或者无《供血浆证》者的血浆的；③违反国务院卫生行政部门制定的血浆采集技术操作标准和程序，过频过量采集血浆的；④向医疗机构直接供应原料血浆或者擅自采集血液的；⑤未使用单采血浆机械进行血浆采集的；⑥未使用有产品批准文号并经国家药品生物制品检定机构逐批检定合格的体外诊断试剂以及合格的一次性采血浆器材的；⑦未按照国家规定的卫生标准和要求包装、储存、运输原料血浆的；⑧对国家规定检测项目检测结果呈阳性的血浆不清除、不及时上报的；⑨对污染的注射器、采血浆器材及不合格血浆等不经消毒处理，擅自倾倒，污染环境，造成社会危害的；⑩重复使用一次性采血浆器材的；⑪向与其签订质量责任书的血液制品生产单位以外的其他单位供应原料血浆的。

2. 单采血浆站已知其采集的血浆检测结果呈阳性，仍向血液制品生产单位供应的，由省、自治区、直辖市人民政府卫生行政部门吊销《单采血浆许可证》，由县级以上地方人民政府卫生行政部门没收违法所得，并处10万元以上动万元以下的罚款。

3. 血液制品生产单位擅自向其他单位出让、出租、出借以及与他人共用《药品生产企业许可证》、产品批准文号或者供应原料血浆的，由省级以上人民政府卫生行政部门没收违法所得，并处违法所得5倍以上10倍以下的罚款，没有违法所得的，并处5万元以上10万元以下的罚款。

4. 血液制品生产经营单位生产、包装、储存、运输、经营血液制品不符合国家规定的卫生标准和要求的，由省、自治区、直辖市人民政府卫生行政部门责令改正，可以处1万元以下的罚款。

5. 在血液制品生产单位成品库待出厂的产品中，经抽检有一批次达不到国家规定的指标，经复检仍不合格的，由国务院卫生行政部门撤销该血液制品批准文号。

6. 擅自进出口血液制品或者出口原料血浆的，由省级以上人民政府卫生行政部门没收所进出口的血液制品或者所出口的原料血浆和违法所得，并处所进出口的血液制品或者所出口的原料血浆总值3倍以上5倍以下的罚款。

（四）相关人员违反相关法律规定的行政责任

1. 涂改、伪造、转让《供血浆证》的，由县级人民政府卫生行政部门收缴《供血浆证》，没收违法所得，并处违法所得3倍以上5倍以下的罚款，没有违法所得的，并处1万元以下的罚款。

2. 血液制品检验人员虚报、瞒报、涂改、伪造检验报告及有关资料的，依法给予行政处分。

（五）医疗机构及其医务人员违反相关法律规定的行政责任

1. 医疗机构的医务人员违反本法规定，将不符合国家规定标准的血液用于患者，给患者健康造成损害的，对直接负责的主管人员和其他直接责任人员，依法给予行政处分。

2. 医疗机构有下列情形之一的，由县级以上人民政府卫生行政部门责令限期改正；逾期不改的，进行通报批评，并予以警告；情节严重或者造成严重后果的，可处 3 万元以下的罚款，对负有责任的主管人员和其他直接责任人员依法给予处分：①未设立临床用血管理委员会或者工作组的；②未拟定临床用血计划或者一年内未对计划实施情况进行评估和考核的；③未建立血液发放和输血核对制度的；④未建立临床用血申请管理制度的；⑤未建立医务人员临床用血和无偿献血知识培训制度的；⑥未建立科室和医师临床用血评价及公示制度的；⑦将经济收入作为对输血科或者血库工作的考核指标的；⑧违反《医疗机构临床用血管理办法》的其他行为。

3. 医疗机构使用未经卫生行政部门指定的血站供应的血液的，由县级以上地方人民政府卫生行政部门给予警告，并处 3 万元以下罚款；情节严重或者造成严重后果的，对负有责任的主管人员和其他直接责任人员依法给予处分。

（六）卫生行政部门监管不力的行政责任

卫生行政部门及其工作人员在献血、用血的监督管理工作中，在血液制品生产加工的监管中，滥用职权、玩忽职守、徇私舞弊、索贿受贿，尚不构成犯罪的，依法给予行政处分。

（七）按假药、劣药处罚的情形

血液制品生产单位有下列行为之一的，由省级以上人民政府卫生行政部门依照药品管理法及其实施办法等有关规定，按照生产假药、劣药予以处罚：①使用无《单采血浆许可证》的单采血浆站或者未与其签订质量责任书的单采血浆站及其他任何单位供应的原料血浆的，或者非法采集原料血浆的；②投料生产前未对原料血浆进行复检的，或者使用没有产品批准文号或者未经国家药品生物制品检定机构逐批检定合格的体外诊断试剂进行复检的，或者将检测不合格的原料血浆投入生产的；③擅自更改生产工艺和质量标准的，或者将检验不合格的产品出厂的；④与他人共用产品批准文号的。

关于假药和劣药的处罚，详见本书第十二章药品管理法律制度。

二、民事责任

因违反血液管理法律规定应承担民事责任主要有两种情形：一是供血单位违反有关操作规程采集血液、提供血液制品，给献血者健康造成损害的，应

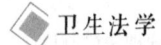

当依法赔偿;二是医疗机构的医务人员违反《献血法》规定,将不符合国家规定标准的血液用于病人,给病人健康造成损害的,应当依法赔偿。

三、刑事责任

(一) 非法组织卖血罪

《刑法》第333条规定,非法组织他人出卖血液的,处5年以下有期徒刑,并处罚金。上述行为对他人造成伤害的,依照《刑法》第234条规定,处3年以下有期徒刑、拘役或者管制;致人重伤的,处3年以上10年以下有期徒刑;致人死亡或者以特别残忍手段致人重伤的造成严重残疾的,处10年以上有期徒刑、无期徒刑或者死刑。

(二) 强迫卖血罪

《刑法》第333条规定,以暴力、威胁方法强迫他人出卖血液的,处5年以上10年以下有期徒刑,并处罚金。与前罪类似,因强迫他人卖血而造成他人身体损害构成轻伤或者重伤结果的,以故意伤害罪论处。

(三) 非法采集、供应血液、制作、供应血液制品罪

《刑法》第334条第1款规定,非法采集、供应血液或者制作、供应血液制品,不符合国家规定的标准,足以危害人体健康的,处5年以下有期徒刑或者拘役,并处罚金;对人体健康造成严重危害的,处5年以上10年以下有期徒刑,并处罚金;造成特别严重后果的,处10年以上有期徒刑或者无期徒刑,并处罚金或者没收财产。

(四) 采集、供应血液,制作、供应血液制品事故罪

《刑法》第334条第2款的规定,经国家主管部门批准采集、供应血液或者制作、供应血液制品的部门,不依照规定进行检测或者违背其他操作规定,造成危害他人身体健康后果的,对单位判处罚金,并对其直接负责的主管人员和其他直接责任人员,处5年以下有期徒刑或者拘役。

(五) 滥用职权罪、玩忽职守罪、受贿罪

卫生行政部门及其工作人员在献血、用血的监督管理工作中,在血液制品生产加工的监管中,滥用职权、玩忽职守、徇私舞弊、索贿受贿,造成严重后果,构成犯罪的,依法追究刑事责任。

《刑法》第397条规定,国家机关工作人员滥用职权或者玩忽职守,致使

公共财产、国家和人民利益遭受重大损失的，处3年以下有期徒刑或者拘役；情节特别严重的，处3年以上7年以下有期徒刑。国家机关工作人员徇私舞弊，犯前款罪的，处5年以下有期徒刑或者拘役；情节特别严重的，处5年以上10年以下有期徒刑。

《刑法》第386条规定，对犯受贿罪的，根据受贿所得数额及情节，依照本法第383条的规定处罚。

思考题

1. 什么是无偿献血？我国无偿献血的主体有哪些？
2. 我国血站采血应遵守哪些规定？
3. 概述医疗机构临床用血管理和临床输血技术规范的主要内容。
4. 原料血浆的采集与供应有哪些规定？

第十一章
食品安全法律制度

> **学习目标**
>
> 掌握：食品安全的概念与适用范围；食品生产经营许可制度；食品安全事故的相关概念与处置。
>
> 熟悉：食品安全标准与食品检验；食品生产经营企业管理规定；食品安全监督管理的法律规定。
>
> 了解：食品安全法的历史沿革；食品安全风险监测与风险评估相关概念与过程；相关法律责任。

第一节 概　述

一、食品安全法的概念

食品，是指各种供人食用或饮用的成品和原料，以及按照传统既是食品又是药品的物品，但是不包括以治疗为目的的物品。食品既包括经过加工而成的供人食用的各种食物，如糖果、糕点、酒类等；也包括供进一步加工的原料，如蔬菜、水果、粮油、肉类、水产品等。另外，中华民族历史悠久的药食同源文化，使得人们将诸如乌梅、百合、山药、山楂等物品既作食用，又作药用。

食品安全，是指食品无毒无害，符合应当有的营养要求，对人体健康不造成任何急性、亚急性或者慢性危害。根据世界卫生组织的定义，食品安全（food safety），是指"食物中有毒、有害物质对人体健康影响的公共卫生问题"。食品的"无毒、无害"，是指不造成食品食用者的任何急性、亚急性或者慢性的疾病,或食物中虽然含有微量有毒有害物质,但符合食品、食品添加剂、食品用产品的卫生标准和要求,在正常食用或者食用的情况下不致危害人体健康。"符合应当有的营养要求"是指食品应包括一定的营养成分,同时应具有相应的消化吸收率和维持人体正常生理功能的作用。

食品安全法,是指调整保证食品安全,防止、控制和消除食品污染以及食品中有害因素对人体的危害,预防和减少食源性疾病的发生,保障人民群众生命安全和身体健康,增强人民群众体质的活动中产生的各种社会关系的法律规范的总称。

食品安全法有广义和狭义之分。其中广义的食品安全法则泛指一切食品安全法律规范,不仅包括《中华人民共和国食品安全法》(以下简称《食品安全法》),而且也包括有关的食品安全的法律、行政法规、行政规章、地方性法规和规范性法律文件,以及其他法律中有关食品安全的规定。狭义的食品安全法仅指2009年6月1日施行并于2015年4月修改的《食品安全法》。

二、食品卫生立法沿革

（一）古代的食品卫生立法

在古代关于食品卫生和食品安全的专门立法是没有的,仅在《唐律》《宋刑统》《元典章》《大明律》《大清律例》中对官粮、军粮及民粮的成色、运输、仓储、除虫、防霉变等进行规定。

（二）近代的食品卫生立法

民国时期我国的食品卫生立法进入专门立法时期,先后出台了一系列的规则和条例。有1914年的《贩卖烟酒特许牌照税条例》,1928年的《屠宰场规则》《饮食物及其用品取缔条例》《牛乳营业取缔规则》《清凉饮料水营业者取缔规则》《饮食物防腐剂取缔规则》,1929年的《饮食品制造场所卫生管理规则》以及1932年的《取缔火酒规则》。

（三）革命战争年代的食品卫生立法

1931年,赣东北特区苏维埃颁布《暂行刑律》,其中设定了"妨害饮料水罪"和"妨害卫生罪"。在抗日战争时期,解放区的卫生部要求各级政府和全军上下务必关心民众和战士饮食卫生,在《管理传染病规则》《关于预防伤寒赤痢流行的指示》《延安公营商店防疫公约》等一系列法规中对食品安全都有所规定。新中国成立前夕，天津市人民政府相继公布了《屠宰牲畜暂行规则》《清凉饮食物品卫生管理暂行办法》《管理清凉饮食物品检验标准》《汽水制造业卫生设备最低标准及应行注意事项》等法规。这些法规虽有地区局限性，但为新中国食品安全立法奠定了基础。

（四）新中国成立后的食品卫生立法

20世纪50年代至60年代是第一个阶段。这个时期是食品卫生工作的起步阶段，为了贯彻"预防为主"的方针，主要针对一些食物中毒问题，卫生部和有关部门发布了一些单项规章和标准对食品卫生进行监督管理。比如，1953年颁布的《清凉饮食物管理暂行办法》是新中国成立后我国第一个食品卫生法规，扭转了因冷饮不卫生引起食物中毒和肠道疾病暴发的状况；1960年发布的《食用合成染料管理办法》纠正了当时滥用有毒、致癌色素等现象。这个时期还先后颁发了有关粮、油、肉、蛋、酒、乳的卫生标准和管理办法。1964年，国务院转发了卫生部、商业部等五部委发布的《食品卫生管理试行条例》，强调加强食品卫生管理是保证食品质量，增进人民身体健康，防止食物中毒和肠道传染病的一项重要措施，该条例的颁布使我国食品卫生法制建设有了一个较为清晰的轮廓，食品卫生管理由单项管理向全面管理进行过渡，食品卫生行业逐步进入法制化的管理轨道。

20世纪70年代至80年代是第二个阶段。这个时期，卫生部会同有关部门制定、修订了调味品、食品添加剂、汞、黄曲霉毒素等五十多种食品卫生标准、微生物、理化等检验方法标准以及食品容器、包装材料标准。

1979年，国务院正式颁发《中华人民共和国食品卫生管理条例》（以下简称《管理条例》），将食品卫生管理重点从预防肠道传染病发展到防止一切食源性疾病的新阶段，并对食品卫生标准、食品卫生要求、食品包括进出口食品卫生管理等方面做出了较详细的规定。《管理条例》的颁布使我国食品卫生法制建设又向前迈进一大步。

1982年，在总结了三十多年来食品卫生工作的经验和教训的基础上，第五届全国人大会常委会第二十五次会议通过了《中华人民共和国食品卫生法（试行）》（以下简称《试行法》），这是新中国成立以来我国在食品卫生方面颁布的第一部法律，该法对食品、食品添加剂、食品容器、包装材料和食品用工具、设备等方面卫生要求、食品卫生标准和管理办法的制定、食品卫管理和监督、法律责任等都进行了翔实的规定，是一部内容比较完整、系统的食品卫生法律。

20世纪90年代至今是第三个阶段。1995年，全国人大常委会总结了《试行法》12年实践经验，经八届人大会常委会第十六次会议审议通过了《中华人民共和国食品卫生法》（以下简称《食品卫生法》），该法进一步明确了食品卫生监督执法的主体是各级政府卫生行政机关，强化了主体的执法责任，加大了对违法行为的处罚力度；还明确了保健食品的监管责任，加强了对食物中毒的控制措施。该法成为我国食品卫生法制建设的重要里程碑，标志着我国食品卫生管理工作进入了法制化管理的新阶段。

三、我国的食品安全立法

（一）《食品安全法》

《食品卫生法》实施的十多年里，随着社会的发展，人民的生活水平不断提高，社会公众不仅要求食品卫生，而且对食品安全问题越来越关注。我国不断爆发的食品安全事件，表明原有的《食品卫生法》已经不适应当今中国社会的食品安全管理，促使我国必须要出台新的有关食品安全的立法来应对社会快速发展所带来的一系列食品安全新问题。

《食品安全法》经十一届全国人大常委会第七次会议于2009年2月28日审议通过，同年6月1日正式实施，《食品卫生法》同时废止。

《食品安全法》的颁布和实施，对于规范食品生产经营活动，防范食品安全事故发生，增强食品安全监管工作的规范性、科学性及有效性，提高我国食品安全整体水平，具有十分重要意义。

（二）相关配套法律文件

为了配合《食品安全法》的实施，2009年7月20日，国务院颁布了《中华人民共和国食品安全法实施条例》（以下简称《实施条例》）。随后，卫生部（2013年卫生部正式更名为国家卫生和计划生育委员会）发布了《餐饮服务许可管理办法》《餐饮服务食品安全监督管理办法》《食品添加剂新品种管理办法》《食品安全国家标准管理办法》。国家质检总局发布了《食品生产许可管理办法》《食品添加剂生产监督管理规定》等规章。国家工商行政管理总局专门制定了《食品流通许可证管理办法》《流通环节食品安全监督管理办法》《流通环节食品安全示范店规范指导意见》和流通环节食品安全监管八项制度。

目前,由卫生部和国务院有关部门依法制定颁布的食品卫生管理办法、规范、程序、规程、条例、规定等单项法律文件有一百多个,食品卫生标准五百多个,还有与之相配套的地方性法律文件,基本构建了以《食品安全法》为核心的食品安全法律体系。

(三)《食品安全法》的完善

2009 年的《食品安全法》对规范食品生产经营活动、保障食品安全发挥了重要作用,食品安全整体水平得到提升,食品安全形势总体稳中向好。与此同时,我国食品企业违法生产经营现象依然存在,食品安全事件时有发生,监管体制、手段和制度等尚不能完全适应食品安全需要,法律责任偏轻、重典治乱威慑作用没有得到充分发挥,食品安全形势依然严峻,修改现行《食品安全法》十分必要。由于食品安全领域的情况变化,《食品安全法》已经滞后于时代的要求。2015 年 4 月,全国人大常委会审议通过了新修订的《食品安全法》,其中修订的主要内容包括以下几个方面:

1. 强化预防为主、风险防范的法律制度。一是完善基础性制度。增加风险监测计划调整、监测行为规范、监测结果通报等规定,明确应当开展风险评估的情形,补充风险信息交流制度,提出加快标准整合、跟踪评价标准实施情况等要求。二是增设生产经营者自查制度。三是增设责任约谈制度。四是增设风险分级管理要求。

2. 设立最严格的全过程监管法律制度。一是在食品生产环节,增设投料、半成品及成品检验等关键事项的控制要求,婴幼儿配方食品的配方备案和出厂逐批检验等义务,并明确规定不得以委托、贴牌、分装方式生产婴幼儿配方乳粉。二是在食品流通环节,增设批发企业的销售记录制度和网络食品交易相关主体的食品安全责任。三是在餐饮服务环节,增设餐饮服务提供者的原料控制义务以及学校等集中用餐单位的食品安全管理规范。四是完善食品追溯制度,细化生产经营者索证索票、进货查验记录等制度,增加规定食品和食用农产品全程追溯协作机制。五是补充规定保健食品的产品注册和备案制度以及广告审批制度,规范保健食品原料使用和功能声称;补充食品添加剂的经营规范和食品相关产品的生产管理制度。六是进一步明确进出口食品管理制度。七是完善食品安全监管体制，将现行分段监管体制修改为由食品药品监管部门统一负责食品生产、流通和餐饮服务监管的相对集中的体制。

3. 建立最严格的法律责任制度。 一是突出民事赔偿责任；二是加大行政处罚力度；三是细化并加重对失职的地方政府负责人和食品安全监管人员的处分；四是做好与刑事责任的衔接。

4. 实行社会共治。 一是规定食品安全有奖举报制度；二是规范食品安全信息发布；三是增设食品安全责任保险制度。

四、《食品安全法》的适用范围

《食品安全法》第 2 条中明确规定，在中华人民共和国境内从事下列活动，应当遵守《食品安全法》：

（一）食品及其相关产品的生产和经营

食品、食品添加剂以及用于食品的包装材料、容器、洗涤剂、消毒剂和用于食品生产经营的工具、设备（以下简称"食品相关产品"）的生产、经营，应当遵守《食品安全法》。其中食品生产和加工称为食品生产，食品流通和餐饮服务称为食品经营。

（二）相关产品的使用

生产经营者使用食品添加剂、食品相关产品，应当遵守《食品安全法》。

（三）安全管理

对食品、食品添加剂和食品相关产品的安全管理适用，应当遵守《食品安全法》。但供食用的源于农业的初级产品（以下简称"食用农产品"）如乳品、转基因食品、生猪屠宰、酒类和食盐的质量安全管理，遵守农产品质量安全法的规定；转基因食品的安全管理，还应当遵守有关行政法规的规定。

（四）食用农产品的安全标准与信息公布

制定有关食用农产品的质量安全标准、公布食用农产品安全有关信息，应当遵守《食品安全法》的有关规定。

五、我国食品安全监督管理体制

（一）监管体制的沿革

在 2003 年以前，中国的食品安全监管工作主要由卫生部、农业部、质检部、经贸部、工商部等部门负责，其基本的特征是一个部门负责食品链中一个或者几个环节的监管，部门之间的协调性较差。2003年以后，中国食品安全监管体制进行了重大改革，最大的一项举措是成立了国家食品药品监督管理局，赋予其食品、保健品安全管理的综合监管、组织协调和依法组织开展对重大事故的查处三个方面的职责，食品安全监管工作直接向国务院报告。2004年9月下发的国务院《关于进一步加强食品安全工作的决定》对食品安全监管体制做出了新的安排，形成了以部门按照食品链环节进行分工为主、品种监管为辅的监管框架。商务部、国家发展与改革委员会、财政部、宣传部、公安部等部门从不同角度参与了食品安全监管工作。2008年，国家食品药品监督管理局改由卫生部管理，将综合协调食品安全、组织查处食品安全重大事故的职责由国家食品药品监督管理局划入卫生部。2009年，《食品安全法》中对监管体制进行了调整，设立了隶属于国务院的食品安全委员会负责总协调，确立分段监管和全程监管的食品安全监管体制，改变了过去以品种监管为主、环节监管为辅的监管模式，进一步明确了各监管部门的职责。2013年，国务院机构改革方案中，将国务院食品安全委员会办公室的职责、国家食品药品监督管理局的职责、国家质量监督检验总局的生产环节食品安全监督管理职责、国家工商行政管理总局的流通环节食品安全监督管理职责进行整合，组建国家食品药品监督管理总局，保留国务院食品安全委员会，具体工作由国家食品药品监督管理总局承担。2013年，国务院将卫生部职责、人口计生委的计划生育管理和服务职责一并整合，组建国家卫生和计划生育委员会，撤销卫生部，划入国家卫生和计划生育委员会。

（二）国家食品安全监督管理部门的职责

1. 国务院卫生行政部门。 即国家卫生和计划生育委员会，具体工作由食品安全标准与监测评估司具体承担。主要职责包括：组织拟订食品安全标准，组织开展食品安全风险监测、评估和交流，承担新食品原料、食品添加剂新品种、食品相关产品新品种的安全性审查，参与拟订食品安全检验机构资质认定的条件和检验规范。

2. 食品药品监督管理部门。 即国家食品药品监督管理总局，其主要职责包括以下几个方面：①负责起草食品（包含食品添加剂、保健食品，下同）安全的法律法规草案，拟订政策规划，制定部门规章，推动建立落实食品安全企业主体责任、地方人民政府负总责的机制，建立食品重大信息直报制度，并组织实施和监督检查，着力防范区域性、系统性食品安全风险。②负责制定食品行政许可的实施办法并监督实施。建立食品安全隐患排查治理机制，制定全国食品安全检查年度计划、重大整顿治理方案并组织落实。负责建立食品安全信息统一公布制度，公布重大食品安全信息。参与制定食品安全风险监测计划、食品安全标准，根据食品安全风险监测计划开展食品安全风险监测工作。③负责制定食品监督管理的稽查制度并组织实施，组织查处重大违法行为。建立问题产品召回和处置制度并监督实施。④负责食品安全事故应急体系建设，组织和指导食品安全事故应急处置和调查处理工作，监督事故查处落实情况。⑤负责制定食品安全科技发展规划并组织实施，推动食品检验检测体系、电子监管追溯体系和信息化建设。⑥负责开展食品安全宣传、教育培训、国际交流与合作。推进诚信体系建设。⑦指导地方食品监督管理工作，规范行政执法行为，完善行政执法与刑事司法衔接机制。⑧承担国务院食品安全委员会日常工作。负责食品安全监督管理综合协调，推动健全协调联动机制。督促检查省级人民政府履行食品安全监督管理职责并负责考核评价。⑨承办国务院以及国务院食品安全委员会交办的其他事项。

(三) 地方食品安全监督管理机构及职责

县级以上地方人民政府统一、负责、领导、组织协调本行政区域的食品安全监管工作，并依照《食品安全法》和国务院有关规定确定本级相关部门的食品安全监督管理职责。

第二节 食品安全风险监测和评估

一、食品安全风险监测制度

(一) 食品安全风险监测的概念

食品安全风险监测，是指通过系统和持续地收集食源性疾病、食品污染以及食品中有害因素的监测数据及相关信息，并进行综合分析和及时通报的活动。其目的是为了全面掌握食品安全状况，有针对性的对食品安全进行监管，并将结果作为制定食品安全标准、确定检查对象和检查频率的科学依据。

食品安全风险监测和评估是预防食品安全危害发生的重要制度，它体现了食品安全监督管理的"预防在先"的理念。

（二）食品安全风险监测机构及职责

国务院卫生行政部门会同国家食品药品监督管理总局等部门在综合利用现有监测机构能力的基础上，根据国家食品安全风险监测工作的需要，制定和实施加强国家食品安全风险监测能力的建设规划，建立覆盖全国各省、自治区、直辖市的国家食品安全风险监测网络。

国家食品药品监督管理等有关部门获知有关食品安全风险信息后，应当立即向国务院卫生行政部门通报。国务院卫生行政部门会同有关部门对信息核实后，应当及时调整食品安全风险监测计划。

省、自治区、直辖市人民政府卫生行政部门根据国家食品安全风险监测计划，结合本行政区域的具体情况，组织同级相关部门，依据《食品安全法》第14条的相关规定，制定本行政区域的食品安全风险监测方案，报送国务院卫生行政部门备案。国务院卫生行政部门应当将备案情况向国家食品药品监督管理等相关部门通报。

食品安全风险监测工作由省级以上人民政府卫生行政部门会同同级食品药品监督管理等部门确定的技术机构承担。承担食品安全风险监测工作的技术机构应当根据食品安全风险监测计划和监测方案开展监测工作，保证监测数据真实、准确，并按照食品安全风险监测计划和监测方案的要求，将监测数据和分析结果报送省级以上人民政府卫生行政部门和下达监测任务的部门。食品安全风险监测工作人员采集样品、收集相关数据，可以进入相关食用农产品种植养殖、食品生产、食品流通或者餐饮场所。采集样品过程中，应当按照市场价格支付样品费用。

（三）食品安全风险监测的内容

食品安全风险监测的内容主要包括食源性疾病、食品污染和食品中的有害因素。

食品安全风险监测分析结果表明可能存在食品安全隐患的，省级卫生行政部门应当及时将相关信息通报本行政区域设区的市级和县级人民政府及其卫生行政部门。国务院卫生行政部门应当收集、汇总食品安全风险监测数据和分析结果，并向相关部门通报。

二、食品安全风险评估制度

食品安全风险评估，是指对食品及食品添加剂中生物性、化学性和物理性危害对人体健康可能造成的不良影响所进行的科学评估，包括危害识别、危害特征描述、暴露评估、风险特征描述四个部分。食品安全风险评估应当运用科学方法，根据食品安全风险监测信息、科学数据以及其他有关信息进行。危害，是指食品及食品添加剂中所含有的对健康有潜在不良影响的生物、化学、物理因素或存在状况。危害识别，是指根据流行病学、动物试验、体外试验、结构-活性关系等科学数据和文献信息确定人体暴露于某种危害后是否会对健康造成不良影响、造成不良影响的可能性，以及可能处于风险之中的人群和范围。危害特征描述，是指对与危害相关的不良健康作用进行定性或定量描述。可以利用动物试验、临床研究以及流行病学研究确定危害与各种不良健康作用之间的剂量反应关系、作用机制等。如果可能，对于毒性作用有阈值的危害应建立人体安全摄入量水平。暴露评估，是指描述危害进入人体的途径，估算不同人群摄入危害的水平。根据危害在膳食中的水平和人群膳食消费量，初步估算危害的膳食总摄入量，同时考虑其他非膳食进入人体的途径，估算人体总摄入量并与安全摄入量进行比较。风险特征描述，是指在危害识别、危害特征描述和暴露评估的基础上，综合分析危害对人群健康产生不良作用的风险及其程度，同时应当描述和解释风险评估过程中的不确定性。

（一）食品安全风险评估机构及职责

国家的食品安全风险评估工作由国务院卫生行政部门负责组织。成立由医学、农业、食品、营养等方面的专家组成的食品安全风险评估专家委员会，进行食品安全风险评估。在对农药、肥料、生长调节剂、兽药、饲料和饲料添加剂等的安全性评估时，应当有食品安全风险评估专家委员会的专家参加。

国务院卫生行政部门通过食品安全风险监测或者接到举报发现食品可能存在安全隐患的，应当立即组织进行检验和食品安全风险评估。

国务院有关部门应当向国务院卫生行政部门提出食品安全风险评估的建议，并提供有关信息和资料。食品安全风险评估结果的通报是国务院各有关部门加强沟通、密切配合，按照各自职责分工，依法行使职权的重要措施。

（二）食品安全风险评估结果的效力

食品安全风险评估结果是制定、修订食品安全标准和对食品安全实施监督管理的科学依据。食品安全风险评估结果得出食品不安全结论的，国家食品药品监督管理部门等应当依据各自职责立即采取相应措施，确保该食品停止生产经营，并告知消费者停止食用；需要制定、修订相关食品安全国家标准的，国务院卫生行政部门应当立即制定、修订。

国务院卫生行政部门应当会同国务院有关部门，根据食品安全风险评估结果、食品安全监督管理信息，对食品安全状况进行综合分析。对经综合分析表明可能具有较高程度安全风险的食品，国务院卫生行政部门应当及时提出食品安全风险警示，并予以公布。

第三节 食品安全标准及食品检验

一、食品安全标准的概念

食品安全标准，是指为了保证食品安全，对食品生产经营过程中影响食品安全的各种要素以及各关键环节所规定的统一技术要求。食品安全标准制定的宗旨是保障公众身体健康；制定的原则是科学合理、安全可靠。

二、食品安全标准内容

食品安全标准有以下八项内容：①食品、食品相关产品中的致病性微生物、农药残留、兽药残留、重金属、污染物质以及其他危害人体健康物质的限量规定；②食品添加剂的品种、使用范围、用量；③专供婴幼儿和其他特定人群的主辅食品的营养成分要求；④对与食品安全、营养有关的标签、标识、说明书的要求；⑤食品生产经营过程的卫生要求；⑥与食品安全有关的质量要求；⑦食品检验方法与规程；⑧其他需要制定为食品安全标准的内容。

三、食品安全标准的性质

食品安全标准是保障人民群众身体健康权和生命权的重要标准，食品安全标准是强制执行性标准，在实施过程中带有强制性和唯一性的特点。

食品安全标准应当供社会公众免费查阅。

四、食品安全标准的制定

我国食品安全标准可分为国家标准、地方标准和企业标准三种。

（一）食品安全国家标准的制定

1. 国家标准的制定机构。食品安全国家标准由国务院卫生行政部门负责制定、公布，国务院标准化行政部门提供国家标准编号。食品安全国家标准应当经食品安全国家标准审评委员会审查通过。食品安全国家标准审评委员会由医学、农业、食品、营养等方面的专家以及国务院有关部门的代表组成。

食品中农药残留、兽药残留的限量规定及其检验方法与规程由国务院卫生行政部门、国务院农业行政部门制定。屠宰畜、禽的检验规程由国务院有关主管部门会同国务院卫生行政部门制定。

2. 国家标准的制定程序。《食品安全国家标准管理办法》第4条规定，食品安全国家标准的制（修）订工作包括规划、计划、立项、起草、审查、批准、发布以及修改与复审等程序。

3. 国家标准制定的相关规定。《食品安全法》规定，有关产品国家标准涉及食品安全国家标准规定内容的，应当与食品安全国家标准相一致。国务院卫生行政部门应当对现行的食用农产品质量安全标准、食品卫生标准、食品质量标准和有关食品的行业标准中强制执行的标准予以整合，统一公布为食品安全国家标准。食品安全国家标准公布前，食品生产经营者应当按照现行食用农产品质量安全标准、食品卫生标准、食品质量标准和有关食品的行业标准生产经营食品。制定食品安全国家标准，应当依据食品安全风险评估结果并充分考虑食用农产品质量安全风险评估结果，参照相关的国际标准和国际食品安全风险评估结果，并广泛听取食品生产经营者和消费者的意见。《食品安全法》第28条规定，食品安全国家标准应当经食品安全国家标准审评委员会审查通过。

（二）食品安全地方标准的制定

《食品安全法》第29条规定，对地方特色食品，没有食品安全国家标准的，省、自治区、直辖市人民政府卫生行政部门可以制定并公布食品安全地方标准。省级政府卫生行政部门组织制定并发布的食品安全地方标准，应当报国务院卫生行政部门备案。食品安全国家标准制定后，该地方标准即行废止。

（三）食品安全企业标准的制定

企业生产的食品没有食品安全国家标准或者地方标准的，应当制定企业标准，作为组织生产的依据。依据《食品安全法》第 30 条规定，国家鼓励食品生产企业制定严于食品安全国家标准或者地方标准的企业标准。企业标准应当报省级政府卫生行政部门备案，在本企业内部适用。

五、食品检验

食品检验，是指食品检验机构根据有关国家标准，对食品原料、辅助材料、成品质量和安全性进行的检验，包括对食品理化指标、卫生指标、外观特性及外包装、内包装、标志等进行的检验。

（一）食品检验主体

食品检验活动应由符合条件并按照国家有关认证认可的规定取得认定资质的食品检验机构承担。食品检验机构的资质认定条件和检验规范，由国务院卫生行政部门规定。

《食品安全法》施行前经国务院有关主管部门批准设立或者经依法认定的食品检验机构，可以依法继续从事食品检验活动。

食品检验由食品检验机构指定的检验人独立进行。检验人应当依照有关法律、法规的规定，并依照食品安全标准和检验规范对食品进行检验，尊重科学，恪守职业道德，保证出具的检验数据和结论客观、公正，不得出具虚假的检验报告。

（二）食品检验具体实施

食品检验实行食品检验机构与检验人负责制。食品检验报告应当加盖食品检验机构公章，并有检验人的签名或者盖章。食品检验机构和检验人对出具的食品检验报告负责。

食品安全监督管理部门对食品不得实施免检。县级以上质量监督、工商行政管理、食品药品监督管理部门应当对食品进行定期或者不定期的抽样检验。进行抽样检验，应当购买抽取的样品，不收取检验费和其他任何费用。

县级以上质量监督、工商行政管理、食品药品监督管理部门在执法工作中需要对食品进行检验的，应当委托符合《食品安全法》规定的食品检验机构进行，并支付相关费用。对检验结论有异议的，可以依法进行复检。

食品生产经营企业可以自行对所生产的食品进行检验,也可以委托符合《食品安全法》规定的食品检验机构进行检验。

食品行业协会等组织、消费者需要委托食品检验机构对食品进行检验的,应当委托符合食品安全法规定的食品检验机构进行。

第四节 食品生产经营

一、食品生产经营许可

食品生产经营,是指一切食品的生产、采集、收购、加工、贮存、运输、供应、销售等活动。国家对食品生产经营实行许可制度。凡是从事食品生产、食品流通、餐饮服务,均应当依法取得食品生产许可、食品流通许可、餐饮服务许可。

食品生产许可、食品流通许可以及餐饮服务许可的有效期限是3年。

(一) 食品安全许可的种类、申请人及主管部门

设立食品生产企业,应当预先核准企业名称,依法取得食品生产许可证后,办理工商登记。县级以上质量监督管理部门依照有关法律、行政法规中的相关规定审核相关资料、核查生产场所、检验相关产品;对相关资料、场所符合规定要求以及相关产品符合食品安全标准或要求的,应当作出准予许可的决定。

其他食品生产经营者应当在依法取得相应的食品生产许可、食品流通许可、餐饮服务许可后,办理工商登记。法律、法规对食品生产加工小作坊和食品摊贩另有规定的,依照其规定。

凡是取得食品生产许可的食品生产者在其生产场所销售其生产的食品,不需要取得食品流通的许可;取得餐饮服务许可的餐饮服务提供者在其餐饮服务场所出售其制作加工的食品,不需要取得食品生产和流通的许可;农民个人销售其自产的食用农产品,不需要取得食品流通的许可。

依据《食品安全法》第36条的规定,食品生产加工小作坊和食品摊贩等从事食品生产经营活动,应当符合《食品安全法》规定的与其生产经营规模、条件相适应的食品安全要求,保证所生产的食品卫生、安全、无毒、无害,各相关部门应对其加强监督管理。《食品安全法》授权各省、自治区、直辖市

人民代表大会常务委员会依照《食品安全法》制定具体管理办法。县级以上地方人民政府鼓励食品生产加工小作坊改进生产条件；鼓励食品摊贩进入集中交易市场、店铺等固定营业场所。

（二）申请食品安全许可需具备的条件和需提供的材料

1. 申请食品安全许可需具备的条件：

（1）申报产品应当符合食品安全标准。

（2）具有与申请生产许可的食品品种、数量相适应的食品原料处理和食品加工、包装、贮存等场所，保持该场所环境整洁，并与有毒、有害场所以及其他污染源保持规定的距离。

（3）具有与申请生产许可的食品品种、数量相适应的生产设备或者设施，有相应的消毒、更衣、盥洗、采光、照明、通风、防腐、防尘、防蝇、防鼠、防虫、洗涤以及处理废水、存放垃圾和废弃物的设备或者设施。

（4）具有与申请生产许可的食品品种、数量相适应的合理的设备布局、工艺流程，防止待加工食品与直接入口食品、原料与成品交叉污染，避免食品接触有毒物、不洁物。

（5）具有与申请生产许可的食品品种、数量相适应的食品安全专业技术人员和管理人员。

（6）具有与申请生产许可的食品品种、数量相适应的保证食品安全的培训、从业人员健康检查和健康档案等健康管理、进货查验记录、出厂检验记录、原料验收、生产过程等食品安全管理制度。

法律法规和国家产业政策对生产食品有其他要求的，应当符合该要求。

2. 申请人需提交的申请材料：

（1）食品生产许可申请书。

（2）申请人的身份证（明）或资格证明复印件。

（3）拟设立食品生产企业的《名称预先核准通知书》或企业营业执照。

（4）食品生产加工场所及其周围环境平面图和生产加工各功能区间布局平面图。

（5）食品生产设备、设施清单。

（6）食品生产工艺流程图和设备布局图。

（7）食品安全专业技术人员、管理人员名单。

（8）食品安全管理规章制度文本。

（9）产品执行的食品安全标准；执行企业标准的，须提供经卫生行政部门备案的企业标准。

（10）相关法律法规规定应当提交的其他证明材料。

二、食品生产经营

食品生产经营者应当按照法律、法规和食品安全标准从事生产经营活动，建立健全食品安全安全管理制度，采取有效措施，保证食品安全。

（一）食品生产经营的要求

1. 具有与生产经营的食品品种、数量相适应的食品原料处理和食品加工、包装、贮存等场所，保持该场所环境整洁，并与有毒、有害场所以及其他污染源保持规定的距离。

2. 具有与生产经营的食品品种、数量相适应的生产经营设备或者设施，有相应的消毒、更衣、盥洗、采光、照明、通风、防腐、防尘、防蝇、防鼠、防虫、洗涤以及处理废水、存放垃圾和废弃物的设备或者设施。

3. 有专职或者兼职的食品安全专业技术人员、管理人员和保证食品安全的规章制度。

4. 具有合理的设备布局和工艺流程，防止待加工食品与直接入口食品、原料与成品交叉污染，避免食品接触有毒物、不洁物。

5. 餐具、饮具和盛放直接入口食品的容器，使用前应当洗净、消毒，炊具、用具用后应当洗净，保持清洁。

6. 贮存、运输和装卸食品的容器、工具和设备应当安全、无害，保持清洁，防止食品污染，并符合保证食品安全所需的温度等特殊要求，不得将食品与有毒、有害物品一同贮存、运输。

7. 直接入口的食品应当使用无毒、清洁的包装材料、餐具、饮具和容器。

8. 食品生产经营人员应当保持个人卫生，生产经营食品时，应当将手洗净，穿戴清洁的工作衣、帽等；销售无包装的直接入口食品时，应当使用无毒、清洁的容器、售货工具和设备。

9. 用水应当符合国家规定的生活饮用水卫生标准。

10. 使用的洗涤剂、消毒剂应当对人体安全、无害。

11. 法律、法规规定的其他要求。

(二) 禁止生产经营的食品

1. 用非食品原料生产的食品或者添加食品添加剂以外的化学物质和其他可能危害人体健康物质的食品，或者用回收食品作为原料生产的食品。

2. 致病性微生物、农药残留、兽药残留、生物毒素、重金属等污染物质以及其他危害人体健康的物质含量超过食品安全标准限量的食品。

3. 用超过保质期的食品原料、食品添加剂生产的食品。

4. 超范围、超限量使用食品添加剂的食品。

5. 营养成分不符合食品安全标准的专供婴幼儿和其他特定人群的主辅食品。

6. 腐败变质、油脂酸败、霉变生虫、污秽不洁、混有异物、掺假掺杂或者感官性状异常的食品。

7. 病死、毒死或者死因不明的禽、畜、兽、水产动物肉类及其制品。

8. 未经动物卫生监督机构检疫或者检疫不合格的肉类，或者未经检验或者检验不合格的肉类制品。

9. 被包装材料、容器、运输工具等污染的食品。

10. 超过保质期的食品。

11. 无标签的预包装食品。

12. 国家为防病等特殊需要明令禁止生产经营的食品。

13. 其他不符合食品安全标准或者要求的食品。

(三) 食品的标签和说明书

食品标签，是指在食品包装容器上或附于食品包装容器上的一切附签、吊牌、文字、图形、符号说明书。预包装食品的包装上应当有标签。标签应当标明下列事项：①名称、规格、净含量、生产日期；②成分或者配料表；③生产者的名称、地址、联系方式；④保质期；⑤产品标准代号；⑥贮存条件；⑦所使用的食品添加剂在国家标准中的通用名称；⑧生产许可证编号；⑨法律、法规或者食品安全标准规定必须标明的其他事项。

专供婴幼儿和其他特定人群的主辅食品，其标签还应当标明主要营养成分及其含量。

食品的标签、说明书中不得含有虚假、夸大的内容；不得涉及疾病预防、治疗功能。生产者对标签、说明书上所载明的内容负责。食品的标签、说明书应当清楚、明显，容易辨识。食品的标签、说明书所载明的内容与形式应相符，不符的不得上市销售。

三、食品添加剂的许可管理

食品添加剂，是指改善食品色、香、味等品质，以及为防腐和加工工艺的需要而加入食品中的化合物质或者天然物质。目前，我国食品添加剂有23个类别、2000多个品种，包括酸度调节剂、抗结剂、消泡剂、抗氧化剂、漂白剂、膨松剂、着色剂、护色剂、酶制剂、增味剂、营养强化剂、防腐剂、甜味剂、增稠剂、香料等。

《食品安全法》第40条规定，食品添加剂应当在技术上确有必要且经过风险评估证明安全可靠，方可列入允许使用的范围。食品生产者应当依照食品安全标准关于食品添加剂的品质、适用范围、用量的规定使用食品添加剂；不得在食品生产中使用食品添加剂以外的化学物质和其他可能危害人体健康的物质。

(一) 食品添加剂生产许可

国家对食品添加剂的生产实行许可制度，由国务院卫生行政部门审查许可申请；对符合食品安全要求的，依法决定准予许可并予以公布；对不符合食品安全要求的，决定不予许可并书面说明理由。食品添加剂生产许可证有效期为5年。

食品添加剂应当在技术上确有必要且经过风险评估证明安全可靠，方可列入允许使用的范围。国务院卫生行政部门应当根据技术必要性和食品安全风险评估结果，及时对食品添加剂的品种、适用范围、用量的标准进行修订。

申请食品添加剂新品种生产、经营、使用或者进口的单位或者个人，应当提出食品添加剂新品种许可申请，并提交以下材料：①添加剂的通用名称、功能分类，用量和使用范围；②证明技术上确有必要和使用效果的资料或者文件；③食品添加剂的质量规格要求、生产工艺和检验方法，食品中该添加剂的检验方法或者相关情况说明；④安全性评估材料，包括生产原料或者来源、化学结构和物理特性、生产工艺、毒理学安全性评价资料或者检验报告、质量规格检验报告；⑤标签、说明书和食品添加剂产品样品；⑥其他国家

(地区)、国际组织允许生产和使用等有助于安全性评估的资料。

(二) 食品添加剂新品种管理

为加强食品添加剂新品种管理，根据《食品安全法》和《食品安全法实施条例》有关规定，卫生部于2010年出台制定《食品添加剂新品种管理办法》。食品添加剂新品种是指：①未列入食品安全国家标准的食品添加剂品种；②未列入卫生部公告允许使用的食品添加剂品种；③扩大使用范围或者用量的食品添加剂品种。

(三) 食品添加剂新品种使用

使用食品添加剂应符合下列要求：①不应当掩盖食品腐败变质；②不应当掩盖食品本身或者加工过程中的质量缺陷；③不以掺杂、掺假、伪造为目的而使用食品添加剂；④不应当降低食品本身的营养价值；⑤在达到预期的效果下尽可能降低在食品中的用量；⑥食品工业用加工助剂应当在制成最后成品之前去除，有规定允许残留量的除外。

(四) 食品添加剂的标签、说明书和包装

食品添加剂应当有标签、说明书和包装，应在标签上载明"食品添加剂"字样。在食品添加剂的标签、说明书中不得含有虚假、夸大的内容，不得涉及疾病预防、治疗功能。生产者对标签、说明书上所载明内容负责。食品添加剂标签、说明书应当清楚、明显，容易辨识。食品添加剂与其标签、说明书所载明的内容不符的，不得上市销售。食品经营者应当按照食品标签标示的警示标志、警示说明或者注意事项的要求，销售预包装食品。

根据《食品添加剂生产监督管理规定》第38条的规定，标签、说明书应当标明下列事项：①食品添加剂产品名称、规格和净含量；②生产者名称、地址和联系方式；③成分或者配料表；④生产日期、保质期限或安全使用期限；⑤贮存条件；⑥产品标准代号；⑦生产许可证编号；⑧食品安全标准规定的和国务院卫生行政部门公告批准的使用范围、使用量和使用方法；⑨法律法规或者相关标准规定必须标注的其他事项。

《食品安全法》第71条规定，食品和食品添加剂的标签、说明书，不得含有虚假内容，不得涉及疾病预防、治疗功能。生产经营者对标签、说明书上所载明的内容负责。食品和食品添加剂的标签、说明书应当清楚、明显，生产日期、保质期等事项应当显著标注，容易辨识。食品和食品添加剂与其标签、说明书所载明的内容不符的，不得上市销售。食品经营者应当按照食品标签标示的警示标志、警示说明或者注意事项的要求，销售预包装食品。

四、食品生产经营企业的安全管理

食品生产经营企业应当建立健全本企业的食品安全管理制度，加强对职工食品安全知识的培训，配备专职或者兼职的食品安全管理人员，做好对所生产经营食品的检验工作，依法从事食品生产经营活动。

(一) 从业人员健康管理

食品生产经营者应当建立并执行从业人员健康管理制度。患有痢疾、伤寒、病毒性肝炎等消化道传染病的人员，以及患有活动性肺结核、化脓性或者渗出性皮肤病等有碍食品安全的疾病的人员，不得从事接触直接入口食品的工作。食品生产经营人员每年应当进行健康检查，取得健康证明后方可参加工作。

(二) 进货查验和食品出厂检验记录

食品生产者采购食品原料、食品添加剂、食品相关产品，应当查验供货者的许可证和产品合格证明文件；对无法提供合格证明文件的食品原料，应当依照食品安全标准进行检验；不得采购或者使用不符合食品安全标准的食品原料、食品添加剂、食品相关产品。食品生产企业应当建立食品原料、食品添加剂、食品相关产品进货查验记录制度，如实记录食品原料、食品添加剂、食品相关产品的名称、规格、数量、供货者名称及联系方式、进货日期等内容。食品原料、食品添加剂、食品相关产品进货查验记录应当真实，保存期限不得少于2年。

食品经营企业应当建立食品进货查验记录制度，如实记录食品的名称、规格、数量、生产批号、保质期、供货者名称及联系方式、进货日期等内容。食品进货查验记录应当真实，保存期限不得少于2年。

食品生产企业应当建立食品出厂检验记录制度，查验出厂食品的检验合格证和安全状况，并如实记录食品的名称、规格、数量、生产日期、生产批号、检验合格证号、购货者名称及联系方式、销售日期等内容。食品出厂检验记录应当真实，保存期限不得少于2年。

(三) 食品贮存

食品经营者应当按照保证食品安全的要求贮存食品，定期检查库存食品，及时清理变质或者超过保质期的食品。

(四) 散装及预包装食品的管理

1. 散装食品。散装食品又称"裸装"食品,是指那些没有进行包装的食品、食品原料及加工半成品。食品经营者贮存散装食品,应当在贮存位置标明食品的名称、生产日期、保质期、生产者名称及联系方式等内容。食品经营者销售散装食品,应当在散装食品的容器、外包装上标明食品的名称、生产日期、保质期、生产经营者名称及联系方式等内容。

2. 预包装食品。预包装食品,是指根据有关事项要求经预先定量包装好或装入灌入容器中向消费者直接提供的食品。预包装食品的包装上应当有标签,标签应当标明下列事项:①名称、规格、净含量、生产日期;②成分或者配料表;③生产者的名称、地址、联系方式;④保质期;⑤产品标准代号;⑥贮存条件;⑦所使用的食品添加剂在国家标准中的通用名称;⑧生产许可证编号;⑨法律、法规或者食品安全标准规定必须标明的其他事项。专供婴幼儿和其他特定人群的主辅食品,其标签还应当标明主要营养成分及其含量。食品经营者应当按照食品标签标示的警示说明或者注意事项的要求,销售预包装食品。

五、保健食品管理

保健食品,是指声称具有特定保健功能或者以补充维生素、矿物质为目的的食品,即适宜于特定人群食用,具有调节机体功能,不以治疗疾病为目的,并且对人体不产生任何急性、亚急性或者慢性危害的食品,《食品安全法》将保健食品纳入其监管范围。保健食品不得产生急性、亚急性或者慢性危害。其标签、说明书不得涉及疾病预防、治疗功能,内容必须真实,应当载明适宜人群、不适宜人群、功效成分或者标志性成分及其含量等;产品的功能和成分必须与标签、说明书相一致。

六、进口食品管理

进口食品管理,是指非本国品牌的食品,通俗的讲就是其他国家和地区食品,包含在其他国家和地区生产并在国内分包装的食品。进口的食品、食品添加剂以及食品相关产品应当符合我国食品安全国家标准。进口的食品应当经出入境检验检疫机构检验合格后,海关凭出入境检验检疫机构签发的通关证明放行。

进口尚无食品安全国家标准的食品,或者首次进口食品添加剂新品种、食品相关产品新品种,进口商应当向国务院卫生行政部门提出申请并提交相关的安全性评估材料。国务院卫生行政部门依照《食品安全法》的规定作出是否准予许可的决定,并及时制定相应的食品安全国家标准。进口的预包装食品应当有中文标签、中文说明书。标签、说明书应当符合本法以及我国其他有关法律、行政法规的规定和食品安全国家标准的要求,载明食品的原产地以及境内代理商的名称、地址、联系方式。预包装食品没有中文标签、中文说明书或者标签、说明书不符合本条规定的,不得进口。

七、食品召回

《食品安全法》第63条规定了国家建立食品召回制度。食品召回,是指食品生产者按照规定程序,对由其生产原因造成的某一批次或类别的不安全食品,通过换货、退货、补充或修正消费说明等方式,及时消除或减少食品安全危害的活动。

(一) 主动召回

食品生产经营者发现其生产的食品不符合食品安全标准,应当立即停止生产,召回已经上市销售的食品,通知相关生产经营者和消费者,并记录召回和通知情况。食品生产经营发现其经营的食品不符合食品安全标准,应当立即停止经营,通知相关生产经营者和消费者,并记录停止经营和通知情况。

召回后处理应采取补救、无害化处理、销毁等措施;并将食品召回和处理情况向县级以上质量监督部门报告。

(二) 责令召回

食品生产经营者未依照规定召回或者停止经营不符合食品安全标准的食品,县级以上质量监督、工商行政管理、食品药品监督管理部门可以责令其召回或者停止经营。

八、食品广告管理

食品广告的内容应当真实合法不得含有虚假、夸大的内容;不得涉及疾病预防、治疗功能；食品安全监督管理部门或者承担食品检验职责的机构、食品行业协会、消费者协会不得以广告或其他形式向消费者推荐食品。社会团体或者其他组织、个人在虚假广告中向消费者推荐食品，使消费者的合法权益受到损害的，与食品生产经营者承担连带责任。

九、交易市场管理

《食品安全法》第61条规定，集中交易市场的开办者、柜台出租者和展销会举办者，应当审查入场食品经营者的许可证，明确入场食品经营者的食品安全管理责任，定期对入场食品经营者的经营环境和条件进行检查，发现其行为违反了法律规定的，应当及时制止并立即报告所在地县级工商行政管理部门或者食品药品监督管理部门。

集中交易市场的开办者、柜台出租者和展销会举办者没有履行上述义务，对其管理范围内发生的食品安全事故，承担连带责任。

第五节 食品安全事故处置

一、食品安全事故的概念

食品安全事故，是指食物中毒、食源性疾病、食品污染等源于食品，对人体健康有危害或者可能有危害的事故。

食物中毒，是指食用了被有毒有害物质污染的食品或者食用了含有毒有害物质的食品后出现的急性、亚急性以及其他食源性疾病。它具有潜伏期短，患者临床表现近似并且互相不传染，通常与某种事物相关并且具有区域性和季节性。

食源性疾病，是指食品中致病因素进入人体引起的感染性、中毒性疾病以及其他疾病。包括常见的食物中毒、肠道传染病、人畜共患传染病、寄生虫病以及化学性有毒有害物质所引起的疾病。

食品污染，是指食品生产经营过程中，可能对人体健康产生危害的物质介入食品的现象。主要包括金属污染物、农药残留、兽药残留、超范围或超剂量使用的食品添加剂、真菌毒素以及致病微生物、寄生虫等。

二、食品安全事故应急预案

国务院组织制定国家食品安全事故应急预案。为了建立健全应对食品安全事故运行机制，有效预防、积极应对食品安全事故，高效组织应急处置工作，最大限度地减少食品安全事故的危害，保障公众健康与生命安全，维护正常的社会经济秩序，国务院于2011年10月5日修订了2006年制定的《国家重大食品安全事故应急预案》。该预案将食品安全事故共分为四级，即特别重大食品安全事故（Ⅰ）、重大食品安全事故（Ⅱ）、较大食品安全事故（Ⅲ）和一般食品安全事故（Ⅳ）。事故等级的评估核定，由卫生行政部门会同有关部门依照有关规定进行。

县级以上地方人民政府应当根据有关法律、法规的规定和上级人民政府的食品安全事故应急预案以及本地区的实际情况，制定本行政区域的食品安全事故应急预案，并报上一级人民政府备案。

食品生产经营企业应当制定食品安全事故处置方案，定期检查本企业各项食品安全防范措施的落实情况，及时消除食品安全事故隐患。

三、食品安全事故的报告与通报

（一）食品安全事故的应急处置和报告

发生食品安全事故的单位应当立即予以处置，防止事故扩大。发生食品安全事故的单位对导致或者可能导致食品安全事故的食品以及原料、工具、设备等，应当立即采取封存等控制措施，并自事故发生之时起2小时内向所在地县级人民政府卫生行政部门报告。事故发生单位和接收病人进行治疗的单位应当及时向事故发生地县级卫生行政部门报告。

（二）食品安全事故的通报和上报

食品药品监督管理等相关部门在日常监督管理中发现食品安全事故，或者接到有关食品安全事故的举报，应当立即向卫生行政部门报告。

发生重大食品安全事故的，接到报告的县级卫生行政部门应当按照规定向本级人民政府和上级人民政府卫生行政部门报告。县级人民政府和上级人民政府卫生行政部门应当按照规定上报。

任何单位或者个人不得对食品安全事故隐瞒、谎报、缓报，不得毁灭有关证据。

(三) 食品安全事故应急措施

县级以上卫生行政部门接到食品安全事故的报告后，应当立即会同有关部门进行调查处理，并采取下列措施，防止或者减轻社会危害：①开展应急救援工作，对因食品安全事故导致人身伤害的人员，卫生行政部门应当立即组织救治；②封存可能导致食品安全事故的食品及其原料，并立即进行检验；对确认属于被污染的食品及其原料，责令食品生产经营者依《食品安全法》第63条的规定予以召回、停止经营并销毁；③封存被污染的食品用工具及用具，并责令进行清洗消毒；④做好信息发布工作，依法对食品安全事故及其处理情况进行发布，并对可能产生的危害加以解释、说明。

(四) 食品安全事故的处置

1. 重大食品安全事故。根据《国家重大食品安全事故应急预案》的解释，重大食品安全事故，是指在食物（食品）种植、养殖、生产加工、包装、仓储、运输、流通、消费等环节中发生食源性疾病，造成社会公众大量死亡或者可能对人体健康构成潜在的重大危害，并造成严重社会影响的重大食品安全事故。

发生重大食品安全事故的，县级以上人民政府应当立即成立食品安全事故处置指挥机构，启动应急预案，依照规定进行处置。设区的市级以上人民政府负责食品安全事故调查和处理的部门应当立即会同有关部门进行事故责任调查，督促有关部门履行职责，向本级人民政府提出事故责任调查处理报告；必要时，报请本级人民政府批准或者受本级人民政府指派，可以独立开展事故责任调查，并提出事故责任调查处理报告。重大食品安全事故涉及两个以上省、自治区、直辖市的，由国务院卫生行政部门依照前款规定组织事故责任调查。

2. 一般食品安全事故。发生食品安全事故，事故单位负责人应当立即按照食品安全事故处置方案予以处置，防止事故扩大，并立即向事故发生地县级负责食品安全事故调查和处理的部门，食品生产、流通、餐饮服务监督管理部门以及疾病预防控制机构报告，不得隐瞒、谎报、缓报，不得故意破坏事故现场、毁灭有关证据。县级以上疾病预防控制机构应当协助卫生行政部门和有关部门对事故现场进行卫生处理，并对与食品安全事故有关的因素开展流行病学调查。对由寄生虫、传染性病原微生物引发的食品安全事故，负责流行病学调查的疾病预防控制机构应当依照传染病防治法的规定报告；对由非传染性食源性疾病引发的食品安全事故，应当查明原因，并将调查结果通报食品生产、流通、餐饮服务监督管理部门；对由食用农产品引发的食品安全事故，还应当将调查结果通报农业主管部门。

（五）食品安全事故的调查

《食品安全法》第107条规定，调查食品安全事故，应当坚持实事求是、尊重科学的原则，及时、准确查清事故性质和原因，认定事故责任，提出整改措施。

食品安全事故调查与食品安全事故处理应同步进行，一旦发生重大食品安全事故应立即组织人员进行责任调查，并在事故处理结束10日内出具调查报告。

发生重大食品安全事故，由政府卫生行政部门会同有关部门进行事故责任调查，督促有关部门履行职责，向本级人民政府提出事故责任调查处理报告。重大食品安全事故涉及两个以上省、自治区、直辖市的，由国务院卫生行政部门依照规定组织事故责任调查。

食品生产、流通、餐饮服务监督管理部门应当对疾病预防控制机构的调查予以配合。疾病预防控制机构认为需要采取控制措施的，应当向食品生产、流通、餐饮服务监督管理部门提出建议。有关部门应当依照《食品安全法》第105条的规定，立即采取相应的措施，防止或者减轻社会危害；食品安全事故导致人体伤害的，县级以上人民政府卫生主管部门应当组织开展救治工作。

调查食品安全事故，除了查明事故单位的责任，还应当查明负有审批和监督管理职责的监督管理部门的工作人员失职、渎职情况。

发生食品安全事故，各地疾病预防控制机构应当协助卫生行政部门和有关部门对事故现场进行卫生处理，并对与食品安全事故有关的因素开展流行病学调查。

第六节　法律责任

一、行政责任

（一）食品生产经营者、从事与食品相关活动者的行政责任

1. 违反《食品安全法》的规定，未取得食品生产经营许可从事食品生产

经营活动，或者未取得食品添加剂生产许可从事食品添加剂生产活动的，由县级以上人民政府食品药品监督管理部门没收违法所得和违法生产经营的食品、食品添加剂以及用于违法生产经营的工具、设备、原料等物品；违法生产经营的食品、食品添加剂货值金额不足1万元的，并处5万元以上10万元以下罚款；货值金额1万元以上的，并处货值金额10倍以上20倍以下罚款。

明知从事前款规定的违法行为，仍为其提供生产经营场所或者其他条件的，由县级以上人民政府食品药品监督管理部门责令停止违法行为，没收违法所得，并处5万元以上10万元以下罚款；使消费者的合法权益受到损害的，应当与食品、食品添加剂生产经营者承担连带责任。

2. 违反《食品安全法》规定，有下列情形之一，尚不构成犯罪的，由县级以上人民政府食品药品监督管理部门没收违法所得和违法生产经营的食品，并可以没收用于违法生产经营的工具、设备、原料等物品；违法生产经营的食品货值金额不足1万元的，并处10万元以上15万元以下罚款；货值金额1万元以上的，并处货值金额15倍以上30倍以下罚款；情节严重的，吊销许可证，并可以由公安机关对其直接负责的主管人员和其他直接责任人员处5日以上15日以下拘留：

（1）用非食品原料生产食品、在食品中添加食品添加剂以外的化学物质和其他可能危害人体健康的物质，或者用回收食品作为原料生产食品，或者经营上述食品。

（2）生产经营营养成分不符合食品安全标准的专供婴幼儿和其他特定人群的主辅食品。

（3）经营病死、毒死或者死因不明的禽、畜、兽、水产动物肉类，或者生产经营其制品。

（4）经营未按规定进行检疫或者检疫不合格的肉类，或者生产经营未经检验或者检验不合格的肉类制品。

（5）生产经营国家为防病等特殊需要明令禁止生产经营的食品。

（6）生产经营添加药品的食品。

明知从事前款规定的违法行为，仍为其提供生产经营场所或者其他条件的，由县级以上人民政府食品药品监督管理部门责令停止违法行为，没收违法所得，并处10万元以上20万元以下罚款；使消费者的合法权益受到损害的，应当与食品生产经营者承担连带责任。

违法使用剧毒、高毒农药的，除依照有关法律、法规规定给予处罚外，可以由公安机关依照第一款规定给予拘留。

3. 违反《食品安全法》规定，有下列情形之一，尚不构成犯罪的，由县级以上人民政府食品药品监督管理部门没收违法所得和违法生产经营的食品、食品添加剂，并可以没收用于违法生产经营的工具、设备、原料等物品；违法生产经营的食品、食品添加剂货值金额不足1万元的，并处5万元以上10万元以下罚款；货值金额1万元以上的，并处货值金额10倍以上20倍以下罚款；情节严重的，吊销许可证：

（1）生产经营致病性微生物，农药残留、兽药残留、生物毒素、重金属等污染物质以及其他危害人体健康的物质含量超过食品安全标准限量的食品、食品添加剂。

（2）用超过保质期的食品原料、食品添加剂生产食品、食品添加剂，或者经营上述食品、食品添加剂。

（3）生产经营超范围、超限量使用食品添加剂的食品。

（4）生产经营腐败变质、油脂酸败、霉变生虫、污秽不洁、混有异物、掺假掺杂或者感官性状异常的食品、食品添加剂。

（5）生产经营标注虚假生产日期、保质期或者超过保质期的食品、食品添加剂。

（6）生产经营未按规定注册的保健食品、特殊医学用途配方食品、婴幼儿配方乳粉，或者未按注册的产品配方、生产工艺等技术要求组织生产。

（7）以分装方式生产婴幼儿配方乳粉，或者同一企业以同一配方生产不同品牌的婴幼儿配方乳粉。

（8）利用新的食品原料生产食品，或者生产食品添加剂新品种，未通过安全性评估。

（9）食品生产经营者在食品药品监督管理部门责令其召回或者停止经营后，仍拒不召回或者停止经营。

除前面规定的和《食品安全法》第123、125条规定的情形外，生产经营不符合法律、法规或者食品安全标准的食品、食品添加剂的，依照前款规定给予处罚。

生产食品相关产品新品种，未通过安全性评估，或者生产不符合食品安全标准的食品相关产品的，由县级以上人民政府质量监督部门依照第一款规定给予处罚。

4. 违反《食品安全法》规定，有下列情形之一的，由县级以上人民政府食品药品监督管理部门没收违法所得和违法生产经营的食品、食品添加剂，并可以没收用于违法生产经营的工具、设备、原料等物品；违法生产经营的食品、食品添加剂货值金额不足1万元的，并处5000元以上5万元以下罚款；货值金额1万元以上的，并处货值金额5倍以上10倍以下罚款；情节严重的，责令停产停业，直至吊销许可证：

（1）生产经营被包装材料、容器、运输工具等污染的食品、食品添加剂。

（2）生产经营无标签的预包装食品、食品添加剂或者标签、说明书不符合本法规定的食品、食品添加剂。

（3）生产经营转基因食品未按规定进行标示。

（4）食品生产经营者采购或者使用不符合食品安全标准的食品原料、食品添加剂、食品相关产品。

生产经营的食品、食品添加剂的标签、说明书存在瑕疵但不影响食品安全且不会对消费者造成误导的，由县级以上人民政府食品药品监督管理部门责令改正；拒不改正的，处2000元以下罚款。

5. 违反《食品安全法》规定，有下列情形之一的，由县级以上人民政府食品药品监督管理部门责令改正，给予警告；拒不改正的，处5000元以上5万元以下罚款；情节严重的，责令停产停业，直至吊销许可证：

（1）食品、食品添加剂生产者未按规定对采购的食品原料和生产的食品、食品添加剂进行检验。

（2）食品生产经营企业未按规定建立食品安全管理制度，或者未按规定配备或者培训、考核食品安全管理人员。

（3）食品、食品添加剂生产经营者进货时未查验许可证和相关证明文件，或者未按规定建立并遵守进货查验记录、出厂检验记录和销售记录制度。

（4）食品生产经营企业未制定食品安全事故处置方案。

（5）餐具、饮具和盛放直接入口食品的容器，使用前未经洗净、消毒或者清洗消毒不合格，或者餐饮服务设施、设备未按规定定期维护、清洗、校验。

（6）食品生产经营者安排未取得健康证明或者患有国务院卫生行政部门规定的有碍食品安全疾病的人员从事接触直接入口食品的工作。

（7）食品经营者未按规定要求销售食品。

（8）保健食品生产企业未按规定向食品药品监督管理部门备案，或者未按备案的产品配方、生产工艺等技术要求组织生产。

（9）婴幼儿配方食品生产企业未将食品原料、食品添加剂、产品配方、标签等向食品药品监督管理部门备案。

（10）特殊食品生产企业未按规定建立生产质量管理体系并有效运行，或者未定期提交自查报告。

（11）食品生产经营者未定期对食品安全状况进行检查评价，或者生产经营条件发生变化，未按规定处理。

（12）学校、托幼机构、养老机构、建筑工地等集中用餐单位未按规定履行食品安全管理责任。

（13）食品生产企业、餐饮服务提供者未按规定制定、实施生产经营过程控制要求。

餐具、饮具集中消毒服务单位违反《食品安全法》规定用水，使用洗涤剂、消毒剂，或者出厂的餐具、饮具未按规定检验合格并随附消毒合格证明，或者未按规定在独立包装上标注相关内容的，由县级以上人民政府卫生行政部门依照前款规定给予处罚。

食品相关产品生产者未按规定对生产的食品相关产品进行检验的，由县级以上人民政府质量监督部门依照第1款规定给予处罚。

食用农产品销售者违反《食品安全法》第65条规定的，由县级以上人民政府食品药品监督管理部门依照第1款规定给予处罚。

6. 违反《食品安全法》规定，事故单位在发生食品安全事故后未进行处置、报告的，由有关主管部门按照各自职责分工责令改正，给予警告；隐匿、伪造、毁灭有关证据的，责令停产停业，没收违法所得，并处10万元以上50万元以下罚款；造成严重后果的，吊销许可证。

7. 违反《食品安全法》规定，有下列情形之一的，由出入境检验检疫机构依照《食品安全法》第124条的规定给予处罚：

(1) 提供虚假材料，进口不符合我国食品安全国家标准的食品、食品添加剂、食品相关产品。

(2) 进口尚无食品安全国家标准的食品，未提交所执行的标准并经国务院卫生行政部门审查，或者进口利用新的食品原料生产的食品或者进口食品添加剂新品种、食品相关产品新品种，未通过安全性评估。

(3) 未遵守《食品安全法》的规定出口食品。

(4) 进口商在有关主管部门责令其依照本法规定召回进口的食品后，仍拒不召回。

违反《食品安全法》规定，进口商未建立并遵守食品、食品添加剂进口和销售记录制度、境外出口商或者生产企业审核制度的，由出入境检验检疫机构依照《食品安全法》第126条的规定给予处罚。

8. 违反《食品安全法》规定，有下列情形之一的，由出入境检验检疫机构依照《食品安全法》第124条的规定给予处罚：

(1) 提供虚假材料，进口不符合我国食品安全国家标准的食品、食品添加剂、食品相关产品。

(2) 进口尚无食品安全国家标准的食品，未提交所执行的标准并经国务院卫生行政部门审查，或者进口利用新的食品原料生产的食品或者进口食品添加剂新品种、食品相关产品新品种，未通过安全性评估。

(3) 未遵守《食品安全法》的规定出口食品。

(4) 进口商在有关主管部门责令其依照本法规定召回进口的食品后，仍拒不召回。

违反《食品安全法》规定，进口商未建立并遵守食品、食品添加剂进口和销售记录制度、境外出口商或者生产企业审核制度的，由出入境检验检疫机构依照《食品安全法》第126条的规定给予处罚。

9. 违反《食品安全法》规定，集中交易市场的开办者、柜台出租者、展销会的举办者允许未依法取得许可的食品经营者进入市场销售食品，或者未履行检查、报告等义务的，由县级以上人民政府食品药品监督管理部门责令改正，没收违法所得，并处5万元以上20万元以下罚款；造成严重后果的，责令停业，直至由原发证部门吊销许可证；使消费者的合法权益受到损害的，应当与食品经营者承担连带责任。

食用农产品批发市场违反《食品安全法》第64条规定的，依照前款规定承担责任。

10. 违反《食品安全法》规定，网络食品交易第三方平台提供者未对入网食品经营者进行实名登记、审查许可证，或者未履行报告、停止提供网络交易平台服务等义务的，由县级以上人民政府食品药品监督管理部门责令改正，没收违法所得，并处5万元以上20万元以下罚款；造成严重后果的，责令停业，直至由原发证部门吊销许可证；使消费者的合法权益受到损害的，应当与食品经营者承担连带责任。

消费者通过网络食品交易第三方平台购买食品，其合法权益受到损害的，可以向入网食品经营者或者食品生产者要求赔偿。网络食品交易第三方平台提供者不能提供入网食品经营者的真实名称、地址和有效联系方式的，由网络食品交易第三方平台提供者赔偿。网络食品交易第三方平台提供者赔偿后，有权向入网食品经营者或者食品生产者追偿。网络食品交易第三方平台提供者作出更有利于消费者承诺的，应当履行其承诺。

11. 违反《食品安全法》规定，未按要求进行食品贮存、运输和装卸的，由县级以上人民政府食品药品监督管理等部门按照各自职责分工责令改正，给予警告；拒不改正的，责令停产停业，并处1万元以上5万元以下罚款；情节严重的，吊销许可证。

违反《食品安全法》规定，拒绝、阻挠、干涉有关部门、机构及其工作人员依法开展食品安全监督检查、事故调查处理、风险监测和风险评估的，由有关主管部门按照各自职责分工责令停产停业，并处2000元以上5万元以下罚款；情节严重的，吊销许可证；构成违反治安管理行为的，由公安机关依法给予治安管理处罚。

违反《食品安全法》规定，对举报人以解除、变更劳动合同或者其他方式打击报复的，应当依照有关法律的规定承担责任。

(二) 食品安全监督管理部门、食品检验机构、食品行业协会等主体的行政责任

1. 违反《食品安全法》的规定，县级以上地方人民政府在食品安全监督管理中未履行职责，本行政区域出现重大食品安全事故、造成严重社会影响的，依法对直接负责的主管人员和其他直接责任人员给予记大过、降级、撤

职或者开除的处分。

违反《食品安全法》的规定，县级以上卫生行政、农业行政、质量监督、工商行政管理、食品药品监督管理部门或者其他有关行政部门不履行本法规定的职责或者滥用职权、玩忽职守、徇私舞弊的，依法对直接负责的主管人员和其他直接责任人员给予记大过或者降级的处分；造成严重后果的，给予撤职或者开除的处分；其主要负责人应当引咎辞职。

2. 违反《食品安全法》的规定，食品检验机构、食品检验人员出具虚假检验报告的，由授予其资质的主管部门或者机构撤销该检验机构的检验资格；依法对检验机构直接负责的主管人员和食品检验人员给予撤职或者开除的处分。

违反《食品安全法》的规定，受到刑事处罚或者开除处分的食品检验机构人员，自刑罚执行完毕或者处分决定作出之日起10年内不得从事食品检验工作。食品检验机构聘用不得从事食品检验工作的人员的，由授予其资质的主管部门或者机构撤销该检验机构的检验资格。

3. 违反《食品安全法》的规定，食品安全监督管理部门或者承担食品检验职责的机构、食品行业协会、消费者协会以广告或者其他形式向消费者推荐食品的，由有关主管部门没收违法所得，依法对直接负责的主管人员和其他直接责任人员给予记大过、降级或者撤职的处分情节严重的。

二、民事责任

违反《食品安全法》的规定，造成人身、财产或者其他损害的，依法承担赔偿责任。

生产不符合食品安全标准的食品或者销售明知是不符合食品安全标准的食品，消费者除要求赔偿损失外，还可以向生产者或者销售者要求支付价款10倍的赔偿金。

违反《食品安全法》的规定，应当承担民事赔偿责任和缴纳罚款、罚金，其财产不足以同时支付时，先承担民事赔偿责任。

三、刑事责任

违反《食品安全法》的规定，构成犯罪的，依法追究刑事责任。

思考题

1. 什么是食品？什么是食品安全？
2. 什么是食品安全风险监测？其具体监测的内容有哪些？
3. 什么是食品安全风险评估？其具体对哪几个方面进行评估？
4. 什么是食品安全标准？其内容包括哪些？
5. 禁止生产经营的食品有哪些？
6. 什么是食品安全事故？其应急措施有哪些？

第十二章
药品管理法律制度

> **学习目标**
>
> 掌握：医疗机构配制药剂的条件、使用；医疗机构的药品管理制度；假药、劣药的定义以及属于假药、劣药的法定情形。
>
> 熟悉：药品管理法的调整对象和适用范围；药品生产企业和经营企业的管理规定；药品的进出口管理、药品储备制度以及处方药与非处方药品管理规定；
>
> 了解：药品管理法的立法宗旨；药品包装、价格和广告管理的相关法律规定；违反药品管理法的法律责任。

第一节 概 述

一、我国药品管理立法

中华人民共和国成立以来，一直非常重视药品管理，1950年开始就有药品管理的法律。改革开放以来，药品管理立法内容更加完善、更加具体。1984年，全国人大常委会通过了《中华人民共和国药品管理法》，随后国务院相继发布了《麻醉药品管理办法》(1987年11月28日)、《精神药品管理办法》(1988年12月27日)、《医疗用毒性药品管理办法》(1988年12月27日)、《放射性药品管理办法》(1989年1月13日)。国家药品监督管理局成立后，相继颁布了《进口药品管理办法》《处方药与非处方药分类管理办法（试行）》《戒毒药品管理办法》《新药审批办法》《新生物制品审批办法》等。根据我国经济形势的发展、药品管理的需要，2001年2月28日，第九届全国人大常委会第二十次会议通过了修订的《药品管理法》，2002 年 8 月 4 日，国务院发布了《药品管理法实施条例》，2005 年 8 月 3 日，国务院发布《麻醉药品和精神药品管理条例》。这一系列立法活动，充分体现了国家对药品管理的重视，为药品管理提供了详尽的法律制度依据。

二、药品及其特殊性

（一）药品的概念

我国《药品管理法》第 100 条对药品做出如下定义：药品，是指用于预防、治疗、诊断人的疾病，有目的地调节人的生理机能并规定有适应证、功能主治和用法用量的物质，包括中药材、中药饮片、中成药、化学原料药及其制剂、抗生素、生化药品、放射性药品、血清、疫苗、血液制品和诊断药品等。这一药品定义是依据我国医药发展的水平、人们传统用药习惯和药品管理体制制定的。

（二）药品的特殊性

药品是一种特殊商品，与一般商品相比较，它有许多特殊性。

1. 特殊的用途。药品用于疾病的诊断、预防和治疗，与人的生命密切相关。而且与一般商品不同，人们有病才会用药，专门的疾病需用对症的药品。药品的用途与生命相关且具有很强的专属性。

2. 特殊的两重性。药品具有双重作用，既可以防病治病、康复保健，又有不同程度的毒副作用。俗话说"是药三分毒"，所以只有使用得当，才能治病救人。反之，则可能危害人体健康和生命安全。

3. 特殊的质量要求。经过严格审批，符合国家药品标准的药品才能保证疗效。进入流通渠道的药品，只允许有合格品，绝对不允许有次品或等外品。因此，我国对药品有特殊的质量要求、评价标准和鉴定手段。

4. 特殊的时效性。药品的时效性有两种含义：一方面表示药品是有有效期的，在规定的时间内，质量是可以保证的，超过有效期的药品即为不合格"商品"；另一方面表示药品一旦需要，必须保证及时供应，比如急救药品，有时相差几小时甚至几分钟，就可能决定着生命的生存或者死亡，而不需要时却无人问津，所以国家建立药品储备制度。

5. 特殊的消费方式。在药品销售或使用时，药品消费者（患者）与药品销售者（药师）或指导用药者（开方医生）之间是一种非常特殊的关系。消费者处于一种被动消费的状态，基本上没有选择自己所需"商品"的权利，而选择权集中在处方医生或驻店药师的手中。即使是非处方药（OTC）药品，虽然消费者有自我判断适应症、自行选择药品的主动权，但大部分消费者仍是在咨询医生或药师以后才会放心地购买所需的药品。药品的这一商品特殊性决定了消费者的用药合法权益容易受到损害。由于药品具有不同于一般商品的特性，因而，世界各个国家对药品都采取了特殊的办法加以严格管理，尤其是采用法律手段强化管理，以"维护人民身体健康和用药的合法权益"。

三、药品管理法的概念、宗旨及适用范围

药品管理法是调整在药品监管管理，保证药品质量，保障人体用药安全，维护人民身体健康和用药的合法权益活动中产生的各种社会关系的法律规范的总和。

《药品管理法》第1条阐明了立法宗旨："为加强药品监督管理，保证药品质量，保障人体用药安全，维护人民身体健康和用药的合法权益，特制定本法。"

《药品管理法》第2条规定："在中华人民共和国境内从事药品的研制、生产、经营、使用和监督管理的单位或者个人，必须遵守本法。"该规定指明了该法的适用范围。

第二节 药品管理法律制度

一、药品标准

药品标准是国家对药品质量规格及其检验方法所作的技术规定，是药品生产、流通、使用、检验和监督管理部门共同遵循的法定依据。国家药品标准由法定的机关依据法定的程序制定和修改，与国家药品管理法律体系中的其他法律规范具有相同的性质和法律效力，是药品管理法律体系不可分割的组成部分。

（一）药品标准的规定

《药品管理法》第10、12、32条规定"药品必须按照国家药品标准和国

务院药品监督管理部门批准的生产工艺进行生产";"不符合国家药品标准或者不按照省、自治区、直辖市人民政府药品监督管理部门制定的中药饮片炮制规范炮制的,不得出厂";"药品必须符合国家药品标准"。

国家药品标准包括由国家药典委员会制定、由国务院药品监督管理部门颁布的《中华人民共和国药典》和药品标准。其中药品标准包括《中国生物制品规程》《药品卫生标准》以及所有未载入药典的药品标准。原有的地方标准已被取消。

国务院药品监督管理部门的药品检验机构负责标定国家药品标准品、对照品。

(二) 中华人民共和国药典

《中华人民共和国药典》是由国家(药典编辑委员会)主持制定和修改、政府颁布实施、具有法律约束力的药品质量规格标准的法典。药典是药品标准的最高法定形式。《中华人民共和国药典》每5年编纂一次,现行药典是2015年12月1日实施的最新版《中华人民共和国药典》。

(三) 药品标准的作用

1. 判断药品质量合格或不合格的法定依据。
2. 药品质量管理的法定目标。
3. 执行和实现药品标准,是药品质量控制中的关键。
4. 药品质量保证和质量控制活动的重要依据。
5. 建立健全药品质量保证体系的基础。

二、药品注册管理

(一) 药品注册的概念、立法与主管部门

药品注册,是指国家食品药品监督管理总局根据药品注册申请人的申请,依照法定程序,对拟上市销售药品的安全性、有效性、质量可控性等进行审查,并决定是否同意其申请的审批过程。只有具备完善的药品注册制度,才能保证药品的安全、有效、质量可控。

根据《药品管理法》和《药品管理法实施条例》的规定,国家药品监督管理局于2002年10月发布了《药品注册管理办法(试行)》。2005年2月28日,国家食品药品监督管理局正式颁布了《药品注册管理办法》(2005年5

月 1 日起施行），2007 年 6 月通过了新修订的《药品注册管理办法》，于同年 10 月 1 日起施行。

国家食品药品监督管理总局主管全国药品注册工作，负责对药物临床试验、药品生产和进口进行审批。药品注册工作应当遵循公开、公平、公正的原则。药品监督管理部门、相关单位以及参与药品注册工作的人员，对申请人提交的技术秘密和实验数据负有保密的义务。国家鼓励研究创制新药，保护公民、法人和其他组织研究、开发新药的合法权益。

（二）药物的临床试验

1. 执行 GCP 要求。药物的临床试验（包括生物等效性试验），必须经过国家食品药品监督管理总局批准，且必须执行《药物临床试验质量管理规范》（Good Clinical Practice，以下简称 GCP）。药品监督管理部门应当对批准的临床试验进行监督检查。

2. 试验机构要求。药物临床试验批准后，申请人应当从具有药物临床试验资格的机构中选择承担药物临床试验的机构。

3. 试验用药物及制备要求。临床试验用药物应当在符合《药品生产质量管理规范》的车间制备。制备过程应当严格执行《药品生产质量管理规范》的要求。临床试验用药物检验合格后方可用于临床试验。申请人对临床试验用药物的质量负责。

4. 申请人资料要求。申请人在药物临床试验实施前，应当将已确定的临床试验方案和临床试验负责单位的主要研究者姓名、参加研究单位及其研究者名单、伦理委员会审核同意书、知情同意书样本等报送国家食品药品监督管理总局备案，并抄送临床试验单位所在地和受理该申请的省、自治区、直辖市药品监督管理部门。

5. 不良事件的报告和控制。临床试验过程中发生严重不良事件的，研究者应当在 24 小时内报告有关省、自治区、直辖市药品监督管理部门和国家食品药品监督管理总局，通知申请人并及时向伦理委员会报告。临床试验中出现大范围、非预期的不良反应或者严重不良事件，或者有证据证明临床试验用药物存在严重质量问题时，国家食品药品监督管理总局或者省、自治区、直辖市药品监督管理部门可以采取紧急控制措施。

6. 国际多中心药物临床试验管理。境外申请人在中国进行国际多中心药物临床试验的,应当按照本办法向国家食品药品监督管理总局提出申请,并按规定办理。

(三) 新药申请和审批

1. 新药申请。新药申请,是指未曾在中国境内上市销售的药品的注册申请。对已上市药品改变剂型、改变给药途径、增加新适应证的药品注册按照新药申请的程序申报。对已上市药品改变剂型但不改交给药途径的注册申请,应当采用新技术以提高药品的质量和安全性,且与原剂型比较有明显的临床应用优势。改变剂型但不改变给药途径,以及增加新适应证的注册申请,应当由具备生产条件的企业提出;靶向制剂、缓释制剂、控释制剂等特殊剂型除外。生物制品按照新药申请的程序申报。

2. 实行特殊审批的情形。国家食品药品监督管理总局对下列申请可以实行特殊审批:①未在国内上市销售的从植物、动物、矿物等物质中提取的有效成分及其制剂,新发现的药材及其制剂;②未在国内外获准上市的化学原料药及其制剂、生物制品;③治疗艾滋病、恶性肿瘤、罕见病等疾病且具有明显临床治疗优势的新药;④治疗尚无有效治疗手段的疾病的新药。

3. 新药监测期的规定。国家食品药品监督管理总局根据保护公众健康的要求,可以对批准生产的新药品种设立监测期。监测期自新药批准生产之日起计算,最长不得超过5年。监测期内的新药,国家食品药品监督管理总局不批准其他企业生产、改变剂型和进口。

(四) 进口药品的申请、审批和报关

1. 进口药品的申请、审批。进口药品申请,是指境外生产的药品在中国境内上市销售的注册申请。申请进口的药品,应当获得境外制药厂商所在生产国家或者地区的上市许可;未在生产国家或者地区获得上市许可,但经国家食品药品监督管理总局确认该药品安全、有效而且临床需要的,可以批准进口。国家食品药品监督管理总局依据中国药品生物制品检定所和国家食品药品监督管理总局药品审评中心等的综合意见,做出审批决定。符合规定的发给《进口药品注册证》。

2. 进口药品分包装的申请、审批。进口药品分包装,是指药品已在境外完成最终制剂生产过程,在境内由大包装规格改为小包装规格,或者对已完成内包装的药品进行外包装、放置说明书、粘贴标签等。申请进口药品分包装，应当符合法定要求，并与境外制药厂商签订进口药品分包装合同，按照规定进行审批。

3. 药品进口报关的规定。药品进口必须从允许药品进口的口岸进口，进口药品的企业向口岸所在地药品监督管理部门登记备案。海关凭药品监督管理部门出具的《进口药品通关单》放行，无《进口药品通关单》的，海关不得放行。2004 年 1 月 1 日起施行的《药品进口管理办法》对药品通关程序、首次在中国上市的品种和国家规定的生物制品的进口口岸和检验要求等作了具体规定。

（五）仿制药申请

仿制药申请，是指生产国家食品药品监督管理部门已批准上市的已有国家标准的药品的注册申请。仿制药申请人应当是药品生产企业，其申请的药品应当与《药品生产许可证》载明的生产范围一致。仿制药应当与被仿制药具有同样的活性成分、给药途径、剂型、规格和相同的治疗作用。

（六）药品再注册

国家食品药品监督管理部门核发的药品批准文号、《进口药品注册证》或者《医药产品注册证》的有效期为 5 年。有效期届满，需要继续生产或者进口的，申请人应当在有效期届满前 6 个月申请再注册。

三、国家基本药物

国家基本药物，是指国家为了使本国公众获得基本医疗保障，既要满足公众用药需求，又能从整体上控制医药费用，减少药品浪费和不合理用药，由国家主管部门从目前应用的各类药物中经过科学评价而筛选出具有代表性的、可供临床选择的药物。其特点是疗效确切、质量稳定、不良反应小、价格合理、使用方便等，是能够负担得起的最好、最适用的药物。

国家基本药物政策是国家药物政策的一项重要内容，其目的是加强国家对药品生产、经营、应用环节的科学管理和宏观指导，合理配置药品资源，保证满足人民群众用药的基本要求，提高基本药物的可获得性，提高居民药品的可支付性。国家基本药物制度的基础是，按照防治必需、安全有效、价格合理、使用方便、中西药并重的原则，结合我国用药的特点，参照国际经验，合理确定品种和数量，制定适宜全民基本卫生保健需要的基本药物目录。

国家基本药物的确定，对我国药品资源的合理配置发挥了积极的作用。国家将通过建立国家基本药物制度，提高公众的药品可获得性，促进"看病难、看病贵"问题的解决。

四、药物的分类管理

《药品管理法》第 37 条规定："国家对药品实行处方药与非处方药分类管理制度。"我国实施药品分类管理是为了严格处方药、规范非处方药，保证人民用药安全、有效。根据《药品管理法》的规定，国家食品药品监督管理局于 1999 年 6 月 18 日颁布，并于 2000 年 1 月 1 日起实施《处方药与非处方药分类管理办法（试行）》。

（一）处方药与非处方药的定义

处方药（prescription drugs），是指必须凭执业医师或执业助理医师处方才可调配、购买和使用的药品。非处方药，是指不需要凭执业医师或执业助理医师处方即可自行判断、购买和使用的药品。

（二）处方药与非处方药分类管理的主要内容

1. 国家食品药品监督管理总局负责非处方药目录的遴选、审批、发布和调整工作。

2. 非处方药的标签和说明书必须经国家食品药品监督管理总局批准。

3. 乙类非处方药可以在除药品专营企业以外的、经省级药品监督管理部门或其授权的药品监督管理部门批准的商业企业中零售。

4. 医疗机构根据医疗需要可以决定或推荐使用非处方药。

5. 处方药只准在批准指定的专业性医药报刊进行广告宣传，非处方药经审批可以在大众传播媒介进行广告宣传。

6. 处方药可以在零售药店中销售，但必须凭医生处方才能购买使用。

五、禁止生产、销售假药、劣药

《药品管理法》规定，禁止生产、销售假药，禁止生产、销售劣药。对于违法者给予处罚，特别是造成严重后果者，坚决实施法律制裁，《刑法》第 141 条规定，生产、销售假药致人死亡或者有其他特别严重情节的，处 10 年以上有期徒刑、无期徒刑或者死刑，并处罚金或者没收财产。

(一) 有关假药的规定

1. 有下列情形之一的，为假药：①药品所含成分与国家药品标准的成分不符的；②以非药品冒充药品或者以他种药品冒充此种药品的。

2. 有下列情况之一的药品，按假药论处：①国务院药品监督管理部门规定禁止使用的；②依照《药品管理法》必须批准而未经批准生产、进口或者依照《药品管理法》必须检验而未经检验即销售的；③变质的；④被污染的；⑤使用依照本法必须取得批准文号而未取得批准文号的原料药生产的；⑥所标明的适应证或者功能主治超出规定范围的。

(二) 有关劣药的规定

1. 药品成分的含量不符合国家药品标准的，为劣药。

2. 有下列情形之一的药品，按劣药论处：①未标明有效期或者更改有效期的；②不注明或者更改生产批号的；③超过有效期的；④直接接触药品的包装材料和容器未经批准的；⑤擅自添加着色剂、防腐剂、香料、矫味剂及敷料的；⑥其他不符合药品标准规定的。

第三节　医药企业管理法律制度

一、医药企业内涵

本书所称医药企业，主要是指药品生产企业和药品经营企业。

药品生产企业，是指生产药品的专营企业或兼营企业；药品经营企业，是指经营药品的专营企业或者兼营企业。

药品经营企业又分为药品批发企业和药品零售企业。药品批发企业，是指将购进的药品销售给药品生产企业、药品经营企业、医疗机构，以药品转售为主的药品经营企业；药品零售企业，是指将购进的药品直接销售给消费者的药品经营企业，包括药品零售商店和设有药品专柜的药品零售兼营企业。

二、医药企业的立法概况

(一) 药品管理的指导原则

《药品管理法》第1条规定，药品管理的基本指导原则是：①维护人民身体健康和用药的合法权益；②保证药品的质量；③保障人体用药安全；④加强药品监督管理。

(二) 药品生产质量管理规范

《药品生产质量管理规范》英文名为"Good Practice in the Manufacturing and Quality Control of Drugs",简称为"Good Manufacturing Practice",即 GMP。GMP 是在药品生产过程实施质量管理,保证生产出优质药品的一整套系统的、科学的管理规范,是药品生产和质量管理的基本准则。

(三) 药品经营质量管理规范

药品经营过程的质量管理,是药品生产质量管理的延伸,其目的是保障药品的安全、有效和稳定性,防止假劣药及其他不合格药品进入流通领域,同时更好的满足人们用药的可及性。《药品经营质量管理规范》(Good Supply Practice,以下简称 GSP) 正是为保证药品在流通的全过程中始终符合质量标准而制定的针对药品计划采购、购进验收、储存、销售及售后服务等环节的管理制度,其核心是通过严格的质量管理制度来约束企业的行为,对药品经营全过程进行质量控制。

2000 年 4 月 30 日,国务院药品监督管理部门颁布了 GSP,作为我国药品经营质量管理工作的基本准则,从机构与人员、硬件、软件等方面对药品经营企业的质量管理工作进行了具体规定。2012 年 11 月 6 日,经卫生部部务会审议通过,新版 GSP 正式公布,并自 2013 年 6 月 1 日起施行。

三、药品生产管理的法律规定

(一) 总体要求

1. 药品生产企业必须按照 GMP 组织生产,GMP 由国务院药品监督管理部门依据本法制定;药品监管管理部门按照规定对药品生产企业是否符合 GMP 的要求进行认证,对认证合格的,由药品监督管理部门发给认证证书。

2. 药品必须按照国家药品标准和国务院药品监督管理部门批准的生产工艺进行生产,生产记录必须完整准确。药品生产企业改变影响药品质量的生产工艺的,必须报原批准部门审核批准。

中药饮片必须按照国家药品标准炮制;国家药品标准没有规定的,必须按照省、自治区、直辖市人民政府药品监督管理部门制定的炮制规范炮制。省、自治区、直辖市人民政府药品监督管理部门制定的炮制规范应当报国务院药品监督管理部门备案。

3. 生产药品所需的原料、辅料，必须符合药用要求，不得对药品质量产生不良影响，应从符合规定的单位购进原料、辅料，并按规定入库；药品生产所用中药材，应按质量标准购入，其产地应保持相对稳定。

4. 药品生产企业必须对其生产的药品进行质量检验；不符合国家药品标准或者不按照省、自治区、直辖市人民政府药品监督管理部门制定的中药饮片炮制规范炮制的，不得出厂。企业未经检验就出厂销售的药品视为生产销售假药。

5. 依据法律规定进行药品委托生产。药品委托生产，是指持有药品证明文件的委托方委托其他药品生产企业进行药品生产的行为。首先，必须经国务院药品监督管理部门或者国务院药品监督管理部门授权的省、自治区、直辖市人民政府药品监督管理部门批准，药品生产企业才可以接受委托生产药品。其次，接受委托生产药品的生产企业即受托方必须持有与其受托生产的药品相适应的 GMP 认证证书。委托生产的药品不得低于原质量标准，产品处方等主要项目要与原药品保持一致，委托生产药品其包装及标签上应标明委托双方单位名称、生产地点。最后，某些特殊药品包括疫苗、血液制品和国务院药品监督管理部门规定的其他药品，不得委托生产。

6. 直接接触药品的包装材料和容器，必须符合药用要求，符合保障人体健康、安全的标准，并由药品监督管理部门在审批药品时一并审批。药品生产企业不得使用未经批准的直接接触药品的包装材料和容器。

药品包装必须适合药品质量的要求，方便储存、运输和医疗使用。发运中药材必须有包装。在每件包装上，必须注明药品的品名、产地、日期、调出单位，并附有质量合格标志。药品包装必须按照规定印有或者贴有标签并附有说明书。麻醉药品、精神药品、医疗用毒性药品、放射性药品、外用药品和非处方药的标签，必须印有规定的标志。

7. 药品生产企业（以及药品经营企业、医疗机构）直接接触药品的工作人员，必须每年进行健康检查。患有传染病或者其他可能污染药品的疾病的，不得从事直接接触药品的工作。

（二）GMP 及认证

药品的 GMP 认证是国家依法对药品生产企业（车间）和药品品种实施

GMP 监督检查并取得认可的一种制度，是国际药品贸易和药品监督管理的重要内容，也是确保药品质量稳定性、安全性和有效性的一种科学先进的管理手段。

1. GMP 分类。

（1）从专业化管理的角度，GMP 可以分为质量控制系统和质量保证系统两大方面：一是对原材料、中间产品、成品进行系统质量控制，即质量控制系统；二是对可能影响药品质量的，生产过程中易产生的人为差错和污染等问题进行系统的严格管理，以保证药品质量，即质量保证系统。

（2）从硬件和软件的角度，GMP 可以分为硬件系统和软件系统。硬件系统主要包括对人员、厂房、设施、设备等的目标要求，主要是企业资本资金的投入；软件系统主要包括组织机构、组织工作、生产工艺、记录、制度、方法、文件化程序、培训等，主要是企业以智力为主的投入产出。

2. GMP 认证制度。

（1）GMP 认证简介。《药品管理法》及其实施条例正式立法明确了 GMP 认证的法律性质是药品行政监督管理机关的行政检查范畴，是每个药品生产企业都必须接受的强制性认证。药品监督管理部门按照规定对药品生产企业是否符合 GMP 的要求进行认证，对认证合格的，发给认证证书。

我国目前实行国家级和省级两级 GMP 认证制度。国务院药品监督管理部门负责生产注射剂、放射性药品和国务院药品监督管理部门规定的生物制品的药品生产企业的认证工作。省级人民政府药品监督管理部门应当按照 GMP 和国务院药品监督管理部门规定的实施办法和实施步骤，组织对本辖区其他剂型药品生产企业的认证工作。

（2）GMP 认证程序。新开办药品生产企业、药品生产企业新建药品生产车间或者新增生产剂型的，应当自取得药品生产证明文件或者经批准正式生产之日起 30 日内，按照规定向药品监督管理部门申请 GMP 认证。受理申请的药品监督管理部门应当自收到企业申请之日起 6 个月内，组织对申请企业是否符合 GMP 进行认证；认证合格的，发给认证证书。已开办的药品生产企业应当在国务院药品监督管理部门规定的期限内申请药品 GMP 认证，并取得《药品 GMP 证书》。药品生产企业新建、改建、扩建生产车间（生产线）或需增加认证范围的，应依法申请药品 GMP 认证。

申请药品 GMP 认证的生产企业应按规定填报《药品 GMP 认证申请书》，

并报送相应的资料。GMP 认证的审查程序分为形式审查、技术审查和现场审查。药品生产企业申请注射剂、放射性药品、国务院药品监督管理部门规定的生物制品 GMP 认证，由企业所在地省级药品监管管理部门对药品生产企业 GMP 认证申请资料进行初审合格后，报国务院药品监督管理部门认证，国务院药品监督管理部门组织对初审合格的药品 GMP 认证资料进行形式审查，符合要求的予以受理并转局认证中心。国务院食品药品监督管理总局食品药品审核查验中心对药品生产企业 GMP 认证申请资料进行技术审查。药品生产企业申请除注射剂、放射性药品、国务院药品监督管理部门规定的生物制品以外的其他药品 GMP 认证，应向企业所在地省级药品监督管理部门提出认证申请，由省级药品监督管理部门组织对药品生产企业 GMP 认证申请进行初审、形式审查和技术审查。

技术审查符合要求的，实施现场检查。国务院食品药品监督管理总局食品药品审核查验中心负责制订注射剂、放射性药品、国务院药品监管管理部门规定的生物制品 GMP 现场检查方案，选派药品 GMP 认证检查组，组织实施现场检查。省级药品监督管理部门负责组织制定本辖域除注射剂、放射性药品、国务院药品监督管理总局规定的生物制品以外的药品 GMP 现场检查方案，选派药品 GMP 认证检查组，组织实施现场检查。

对认证合格的，由国务院药品监督管理部门或者省级药品监督管理部门颁发《药品 GMP 证书》并予以公告。经现场检查，对不符合药品 GMP 认证标准，责令企业限期改正。企业在期限内改正完毕，提交改正报告，符合要求的，由原认证部门选派检查组再次进行现场检查。经再次现场检查，不符合药品 GMP 认证标准的，不予通过药品 GMP 认证，由国务院食品药品监督管理总局食品药品审核查验中心或省、自治区、直辖市药品监督管理局向被检查企业发认证不合格通知书。

药品监督管理部门应当按照规定，依据 GMP 对经其认证合格的药品生产企业进行认证后的跟踪检查。

四、药品经营管理的法律规定

(一) 总体要求

1. 药品经营企业，必须按照国务院药品监督管理部门制定的 GSP 经营药品。

2. 药品经营企业购进药品，必须建立并执行进货检查验收制度，验明药品合格证明和其他标识；不符合规定要求的，不得购进。

3. 药品经营企业购销药品，必须有其实完整的购销记录。购销记录必须注明药品的通用名称、剂型、规格、批号、有效期、生产厂商、购（销）货单位、购（销）货数量、购销价格、购（销）货日期及国务院药品监督管理部门规定的其他内容。药品经营企业销售中药材，必须标明产地。购进、销售药品应有合法票据，并按规定建立购进记录，做到票、账、货相符。药品批发企业购销记录必须保存至超过药品有效期1年，但不得少于3年；零售企业购销记录保存不得少于2年。

4. 药品经营企业销售药品必须准确无误，并正确说明用法、用量和注意事项；调配处方必须经过核对，对处方所列药品不得擅自更改或者代用。对有配伍禁忌或者超剂量的处方，应当拒绝调配；必要时，经处方医师更正或者重新签字，方可调配。

5. 药品经营企业必须制定和执行药品保管制度，药品入库和出库必须执行检查制度。

6. 城乡集贸市场不得出售中药材以外的药品，但持有《药品经营许可证》的药品零售企业在规定的范围内可以在城乡集贸市场设点出售中药材以外的药品。

（二）GSP及认证

由于药品的特殊性，其经营的质量管理较一般商品更为严格，其有一套全面系统并与药品经营特点相适应的质量标准，即《药品经营质量管理规范》，简称为GSP。

1. GSP 分类。 由于药品经营企业分为批发和零售两种，GSP针对企业的不同情况分别予以了相关规定。对于批发企业，要求企业应设置专门的质量管理机构包括与经营规模相适应的药品检验部门和验收、养护等组织，行使质量管理职能；企业负责人中应有具药学专业技术职称的人员，负责质量管理工作。企业质量管理机构的负责人，应是执业药师或具有相应的药学专业技术职称，其他从事药品质量工作的人员都应具有药学或相关专业的学历，或者具有药学专业技术职称，并定时接受培训，考核合格方能上岗。

在出库与运输方面，GSP 规定，药品出库应进行复核和质量检查。特殊管理的药品出库应当按照有关规定进行复核。药品出库还应做好药品质量跟踪记录，以保证能快速、准确地进行质量跟踪。记录及凭证应当至少保存 5 年，疫苗、特殊管理的药品的记录及凭证按相关规定保存。销售和售后服务方面，GSP 对销售记录、发票、药品质量投诉及药品追回等问题也都做出了详细规定。

与批发企业相比，零售企业少了对检验、储存、养护和运输等环节的要求，增加了药品的陈列和柜台销售两个方面的要求。一是在陈列方面，GSP 规定，药品应按剂型或用途以及储存要求分类陈列和储存：①药品与非药品、外用药与其他药品分开存放，中药材和中药饮片分库存放。②药品应根据其温、湿度要求，按照规定的储存条件存放；储存药品相对湿度为 35%～75%。③在人工作业的库房储存药品，按质量状态实行色标管理。④特殊管理的药品应按照国家的有关规定存放。⑤危险品不应陈列。如因需要必须陈列时，只能陈列代用品或空包装。危险品的储存应按国家有关规定管理和存放。⑥拆零药品应集中存放于拆零专柜，并保留原包装的标签。⑦中药饮片装斗前应做质量复核，不得错斗、串斗，防止混药。二是在柜台销售方面，应注意销售药品时，处方要经执业药师或具有药师以上（含药师和中药师）职称的人员审核后方可调配和销售等。

2. GSP 认证制度。 国务院药品监督管理部门负责制定 GSP 监督实施规划及 GSP 认证的组织、审批和监督管理；负责国际药品经营质量管理的互认工作。药品监督管理部门按照规定对药品经营企业是否符合 GSP 的要求进行认证，认证的具体工作由省级药品监督管理部门负责。省、自治区、直辖市药品监督管理部门负责本辖区内申请 GSP 认证企业的初审和取得 GSP 认证企业的日常监督管理。

新开办药品批发企业和药品零售企业，自取得《药品经营许可证》之日起 30 日内，向发证的药品监督管理部门或者药品监督管理机构申请 GSP 认证。已开办的药品经营企业应当在国务院药品监管管理部门规定的期限内申请药品 GSP 认证，并取得《药品 GSP 证书》。

受理部门自收到认证申请之日起 3 个月内，按照国务院药品监督管理部门的规定，组织 GSP 认证；认证合格的，发给认证证书，认证证书的格式由国务院药品监督管理部门统一规定。受理药品零售企业认证申请的药品监督管理机构应当自收到申请之日起 7 个工作日内,将申请移送负责组织药品经营企业认证工作的省、自治区、直辖市人民政府药品监督管理部门。

五、药品流通管理

为加强药品监督管理,规范药品流通秩序,保证药品质量,顺应药品流通体制改革的要求,2007 年 12 月,国家食品药品监督管理局颁布了《药品流通监督管理办法》,对药品生产、经管企业购销药品等问题做出具体规定:

(一) 责任范围

药品生产、经营企业对其药品购销行为负责,对其销售人员或设立的办事机构以本企业名义从事的药品购销行为承担法律责任。

(二) 人员培训与管理

药品生产、经营企业应当对其购销人员进行与药品相关的法律、法规和专业知识培训,建立培训档案,培训档案中应当记录培训时间、地点、内容及接受培训的人员。药品生产、经营企业应当加强对药品销售人员的管理,并对其销售行为做出具体规定。

(三) 药品销售手续与资料

药品生产企业、药品批发企业销售药品时,应当提供下列资料:①加盖本企业原印章的《药品生产许可证》或《药品经营许可证》和营业执照的复印件;②加盖本企业原印章的所销售药品的批准证明文件复印件;③销售进口药品的,按照国家有关规定提供相关证明文件。

药品生产企业、药品批发企业派出销售人员销售药品的,除上述资料外,还应当提供加盖本企业原印章的授权书复印件。授权书原件应当载明授权销售的品种、地域、期限,注明销售人员的身份证号码,并加盖本企业原印章和企业法定代表人印章(或者签名)。销售人员应当出示授权书原件及本人身份证原件,供药品采购方核实。

药品生产企业、药品批发企业销售药品时,应当开具标明供货单位名称、药品名称、生产厂商、批号、数量、价格等内容的销售凭证;药品零售企业销售药品时,应当开具标明药品名称、生产厂商、数量、价格、批号等内容的销售凭证。

药品生产、经营企业采购药品时,应按规定索取、查验、留存供货企业有关证件、资料和销售凭证,并保存至超过药品有效期1年,但不得少于3年。

(四)药品购销中的禁止行为

1. 药品生产企业只能销售本企业生产的药品,不得销售本企业受委托生产的或者他人生产的药品。

2. 药品生产、经营企业不得在经药品监督管理部门核准的地址以外的场所储存或者现货销售药品。

3. 药品生产、经营企业知道或者应当知道他人从事无证生产、经营药品行为的,不得为其提供药品。

4. 药品生产、经营企业不得为他人以本企业的名义经营药品提供场所、资质证明文件,或者票据等便利条件。

5. 药品生产、经营企业不得以展示会、博览会、交易会、订货会、产品宣传会等方式现货销售药品。

6. 药品经营企业不得购进和销售医疗机构配制的制剂。

7. 未经药品监督管理部门审核同意,药品经营企业不得改变经营方式。

8. 经营处方药和甲类非处方药的药品零售企业,执业药师或者其他依法经资格认定的药学技术人员不在岗时,应当挂牌告知,不得销售处方药和甲类非处方药。

9. 药品生产、经营企业不得以搭售、买药品赠药品、买商品赠药品等方式向公众赠送处方药或者甲类非处方药。

10. 药品生产、经营企业不得采用邮售、互联网交易等方式直接向公众销售处方药。

11. 禁止非法收购药品。

第四节 药品监督法律制度

一、药品监督管理机构

《药品管理法》第5条规定,国务院药品监督管理部门主管全国药品监督管理工作。国务院有关部门在各自的职责范围内负责与药品有关的监管管理工作。省级人民政府药品监督管理部门负责本行政区域内的药品监督管理工作。省级人民政府有关部门在各自的职责范围内负责与药品有关的监督管理工作。2013 年 3 月，国务院将食品安全办的职责、食品药品监管局的职责、质检总局的生产环节食品安全监督管理的职责、工商总局的流通环节食品安全监督管理的职责整合，组建国家食品药品监督管理总局。因此，主管全国药品监督管理工作的部门现为国家食品药品监督管理总局。

二、药品监督管理的主要手段

根据相关法律规定，药品监督管理部门应当行使以下监督管理职权，并严格遵守《药品管理法》关于药品监督管理的有关禁止性规定。

（一）监督检查

药品监督管理部门有权按照法律和行政法规的规定，对药品的研制、生产、流通、使用进行全过程的监督检查，接受监督检查的单位不得拒绝和隐瞒。

药品监督管理部门监督检查时，享有法律所规定的权力，也必须履行法律所规定的义务。从程序上，药品监督管理人员在进行监督检查时，必须出示证件，以证明自己的合法身份以及权限，否则管理相对人有权拒绝检查；从实体上讲，执法人员对执法中知悉的技术秘密和业务秘密应当进行保密。

药品监督管理部门除了一般性监管检查，还应当对通过 GMP、GSP 认证的药品生产经营企业进行认证后的跟踪检查。对企业贯彻实施 GMP、GSP 情况进行动态的监督管理。

（二）监督抽验

质量抽查检验是药品监管管理工作的基础，通过抽查检验可以了解生产、流通、使用中的药品质量状况，从而在各个环节实施有效的监督管理，杜绝假劣药品，确保公众用药安全、有效。《药品管理法》第 64 条规定，药品监督管理部门根据监督检查的需要，可以对药品质量进行抽查检验。抽查检验应当按照规定抽样，并不得收取任何费用。

（三）发布药品质量公告

国务院和省级药品监督管理部门应当定期公告药品质量抽查检验的结果；公告不当的，必须在原公告范围内予以更正。

(四) 采取行政强制措施

药品监督管理部门对有证据证明可能危害人体健康的药品及有关材料可以采取查封、扣押的行政强制措施，并在 7 日内做出行政处理决定；药品需要检验的，必须自检验报告书发出之日起 15 日内做出行政处理决定。

(五) 对药品不良反应危害采取有效控制措施

药品监督管理部门应当组织药品不良反应监测和上市药品再评价，对疗效不确切、不良反应大或者其他原因危害人体健康的药品，国务院和省级药品监管管理部门可以采取停止生产、销售、使用的紧急控制措施，并应当在 5 日内组织鉴定，自鉴定结论做出之日起 15 日内依法做出行政处理决定。

(六) 药品监督管理过程中的禁止性规定

在赋予药品监督管理部门权力的同时，也对行使权力规定了明确的禁止性规定，以规范、制约、监督行政权力的行使，防止滥用权力。

1. 地方人民政府和药品监管管理部门不得以要求实施药品检验、审批等手段限制或者排斥非本地区药品生产企业生产的药品进入本地区。

2. 药品监督管理部门及其设置的药品检验机构和确定的专业从事药品检验的机构不得参与药品生产经营活动，不得以其名义推荐或者监制、监销药品。

3. 药品监督管理部门及其设置的药品检验机构和确定的专业从事药品检验的机构的工作人员不得参与药品生产经营活动。

第五节　药品不良反应监测法律制度

为了更科学地指导合理用药，保障上市药品的安全有效，根据《药品管理法》第 70 条规定了国家实行药品不良反应报告制度。药品生产企业、药品经营企业和医疗机构必须经常考察本单位所生产、经营、使用的药品质量、疗效和反应。发现可能与用药有关的严重不良反应，必须及时向上级药品监督管理部门报告。对已确认发生不良反应的药品，国务院或者省级药品监督管理部门可以采取停止生产、销售、使用的紧急控制措施。2004 年 3 月 4 日，由卫生部、国家食品药品监督管理局审议通过并由国家食品药品监督管理局颁布并实施的《药品不良反应报告和监测管理办法》，为推进我国药品不良反应监测管理进入一个新的发展阶段奠定了重要的法律基础。2010年12月13日，经卫生部部务会议审议通过，新的《药品不良反应报告和监测管理办法》于2011年5月4日发布，自2011年7月1日起施行。2004年3月4日公布的《药品不良反应报告和监测管理办法》（国家食品药品监督管理局令第7号）同时废止。

一、药品不良反应的定义

药品不良反应，主要是指合格药品在正常用法用量下出现的与用药目的无关的或意外的有害反应。

二、药品不良反应的报告主体

药品不良反应的报告制度实施主体是药品生产企业、经营企业、医疗机构和药品不良反应检测中心，报告药品不良反应是上述单位的法定义务。药品生产企业应当设立专门机构并配备专职人员，药品经营企业和医疗机构应当设立或者指定机构并配备专（兼）职人员，承担本单位的药品不良反应报告和监测工作，获知或者发现药品不良反应后应当详细记录、分析和处理，填写《药品不良反应/事件报告表》并报告。

三、我国药品不良反应的报告范围

1. 新药不良反应的报告。新药监测期内的国产药品应当报告该药品的所有不良反应；其他国产药品，报告新的和严重的不良反应。

2. 进口药品不良反应的报告。进口药品自首次获准进口之日起5年内，报告该进口药品的所有不良反应；满5年的，报告新的和严重的不良反应。此外，对进口药品发生的不良反应还应进行年度汇总报告。进口药品在境外发生的严重药品不良反应（包括自发报告系统收集的、上市后临床研究发现的、文献报道的），药品生产企业应当填写《境外发生的药品不良反应/事件报告表》，自获知之日起30日内报送国家药品不良反应监测中心。国家药品不良反应监测中心要求提供原始报表及相关信息的，药品生产企业应当在5日内提交。

3. 新的或严重的药品不良反应的报告。新的或严重的药品不良反应应于发现之日起15日内报告，其中死亡病例须及时报告；其他药品不良反应应当在30日内报告。有随访信息的，应当及时报告。

4. 群体不良反应的报告。药品生产、经营企业和医疗机构获知或者发现药品群体不良事件后，应当立即通过电话或者传真等方式报所在地的县级药品监督管理部门、卫生行政部门和药品不良反应监测机构，必要时可以越级报告；同时填写《药品群体不良事件基本信息表》，对每一病例还应当及时填写《药品不良反应/事件报告表》，通过国家药品不良反应监测信息网络报告。设区的市级、县级药品监督管理部门获知药品群体不良事件后，应当立即与同级卫生行政部门联合组织开展现场调查，并及时将调查结果逐级报至省级药品监督管理部门和卫生行政部门。省级药品监督管理部门与同级卫生行政部门联合对设区的市级、县级的调查进行督促、指导，对药品群体不良事件进行分析、评价，对本行政区域内发生的影响较大的药品群体不良事件，还应当组织现场调查，评价和调查结果应当及时报国务院药品监督管理部门和卫生行政部门。对全国范围内影响较大并造成严重后果的药品群体不良事件，国务院品监督管理部门应当与国务院卫生行政部门联合开展相关调查工作。

第六节　药品价格和广告管理法律制度

一、药品价格的管理

国家对药品价格实行政府定价、政府指导价或者市场调节价。列入国家基本医疗保险药品目录的药品以及国家基本医疗保险药品目录以外具有垄断性生产、经营的药品，实行政府定价或者政府指导价，对其他药品实行市场调节价。

药品的生产企业、经营企业和医疗机构必须执行政府定价、政府指导价，不得以任何形式擅自提高价格。药品生产企业应当依法向政府价格主管部门如实提供药品的生产经营成本，不得拒报、虚报、瞒报。

实行市场调节价的药品，该药品的生产企业、经常企业和医疗机构应当按照公平、合理和诚实信用、质价相符的原则制定价格，为用药者提供价格合理的药品，遵守药价管理的规定，制定和标明药品零售价格，禁止暴利和损害用药者利益的价格欺诈行为，并应当依法向价格主管部门提供药品的实际购销价格和购销数量等资料。医疗机构应当向患者提供所用药品的价格清单。

《药品管理法》第58条规定,禁止药品的生产、经营企业和医疗机构在药品购销中帐外暗中给予、收受回扣或者其他利益;禁止药品的生产、经营企业或者其代理人以任何名义给予使用其药品的医疗机构的负责人、药品采购人员、医师等有关人员以财物或者其他利益。上述人员也不得以任何名义收受药品生产、经营企业或其代理人给予的财物或者其他利益。

2012年1月,国家发改委发布《药品流通环节价格管理暂行办法(征求意见稿)》对药品流通环节价格进行管理,是由价格主管部门对药品批发环节和医疗机构销售环节差价率(额)的实行上限控制的价格管理。

2012年6月,国家发改委发布《药品价格管理办法(征求意见稿)》共分六章48条(包括附则),对药品分类、药品价格形成机制做了具体规定,除了规定药品按照成本定价外,还新增了对生产过程中的期间费用率、销售利润率以及流动差价率(额)设定最高核算标准。目前,以上两部与价格有关的规章制度仍在全社会征求意见阶段。

二、药品广告的管理

1. 药品广告的审批。药品广告在发布前必须经企业所在地省级药品监督管理部门批准,并发给药品广告批准文号,未取得药品广告批准文号的,不得发布。

2. 药品广告的内容。药品广告的内容必须真实、合法,以国务院药品监督管理部门批准的说明书为准,不得含有虚假的内容。药品广告不得含有不科学的表示功效的断言或者保证,不得利用国家机关、医药科研单位、学术机构或者专家、学者、医师、患者的名义和形象作证明。非药品广告不得有涉及药品的宣传。

3. 处方药广告的特殊规定。处方药可以在国务院卫生行政部门和国务院药品监督管理部门共同指定的医学、药学专业刊物上介绍,但不得在大众传播媒介发布广告或者以其他方式进行以公众为对象的广告宣传。

第七节 法律责任

一、无证生产、经营药品的法律责任

未取得《药品生产许可证》《药品经营许可证》或者《医疗机构制剂许可

证》生产药品、经营药品的，依法予以取缔，没收违法生产、销售的药品和违法所得，并处违法生产、销售的药品（包括已售出的和未售出的药品，下同）货值金额2倍以上5倍以下的罚款；构成犯罪的，依法追究刑事责任。

二、生产、销售假药、劣药的法律责任

1. 生产、销售假药的，没收违法生产、销售的药品和违法所得，并处违法生产、销售药品货值金额2倍以上5倍以下的罚款；有药品批准证明文件的予以撤销，并责令停产、停业整顿；情节严重的，吊销《药品生产许可证》《药品经营许可证》或者《医疗机构制剂许可证》；构成犯罪的，依法追究刑事责任。

2. 生产、销售劣药的，没收违法生产、销售的药品和违法所得，并处违法生产、销售药品货值金额1倍以上3倍以下的罚款；情节严重的，责令停产、停业整顿或者撤销药品批准证明文件，吊销《药品生产许可证》《药品经营许可证》或者《医疗机构制剂许可证》；构成犯罪的，依法追究刑事责任。

3. 从事生产、销售假药及生产、销售劣药情节严重的企业或者其他单位，其直接负责的主管人员和其他直接责任人员10年内不得从事药品生产、经营活动。对生产者专门用于生产假药、劣药的原辅材料、包装材料、生产设备，予以没收。

4. 知道或者应当知道属于假劣药品而为其提供运输、保管、仓储等便利条件的，没收全部运输、保管、仓储的收入，并处违法收入50%以上3倍以下的罚款；构成犯罪的，依法追究刑事责任。

5. 药品经营企业、医疗机构未违反《药品管理法》及其实施条例的有关规定，并有充分证据证明其不知道所销售或者使用的药品是假药、劣药的，应当没收其销售或者使用的假药、劣药和违法所得；但是，可以免除其他行政处罚。

三、违反药品委托生产法律规定的法律责任

擅自委托或者接受委托生产药品的，对委托方和受托方均依照生产、销售假药的法律责任予以处罚。

四、未按规定实施质量管理规范的法律责任

药品的生产企业、经营企业、药物非临床安全性评价研究机构、药物临

床试验机构未按照规定实施《药品生产质量管理规范》《药品经营质量管理规范》《药物非临床研究质量管理规范》《药物临床试验质量管理规范》的,给予警告,责令限期改正;逾期不改正的,责令停产、停业整顿,并处5000元以上2万元以下的罚款;情节严重的,吊销《药品生产许可证》《药品经营许可证》和药物临床试验机构的资格。

五、从无证企业购进药品的法律责任

药品的生产企业、经营企业或者医疗机构从无《药品生产许可证》《药品经营许可证》的企业购进药品的,责令改正,没收违法购进的药品,并处违法购进药品货值金额2倍以上5倍以下的罚款;有违法所得的,没收违法所得;情节严重的,吊销《药品生产许可证》《药品经营许可证》或者《医疗机构执业许可证书》。

六、药品销售过程中给予、收受回扣的法律责任

药品的生产企业、经营企业、医疗机构在药品购销中暗中给予、收受回扣或者其他利益的,药品的生产企业、经营企业或者其代理人给予使用其药品的医疗机构的负责人、药品采购人员、医师等有关人员以财物或者其他利益的,由工商行政管理部门处1万元以上20万元以下的罚款,有违法所得的,予以没收;情节严重的,由工商行政管理部门吊销药品生产企业、药品经营企业的营业执照,并通知药品监督管理部门,由药品监督管理部门吊销其《药品生产许可证》《药品经营许可证》;构成犯罪的,依法追究刑事责任。

药品的生产企业、经营企业的负责人、采购人员等有关人员在药品购销中收受其他生产企业、经营企业或者其代理人给予的财物或者其他利益的,依法给予处分,没收违法所得;构成犯罪的,依法追究刑事责任。

七、伪造、变造、买卖、出租、出借许可证或者药品批准证明文件的法律责任

伪造、变造、买卖、出租、出借许可证或者药品批准证明文件的,没收违法所得,并处违法所得1倍以上3倍以下的罚款;没有违法所得的,处2万元以上10万元以下的罚款;情节严重的,并处吊销卖方、出租方、出借方的

《药品生产许可证》《药品经营许可证》《医疗机构制剂许可证》或者撤销药品批准证明文件;构成犯罪的,依法追究刑事责任。

违反《药品管理法》规定,提供虚假的证明、文件资料样品或者采取其他欺骗手段取得《药品生产许可证》《药品经营许可证》《医疗机构制剂许可证》或者药品批准证明文件的,吊销《药品生产许可证》《药品经营许可证》《医疗机构制剂许可证》或者撤销药品批准证明文件,5年内不受理其申请,并处1万元以上3万元以下的罚款。

八、未保存购销记录的法律责任

药品经营企业没有其实完整的购销记录,责令改正,给予警告;情节严重的,吊销《药品经营许可证》。

九、违反药品流通监督管理规定的法律责任

1. 有下列情形之一的,责令限期改正,给予警告;逾期不改正的,处以5000元以上2万元以下的罚款:①药品生产、经营企业未对其购销人员进行与药品相关的法律、法规和专业知识培训,未建立培训档案的;②药品生产、批发企业未开具销售凭证的;③药品生产、经营企业未按照规定索取、查验、留存有关资料、销售凭证的。

2. 药品生产、经营企业未加强对药品销售人员的管理和对,未对其销售行为做出具体规定的,给予警告,责令限期改正。

3. 有下列情形之一的,没收违法销售的药品和违法所得,并处违法销售的药品货值金额2倍以上5倍以下的罚款:①药品生产、经营企业在经药品监督管理部门核准的地址以外的场所现货销售药品的;②药品生产企业销售本企业受委托生产的或者他人生产药品的;③药品生产、经营企业以展示会、博览会、交易会、订货会、产品宣传会等方式现货销售药品的;④药品经营企业未经药品监督管理部门审核同意改变经营方式的。

4. 药品生产、经营企业在经药品监督管理部门核准的地址以外的场所储存药品的,按照《药品管理法实施条例》第74条的规定予以处罚。

5. 药品零售企业销售药品时未开具销售凭证的,责令改正,给予警告;逾期不改正的,处以500元以下的罚款。

6. 药品生产、经营企业知道或者应当知道他人从事无证生产、经营药品行为而为其提供药品的，给予警告，责令改正，并处 1 万元以下的罚款；情节严重的，处 1 万元以上 3 万元以下的罚款。

7. 药品生产、经营企业为他人以本企业的名义经营药品提供场所，或者资质证明文件，或者票据等便利条件的，按照《药品管理法》第 82 条的规定予以处罚。

8. 药品经营企业购进或者销售医疗机构配制的制剂的，按照《药品管理法》第 80 条的规定予以处罚。

9. 药品零售企业未凭处方销售处方药的，责令限期改正，给予警告；逾期不改正或者情节严重的，处以 1000 元以下的罚款；药品零售企业在执业药师或者其他依法经过资格认定的药学技术人员不在岗时销售处方药或者甲类非处方药的，责令限期改正，给予警告；逾期不改正的，处以 1000 元以下的罚款。

10. 药品生产、批发企业未在药品说明书规定的低温、冷藏条件下运输药品的，给予督告，责令限期改正；逾期不改正的，处以 5000 元以上 2 万元以下的罚款；有关药品经依法确认属于假劣药品的，按照《药品管理法》有关规定予以处罚；未在药品说明书规定的低温、冷藏条件下储存药品的，按照《药品管理法》第 79 条的规定予以处罚；有关药品经依法确认属于假劣药品的，按照《药品管理法》有关规定予以处罚。

11. 药品生产、经营企业以搭售、买药品赠药品、买商品赠药品等方式向公众赠送处方药或者甲类非处方药的，责令限期改正，给予警告；逾期不改正或者情节严重的，处以赠送药品货值金额 2 倍以下的罚款，但是最高不超过 3 万元。

12. 药品生产、经营企业以邮售、互联网交易等方式直接向公众销售处方药的，责令改正，给予警告，并处销售药品货值金额 2 倍以下的罚款，但是最高不超过 3 万元。

13. 违反规定非法收购药品的，按照《药品管理法》第 73 条的规定予以处罚。

14. 药品监督管理部门及其工作人员玩忽职守，对应当予以制止和处罚的违法行为不予制止、处罚的，对直接负责的主管人员和其他直接责任人员给

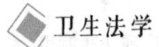

予行政处分；构成犯罪的，依法追究刑事责任。

十、侵权的法律责任

药品的生产企业、经营企业、医疗机构违反规定，给药品使用者造成损害的，依法承担赔偿责任。

思考题

1. 什么是药品和药品管理法？
2. 开办药品生产企业应当具备哪些条件？
3. 什么是药品标准？
4. 什么是药品注册？有哪些具体规定？
5. 禁止生产和销售假药与劣药有哪些规定？
6. 药品不良反应监测的法律规定有哪些？

第十三章

特殊药品管理法律制度

> **学习目标**
>
> 掌握：麻醉药品、精神药品、医疗用毒性药品和放射性药品的概念和种类。
> 熟悉：特殊药品的监管部门及监管措施。
> 了解：违反特殊药品管理法规所应承担的法律责任。

第一节 麻醉药品和精神药品管理法律制度

一、麻醉药品和精神药品的概念和种类

（一）麻醉药品的概念和种类

麻醉药品，是指连续使用后易产生生理依赖性，能成瘾癖的药品。麻醉药品是具有依赖性潜力的药品，滥用或不合理使用易产生生理依赖性和精神依赖性。

《药品管理法》第35条规定："国家对麻醉药品、精神药品、医疗用毒性药品、放射性药品，实行特殊管理。"因此包括麻醉药品在内的上述药品被称为"特殊管理药品"或"特殊药品"。它们在医疗领域广泛使用，具有其他药品难以替代的特殊疗效。但这几类药品又具有特殊的毒副作用，若因管理不当造成药物滥用甚至流入非法渠道，将会对个人和社会造成严重危害，所以各国对麻醉药品等特殊药品进行了更为严格的管理。

《麻醉药品和精神药品管理条例》中规定的麻醉药品，是指列入麻醉药品目录的药品和其他物质。在我国，麻醉药品目录由国务院药品监督管理部门

会同国务院公安部门、国务院卫生主管部门制定、调整并公布。2007 年公布的《麻醉药品品种目录》中，麻醉药品共 123 种。2013 年 11 月，国家食品药品监督管理总局、公安部和国家卫生和计划生育委员会公布了《麻醉药品品种目录》（2013 年版），新目录中的麻醉药品为 121 种。

（二）精神药品的概念和种类

精神药品，是指直接作用于中枢神经系统，使之兴奋或抑制，连续使用能产生依赖性的药品。

依据精神药品使人体产生的依赖性和危害人体健康的程度，可将其分为第一类精神药品和第二类精神药品。根据 2007 年公布的《精神药品品种目录》，精神药品共 132 种，其中第一类精神药品 53 种，第二类精神药品 79 种。2013 年 11 月公布的《精神药品品种目录》（2013 年版）中，精神药品共 149 种，第一类精神药品 68 种，第二类精神药品 81 种。

二、麻醉药品与精神药品的立法

1909 年，世界上第一次关于鸦片问题的国际会议在我国上海举行，共有 13 个国家参加，会议通过了管理烟毒的原则。1912 年，美、日、英、法、德等国在海牙缔结了《海牙禁止鸦片公约》。1931 年，54 个国家缔结了《限制麻醉药品制造、运输公约》。作为一个由主权国家组成的国际组织，联合国先后通过了《1961 年麻醉品单一公约》和《1971 年精神药物公约》，要求各缔约国对麻醉药品和精神药品实行严格管制，并保证合理用药需求。我国于 1985 年宣布加入上述两个公约。由于国际毒品犯罪的日益猖獗，而《1961 年麻醉品单一公约》和《1971 年精神药物公约》尚不足以对其进行遏制，国际社会一直呼吁制定一项新公约，将贩毒明确为国际犯罪。1988 年，在联合国与各国政府共同努力下，通过了《禁止非法贩运麻醉药品和精神药物公约》。该公约是对经修正的《1961 年麻醉品单一公约》和《1971 年精神药物公约》的重要补充和发展。

我国同样非常重视对麻醉药品和精神药品的管理与立法。1950 年，当时的中央人民政府政务院发布了"关于严禁鸦片烟毒的通令"，卫生部公布了《管理麻醉药品暂行条例》及实施细则。1978 年，国务院修订颁布了新的《麻醉药品管理条例》，1979 年卫生部颁布了《麻醉药品管理条例细则》。

1984 年《药品管理法》发布，其中第 39 条规定"国家对麻醉药品、精神药品、毒性药品、放射性药品，实行特殊的管理办法。管理办法由国务院制定"。根据《药品管理法》的规定，国务院于 1987 和 1988 年分别发布了《麻醉药品管理办法》和《精神药品管理办法》。2000 年，国家药品监督管理局与卫生部联合发布了《医疗机构麻醉药品、第一类精神药品供应管理办法》。根据 2001 年修订的《药品管理法》和有关国际公约的规定，国务院于 2005 年发布了《麻醉药品和精神药品管理条例》，原《麻醉药品管理办法》和《精神药品管理办法》同时废止。随后，国家食品药品监督管理局于 2005 年先后印发了《麻醉药品和精神药品邮寄管理办法》《麻醉药品和精神药品生产管理办法（试行）》《麻醉药品和精神药品经营管理办法（试行）》《麻醉药品和精神药品运输管理办法》。卫生部也于 2005 年印发了《麻醉药品、精神药品处方管理规定》《医疗机构麻醉药品、第一类精神药品管理规定》。一系列法律法规的制定体现出国家对麻醉药品和精神药品依法监管的不懈努力。

三、麻醉药品、精神药品的监督管理

（一）麻醉药品药用原植物的种植

国家对麻醉药品药用原植物的种植实行总量控制。国务院药品监督管理部门和国务院农业主管部门根据麻醉药品年度生产计划，制定麻醉药品药用原植物年度种植计划。

麻醉药品药用原植物种植企业由国务院药品监督管理部门和国务院农业主管部门共同确定，其他单位和个人不得种植麻醉药品药用原植物。麻醉药品药用原植物种植企业应当根据年度种植计划种植麻醉药品药用原植物，并应当向国务院药品监督管理部门和国务院农业主管部门定期报告种植情况。

（二）麻醉药品和精神药品的实验研究

开展麻醉药品和精神药品实验研究活动应当具备下列条件，并经国务院药品监督管理部门批准：①以医疗、科学研究或者教学为目的；②有保证实验所需麻醉药品和精神药品安全的措施和管理制度；③单位及其工作人员 2 年内没有违反有关禁毒的法律、行政法规规定的行为。

麻醉药品和第一类精神药品的临床试验，不得以健康人为受试对象。

（三）麻醉药品和精神药品的生产

国家对麻醉药品和精神药品实行定点生产制度。国务院药品监督管理部

门应当根据麻醉药品和精神药品的需求总量,确定麻醉药品和精神药品定点生产企业的数量和布局,并根据年度需求总量对数量和布局进行调整、公布。

定点生产企业应当具备法定条件并经药品监督管理部门审查批准。定点生产企业生产麻醉药品和精神药品,应当依照药品管理法的规定取得药品批准文号。未取得药品批准文号的,不得生产麻醉药品和精神药品。定点生产企业应当严格按照麻醉药品和精神药品年度生产计划安排生产,并依照规定向所在地省、自治区、直辖市人民政府药品监督管理部门报告生产情况。

(四)麻醉药品和精神药品的经营

国家对麻醉药品和精神药品实行定点经营制度。国务院药品监督管理部门应当根据麻醉药品和第一类精神药品的需求总量,确定麻醉药品和第一类精神药品的定点批发企业布局,并应当根据年度需求总量对布局进行调整、公布。

麻醉药品和精神药品定点批发企业应当具备法定条件并经药品监督管理部门审查批准。

麻醉药品和第一类精神药品不得零售。禁止使用现金进行麻醉药品和精神药品交易,但是个人合法购买麻醉药品和精神药品的除外。

经所在地设区的市级药品监督管理部门批准,实行统一进货、统一配送、统一管理的药品零售连锁企业可以从事第二类精神药品零售业务。第二类精神药品零售企业应当凭执业医师出具的处方,按规定剂量销售第二类精神药品,并将处方保存 2 年备查;禁止超剂量或者无处方销售第二类精神药品;不得向未成年人销售第二类精神药品。

全国性批发企业和区域性批发企业向医疗机构销售麻醉药品和第一类精神药品,应当将药品送至医疗机构。医疗机构不得自行提货。麻醉药品和精神药品实行政府定价,在制定出厂和批发价格的基础上,逐步实行全国统一零售价格。具体办法由国务院价格主管部门制定。

(五)麻醉药品和精神药品的使用

医疗机构需要使用麻醉药品和第一类精神药品的,应当经所在地设区的市级人民政府卫生主管部门批准,取得麻醉药品、第一类精神药品购用印鉴卡。医疗机构应当凭印鉴卡向本省、自治区、直辖市行政区域内的定点批发企业购买麻醉药品和第一类精神药品。设区的市级人民政府卫生主管部门发给医疗机构印鉴卡时，应当将取得印鉴卡的医疗机构情况抄送所在地设区的市级药品监督管理部门，并报省级人民政府卫生主管部门备案。

医疗机构取得印鉴卡应当具备下列条件：①有专职的麻醉药品和第一类精神药品管理人员；②有获得麻醉药品和第一类精神药品处方资格的执业医师；③有保证麻醉药品和第一类精神药品安全储存的设施和管理制度。

执业医师取得麻醉药品和第一类精神药品的处方资格后，方可在本医疗机构开具麻醉药品和第一类精神药品处方，但不得为自己开具该种处方。药师取得麻醉药品和第一类精神药品调剂资格后，方可在本机构调剂麻醉药品和第一类精神药品。医务人员应当根据国务院卫生主管部门制定的临床应用指导原则，使用麻醉药品和精神药品。

门（急）诊癌症疼痛患者和中、重度慢性疼痛患者需长期使用麻醉药品和第一类精神药品的，首诊医师应当亲自诊查患者，建立相应的病历，要求其签署《知情同意书》。除需长期使用麻醉药品和第一类精神药品的门（急）诊癌症疼痛患者和中、重度慢性疼痛患者外，麻醉药品注射剂仅限于医疗机构内使用。

执业医师应当使用专用处方开具麻醉药品和精神药品，专用处方的格式以及单张处方的最大用量应当符合《处方管理办法》的规定。对麻醉药品和第一类精神药品处方，处方的调配人、核对人应当仔细核对，签署姓名，并予以登记；对不符合本条例规定的，处方的调配人、核对人应当拒绝发药。

麻醉药品和精神药品处方由调剂处方药品的医疗机构妥善保存。麻醉药品和第一类精神药品处方保存期限为3年，第二类精神药品处方保存期限为2年。医疗机构还应当根据麻醉药品和精神药品处方开具情况，按照麻醉药品和精神药品品种、规格对其消耗量进行专册登记，登记内容包括发药日期、患者姓名、用药数量，专册保存期限为3年。

对临床需要而市场无供应的麻醉药品和精神药品，持有医疗机构制剂许可证和印鉴卡的医疗机构需要配制制剂的，应当经所在地省、自治区、直辖市人民政府药品监督管理部门批准。医疗机构配制的麻醉药品和精神药品制剂只能在本医疗机构使用，不得对外销售。

（六）麻醉药品和精神药品的储存和运输

1. 储存管理。麻醉药品药用原植物种植企业、定点生产企业、全国性批发企业和区域性批发企业以及国家设立的麻醉药品储存单位,应当设置储存麻醉药品和第一类精神药品的专库;麻醉药品和第一类精神药品的使用单位应当设立专库或者专柜储存麻醉药品和第一类精神药品。以上专库或专柜的有关设施应当符合国家法定要求。

上述单位应当配备专人负责管理工作,并建立储存麻醉药品和第一类精神药品的专用账册。药品入库双人验收,出库双人复核,做到账物相符。专用账册的保存期限应当自药品有效期期满之日起不少于5年。

2. 运输管理。通过铁路运输麻醉药品和第一类精神药品的,应当使用集装箱或者铁路行李车运输。没有铁路需要通过公路或者水路运输麻醉药品和第一类精神药品的,应当由专人负责押运。托运或者自行运输麻醉药品和第一类精神药品的单位,应当向所在地设区的市级人民政府药品监督管理部门申请领取运输证明。运输证明有效期为1年。

邮寄麻醉药品和精神药品,寄件人应当提交所在地设区的市级人民政府药品监督管理部门出具的准予邮寄证明。

第二节 医疗用毒性药品管理法律制度

一、医疗用毒性药品的概念和种类

(一) 概念

医疗用毒性药品,是指毒性剧烈、治疗剂量与中毒剂量相近,使用不当会致人中毒或死亡的药品。

(二) 医疗用毒性药品的种类

1988年,国务院发布的《医疗用毒性药品管理办法》中把医疗用毒性药品分为毒性中药品种和西药毒药品种两大类,并列举了具体品种。该办法发布以后,在实际贯彻过程中遇到一些具体问题。1990年,卫生部药政局在《关于〈医疗用毒性药品管理办法〉的补充规定》中,指出"闹阳花、生马前于应按《中华人民共和国药典》(1985年版)所用的名称:闹羊花、生马钱子"。"红粉、红升丹系同物异名。《中华人民共和国药典》(1985年版)以'红粉'收载。今后毒性药品品种表修订时将取消'红升丹'的名称。"目前,我国医疗用毒性药品包括以下品种:

1. 毒性中药品种。毒性中药品种共 27 种，包括砒石（红砒、白砒）、砒霜、生川乌、生马钱子、生甘遂、生草乌、雄黄、红娘虫、生白附子、生附子、水银、生巴豆、白降丹、生千金子、生半夏、斑蝥、青娘虫、洋金花、生天仙子、生南星、红粉（红升丹）、生藤黄、蟾酥、雪上一枝蒿、生狼毒、轻粉、闹羊花。

2. 西药毒药品种。西药毒药品种共 11 种，包括去乙酰毛花甙丙、阿托品、洋地黄毒苷、氢溴酸后马托品、三氧化二砷、毛果芸香碱、升汞、水杨酸毒扁豆碱、亚砷酸钾、氢溴酸东莨菪碱、士的宁。

二、医疗用毒性药品的立法

因为医疗用毒性药品具有毒性剧烈、治疗剂量与中毒剂量相近的特点，如果对其管理不严而发生流失，将会对社会造成重大影响和危害。因此，国家必须对毒性药品的生产、经营、储运和使用进行立法控制并实施严格监管。

1964 年 4 月，卫生部、商业部、化工部发布了《管理毒药、限制性剧药暂行规定》，1964 年 12 月，卫生部、商业部发布了《管理毒性中药的暂行办法》，1979 年 6 月，卫生部、国家医药管理总局发布了《医疗用毒药、限制性剧药管理规定》。

1984 年颁布的《药品管理法》第 39 条规定了国家对毒性药品实行特殊的管理办法。1988 年，国务院发布了《医疗用毒性药品管理办法》，同时《管理毒药、限制性剧药暂行规定》《管理毒性中药的暂行办法》和《医疗用毒药、限制性剧药管理规定》随之废止。2001 年修订后的《药品管理法》第 35 条规定了国家对医疗用毒性药品实行特殊管理。

三、医疗用毒性药品的监督管理部门及监管措施

我国医疗用毒性药品的监督管理职权由药品监督管理部门行使。其监管措施包括对医疗用毒性药品的生产、经营与使用的监督与管理。

（一）医疗用毒性药品的生产管理

毒性药品年度生产计划，由省、自治区、直辖市药品监督管理部门根据医疗需要制定并下达给指定的毒性药品生产单位，并抄报国务院药品监督管理部门和国家中医药管理局。生产单位不得擅自改变生产计划，自行销售。

药品生产企业（含医疗机构制剂室）涉及毒性药品的，要建立严格的管理制度，必须由医药专业人员负责生产、配制和质量检验。严防与其他药品混杂，每次配料必须经两人以上复核签字。生产（配制）毒性药品及制剂，必须严格执行生产（配制）操作规程，建立完整的记录，详细记录每次生产所用原料和成品数，经手人要签字备查。所有工具、容器要处理干净，以防污染其他药品。标示量要准确无误，包装容器要有毒药标志。

凡加工炮制毒性中药，必须按照《中华人民共和国药典》或者省、自治区、直辖市卫生行政部门制定的《炮制规范》的规定进行。药材符合药用要求的，方可供应、配方和用于中成药生产。生产毒性药品及其制剂，必须严格执行生产工艺操作规程，在本单位药品检验人员的监督下准确投料，并建立完整的生产记录，保存5年备查。在生产毒性药品过程中产生的废弃物，必须妥善处理，不得污染环境。

（二）医疗用毒性药品的经营与使用管理

毒性药品收购、供应和配制计划，由省、自治区、直辖市药品监督管理部门根据医疗需要制定并下达。毒性药品的收购和经营，由药品监督管理部门指定的药品经营企业承担；配方用药由有关药品零售企业、医疗机构负责供应。其他任何单位或者个人均不得从事毒性药品的收购、经营和配方业务。

药品经营企业（含医疗机构药房）要严格按照GSP或相关规定的要求，建立健全保管、验收、领发、核对等制度。毒性药品应专柜加锁并由专人保管，做到双人、双锁，专账记录。必须建立健全保管、验收、领发、核对等制度，严防收假、发错，严禁与其他药品混杂。毒性药品的包装容器上必须印有毒药标志，在运输毒性药品的过程中，应当采取有效措施，防止发生事故。药品零售企业供应毒性药品，须凭盖有医生所在医疗机构公章的处方。医疗机构供应和调配毒性药品，须凭医生签名的处方。每次处方剂量不得超过2日极量。调配处方时，必须认真负责，计量准确，按医嘱注明要求，并由配方人员及具有药师以上技术职称的复核人员签名盖章后方可发出。对处方未注明"生用"的毒性中药，应当付炮制品。如对处方有疑问时，须经原处方医生重新审定后再行调配。取药后处方保存2年备查。

科研和教学单位所需的毒性药品，必须持本单位的证明信，经所在地县级以上药品监督管理部门批准后，供应单位方能发售。

第三节 放射性药品管理法律制度

一、放射性药品的概念和种类

放射性药品，是指用于临床诊断或者治疗的放射性核素制剂或者其标记物。包括裂变制品、堆照制品、加速器制器、放射性同位素发生器及其配套药盒、放射免疫分析药盒等。

放射性药品分为二大类，一类为放射性同位素本身就是药物的主要成分；另一类是放射性同位素标记的药物，其示踪作用是通过被标记药本身的代谢过程来体现的。2005 年版《中华人民共和国药典》共收载 17 种放射药品标准。2015 年版《中华人民共和国药典》继续收载。

由于放射性药品释放出的射线具有穿透性，通过人体时可与组织发生电离作用，因此对其质量要求比一般药品更严，既保证达到诊断与治疗的目的，又不使正常组织受到损害。

二、放射性药品的立法

根据《药品管理法》第 35 条规定，放射性药品被确定为特殊管理的药品。1989 年 1 月，国务院发布了《放射性药品管理办法》，具体规定了放射性新药的研制、临床研究和审批、放射性药品的生产、经营和进出口、包装和运输、使用、放射性药品标准和检验。当前，随着社会的发展，相关部门对放射性药品监管职能和监管方式已经发生了变化，放射性药品管理的相关规定需要进一步完善。2012 年 1 月，国务院印发《国家药品安全"十二五"规划》，明确提出将要对《放射性药品管理办法》进行修订。

三、放射性药品的监督管理部门及监管措施

我国放射性药品的监督管理职权由各级药品监督管理部门行使。其监管措施包括对放射性药品的生产、经营、使用、包装和运输等各个环节的监督与管理活动。

（一）放射性药品的生产与经营

开办放射性药品生产、经营企业，必须具备《药品管理法》规定的条件，

符合国家的放射卫生防护基本标准,根据《放射性同位素与射线装置安全和防护条例》和《放射性同位素与射线装置安全许可管理办法》,由环保部门发给《辐射安全许可证》。然后向省级药品监督管理部门申请《放射性药品生产许可证》《放射性药品经营许可证》。无许可证的生产、经营企业,一律不准生产、销售放射性药品。

放射性药品生产、经营企业,必须配备与生产、经营放射性药品相适应的专业技术人员,具有安全、防护和废气、废物、废水处理等设施,并建立严格的质量管理制度。必须建立质量检验机构,严格实行生产全过程的质量控制和检验。产品出厂前,须经质量检验。符合国家药品标准的产品方可出厂,不符合标准的产品一律不准出厂。

(二)放射性药品的使用

凡使用放射性药品的医疗机构必须符合国家的放射卫生防护基本标准,根据《放射性同位素与射线装置安全和防护条例》和《放射性同位素与射线装置安全许可管理办法》,由环保部门发给《辐射安全许可证》。然后向所在省级药品监督管理部门提出申请,填写《放射性药品使用许可证申请表》并按照规定报送有关资料。药品监督管理部门收到申请资料后应及时对申请单位进行验收检查,经检查验收合格,发给《放射性药品使用许可证》,无许可证的医疗单位不得临床使用放射性药品。《放射性药品使用许可证》有效期为5年,期满前6个月,医疗单位应当向原发证的行政部门重新提出申请,经审核批准后,换发新证。

医疗单位设置核医学科、室(内位素室),必须配备与其医疗任务相适应并经核医学技术培训的技术人员。非核医学专业技术人员未经培训,不得从事放射性药品使用工作。

持有《放射性药品使用许可证》的医疗单位,在研究配制放射性制剂并进行临床验证前,应当根据放射性药品的特点,提出该制剂的药理、毒性等资料,由省、自治区、直辖市卫生行政部门批准,并报卫生部备案,该制剂只限本单位内使用。

持有《放射性药品使用许可证》的医疗单位,必须负责对使用的放射性药品进行临床质量检验,收集药品不良反应等项工作,并定期向所在地卫生行政部门报告。放射性药品使用后的废物(包括患者排出物),必须按国家有关规定妥善处置。

(三) 放射性药品的包装和运输

放射性药品的包装必须安全实用，符合放射性药品质量要求，具有与放射性剂量相适应的防护装置，包装必须分内包装和外包装两部分，外包装必须贴有商标、标签、说明书和放射性药品标志，内包装必须贴有标签。标签必须注明药品品名、放射性比活度、装量。说明书还须注明生产单位、批准文号、批号、主要成分、出厂日期、放射性核素半衰期、适应征、用法、用量、禁忌症、有效期和注意事项等。

放射性药品的运输，按国家运输、邮政等部门制订的有关规定执行。严禁任何单位和个人随身携带放射性药品乘坐公共交通运输工具。

第四节 法律责任

一、违反《麻醉药品和精神药品管理条例》的法律责任

(一) 行政责任

1. 行政处分。药品监督管理部门、卫生主管部门违反《麻醉药品和精神药品管理条例》的规定，有下列情形之一的，由其上级行政机关或者监察机关责令改正；情节严重的，对直接负责的主管人员和其他直接责任人员依法给予行政处分：①对不符合条件的申请人准予行政许可或者超越法定职权作出准予行政许可决定的；②未到场监督销毁过期、损坏的麻醉药品和精神药品的；③未依法履行监督检查职责，应当发现而未发现违法行为、发现违法行为不及时查处，或者未依照条例规定的程序实施监督检查的；④违反条例规定的其他失职、渎职行为。

取得印鉴卡的医疗机构违反《麻醉药品和精神药品管理条例》的规定，有下列情形之一的，对直接负责的主管人员和其他直接责任人员，依法给予降级、撤职、开除的处分：①未依照规定购买、储存麻醉药品和第一类精神药品的；②未依照规定保存麻醉药品和精神药品专用处方，或者未依照规定进行处方专册登记的；③未依照规定报告麻醉药品和精神药品的进货、库存、使用数量的；④紧急借用麻醉药品和第一类精神药品后未备案的；⑤未依照规定销毁麻醉药品和精神药品的。

发生麻醉药品和精神药品被盗、被抢、丢失案件的单位，违反该条例的规定未采取必要的控制措施或者未依照规定报告的，由其上级主管部门对直接负责的主管人员和其他直接责任人员，依法给予降级、撤职的处分。

2. 行政处罚。麻醉药品药用原植物种植企业、定点生产企业、定点批发企业、第二类精神药品零售企业、医疗机构、执业医师、处方的调配人与核对人等特定主体，以及其他单位或个人有违反《麻醉药品和精神药品管理条例》行为的，药品监督管理部门将根据不同情况分别给予警告、罚款、没收违法所得或非法药品、责令停产停业、吊销证书或证明文件、取消特定资格等行政处罚。

（二）刑事责任

有违反《麻醉药品和精神药品管理条例》规定的以下行为，构成犯罪的，将由国家有关部门追究刑事责任：①药品监督管理部门、卫生主管部门违反该条例规定，超越职权或有其他失职、渎职行为，构成犯罪的；②未取得麻醉药品和第一类精神药品处方资格的执业医师擅自开具麻醉药品和第一类精神药品处方，构成犯罪的；③药物临床试验机构以健康人为麻醉药品和第一类精神药品临床试验的受试对象，构成犯罪的；④依法取得麻醉药品药用原植物种植或者麻醉药品和精神药品实验研究、生产、经营、使用、运输等资格的单位，倒卖、转让、出租、出借、涂改其麻醉药品和精神药品许可证明文件，构成犯罪的；⑤使麻醉药品和精神药品流入非法渠道造成危害，构成犯罪的。

二、违反《医疗用毒性药品管理办法》的法律责任

违反《医疗用毒性药品管理办法》规定，擅自生产、收购、经营毒性药品的单位或者个人，由药品监督管理部门没收其全部毒性药品，并处以警告或按非法所得的5倍~10倍罚款。情节严重、致人伤残或死亡，构成犯罪的，由司法机关依法追究其刑事责任。

三、违反《放射性药品管理办法》的法律责任

对违反《放射性药品管理办法》规定的单位或者个人，由药品监督管理部门按照《药品管理法》和有关法规的规定处罚。

思考题

1. 我国《药品管理法》规定对哪几种药品实行特殊管理?
2. 试述我国对于麻醉药品和精神药品经营的法律规定。
3. 试述医疗用毒性药品的经营与使用管理。

第十四章

传染病防治法律制度

> **学习目标**
>
> 掌握：传染病的分类管理、传染病的报告制度、传染病的紧急控制措施以及疫区封锁。
>
> 熟悉：传染病的预防措施。
>
> 了解：传染病监督的法律规定，违法传染病防治法的法律责任。

第一节 概 述

一、传染病防治法的概念

传染病，是指由病原性细菌、病毒、立克次体和原虫等引起的、能在人与人、动物与动物或人与动物之间相互传播的一类疾病。由于这类疾病具有传染性、流行性和反复性等特点，因而发病率高，对人民的身体健康危害极大。

传染病防治法是调整预防、控制和消除传染病的发生与流行，保障人体健康活动中产生的各种社会关系的法律规范的总称。

为了加强传染病的管理、预防控制和消除传染病的发生和流行，保障人体健康，1989年2月21日，七届全国人大常委会第六次会议通过并颁布了《中华人民共和国传染病防治法》（以下简称为《传染病防治法》），同年9月1日起施行。1991年12月6日，经国务院批准，卫生部发布了《中华人民共和国传染病防治法实施办法》。2003年的非典型肺炎在我国的暴发流行，使我国的传染病防治的法律接受了一次巨大的挑战，为了进一步完善现有的法律制度，以适应目前传染病防治中出现的新情况，2004年8月28日，第十届全国人民代表大会常务委员会第十一次会议修订了《传染病防治法》，并于同年12月1日起施行。2013年6月29日，第十二届全国人民代表大会常务委员会第三次会议对《传染病防治法》再次作出修改。

《传染病防治法》及其实施办法的颁布实施，系统地确立了我国对传染病的预防、疫情报告与公布、控制和监督的法律制度，标志着我国传染病防治工作开始全面走上法制化轨道。

二、法定传染病的分类

根据传染病的危害程度和我国实际情况，《传染病防治法》将全国发病率较高、流行面较大、危害较严重的37种急慢性传染病定为法定管理的传染病，并根据其对人类的危害程度及传播方式和速度的不同分为甲、乙、丙三类，实行分类管理。分类管理既有利于把有限的卫生资源合理配置、有效投入，也有利于突出重点，争取最大效益。

甲类传染病（2种）是指：鼠疫、霍乱。

乙类传染病（25种）是指：传染性非典型肺炎（严重急性呼吸综合征）、艾滋病、病毒性肝炎、脊髓灰质炎、人感染高致病性禽流感、麻疹、流行性出血热、狂犬病、流行性乙型脑炎、登革热、炭疽、细菌性和阿米巴性痢疾、肺结核、伤寒和副伤寒、流行性脑脊髓膜炎、百日咳、白喉、新生儿破伤风、猩红热、布鲁氏菌病、淋病、梅毒、钩端螺旋体病、血吸虫病、疟疾。

丙类传染病（10种）是指：流行性感冒、流行性腮腺炎、风疹、急性出血性结膜炎、麻风病、流行性和地方性斑疹伤寒、黑热病、包虫病、丝虫病，除霍乱、细菌性和阿米巴性痢疾、伤寒和副伤寒以外的感染性腹泻病。

国务院卫生行政部门根据传染病暴发、流行情况和危害程度，可以决定增加、减少或者调整乙类、丙类传染病病种并予以公布。

在《传染病防治法》第4条中规定，对乙类传染病中传染性非典型肺炎、炭疽中的肺炭疽和人感染高致病性禽流感，采取本法所称甲类传染病的预防、控制措施。其他乙类传染病和突发原因不明的传染病需要采取甲类传染病的预防、控制措施的，由国务院卫生行政部门及时报经国务院批准后予以公布、实施。

需要解除依照前款规定采取的甲类传染病预防、控制措施的，由国务院卫生行政部门报经国务院批准后予以公布。

省、自治区、直辖市人民政府对本行政区域内常见、多发的其他地方性传染病，可以根据情况决定按照乙类或者丙类传染病管理并予以公布，报国务院卫生行政部门备案。

国务院卫生行政部门根据传染病暴发、流行情况和危害程度，可以决定增加、减少或者调整乙类、丙类传染病病种并予以公布。需要解除采取的甲类传染病预防、控制措施的，由国务院卫生行政部门报经国务院批准后予以公布。

2013年11月4日，卫计委发布《关于调整部分法定传染病病种管理工作的通知》，该通知中称，根据《传染病防治法》相关规定，将人感染H7N9禽流感纳入法定乙类传染病；将甲型H1N1流感从乙类调整为丙类，并纳入现有流行性感冒进行管理；解除对人感染高致病性禽流感采取的传染病防治法规定的甲类传染病预防、控制措施。

第二节 传染病预防和控制法律制度

一、传染病防控的主管部门及其职责

各级人民政府领导传染病防治工作。县级以上人民政府制定传染病防治规划并组织实施，建立健全传染病防治的疾病预防控制、医疗救治和监督管理体系。

国务院卫生行政部门主管全国传染病防治及其监督管理工作。县级以上地方人民政府卫生行政部门负责本行政区域内的传染病防治及其监督管理工作。县级以上人民政府其他部门在各自的职责范围内负责传染病防治工作。

军队的传染病防治工作由中国人民解放军卫生主管部门实施监督管理。

各级疾病预防控制机构承担传染病监测、预测、流行病学调查、疫情报告以及其他预防、控制工作。医疗机构承担与医疗救治有关的传染病防治工作和责任区域内的传染病预防工作。城市社区和农村基层医疗机构在疾病预防控制机构的指导下，承担城市社区、农村基层相应的传染病防治工作。

居民委员会、村民委员会应当组织居民、村民参与社区、农村的传染病预防与控制活动。

国家开展预防传染病的健康教育。新闻媒体应当无偿开展传染病防治和公共卫生教育的公益宣传。

各级各类学校应当对学生进行健康知识和传染病预防知识的教育。

医学院校应当加强预防医学教育和科学研究，对在校学生以及其他与传染病防治相关人员进行预防医学教育和培训，为传染病防治工作提供技术支持。

疾病预防控制机构、医疗机构应当定期对其工作人员进行传染病防治知识、技能的培训。

二、传染病防控的对象

中华人民共和国领域内的一切单位和个人，必须接受疾病预防控制机构、医疗机构有关传染病的调查、检验、采集样本、隔离治疗等预防、控制措施，如实提供有关情况。疾病预防控制机构、医疗机构不得泄露涉及个人隐私的有关信息、资料。

卫生行政部门以及其他有关部门、疾病预防控制机构和医疗机构因违法实施行政管理或者预防、控制措施，侵犯单位和个人合法权益的，有关单位和个人可以依法申请行政复议或者提起诉讼。

三、传染病的预防

传染病预防是传染病防治管理工作中一项极其重要的实施手段，是《传染病防治法》的重要内容，是贯穿国家对传染病实行"预防为主"原则的集中体现，主要有：

1. 加强卫生宣传教育，培训防治技能。 各级人民政府组织开展群众性卫生活动，进行预防传染病的健康教育，倡导文明健康的生活方式，提高公众对传染病的防治意识和应对能力，加强环境卫生建设，消除鼠害和蚊、蝇等病媒生物的危害。

2. 消除各种传染病传播媒介。 各级人民政府农业、水利、林业行政部门按照职责分工负责指导和组织消除农田、湖区、河流、牧场、林区的鼠害与血吸虫危害，以及其他传播传染病的动物和病媒生物的危害。

铁路、交通、民用航空行政部门负责组织消除交通工具以及相关场所的鼠害和蚊、蝇等病媒生物的危害。

3. 改善公共卫生设施。 地方各级人民政府应当有计划地建设和改造公共卫生设施，改善饮用水卫生条件，对污水、污物、粪便进行无害化处置。

4. 施行有计划的预防接种制度。 国家实行有计划的预防接种制度。国务院卫生行政部门和省、自治区、直辖市人民政府卫生行政部门，根据传染病预防、控制的需要，制定传染病预防接种规划并组织实施。用于预防接种的疫苗必须符合国家质量标准。

国家对儿童实行预防接种制度。国家免疫规划项目的预防接种实行免费。医疗机构、疾病预防控制机构与儿童的监护人应当相互配合，保证儿童及时接受预防接种。具体办法由国务院制定。

5. 建立传染病监测制度。 国务院卫生行政部门制定国家传染病监测规划和方案。省、自治区、直辖市人民政府卫生行政部门根据国家传染病监测规划和方案，制定本行政区域的传染病监测计划和工作方案。

各级疾病预防控制机构对传染病的发生、流行以及影响其发生、流行的因素，进行监测；对国外发生、国内尚未发生的传染病或者国内新发生的传染病，进行监测。

6. 建立传染病预警制度，制定防控预案。 国务院卫生行政部门和省、自治区、直辖市人民政府根据传染病发生、流行趋势的预测，及时发出传染病预警，根据情况予以公布。县级以上地方人民政府应当制定传染病预防、控制预案，报上一级人民政府备案。地方人民政府和疾病预防控制机构接到国务院卫生行政部门或者省、自治区、直辖市人民政府发出的传染病预警后，应当按照传染病预防、控制预案，采取相应的预防、控制措施。

7. 防止医院及实验室感染。 医疗机构必须严格执行国务院卫生行政部门规定的管理制度、操作规范，防止传染病的医源性感染和医院感染。

医疗机构应当确定专门的部门或者人员，承担传染病疫情报告、本单位的传染病预防、控制以及责任区域内的传染病预防工作；承担医疗活动中与医院感染有关的危险因素监测、安全防护、消毒、隔离和医疗废物处置工作。

疾病预防控制机构应当指定专门人员负责对医疗机构内传染病预防工作进行指导、考核，开展流行病学调查。

8. 严格执行各项医疗和卫生制度。 疾病预防控制机构、医疗机构的实验室和从事病原微生物实验的单位，应当符合国家规定的条件和技术标准，建立严格的监督管理制度，对传染病病原体样本按照规定的措施实行严格监督管理，严防传染病病原体的实验室感染和病原微生物的扩散。

9. 控制传染源，切断传播途径。采供血机构、生物制品生产单位必须严格执行国家有关规定，保证血液、血液制品的质量。禁止非法采集血液或者组织他人出卖血液。

疾病预防控制机构、医疗机构使用血液和血液制品，必须遵守国家有关规定，防止因输入血液、使用血液制品引起经血液传播疾病的发生。各级人民政府应当加强艾滋病的防治工作，采取预防、控制措施，防止艾滋病的传播。

10. 加强对人畜共患传染病的预防管理和自然疫源地的建设项目审批。县级以上人民政府农业、林业行政部门以及其他有关部门，依据各自的职责负责与人畜共患传染病有关的动物传染病的防治管理工作。

与人畜共患传染病有关的野生动物、家畜家禽，经检疫合格后，方可出售、运输。

四、疫情报告

（一）报告主体

疾病预防控制机构、医疗机构和采供血机构及其执行职务的人员发现法定传染病疫情或者发现其他传染病暴发、流行以及突发原因不明的传染病时，应当遵循疫情报告属地管理原则，按照国务院规定的或者国务院卫生行政部门规定的内容、程序、方式和时限报告。

任何单位和个人发现传染病病人或者疑似传染病病人时，应当及时向附近的疾病预防控制机构或者医疗机构报告。

港口、机场、铁路疾病预防控制机构以及国境卫生检疫机关发现甲类传染病病人、病原携带者、疑似传染病病人时，应当按照国家有关规定立即向国境口岸所在地的疾病预防控制机构或者所在地县级以上地方人民政府卫生行政部门报告并互相通报。

（二）报告程序及要求

疾病预防控制机构应当主动收集、分析、调查、核实传染病疫情信息。接到甲类、乙类传染病疫情报告或者发现传染病暴发、流行时，应当立即报告当地卫生行政部门，由当地卫生行政部门立即报告当地人民政府，同时报告上级卫生行政部门和国务院卫生行政部门。

传染病报告实行属地化管理和首诊医生负责制，医院内诊断的传染病病例的报告卡由首诊医生负责填写，由医院预防保健科的专业人员负责进行网络直报。暴发疫情现场调查的院外传染病病例报告卡由属地疾病预防控制机构的现场调查人员填写，并由疾控机构进行报告。

1. 实行网络直报责任疫情的报告单位。 发现甲类传染病和乙类传染病中的肺炭疽、传染性非典型肺炎、脊髓灰质炎、高致病性禽流感的病人、疑似病人以及其他暴发传染病、新发传染病以及原因不明的传染病疫情时，接诊医生诊断后应于2小时内以最快的方式（电话）向当地县级疾病预防控制机构报告，同时将传染病报告卡通过网络进行报告。

对其他乙、丙类传染病病人、疑似病人、按规定报告传染病的病原携带者在诊断后应于24小时内进行网络报告。

2. 尚未实行网络直报责任疫情的报告单位。 发现甲类传染病和乙类传染病中的肺炭疽、传染性非典型肺炎、脊髓灰质炎、高致病性禽流感的病人、疑似病人以及其他暴发传染病、新发或不明原因传染病疫情时，接诊医生诊断后城镇2小时内、农村6小时内以最快的方式向当地县级疾病预防控制机构报告，同时送（寄）出传染病报告卡。

对其他乙、丙类传染病病人、疑似病人、按规定报告传染病的病原携带者在诊断后应于24小时内寄出传染病报告卡。

对于传染病报告卡未及时报告、传染病漏报，疾病预防控制机构在现场监测时发现漏报的应该及时或随时补报，按初次报告进行报告和录入。

（三）传染病疫情信息公布制度

国家建立传染病疫情信息公布制度。国务院卫生行政部门定期公布全国传染病疫情信息。省、自治区、直辖市人民政府卫生行政部门定期公布本行政区域的传染病疫情信息。

传染病暴发、流行时，国务院卫生行政部门负责向社会公布传染病疫情信息，并可以授权省、自治区、直辖市人民政府卫生行政部门向社会公布本行政区域的传染病疫情信息。

公布传染病疫情信息应当及时、准确。

(四) 传染病疫情信息通报

国务院卫生行政部门应当及时向国务院其他有关部门和各省、自治区、直辖市人民政府卫生行政部门通报全国传染病疫情以及监测、预警的相关信息。

毗邻的以及相关的地方人民政府卫生行政部门，应当及时互相通报本行政区域的传染病疫情以及监测、预警的相关信息。

县级以上人民政府有关部门发现传染病疫情时，应当及时向同级人民政府卫生行政部门通报。

中国人民解放军卫生主管部门发现传染病疫情时，应当向国务院卫生行政部门通报。

动物防疫机构和疾病预防控制机构，应当及时互相通报动物间和人间发生的人畜共患传染病疫情以及相关信息。

负有传染病疫情报告职责的人民政府有关部门、疾病预防控制机构、医疗机构、采供血机构及其工作人员，不得隐瞒、谎报、缓报传染病疫情。

五、疫情控制

医疗机构发现甲类传染病时，应当及时采取下列措施：①对病人、病原携带者，予以隔离治疗，隔离期限根据医学检查结果确定；②对疑似病人，确诊前在指定场所单独隔离治疗；③对医疗机构内的病人、病原携带者、疑似病人的密切接触者，在指定场所进行医学观察和采取其他必要的预防措施。

拒绝隔离治疗或者隔离期未满擅自脱离隔离治疗的，可以由公安机关协助医疗机构采取强制隔离治疗措施。

医疗机构发现乙类或者丙类传染病病人，应当根据病情采取必要的治疗和控制传播措施。

医疗机构对本单位内被传染病病原体污染的场所、物品以及医疗废物，必须依照法律、法规的规定实施消毒和无害化处置。

疾病预防控制机构发现传染病疫情或者接到传染病疫情报告时，应当及时采取下列措施：①对传染病疫情进行流行病学调查，根据调查情况提出划定疫点、疫区的建议，对被污染的场所进行卫生处理，对密切接触者，在指定场所进行医学观察和采取其他必要的预防措施，并向卫生行政部门提出疫情控制方案；②传染病暴发、流行时，对疫点、疫区进行卫生处理，向卫生行政部门提出疫情控制方案，并按照卫生行政部门的要求采取措施；③指导下级疾病预防控制机构实施传染病预防、控制措施，组织、指导有关单位对传染病疫情的处理。

对已经发生甲类传染病病例的场所或者该场所内特定区域的人员，所在地的县级以上地方人民政府可以实施隔离措施，并同时向上一级人民政府报告；接到报告的上级人民政府应当即时作出是否批准的决定。上级人民政府作出不予批准决定的，实施隔离措施的人民政府应当立即解除隔离措施。

在隔离期间，实施隔离措施的人民政府应当对被隔离人员提供生活保障；被隔离人员有工作单位的，所在单位不得停止支付其隔离期间的工作报酬。

隔离措施的解除，由原决定机关决定并宣布。

传染病暴发、流行时，县级以上地方人民政府应当立即组织力量，按照预防、控制预案进行防治，切断传染病的传播途径，必要时，报经上一级人民政府决定，可以采取下列紧急措施并予以公告：①限制或者停止集市、影剧院演出或者其他人群聚集的活动；②停工、停业、停课；③封闭或者封存被传染病病原体污染的公共饮用水源、食品以及相关物品；④控制或者扑杀染疫野生动物、家畜家禽；⑤封闭可能造成传染病扩散的场所。

上级人民政府接到下级人民政府关于采取前款所列紧急措施的报告时，应当即时作出决定。紧急措施的解除，由原决定机关决定并宣布。

甲类、乙类传染病暴发、流行时，县级以上地方人民政府报经上一级人民政府决定，可以宣布本行政区域部分或者全部为疫区；国务院可以决定并宣布跨省、自治区、直辖市的疫区。县级以上地方人民政府可以在疫区内采取紧急措施，并可以对出入疫区的人员、物资和交通工具实施卫生检疫。

省、自治区、直辖市人民政府可以决定对本行政区域内的甲类传染病疫区实施封锁；但是，封锁大、中城市的疫区或者封锁跨省、自治区、直辖市的疫区，以及封锁疫区导致中断干线交通或者封锁国境的，由国务院决定。疫区封锁的解除，由原决定机关决定并宣布。

发生甲类传染病时，为了防止该传染病通过交通工具及其乘运的人员、物资传播，可以实施交通卫生检疫。具体办法由国务院制定。

传染病暴发、流行时，根据传染病疫情控制的需要，国务院有权在全国范围或者跨省、自治区、直辖市范围内，县级以上地方人民政府有权在本行政区域内紧急调集人员或者调用储备物资，临时征用房屋、交通工具以及相关设施、设备。

紧急调集人员的，应当按照规定给予合理报酬。临时征用房屋、交通工具以及相关设施、设备的，应当依法给予补偿；能返还的，应当及时返还。

患甲类传染病、炭疽死亡的，应当将尸体立即进行卫生处理，就近火化。患其他传染病死亡的，必要时应当将尸体进行卫生处理后火化或者按照规定深埋。

为了查找传染病病因，医疗机构在必要时可以按照国务院卫生行政部门的规定，对传染病病人尸体或者疑似传染病病人尸体进行解剖查验，并应当告知死者家属。

疫区中被传染病病原体污染或者可能被传染病病原体污染的物品，经消毒可以使用的，应当在当地疾病预防控制机构的指导下，进行消毒处理后，方可使用、出售和运输。

发生传染病疫情时，疾病预防控制机构和省级以上人民政府卫生行政部门指派的其他与传染病有关的专业技术机构，可以进入传染病疫点、疫区进行调查、采集样本、技术分析和检验。

传染病暴发、流行时，药品和医疗器械生产、供应单位应当及时生产、供应防治传染病的药品和医疗器械。铁路、交通、民用航空经营单位必须优先运送处理传染病疫情的人员以及防治传染病的药品和医疗器械。县级以上人民政府有关部门应当做好组织协调工作。

六、医疗救治

县级以上人民政府应当加强和完善传染病医疗救治服务网络的建设，指定具备传染病救治条件和能力的医疗机构承担传染病救治任务，或者根据传染病救治需要设置传染病医院。

医疗机构的基本标准、建筑设计和服务流程，应当符合预防传染病医院感染的要求。

医疗机构应当按照规定对使用的医疗器械进行消毒；对按照规定一次使用的医疗器具，应当在使用后予以销毁。

医疗机构应当按照国务院卫生行政部门规定的传染病诊断标准和治疗要

求，采取相应措施，提高传染病医疗救治能力。

医疗机构应当对传染病病人或者疑似传染病病人提供医疗救护、现场救援和接诊治疗，书写病历记录以及其他有关资料，并妥善保管。

医疗机构应当实行传染病预检、分诊制度；对传染病病人、疑似传染病病人，应当引导至相对隔离的分诊点进行初诊。医疗机构不具备相应救治能力的，应当将患者及其病历记录复印件一并转至具备相应救治能力的医疗机构。具体办法由国务院卫生行政部门规定。

第三节 传染病监督和保障措施法律制度

一、传染病的监督

县级以上人民政府卫生行政部门对传染病防治工作履行下列监督检查职责：

1. 对下级人民政府卫生行政部门履行的传染病防治职责进行监督检查。
2. 对疾病预防控制机构、医疗机构的传染病防治工作进行监督检查。
3. 对采供血机构的采供血活动进行监督检查。
4. 对用于传染病防治的消毒产品及其生产单位进行监督检查，并对饮用水供水单位从事生产或者供应活动以及涉及饮用水卫生安全的产品进行监督检查。
5. 对传染病菌种、毒种和传染病检测样本的采集、保藏、携带、运输、使用进行监督检查。
6. 对公共场所和有关单位的卫生条件和传染病预防、控制措施进行监督检查。

省级以上人民政府卫生行政部门负责组织对传染病防治重大事项的处理。

县级以上人民政府卫生行政部门在履行监督检查职责时，有权进入被检查单位和传染病疫情发生现场调查取证，查阅或者复制有关的资料和采集样本。被检查单位应当予以配合，不得拒绝、阻挠。

县级以上地方人民政府卫生行政部门在履行监督检查职责时，发现被传染病病原体污染的公共饮用水源、食品以及相关物品，如不及时采取控制措施可能导致传染病传播、流行的，可以采取封闭公共饮用水源、封存食品以及相关物品或者暂停销售的临时控制措施，并予以检验或者进行消毒。经检验，属于被污染的食品，应当予以销毁；对未被污染的食品或者经消毒后可以使用的物品，应当解除控制措施。

卫生行政部门工作人员依法执行职务时，应当不少于两人，并出示执法证件，填写卫生执法文书。卫生执法文书经核对无误后，应当由卫生执法人员和当事人签名。当事人拒绝签名的，卫生执法人员应当注明情况。卫生行政部门应当依法建立健全内部监督制度，对其工作人员依据法定职权和程序履行职责的情况进行监督。上级卫生行政部门发现下级卫生行政部门不及时处理职责范围内的事项或者不履行职责的，应当责令纠正或者直接予以处理。

卫生行政部门及其工作人员履行职责，应当自觉接受社会和公民的监督。单位和个人有权向上级人民政府及其卫生行政部门举报违反本法的行为。接到举报的有关人民政府或者其卫生行政部门，应当及时调查处理。

二、传染病的保障措施

国家将传染病防治工作纳入国民经济和社会发展计划，县级以上地方人民政府将传染病防治工作纳入本行政区域的国民经济和社会发展计划。

县级以上地方人民政府按照本级政府职责负责本行政区域内传染病预防、控制、监督工作的日常经费。

国务院卫生行政部门会同国务院有关部门，根据传染病流行趋势，确定全国传染病预防、控制、救治、监测、预测、预警、监督检查等项目。中央财政对困难地区实施重大传染病防治项目给予补助。

省、自治区、直辖市人民政府根据本行政区域内传染病流行趋势，在国务院卫生行政部门确定的项目范围内，确定传染病预防、控制、监督等项目，并保障项目的实施经费。

国家加强基层传染病防治体系建设，扶持贫困地区和少数民族地区的传染病防治工作。

地方各级人民政府应当保障城市社区、农村基层传染病预防工作的经费。

国家对患有特定传染病的困难人群实行医疗救助，减免医疗费用。具体办法由国务院卫生行政部门会同国务院财政部门等部门制定。

县级以上人民政府负责储备防治传染病的药品、医疗器械和其他物资，以备调用。

对从事传染病预防、医疗、科研、教学、现场处理疫情的人员，以及在生产、工作中接触传染病病原体的其他人员，有关单位应当按照国家规定，采取有效的卫生防护措施和医疗保健措施，并给予适当的津贴。

第四节 法律责任

一、行政责任

地方各级人民政府未依照《传染病防治法》的规定履行报告职责，或者隐瞒、谎报、缓报传染病疫情，或者在传染病暴发、流行时，未及时组织救治、采取控制措施的，由上级人民政府责令改正，通报批评；造成传染病传播、流行或者其他严重后果的，对负有责任的主管人员，依法给予行政处分。

县级以上人民政府卫生行政部门有下列情形之一的，由本级人民政府、上级人民政府卫生行政部门责令改正，通报批评；造成传染病传播、流行或者其他严重后果的，对负有责任的主管人员和其他直接责任人员，依法给予行政处分：①未依法履行传染病疫情通报、报告或者公布职责，或者隐瞒、谎报、缓报传染病疫情的；②发生或者可能发生传染病传播时未及时采取预防、控制措施的；③未依法履行监督检查职责，或者发现违法行为不及时查处的；④未及时调查、处理单位和个人对下级卫生行政部门不履行传染病防治职责的举报的；⑤违反《传染病防治法》的其他失职、渎职行为。

县级以上人民政府有关部门未依规定履行传染病防治和保障职责的，由本级人民政府或者上级人民政府有关部门责令改正，通报批评；造成传染病传播、流行或者其他严重后果的，对负有责任的主管人员和其他直接责任人员，依法给予行政处分。

疾病预防控制机构有下列情形之一的，由县级以上人民政府卫生行政部门责令限期改正，通报批评，给予警告；对负有责任的主管人员和其他直接责任人员，依法给予降级、撤职、开除的处分，并可以依法吊销有关责任人员的执业证书：①未依法履行传染病监测职责的；②未依法履行传染病疫情报告、通报职责，或者隐瞒、谎报、缓报传染病疫情的；③未主动收集传染病疫情信息，或者对传染病疫情信息和疫情报告未及时进行分析、调查、核实的；④发现传染病疫情时，未依据职责及时采取本法规定的措施的；⑤故意泄露传染病病人、病原携带者、疑似传染病病人、密切接触者涉及个人隐私的有关信息、资料的。

医疗机构有下列情形之一的,由县级以上人民政府卫生行政部门责令改正,通报批评,给予警告;造成传染病传播、流行或者其他严重后果的,对负有责任的主管人员和其他直接责任人员,依法给予降级、撤职、开除的处分,并可以依法吊销有关责任人员的执业证书:①未按照规定承担本单位的传染病预防、控制工作、医院感染控制任务和责任区域内的传染病预防工作的;②未按照规定报告传染病疫情,或者隐瞒、谎报、缓报传染病疫情的;③发现传染病疫情时,未按照规定对传染病病人、疑似传染病病人提供医疗救护、现场救援、接诊、转诊的,或者拒绝接受转诊的;④未按照规定对本单位内被传染病病原体污染的场所、物品以及医疗废物实施消毒或者无害化处置的;⑤未按照规定对医疗器械进行消毒,或者对按照规定一次使用的医疗器具未予销毁,再次使用的;⑥在医疗救治过程中未按照规定保管医学记录资料的;⑦故意泄露传染病病人、病原携带者、疑似传染病病人、密切接触者涉及个人隐私的有关信息、资料的。

采供血机构未按照规定报告传染病疫情,或者隐瞒、谎报、缓报传染病疫情,或者未执行国家有关规定,导致因输入血液引起经血液传播疾病发生的,由县级以上人民政府卫生行政部门责令改正,通报批评,给予警告;造成传染病传播、流行或者其他严重后果的,对负有责任的主管人员和其他直接责任人员,依法给予降级、撤职、开除的处分,并可以依法吊销采供血机构的执业许可证。

非法采集血液或者组织他人出卖血液的,由县级以上人民政府卫生行政部门予以取缔,没收违法所得,可以并处10万元以下的罚款。

国境卫生检疫机关、动物防疫机构未依法履行传染病疫情通报职责的,由有关部门在各自职责范围内责令改正,通报批评;造成传染病传播、流行或者其他严重后果的,对负有责任的主管人员和其他直接责任人员,依法给予降级、撤职、开除的处分。

铁路、交通、民用航空经营单位未依照《传染病防治法》的规定优先运送处理传染病疫情的人员以及防治传染病的药品和医疗器械的,由有关部门责令限期改正,给予警告;造成严重后果的,对负有责任的主管人员和其他直接责任人员,依法给予降级、撤职、开除的处分。

有下列情形之一，导致或者可能导致传染病传播、流行的，由县级以上人民政府卫生行政部门责令限期改正，没收违法所得，可以并处5万元以下的罚款；已取得许可证的，原发证部门可以依法暂扣或者吊销许可证：①饮用水供水单位供应的饮用水不符合国家卫生标准和卫生规范的；②涉及饮用水卫生安全的产品不符合国家卫生标准和卫生规范的；③用于传染病防治的消毒产品不符合国家卫生标准和卫生规范的；④出售、运输疫区中被传染病病原体污染或者可能被传染病病原体污染的物品，未进行消毒处理的；⑤生物制品生产单位生产的血液制品不符合国家质量标准的。

有下列情形之一的，由县级以上地方人民政府卫生行政部门责令改正，通报批评，给予警告，已取得许可证的，可以依法暂扣或者吊销许可证；造成传染病传播、流行以及其他严重后果的，对负有责任的主管人员和其他直接责任人员，依法给予降级、撤职、开除的处分，并可以依法吊销有关责任人员的执业证书：①疾病预防控制机构、医疗机构和从事病原微生物实验的单位，不符合国家规定的条件和技术标准，对传染病病原体样本未按照规定进行严格管理，造成实验室感染和病原微生物扩散的；②违反国家有关规定，采集、保藏、携带、运输和使用传染病菌种、毒种和传染病检测样本的；③疾病预防控制机构、医疗机构未执行国家有关规定，导致因输入血液、使用血液制品引起经血液传播疾病发生的。

未经检疫出售、运输与人畜共患传染病有关的野生动物、家畜家禽的，由县级以上地方人民政府畜牧兽医行政部门责令停止违法行为，并依法给予行政处罚。

在国家确认的自然疫源地兴建水利、交通、旅游、能源等大型建设项目，未经卫生调查进行施工的，或者未按照疾病预防控制机构的意见采取必要的传染病预防、控制措施的，由县级以上人民政府卫生行政部门责令限期改正，给予警告，处5000元以上3万元以下的罚款；逾期不改正的，处3万元以上10万元以下的罚款，并可以提请有关人民政府依据职责权限，责令停建、关闭。

二、刑事责任

1. 妨害传染病防治罪。本罪是指违反《传染病防治法》的规定，有下列情形之一，引起甲类传染病传播或者有传播严重危险的行为：①供水单位供应的饮用水不符合国家规定的卫生标准的；②拒绝按照卫生防疫机构提出的卫生要求，对传染病病原体污染的污水、污物、粪便进行消毒处理的；③准许或者纵容传染病病人、病原携带者和疑似传染病病人从事国务院卫生行政部门规定禁止从事的易使该传染病扩散的工作的；④拒绝执行卫生防疫机构依照传染病防治法提出的预防、控制措施的。

2. 传染病菌种、毒种扩散罪。本罪是指从事实验、保藏、携带、运输传染病菌种、毒种的人员，违反国务院卫生行政部门的有关规定，造成传染病菌种、毒种扩散，后果严重的行为。我国在《传染病防治法》及其实施办法、《中国医学微生物菌种保藏管理办法》等法律、法规中，对传染病菌种、毒种的实验、保藏、携带、运输及防止扩散作了专门性的规定。

3. 传染病防治失职罪。本罪用于惩治有关国家机关工作人员在传染病防治工作中的渎职行为，是指从事传染病防治的政府卫生行政部门的工作人员严重不负责任，导致传染病传播或者流行，情节严重的行为。根据全国人大常委会《关于〈中华人民共和国刑法〉第九章渎职罪主体适用问题的解释》的规定精神，即使没有列入国家机关人员编制，但只要代表政府从事非典等传染病防治工作的人员，亦可以构成本罪。

4. 投放危险物质罪。本罪是指行为人如果投放传染病病原体，只要足以危及公共安全，即使没有造成实际危害后果，也应处3年以上10年以下有期徒刑；致人重伤、死亡或者公私财产遭受重大损失的，最高可处以死刑。

5. 非法制造、买卖、运输、储存危险物质罪。本罪是指违反国家有关毒害性、放射性、传染病病原体等物质制造、买卖、运输、储存的规定，擅自制造、买卖、运输、储存这些危险物质，危害公共安全的行为。凡自然人或单位，没有获得合法批准或者超出批准的种类、数量而擅自制造、买卖、运输、储存传染病病原体等物质的，即使没有造成实际危害，也可以构成本罪；情节严重的可以判处死刑。

6. 盗窃、抢夺危险物质罪和抢劫危险物质罪。前罪是指以秘密方法窃取或者公然夺取毒害性、放射性、传染病病原体等物质，危害公共安全的行为；后罪是指以暴力、胁迫或者其他方法劫取毒害性、放射性、传染病病原体等物质，危害公共安全的行为。构成前罪，最低处3年有期徒刑，最高可以判处死刑；构成后罪，最低处10年有期徒刑，最高可以判处死刑。

7. 投放虚假危险物质罪和编造、故意传播虚假恐怖信息罪。故意将虚假的传染病病原体予以投放，严重扰乱社会秩序的行为构成前罪；编造生化威胁等恐怖信息，或者明知是编造的恐怖信息而故意传播，严重扰乱社会秩序的行为构成后罪。行为人如果故意编造虚假的非典信息或者传播编造的虚假信息，给社会造成恐慌的，可以后罪定罪处罚，造成严重后果的处 5 年以上有期徒刑。

三、民事责任

单位和个人违反《传染病防治法》规定，导致传染病传播、流行，给他人人身、财产造成损害的，应当依法承担民事责任。

第五节 艾滋病防治法律制度

一、概述

（一）艾滋病的传播和流行

艾滋病（AIDS）即获得性免疫缺陷综合征，其致病原因是人类免疫缺陷病毒（HIV），该病主要通过血液、性和母婴进行传播。自 1981 年在美国发现第一个艾滋病病例以来，这种传染病以其不可抵挡之势，在世界各地蔓延，1985 年 6 月，我国发现第一例艾滋病患者。

近年来，全国艾滋病疫情、发病和死亡数量都呈现明显上升趋势，至 2003 年我国现有艾滋病感染者和病人已达到 84 万人，其中艾滋病病人约有 8 万例，主要集中在农村。目前中国艾滋病流行形式，一是表现为艾滋病流行波及范围广，全国低流行与局部地区和特定人群中的高流行并存，疫情上升趋势明显；二是表现为面临艾滋病发病死亡高峰；三是表现为疫情从具有高危行为的人群向一般人群扩散。

（二）艾滋病防治立法

随着艾滋病迅速在我国的传播，导致了由此产生的社会问题日益严重，如劳动力人口的下降引发经济衰退、艾滋病患者报复社会现象日益严重等，这些问题已经引起了世界各国的重视，我国政府也采取了一系列的措施预防和控制艾滋病。

1988年1月14日，卫生部、外交部、公安部、国家教育委员会、国家旅游局、中国民用航空局、国家外国专家局联合发布了《艾滋病监测管理的若干规定》，为我国预防艾滋病从国外传入或者在我国发生和流行，保障人体健康提供了法律保证。为了防治艾滋病，我国各地先后颁布实施了各类艾滋病性病防治条例或办法，同时我国政府还先后制定过数个国家级的防治艾滋病规划，即《全国预防艾滋病规划》(1988—1991年)、《中华人民共和国艾滋病预防和控制中期规划》(1990—1992年)、《中国预防和控制艾滋病中长期规划》(1998—2010年)、《中国遏制与防治艾滋病行动计划》(2001—2005年) 等。

2004年，云南省人民政府颁布了我国第一部艾滋病防治的地方规章《云南省艾滋病防治办法》，同年，江苏省人大颁布了我国第一部艾滋病防治的地方性法规《江苏省艾滋病防治条例》，目前我国正在研究起草防治艾滋病的专门立法的工作。

2006年1月18日，国务院第122次常务会议通过《艾滋病防治条例》，并自2006年3月1日起施行，《艾滋病监测管理的若干规定》同时废止。

二、艾滋病的预防与控制

国家建立健全艾滋病监测网络。国务院卫生主管部门制定国家艾滋病监测规划和方案。省、自治区、直辖市人民政府卫生主管部门根据国家艾滋病监测规划和方案，制定本行政区域的艾滋病监测计划和工作方案，组织开展艾滋病监测和专题调查，掌握艾滋病疫情变化情况和流行趋势。

疾病预防控制机构负责对艾滋病发生、流行以及影响其发生、流行的因素开展监测活动。

出入境检验检疫机构负责对出入境人员进行艾滋病监测，并将监测结果及时向卫生主管部门报告。

三、艾滋病病毒感染者和艾滋病病人的义务

艾滋病病毒感染者和艾滋病病人的义务包括：①接受疾病预防控制机构或者出入境检验检疫机构的流行病学调查和指导；②将感染或者发病的事实及时告知与其有性关系者；③就医时，将感染或者发病的事实如实告知接诊医生；④采取必要的防护措施，防止感染他人。艾滋病病毒感染者和艾滋病病人不得以任何方式故意传播艾滋病。

四、治疗与救助

医疗机构应当为艾滋病病毒感染者和艾滋病病人提供艾滋病防治咨询、诊断和治疗服务。医疗机构不得因就诊的病人是艾滋病病毒感染者或者艾滋病病人，推诿或者拒绝对其其他疾病进行治疗。

对确诊的艾滋病病毒感染者和艾滋病病人，医疗卫生机构的工作人员应当将其感染或者发病的事实告知本人；本人为无行为能力人或者限制行为能力人的，应当告知其监护人。

医疗卫生机构应当按照国务院卫生主管部门制定的预防艾滋病母婴传播技术指导方案的规定，对孕产妇提供艾滋病防治咨询和检测，对感染艾滋病病毒的孕产妇及其婴儿，提供预防艾滋病母婴传播的咨询、产前指导、阻断、治疗、产后访视、婴儿随访和检测等服务。

第六节 其他传染病防治法律制度

一、结核病防治

结核病是由结核杆菌引起的慢性感染性疾病，目前仍然是威胁人类健康的主要疾病之一。结核病也属于我国重点防治的传染性疾病。

为预防、控制结核病的传染与流行，保障人体健康，根据《传染病防治法》的有关规定，卫生部于1991年9月12日正式颁布实施了《结核病防治管理办法》，对结合并的防治机构、预防接种、调查报告、治疗以及控制传染等做了规定。2013年1月9日，经卫生部部务会审议通过《结核病防治管理办法》（卫生部令第92号），2013年2月20日该办法公布。该办法分总则，机构与职责，预防，肺结核患者发现、报告与登记，肺结核患者治疗与管理，监督管理，法律责任，附则共八章41条，自2013年3月24日起施行。1991年9月12日，卫生部发布并实施的《结核病防治管理办法》予以废止。

二、性病防治

性病是通过性行为传播的感染性疾病，其病原体除螺旋体、细菌外，还包括病毒、衣原体、真菌、原虫和昆虫等。1975年，世界卫生组织决定以"性传播疾病（STD）"一词取代"性病（VD）"一词。我国明确规定，性病包括：艾滋病、淋病、梅毒、软下疳、性病性淋巴肉芽肿、非淋菌性尿道炎、尖锐湿疣、生殖器疱疹。

预防、控制和消除性病的发生与蔓延，保护人体健康，根据《传染病防治法》的有关规定，1991年8月12日，卫生部制定了《性病防治管理办法》，明确了国家对性病防治实行"预防为主、防治结合、综合治理"的方针，各级卫生行政部门应在各级人民政府的领导下，开展性病防治工作。

三、传染性非典型肺炎防治管理

传染性非典型肺炎是由一种冠状病毒及其变异株新病原体引起的急性呼吸系统感染疾病，传染性很强，病情进展迅速，预后不良。世界卫生组织将其定义为"重症急性呼吸道综合征"（severe acute respiratory syndrome，以下简称SARS）。

2002年11月，广州市出现首例SARS以来，疫情相继在包括首都北京市在内的一些城市和地区蔓延并波及世界数十个国家和地区。为了有效预防和控制SARS的发生与流行，保障公众的身体健康和生命安全，根据《传染病防治法》和《突发公共卫生事件应急条例》的规定，卫生部于2003年5月12日正式颁布实施了《传染性非典型肺炎防治管理办法》，将传染性非典型肺炎列入《传染病防治法》法定传染病进行管理，确定了传染性非典型肺炎防治工作坚持预防为主，防治结合，分级负责，依靠科学，依法管理的原则，为科学、规范防控传染性非典型肺炎提供了法律依据。

思考题

1. 简述传染病防治法与传染病的概念。
2. 分析法定传染病的分类管理的规定。
3. 对传染病的报告制度的理解。
4. 艾滋病人的义务包括哪些？
5. 简述传染性非典型肺炎防治的相关法律规定。

第十五章

国境卫生检疫法律制度

> **学习目标**
>
> 掌握：国境卫生检疫的对象。
>
> 熟悉：检疫传染病人的管理措施和国境口岸突发公共卫生事件出入境检验检疫应急处理。
>
> 了解：卫生监督和卫生处理的相关措施，国境卫生检疫机关及职责，以及违反国境卫生检疫法要承担的法律责任。

第一节 概 述

一、国境卫生检疫法的产生和发展

国际上最早的卫生检疫法是14世纪制定的。1374年，欧洲受到黑死病的疯狂侵袭，意大利首当其冲受到侵害。1374年，意大利的威尼斯首先对来往的商船实施检疫，对入境的船只实施在港外锚地等候40天的行政措施后，这种海港卫生检疫制度就被欧洲各国所仿效，纷纷在国境口岸设立检疫机构，并相应制定了本国的检疫管理法规。

我国国境卫生检疫诞生于1873年。新中国成立后，在1950年11月27日由原政务院颁布了《进出口船舶船员旅客行李检查暂行通则》，同年12月卫生部下发了《交通检疫标志旗帜及服装暂行规则》等。1951年5月24日，原政务院颁布了《进出口列车、车员、旅客、行李检查暂行通则》。

1957年12月23日，全国人民代表大会常务委员会第八十八次会议通过，毛泽东主席签署主席令，颁布了《中华人民共和国国境卫生检疫条例》。这是新中国成立以来第一部卫生检疫法律。1958年3月25日,经国务院批准,由卫生部发布了《中华人民共和国国境卫生检疫条例实施规则》。卫生检疫工作自此有法可依,有章可循。它是在总结我国卫生检疫立法经验的基础上制定的,符合我国当时卫生检疫的实际情况,科学性和实践性都比较强,对防止传染病的传入和传出,保障我国人民的身体健康起到了极大的作用。

为了适应新形势,促进对外贸易,繁荣我国经济,1986年12月2日,第六届全国人民代表大会常务委员会第十八次会议通过颁布了《中华人民共和国国境卫生检疫法》(以下简称《国境卫生检疫法》),于1987年5月1日正式施行。该法规定了检疫机关的职责、检疫的对象、主要工作内容及疫情通报等。规定的检疫传染病除鼠疫、霍乱、黄热病外,还包括了国务院指定的其他传染病。监测传染病由卫生部确定和公布。对发生疫情时的紧急措施和处理程序也做了规定。

对入出境人员和船舶、飞机、车辆、物品检疫查验、临时检疫、国际传染病监测、卫生监督和法律责任等也做出了明确的规定。卫生检疫法律的制定与施行,使我国国境卫生检疫法规进一步得到完善。

1988年11月28日,卫生检疫总所印发了《卫生检疫传染病监测健康检查工作暂行办法》,1988年、1989年分别颁布了《进口废旧物品卫生检疫管理规定》《入境、出境集装箱卫生管理规定》。以上这些办法和规定,成为之后制定实施细则很好的素材。1989年2月10日,经国务院批准,卫生部于3月6日发布了《中华人民共和国国境卫生检疫法实施细则》,共十二章114条。2007年12月29日,中华人民共和国第十届全国人民代表大会常务委员会第三十一次会议通过了《全国人民代表大会常务委员会关于修改〈中华人民共和国国境卫生检疫法〉的决定》,对《国境卫生检疫法》作了修改。2010年4月19日,国务院第108次常务会议通过了《关于修改〈中华人民共和国国境卫生检疫法实施细则〉的决定》。

二、国境卫生检疫法律制度

(一) 国境卫生检疫法的概念

国境卫生检疫法,是指调整防止传染病从国外传入或者由国内传出,实施检疫查验、传染病监测和卫生监督等活动中产生的各种社会关系的法律规范的总和。

国境卫生检疫,是指由国境卫生检疫机关在我国国境口岸,对入境、出境人员、交通工具、运输设备以及可能传播传染病的行李、货物、邮包等物品实施传染病检疫、监测和卫生监督的行政执法活动。

国境卫生检疫可分为海港检疫、航空检疫和陆地边境检疫。

国境卫生检疫具有以下特征:①对内是行政执法活动,对外是维护卫生主权的国家行为;②主体是法律授权的国境卫生检疫机关;③是以医学等自然科学为主要手段的执法行为;④是以防止传染病传入传出,保护人体健康为目的的执法活动。

(二) 国境卫生检疫的对象

国境卫生检疫的对象也称为检疫范围,《国境卫生检疫法》第4条规定:"入境、出境的人员、交通工具、运输设备以及可能传播检疫传染病的行李、货物、邮包等物品,都应当接受检疫,经国境卫生检疫机关许可,方准入境或者出境。"根据这一规定,国境卫生检疫的对象应包括入出境的人员、交通工具、运输设备以及可能传播检疫传染病的行李、货物、邮包等物品。

第二节 国境卫生检疫机关及职责

一、国境卫生检疫机关及其职责

国境卫生检疫机关,是指在国境口岸设立的,代表国家在国境口岸行使检疫主权,依法实施传染病检疫、监测和卫生监督以及对进口食品进行卫生监督检验等活动的卫生执法机构,其职责主要有:①执行《国境卫生检疫法》及其实施细则和国家有关卫生法规;②收集、整理、报告国际和国境口岸传染病的发生、流行和终息情况;③对国境口岸的卫生状况实施卫生监督;对入境、出境的交通工具、人员、集装箱、尸体、骸骨以及可能传播检疫传染病的行李、货物、邮包等实施检疫查验、传染病监测、卫生监督和卫生处理;④对入境、出境的微生物、生物制品、人体组织、血液及其制品等特殊物品以及能传播人类传染病的动物,实施卫生检疫;⑤对入境、出境人员进行预防接种、健康检查、医疗服务、国际旅行健康咨询和卫生宣传;⑥签发卫生检疫证件;⑦进行流行病学调查研究,开展科学实验;⑧执行国务院卫生行政部门指定的其他工作。

二、国境口岸卫生监督员的职责

国境口岸卫生监督员的职责包括：①对国境口岸和停留在国境口岸的入境、出境交通工具进行卫生监督和卫生宣传；②在消毒、除鼠、除虫等卫生处理方面进行技术指导；③对造成传染病传播、啮齿动物和病媒昆虫扩散、食物中毒、食物污染等事故进行调查，并提出控制措施。

第三节 卫生检疫法律制度

一、入出境检疫的类型

入境的交通工具和人员，必须在最先到达的国境口岸的指定地点接受检疫。除引航员外，未经国境卫生检疫机关许可，任何人不准上下交通工具，不准装卸行李、货物、邮包等物品。

出境的交通工具和人员，必须在最后离开的国境口岸接受检疫。

来自国外的船舶、航空器因故停泊、降落在中国境内非口岸地点的时候，船舶、航空器的负责人应当立即向就近的国境卫生检疫机关或者当地卫生行政部门报告。除紧急情况外，未经国境卫生检疫机关或者当地卫生行政部门许可，任何人不准上下船舶、航空器，不准装卸行李、货物、邮包等物品。

二、入出境检疫的管理

(一) 海港检疫

船舶的入境检疫，必须在港口的检疫锚地或者经卫生检疫机关同意的指定地点实施。检疫锚地由港务监督机关和卫生检疫机关会商确定，报国务院交通和卫生行政部门备案。

船舶代理应当在受入境检疫的船舶到达以前，尽早向卫生检疫机关通知下列事项：①船名、国籍、预定到达检疫锚地的日期和时间；②发航港、最后寄港；③船员和旅客人数；④货物种类。港务监督机关应当将船舶确定到达检疫锚地的日期和时间尽早通知卫生检疫机关。

受入境检疫的船舶，在航行中，发现检疫传染病、疑似检疫传染病，或者有人非因意外伤害而死亡并死因不明的,船长必须立即向实施检疫港口的卫生检疫机关报告下列事项:①船名、国籍、预定到达检疫锚地的日期和时间;②发航港、最后寄港;③船员和旅客人数;④货物种类;⑤病名或者主要症状、患病人数、死亡人数;⑥船上有无船医。

受入境检疫的船舶,必须按照规定悬挂检疫信号等候查验,在卫生检疫机关发给入境检疫证前,不得降下检疫信号。

悬挂检疫信号的船舶,除引航员和经卫生检疫机关许可的人员外,其他人员不准上船,不准装卸行李、货物、邮包等物品,其他船舶不准靠近;船上的人员,除因船舶遇险外,未经卫生检疫机关许可,不准离船;引航员不得将船引离检疫锚地。

申请电讯检疫的船舶,首先向卫生检疫机关申请卫生检查,合格者发给卫生证书。该证书自签发之日起12个月内可以申请电讯检疫。

持有效卫生证书的船舶在入境前24小时,应当向卫生检疫机关报告下列事项:①船名、国籍、预定到达检疫锚地的日期和时间;②发航港、最后寄港;③船员和旅客人数及健康状况;④货物种类;⑤船舶卫生证书的签发日期和编号、除鼠证书或者免予除鼠证书的签发日期和签发港,以及其他卫生证件。经卫生检疫机关对上述报告答复同意后,即可进港。

对船舶的入境检疫,在日出后到日落前的时间内实施;凡具备船舶夜航条件,夜间可靠离码头和装卸作业的港口口岸,应实行24小时检疫。对来自疫区的船舶,不实行夜间检疫。

受入境检疫船舶的船长,在检疫医师到达船上时,必须提交由船长签字或者有船医附签的航海健康申报书、船员名单、旅客名单、载货申报单,并出示除鼠证书或者免予除鼠证书。在查验中,检疫医师有权查阅航海日志和其他有关证件;需要进一步了解船舶航行中卫生情况时,检疫医师可以向船长、船医提出询问,船长、船医必须如实回答。用书面回答时,须经船长签字和船医附签。

船舶实施入境查验完毕以后,对没有染疫的船舶,检疫医师应当立即签发入境检疫证;如果该船有受卫生处理或者限制的事项,应当在入境检疫证上签注,并按照签注事项办理。对染疫船舶、染疫嫌疑船舶,除通知港务监督机关外,对该船舶还应当发给卫生处理通知书,该船舶上的引航员和经卫生检疫机关许可上船的人员应当视同员工接受有关卫生处理，在卫生处理完毕以后，再发给入境检疫证。船舶领到卫生检疫机关签发的入境检疫证后，可以降下检疫信号。

船舶代理应当在受出境检疫的船舶启航以前，尽早向卫生检疫机关通知下列事项：①船名、国籍、预定开航的日期和时间；②目的港、最初寄港；③船员名单和旅客名单；④货物种类。

港务监督机关应当将船舶确定开航的日期和时间尽早通知卫生检疫机关。

船舶的入境、出境检疫在同一港口实施时，如果船员、旅客没有变动，可以免报船员名单和旅客名单；有变动的，报变动船员、旅客名单。

受出境检疫的船舶，船长应当向卫生检疫机关出示除鼠证书或者免予除鼠证书和其他有关检疫证件。检疫医师可以向船长、船医提出有关船员、旅客健康情况和船上卫生情况的询问，船长、船医对上述询问应当如实回答。

对船舶实施出境检疫完毕以后，检疫医师应当按照检疫结果立即签发出境检疫证，如果因卫生处理不能按原定时间启航，应当及时通知港务监督机关。

对船舶实施出境检疫完毕以后，除引航员和经卫生检疫机关许可的人员外，其他人员不准上船，不准装卸行李、货物、邮包等物品。如果违反上述规定，该船舶必须重新实施出境检疫。

（二）航空检疫

航空器在飞行中，不得向下投掷或者任其坠下能传播传染病的任何物品。实施卫生检疫机场的航空站，应当在受入境检疫的航空器到达以前，尽早向卫生检疫机关通知下列事项：①航空器的国籍、机型、号码、识别标志、预定到达时间；②出发站、经停站；③机组和旅客人数。

受入境检疫的航空器，如果在飞行中发现检疫传染病、疑似检疫传染病，或者有人非因意外伤害而死亡并死因不明时，机长应当立即通知到达机场的航空站，向卫生检疫机关报告下列事项：①航空器的国籍、机型、号码、识别标志、预定到达时间；②出发站、经停站；③机组和旅客人数；④病名或者主要症状、患病人数、死亡人数。

受入境检疫的航空器到达机场以后，检疫医师首先登机。机长或者其授权的代理人，必须向卫生检疫机关提交总申报单、旅客名单、货物仓单和有效的灭蚊证书，以及其他有关检疫证件；对检疫医师提出的有关航空器上卫生状况的询问，机长或者其授权的代理人应当如实回答。在检疫没有结束之前，除经卫生检疫机关许可外，任何人不得上下航空器，不准装卸行李、货物、邮包等物品。

入境旅客必须在指定的地点，接受入境查验，同时用书面或者口头回答检疫医师提出的有关询问。在此期间，入境旅客不得离开查验场所。

对入境航空器查验完毕以后，根据查验结果，对没有染疫的航空器，检疫医师应当签发入境检疫证；如果该航空器有受卫生处理或者限制的事项，应当在入境检疫证上签注，由机长或者其授权的代理人负责执行；对染疫或者有染疫嫌疑的航空器，除通知航空站外，对该航空器应当发给卫生处理通知单，在规定的卫生处理完毕以后，再发给入境检疫证。

实施卫生检疫机场的航空站，应当在受出境检疫的航空器起飞以前，尽早向卫生检疫机关提交总申报单、货物仓单和其他有关检疫证件，并通知下列事项：①航空器的国籍、机型、号码、识别标志、预定起飞时间；②经停站、目的站；③机组和旅客人数。

对出境航空器查验完毕以后，如果没有染疫，检疫医师应当签发出境检疫证或者在必要的卫生处理完毕以后，再发给出境检疫证；如果该航空器因卫生处理不能按原定时间起飞，应当及时通知航空站。

（三）陆地边境检疫

实施卫生检疫的车站，应当在受入境检疫的列车到达之前，尽早向卫生检疫机关通知下列事项：①列车的车次，预定到达的时间；②始发站；③列车编组情况。

受入境检疫的列车和其他车辆到达车站、关口后，检疫医师首先登车，列车长或者其他车辆负责人，应当口头或者书面向卫生检疫机关申报该列车或者其他车辆上人员的健康情况，对检疫医师提出有关卫生状况和人员健康的询问，应当如实回答。

受入境检疫的列车和其他车辆到达车站、关口，在实施入境检疫而未取得入境检疫证以前，未经卫生检疫机关许可，任何人不准上下列车或者其他车辆，不准装卸行李、货物、邮包等物品。

实施卫生检疫的车站，应当在受出境检疫列车发车以前，尽早向卫生检疫机关通知下列事项：①列车的车次，预定发车的时间；②终到站；③列车编组情况。

应当受入境、出境检疫的列车和其他车辆，如果在行程中发现检疫传染病、疑似检疫传染病，或者有人非因意外伤害而死亡并死因不明的，列车或者其他车辆到达车站、关口时，列车长或者其他车辆负责人应当向卫生检疫机关报告。

受入境、出境检疫的列车，在查验中发现检疫传染病或者疑似检疫传染病，或者因受卫生处理不能按原定时间发车，卫生检疫机关应当及时通知车站的站长。如果列车在原停车地点不宜实施卫生处理，站长可以选择站内其他地点实施卫生处理。在处理完毕之前，未经卫生检疫机关许可，任何人不准上下列车，不准装卸行李、货物、邮包等物品。为了保证入境直通列车的正常运输，卫生检疫机关可以派员随车实施检疫，列车长应当提供方便。

对列车或者其他车辆实施入境、出境检疫完毕后，检疫医师应当根据检疫结果分别签发入境、出境检疫证，或者在必要的卫生处理完毕后，再分别签发入境、出境检疫证。

徒步入境、出境的人员，必须首先在指定的场所接受入境、出境查验，未经卫生检疫机关许可，不准离开指定的场所。

受入境、出境检疫的列车以及其他车辆，载有来自疫区、有染疫或者染疫嫌疑或者夹带能传播传染病的病媒昆虫和啮齿动物的货物，应当接受卫生检查和必要的卫生处理。

三、检疫传染病人的管理

卫生检疫机关发现染疫人时，应当立即将其隔离，防止其他人遭受感染，卫生检疫机关发现染疫嫌疑人时，应当按照规定处理。对其他病种染疫嫌疑人，可以从该人员离开感染环境的时候算起，实施不超过该传染病最长潜伏期的就地诊验或者留验以及其他的卫生处理。

第四节 传染病监测法律制度

一、传染病监测病种

目前，我国国境卫生检疫涉及的传染病包括：第一类，《国境卫生检疫法》中规定的检疫传染病：鼠疫、霍乱、黄热病；第二类，世界卫生组织要求各国进行监测的传染病：流行性感冒、疟疾、脊髓灰质炎、斑疹伤寒、回归热；第三类，《外国人入境、出境管理法实施细则》和《国境卫生检疫法实施细则》规定的禁止患艾滋病（含艾滋病病毒感染者）、性病、开放性肺结核、麻风病、精神病（非传染病）的外国人入境的疾病；第四类，传染病防治法规定的除上述传染病以外的传染病，如登革热、病毒性肝炎、伤寒、副伤寒、猩红热、除霍乱、痢疾、伤寒和副伤寒以外的感染性腹泻等；第五类，军团热、拉萨热、埃博拉-马尔堡病病毒等。

二、传染病监测的内容

传染病监测的内容：①首发病例的个案调查；②暴发流行的流行病学调查；③传染源调查；④国境口岸内监测传染病的回顾性调查；⑤病原体的分离、鉴定，人群，有关动物血清学调查以及流行病学调查；⑥有关动物、病媒昆虫、食品、饮用水和环境因素的调查；⑦消毒、除鼠、除虫的效果观察与评价；⑧国境口岸以及国内外监测传染病疫情的收集、整理、分析和传递；⑨对监测对象开展健康检查和对监测传染病病人、疑似病人、密切接触人员的管理。

三、传染病监测的方法

国境卫生检疫机关对入境、出境的人员实施传染病监测，并且采取必要的预防、控制措施。

国境卫生检疫机关有权要求入境、出境的人员填写健康申明卡，出示某种传染病的预防接种证书、健康证明或者其他有关证件。

对患有监测传染病的人、来自国外监测传染病流行区的人或者与监测传染病人密切接触的人，国境卫生检疫机关应当区别情况，发给就诊方便卡，实施留验或者采取其他预防、控制措施，并及时通知当地卫生行政部门。各地医疗单位对有就诊方便卡的人员，应当优先诊治。

第五节 卫生监督和卫生处理法律制度

一、卫生监督

国境卫生检疫机关根据国家规定的卫生标准，对国境口岸的卫生状况和停留在国境口岸的入境、出境的交通工具的卫生状况实施卫生监督：①监督和指导有关人员对啮齿动物、病媒昆虫的防除；②检查和检验食品、饮用水及其储存、供应、运输设施；③监督从事食品、饮用水供应的从业人员的健康状况，检查其健康证明书；④监督和检查垃圾、废物、污水、粪便、压舱水的处理。

国境卫生检疫机关设立国境口岸卫生监督员，执行国境卫生检疫机关交给的任务。国境口岸卫生监督员在执行任务时，有权对国境口岸和入境、出境的交通工具进行卫生监督和技术指导，对卫生状况不良和可能引起传染病传播的因素提出改进意见，协同有关部门采取必要的措施，进行卫生处理。

二、卫生处理

卫生检疫机关的工作人员在实施卫生处理时，必须注意下列事项：①防止对任何人的健康造成危害；②防止对交通工具的结构和设备造成损害；③防止发生火灾；④防止对行李、货物造成损害。

入境、出境的集装箱、行李、货物、邮包等物品需要卫生处理的，由卫生检疫机关实施。入境、出境的交通工具有下列情形之一的，应当由卫生检疫机关实施消毒、除鼠、除虫或者其他卫生处理：①来自检疫传染病疫区的；②被检疫传染病污染的；③发现有与人类健康有关的啮齿动物或者病媒昆虫，超过国家卫生标准的。

由国外起运经过中华人民共和国境内的货物，如果不在境内换装，除发生在流行病学上有重要意义的事件，需要实施卫生处理外，一般情况下不实施卫生处理。

卫生检疫机关对入境、出境的废旧物品和曾行驶于境外港口的废旧交通工具，根据污染程度，分别实施消毒、除鼠、除虫，对污染严重的实施销毁。

入境、出境的尸体、骸骨托运人或者代理人应当申请卫生检疫，并出示死亡证明或者其他有关证件，对不符合卫生要求的，必须接受卫生检疫机关实施的卫生处理。经卫生检疫机关签发尸体、骸骨入境、出境许可证后，方准运进或者运出。对因患检疫传染病而死亡的病人尸体，必须就近火化，不准移运。

卫生检疫机关对已在到达本口岸前的其他口岸实施卫生处理的交通工具

不再重复实施卫生处理。但有下列情形之一的，仍需实施卫生处理：①在原实施卫生处理的口岸或者该交通工具上，发生流行病学上有重要意义的事件，需要进一步实施卫生处理的；②在到达本口岸前的其他口岸实施的卫生处理没有实际效果的。

在国境口岸或者交通工具上发现啮齿动物有反常死亡或者死因不明的，国境口岸有关单位或者交通工具的负责人，必须立即向卫生检疫机关报告，迅速查明原因，实施卫生处理。

国际航行船舶的船长，必须每隔6个月向卫生检疫机关申请一次鼠患检查，卫生检疫机关根据检查结果实施除鼠或者免予除鼠，并且分别发给除鼠证书或者免予除鼠证书。该证书自签发之日起6个月内有效。

卫生检疫机关只有在下列之一情况下，经检查确认船舶无鼠害的，方可签发免予除鼠证书：①空舱；②舱内虽然装有压舱物品或者其他物品，但是这些物品不引诱鼠类，放置情况又不妨碍实施鼠患检查。对油轮在实舱时进行检查，可以签发免予除鼠证书。

对船舶的鼠患检查或者除鼠，应当尽量在船舶空舱的时候进行。如果船舶因故不宜按期进行鼠患检查或者蒸熏除鼠，并且该船又开往便于实施鼠患检查或者蒸熏除鼠的港口，可以准许该船原有的除鼠证书或者免予除鼠证书的有效期延长1个月，并签发延长证明。

对国际航行的船舶，按照国家规定的标准，应当用蒸熏的方法除鼠时，如果该船的除鼠证书或者免予除鼠证书尚未失效，除该船染有鼠疫或者鼠疫嫌疑外，卫生检疫机关应当将除鼠理由通知船长。船长应当按照要求执行。

船舶在港口停靠期间，船长应当负责采取下列的措施：①缆绳上必须使用有效的防鼠板，或者其他防鼠装置；②夜间放置扶梯、桥板时，应当用强光照射；③在船上发现死鼠或者捕获到鼠类时，应当向卫生检疫机关报告。

在国境口岸停留的国内航行的船舶如果存在鼠患，船方应当进行除鼠。根据船方申请，也可由卫生检疫机关实施除鼠。

国务院卫生行政部门认为必要时，可以要求来自国外或者国外某些地区的人员在入境时，向卫生检疫机关出示有效的某种预防接种证书或者健康证明。

预防接种的有效期如下：①黄热病疫苗自接种后第10日起，10年内有效。如果前次接种不满 10 年又经复种，自复种的当日起，10 年内有效；②其他预防接种的有效期，按照有关规定执行。

第六节　国境口岸突发公共卫生事件出入境检验检疫应急处理

一、国境口岸突发公共卫生事件的概念

国境口岸突发公共卫生事件，是指突然发生、造成或可能造成出入境人员和国境口岸公众健康严重损害的重大传染病疫情、群体性不明原因疾病、重大食物中毒以及其他严重影响公众健康的事件，包括：①发生鼠疫、霍乱、黄热病、肺炭疽、传染性非典型肺炎病例的；②乙类、丙类传染病较大规模的暴发、流行或多人死亡的；③发生罕见的或者国家已宣布消除的传染病等疫情的；④传染病菌种、毒种丢失的；⑤发生临床表现相似的但致病原因不明且有蔓延趋势或可能蔓延趋势的群体性疾病的；⑥中毒人数 10 人以上或者中毒死亡的；⑦国内外发生突发事件，可能危及国境口岸的。

二、组织管理

国家质检总局统一协调、管理国境口岸突发事件出入境检验检疫应急指挥体系，并履行下列职责：①研究制订国境口岸突发事件出入境检验检疫应急处理方案；②指挥和协调检验检疫机构做好国境口岸突发事件出入境检验检疫应急处理工作，组织调动本系统的技术力量和相关资源；③检查督导检验检疫机构有关应急工作的落实情况，督察各项应急处理措施落实到位；④协调与国家相关行政主管部门的关系，建立必要的应急协调联系机制；⑤收集、整理、分析和上报有关情报信息和事态变化情况，为国家决策提供处置意见和建议；向各级检验检疫机构传达、部署上级机关有关各项命令；⑥鼓励、支持和统一协调开展国境口岸突发事件出入境检验检疫监测、预警、反应处理等相关技术的国际交流与合作。

三、应急准备

国家质检总局按照《突发公共卫生事件应急条例》的要求，制订全国国境口岸突发事件出入境检验检疫应急预案。各级检验检疫机构根据全国国境

口岸突发事件出入境检验检疫应急预案，结合本地口岸实际情况，制订本地国境口岸突发事件出入境检验检疫应急预案，并报上一级机构和当地政府备案。

各级检验检疫机构应当定期开展突发事件出入境检验检疫应急处理相关技能的培训，组织突发事件出入境检验检疫应急演练，推广先进技术。

各级检验检疫机构应当根据国境口岸突发事件出入境检验检疫应急预案的要求，保证应急处理人员、设施、设备、防治药品和器械等资源的配备、储备，提高应对突发事件的处理能力。各级检验检疫机构应当依照法律、行政法规、规章的规定，开展突发事件应急处理知识的宣传教育，增强对突发事件的防范意识和应对能力。

四、应急处理

突发事件发生后，发生地检验检疫机构经上一级机构批准，应当对突发事件现场采取下列紧急控制措施：①对现场进行临时控制，限制人员出入；对疑为人畜共患的重要疾病疫情，禁止病人或者疑似病人与易感动物接触；②对现场有关人员进行医学观察，临时隔离留验；③对出入境交通工具、货物、集装箱、行李、邮包等采取限制措施，禁止移运；④封存可能导致突发事件发生或者蔓延的设备、材料、物品；⑤实施紧急卫生处理措施。

第七节 法律责任

一、行政责任

根据《国境卫生检疫法》及其实施细则规定，对违反规定，有下列行为之一的单位或者个人，国境卫生检疫机关可以根据情节轻重，给予警告或者罚款：①应当受入境检疫的船舶，不悬挂检疫信号的；②入境、出境的交通工具，在入境检疫之前或者在出境检疫之后，擅自上下人员，装卸行李、货物、邮包等物品的；③拒绝接受检疫或者抵制卫生监督，拒不接受卫生处理的；④伪造或者涂改检疫单、证、不如实申报疫情的；⑤瞒报携带禁止进口的微生物、人体组织、生物制品、血液及其制品或者其他可能引起传染病传播的动物和物品的；⑥未经检疫的入境、出境交通工具，擅自离开检疫地点，逃避查验的;⑦隐瞒疫情或者伪造情节的;⑧未经卫生检疫机关实施卫生处理,擅自排放压舱水,移下垃圾、污物等控制的物品的;⑨未经卫生检疫机关实施卫生处理,擅自移运尸体、骸骨的;⑩废旧物品、废旧交通工具,未向卫生检疫机关申报,未经卫生检疫机关实施卫生处理和签发卫生检疫证书而擅自入境、出境或者使用、拆卸的;⑪未经卫生检疫机关检查,从交通工具上移下传染病病人造成传染病传播危险的。

当事人对国境卫生检疫机关给予的罚款决定不服的,可以在接到通知之日起15日内,向当地人民法院起诉。逾期不起诉又不履行的,国境卫生检疫机关可以申请人民法院强制执行。

二、刑事责任

国境卫生检疫机关工作人员,应当秉公执法,忠于职守,对入境、出境的交通工具和人员,及时进行检疫;违法失职的,给予行政处分,情节严重构成犯罪的,依法追究刑事责任。

违反国境卫生检疫规定,引起检疫传染病传播或者有传播严重危险的,处3年以下有期徒刑或者拘役,并处或者单处罚金。单位犯前款罪的,对单位判处罚金,并对其直接负责的主管人员和其他直接责任人员,依照前款的规定处罚。

思考题

1. 简述国境卫生检疫、国境卫生检疫法的概念。
2. 国境卫生检疫的对象包括哪些?
3. 简述卫生监督和卫生处理。
4. 简述国境口岸突发公共卫生事件的应急处理。

第十六章
人口与计划生育法律制度

学习目标

掌握：现行计划生育政策。

熟悉：计划生育措施与保障制度。

了解：人口发展规划的制定与实施，计划生育技术服务的内容和服务网络，以及违反计划生育政策生育子女应承担的法律责任。

第一节 概 述

一、《中华人民共和国人口与计划生育法》的立法目的和依据

（一）立法目的

人口问题是社会主义初级阶段长期面临的重大问题，是制约我国经济和社会发展的关键因素。控制人口数量、提高人口素质，是实现我国社会主义现代化建设宏伟目标和可持续发展的重大战略决策。为了实现人口与经济、社会、资源、环境的协调发展，推行计划生育，维护公民的合法权益，促进家庭幸福、民族繁荣与社会进步，有必要制定人口与计划生育法。

（二）立法依据

1978年3月，全国人大五届一次会议通过的《宪法》第53条第3款首次明确规定："国家提倡和推行计划生育。"1982年12月，全国人大通过的《宪法》第25条规定："国家推行计划生育，使人口的增长同经济和社会发展计划相适应。"第49条第2款规定："夫妻双方有实行计划生育的义务。"计划生育作为我国的一项基本国策已载入《宪法》。新中国成立近七十年

来，特别是改革开放以来，经过全国人民艰苦不懈的努力，我国人口与计划生育工作取得了举世瞩目的成就，人口过快增长得到有效控制，为了继续稳定低生育水平，做好计划生育工作，依据我国《宪法》的规定，在总结地方立法和实践经验的基础上，2001年制定统一的《中华人民共和国人口与计划生育法》（以下简称《人口与计划生育法》），该法于2002年9月1日起施行。

二、人口与计划生育法律制度

我国人口与计划生育法律制度包括宪法、法律、行政法规、部门规章、地方性法规和规章以及其他规范性法律文件。除《宪法》与《人口与计划生育法》外，2001年6月13日国务院颁布了《计划生育技术服务管理条例》；2002年8月2日公布了《社会抚养费征收管理办法》。国务院授权卫计委发布了《流动人口计划生育管理办法》，卫计委也颁布了《计划生育技术服务机构执业管理办法》《计划生育统计工作管理办法》《关于禁止非医学需要的胎儿性别鉴定和选择性别的人工终止妊娠的规定》等一系列的规章和规范性文件。

我国计划生育工作取得了巨大成就，有效控制了人口过快增长，缓解了人口对资源环境的压力，促进了经济持续快速发展和社会进步，为全面建成小康社会奠定了坚实基础。中共中央从我国人口与经济社会发展的全局出发，作出了调整完善生育政策的战略部署。

2013年12月，中共中央、国务院印发了《关于调整完善生育政策的意见》，启动实施一方是独生子女的夫妇可生育两个孩子的政策（以下简称"单独两孩政策"），逐步调整完善生育政策，促进人口长期均衡发展的决策部署。2013年12月28日，第十二届全国人民代表大会常务委员会第六次会议审议了国务院关于调整完善生育政策的议案，通过了全国人民代表大会常务委员会关于调整完善生育政策的决议：①坚持计划生育的基本国策。②根据我国经济社会的发展和人口形势的变化，逐步调整完善生育政策是必要的。同意启动实施一方是独生子女的夫妇可生育两个孩子的政策。各省、自治区、直辖市人民代表大会或者其常务委员会应当根据《人口与计划生育法》和本决议，结合本地实际情况，及时修改相关地方性法规或者作出规定。③全国人民代表大会常务委员会和地方各级人民代表大会常务委员会要加强对《人口与计划生育法》和本决议实施情况的监督检查，使相关法律和本决议得到有效实施。

第二节 人口发展规划的制度与实施

一、人口发展规划制度

国务院编制人口发展规划，并将其纳入国民经济和社会发展计划。县级以上地方各级人民政府根据全国人口发展规划以及上一级人民政府人口发展规划，结合当地实际情况编制本行政区域的人口发展规划，并将其纳入国民经济和社会发展计划。

我国自20世纪70年代起开始制定全国人口发展规划，并将人口发展规划纳入国民经济与社会发展总体规划之中。按照《人口与计划生育法》第9条规定，人口发展规划由国务院编制，纳入国民经济和社会发展规划。人口发展规划的分类，按规划的期限，可以分为年度计划、五年计划和远景（长期）规划；按规划的区域范围，分为基层人口发展规划、地区人口发展规划和全国人口发展规划。地方的人口发展规划，由县级以上地方各级人民政府编制，并纳入国民经济和社会发展计划。近三十年计划生育工作的实践证明，通过制定人口发展规划，调节人口与经济、社会、环境的关系，是我国人口与计划生育工作的一个重要的调控手段。人口发展规划是由各级计划生育部门共同编制的。国家人口计划由国家计划生育部门编制，经发改委综合平衡后，报国务院、全国人民代表大会批准下达。省、地、县三级人口计划由各级发改委和计划生育部门共同编制，报同级人民政府批准下达。

二、人口发展规划制度的实施

县级以上各级人民政府根据人口发展规划，制定人口与计划生育实施方案并组织实施。县级以上各级人民政府计划生育行政部门负责实施人口与计划生育实施方案的日常工作。乡、民族乡、镇的人民政府和城市街道办事处负责本管辖区域内的人口与计划生育工作，贯彻落实人口与计划生育实施方案。

人口与计划生育实施方案，是指为保证人口与计划生育法律法规和人口发展规划在本行政区域内得到全面贯彻实施而依据人口发展规划制定的工作计划、目标、任务、措施、要求和方法的总称。人口与计划生育实施方案应当规定控制人口数量，加强母婴保健，提高人口素质的措施。村民委员会、居民委员会应当依法做好计划生育工作。机关、部队、社会团体、企业事业组织应当做好本单位的计划生育工作。计划生育、教育、科技、文化、卫生、民政、新闻出版、广播电视等部门应当组织开展人口与计划生育宣传教育。大众传媒负有开展人口与计划生育的社会公益性宣传的义务。学校应当在学生中，以符合受教育者特征的适当方式，有计划地开展生理卫生教育、青春期教育或者性健康教育。流动人口的计划生育工作由其户籍所在地和现居住地的人民政府共同负责管理，以现居住地为主。

国家根据国民经济和社会发展状况逐步提高人口与计划生育经费投入的总体水平。各级人民政府应当保障人口与计划生育工作必要的经费。各级人民政府应当对贫困地区、少数民族地区开展人口与计划生育工作给予重点扶持。国家鼓励社会团体、企业事业组织和个人为人口与计划生育工作提供捐助。任何单位和个人不得截留、克扣、挪用人口与计划生育工作费用。国家鼓励开展人口与计划生育领域的科学研究和对外交流与合作。

第三节 计划生育

一、公民的生育权利与义务

（一）公民的生育权利

生育权，是指公民享有生育子女及获得与此相关的信息和服务的权利。

1. 自由而负责地决定生育子女的时间、数量和间隔的权利。

2. 公民有生育的权利，也有不生育的自由。公民有权利选择生育与不生育，不生育也不应当受到歧视。

3. 在生育权问题上夫妻之间享有平等的权利。从理论上说，生育是男女双方的共同行为，不可能依靠单方实现，因此，一方不能强迫另一方实现这个权利，这个权利应当是以双方协商为基础的，两个人共同的意愿才能实现。

生殖健康权，是指生殖系统及其功能和过程的一切事宜上身体、精神和社会等方面的健康状态，而不仅仅是指没有疾病或者不虚弱。因此，生殖健康表示人们能够有满意而且安全的性生活，有生育能力，可以自由决定是否和何时生育及生育多少。公民有权获得科学知识和信息、有避孕措施的知情权和安全保障权利以及患不孕症公民有获得咨询和治疗的权利。法律明确规定，国家创造条件，保障公民知情选择安全、有效、适宜的避孕节育措施，实施避孕节育手术，应当保证受术者的安全，防止非意愿妊娠，计划生育技术服务人员应当指导实行计划生育的公民选择安全、有效、适宜的避孕措施。

（二）公民依法实行计划生育的义务

公民有依法实行计划生育的义务，夫妻双方在实行计划生育中负有共同的责任。国家稳定现行生育政策，鼓励公民晚婚晚育，提倡一对夫妻生育一个子女；符合法律、法规规定条件的，可以要求安排生育第二个子女。育龄夫妻应当自觉落实计划生育避孕节育措施，接受计划生育技术服务指导。预防和减少非意愿妊娠。

二、奖励与社会保障

（一）奖励

国家对实行计划生育的夫妻，按照规定给予奖励。妇女怀孕、生育和哺乳期间，按照国家有关规定享受特殊劳动保护并可以获得帮助和补偿。公民实行计划生育手术，享受国家规定的休假；地方人民政府可以给予奖励。在国家提倡一对夫妻生育一个子女期间，自愿终身只生育一个子女的夫妻，国家发给《独生子女父母光荣证》。获得《独生子女父母光荣证》的夫妻，按照国家和省、自治区、直辖市有关规定享受独生子女父母奖励。法律、法规或者规章规定给予获得《独生子女父母光荣证》的夫妻奖励的措施中由其所在单位落实的，有关单位应当执行。独生子女发生意外伤残、死亡，其父母不再生育和收养子女的，地方人民政府应当给予必要的扶助。地方各级人民政府对农村实行计划生育的家庭发展经济，给予资金、技术、培训等方面的支持、优惠；对实行计划生育的贫困家庭，在扶贫贷款、以工代赈、扶贫项目和社会救济等方面给予优先照顾。

《人口与计划生育法》第 29 条规定，计划生育奖励措施由省、自治区、直辖市和较大的市的人民代表大会及其常务委员会或者人民政府依据本法和有关法律、行政法规的规定，结合当地实际情况，制定具体实施办法。

（二）社会保障

国家建立、健全基本养老保险、基本医疗保险、生育保险和社会福利等社会保障制度，促进计划生育。国家鼓励保险公司举办有利于计划生育的保险项目。有条件的地方可以根据政府引导、农民自愿的原则，在农村实行多种形式的养老保障办法。

第四节 计划生育技术服务

一、机构及工作人员

从事计划生育技术服务的机构包括计划生育技术服务机构和从事计划生育技术服务的医疗、保健机构。从事计划生育技术服务的机构，必须符合国务院计划生育行政部门规定的设置标准。设立计划生育技术服务机构，由设区的市级以上地方人民政府计划生育行政部门批准，发给《计划生育技术服务机构执业许可证》，并在《计划生育技术服务机构执业许可证》上注明获准开展的计划生育技术服务项目。从事计划生育技术服务的医疗、保健机构，由县级以上地方人民政府卫生行政部门审查批准，在其《医疗机构执业许可证》上注明获准开展的计划生育技术服务项目，并向同级计划生育行政部门通报。乡、镇已有医疗机构的，不再新设立计划生育技术服务机构；但是，医疗机构内必须设有计划生育技术服务科（室），专门从事计划生育技术服务工作。乡、镇既有医疗机构，又有计划生育技术服务机构的，各自在批准的范围内开展计划生育技术服务工作。乡、镇没有医疗机构，需要设立计划生育技术服务机构的，应当依规定申请审批。

《计划生育技术服务管理条例》第24条规定，计划生育技术服务机构从事产前诊断的，应当经省、自治区、直辖市人民政府计划生育行政部门同意后，由同级卫生行政部门审查批准，并报国务院计划生育行政部门和国务院卫生行政部门备案。从事计划生育技术服务的机构使用辅助生育技术治疗不育症的，由省级以上人民政府卫生行政部门审查批准，并向同级计划生育行政部门通报。

从事计划生育技术服务的机构的执业许可证明文件每3年由原批准机关校验一次。从事计划生育技术服务的机构的执业许可证明文件不得买卖、出借、出租，不得涂改、伪造。从事计划生育技术服务的机构的执业许可证明文件遗失的，应当自发现执业许可证明文件遗失之日起30日内向原发证机关申请补发。从事计划生育技术服务的机构应当按照批准的业务范围和服务项目执业，并遵守有关法律、行政法规和国务院卫生行政部门制定的医疗技术常规和抢救与转诊制度。

县级以上地方人民政府计划生育行政部门应当对本行政区域内的计划生育技术服务工作进行定期检查。国家建立避孕药具流通管理制度。个体医疗机构不得从事计划生育手术。

计划生育技术服务人员中从事与计划生育有关的临床服务人员，应当依照执业医师法和国家有关护士管理的规定，分别取得执业医师、执业助理医师、乡村医生或者护士的资格。在计划生育技术服务机构执业的执业医师和执业助理医师应当依照执业医师法的规定向所在地县级以上地方人民政府卫生行政部门申请注册。计划生育技术服务人员必须按照批准的服务范围、服务项目、手术术种从事计划生育技术服务，遵守与执业有关的法律、法规、规章、技术常规、职业道德规范和管理制度。

二、内容

计划生育技术服务包括计划生育技术指导、咨询以及与计划生育有关的临床医疗服务。

1. 技术指导与咨询。计划生育技术指导、咨询包括下列内容：①生殖健康科普宣传、教育、咨询；②提供避孕药具及相关的指导、咨询、随访；③对已经施行避孕、节育手术和输卵（精）管复通手术的，提供相关的咨询、随访。

2. 医疗服务。县级以上城市从事计划生育技术服务的机构可以在批准的范围内开展下列与计划生育有关的临床医疗服务：①避孕和节育的医学检查；②计划生育手术并发症和计划生育药具不良反应的诊断、治疗；③施行避孕、节育手术和输卵（精）管复通手术；④开展围绕生育、节育、不育的其他生殖保健项目。具体项目由国务院计划生育行政部门、卫生行政部门共同规定。

乡级计划生育技术服务机构可以在批准的范围内开展下列计划生育技术服务项目：①放置宫内节育器；②取出宫内节育器；③输卵（精）管结扎术；④早期人工终止妊娠术。乡级计划生育技术服务机构开展上述全部或者部分项目的，应当向所在地设区的市级人民政府计划生育行政部门提出申请。

3. 再生育服务。因生育病残儿要求再生育的，应当向县级人民政府计划生育行政部门申请医学鉴定，经县级人民政府计划生育行政部门初审同意后，由设区的市级人民政府计划生育行政部门组织医学专家进行医学鉴定；当事人对医学鉴定有异议的，可以向省、自治区、直辖市人民政府计划生育行政部门申请再鉴定。省、自治区、直辖市人民政府计划生育行政部门组织的医学鉴定为终局鉴定。

4. 计划生育技术服务质量保障。向公民提供的计划生育技术服务和药具应当安全、有效，符合国家规定的质量技术标准。国务院计划生育行政部门定期编制并发布计划生育技术、药具目录，指导列入目录的计划生育技术、药具的推广和应用。

三、监督管理

国务院计划生育行政部门负责全国计划生育技术服务的监督管理工作。县级以上地方人民政府计划生育行政部门负责本行政区域内计划生育技术服务的监督管理工作。县级以上人民政府卫生行政部门负责对从事计划生育技术服务的医疗、保健机构的监督管理工作。

国家建立计划生育技术服务统计制度和计划生育技术服务事故、计划生育手术并发症和计划生育药具不良反应的鉴定制度和报告制度。从事计划生育技术服务的机构发生计划生育技术服务事故、发现计划生育手术并发症和计划生育药具不良反应的，应当在国务院计划生育行政部门规定的时限内同时向所在地人民政府计划生育行政部门和卫生行政部门报告；对计划生育技术服务重大事故、计划生育手术严重的并发症和计划生育药具严重的或者新出现的不良反应，应当同时逐级向上级人民政府计划生育行政部门、卫生行政部门和国务院计划生育行政部门、卫生行政部门报告。

国务院计划生育行政部门会同国务院卫生行政部门汇总、分析计划生育技术服务事故、计划生育手术并发症和计划生育药具不良反应的数据，并应当及时向有关部门通报。国务院计划生育行政部门应当按照国家有关规定及时公布计划生育技术服务重大事故、计划生育手术严重的并发症和计划生育药具严重的或者新出现的不良反应，并可以授权省、自治区、直辖市计划生育行政部门及时公布和通报本行政区域内计划生育技术服务事故、计划生育手术并发症和计划生育药具不良反应。

第五节 法律责任

一、民事责任

依据《民法》《执业医师法》《母婴保健法》《计划生育技术服务管理条例》《医疗事故处理条例》等相关法律、行政法规的规定，计划生育技术服务人员违章操作或者延误抢救、诊治，造成严重后果的，承担相应的法律责任。

二、行政责任

1. 国家机关及其工作人员的行政责任。 计划生育行政部门、卫生行政部门违反规定，批准不具备规定条件的计划生育技术服务机构或者医疗、保健机构开展与计划生育有关的临床医疗服务项目，或者不履行监督职责，或者发现违法行为不予查处，导致计划生育技术服务重大事故发生的，对该部门的正职负责人、直接负责的主管人员和其他直接责任人员给予降级或者撤职的行政处分。

国家机关工作人员在计划生育工作中，有下列行为之一，尚不构成犯罪的，依法给予行政处分；有违法所得的，没收违法所得：①侵犯公民人身权、财产权和其他合法权益的；②滥用职权、玩忽职守、徇私舞弊的；③索取、收受贿赂的；④截留、克扣、挪用、贪污计划生育经费或者社会抚养费的；⑤虚报、瞒报、伪造、篡改或者拒报人口与计划生育统计数据的。

按照《人口与计划生育法》规定缴纳社会抚养费的人员，是国家工作人员的，还应当依法给予行政处分。

2. 相关部门和组织的行政责任。 违反《人口与计划生育法》规定，不履行协助计划生育管理义务的，由有关地方人民政府责令改正，并给予通报批评；对直接负责的主管人员和其他直接责任人员依法给予行政处分。

3. 计划生育技术服务机构及工作人员的行政责任。 违反《人口与计划生育法》规定，有下列行为之一的，由计划生育行政部门或者卫生行政部门依据职权责令改正，给予警告，没收违法所得；违法所得1万元以上的，处违法所得2倍以上6倍以下的罚款；没有违法所得或者违法所得不足1万元的，处1万元以上3万元以下的罚款；情节严重的，由原发证机关吊销执业证书；

①非法为他人施行计划生育手术的；②利用超声技术和其他手段为他人进行非医学需要的胎儿性别鉴定或者选择性别的人工终止妊娠的；③进行假医学鉴定、出具假计划生育证明的。

计划生育技术服务人员违章操作或者延误抢救、诊治，造成严重后果的，依照有关法律、行政法规的规定承担相应的法律责任。

4. 公民的行政责任。拒绝、阻碍计划生育行政部门及其工作人员依法执行公务的，由计划生育行政部门给予批评教育并予以制止；构成违反治安管理行为的，依法给予治安管理处罚；

依据《人口与计划生育法》第37条规定，伪造、变造、买卖计划生育证明，由计划生育行政部门没收违法所得，违法所得5000元以上的，处违法所得2倍以上10倍以下的罚款；没有违法所得或者违法所得不足5000元的，处5000元以上2万元以下的罚款。

以不正当手段取得计划生育证明的，由计划生育行政部门取消其计划生育证明；出具证明的单位有过错的，对直接负责的主管人员和其他直接责任人员依法给予行政处分。

不符合《人口与计划生育法》第18条规定生育子女的公民，应当依法缴纳社会抚养费。

未在规定的期限内足额缴纳应当缴纳的社会抚养费的，自欠缴之日起，按照国家有关规定加收滞纳金；仍不缴纳的，由作出征收决定的计划生育行政部门依法向人民法院申请强制执行。

三、刑事责任

非法为他人施行计划生育手术的；利用超声技术和其他技术手段为他人进行非医学需要的胎儿性别鉴定或者选择性别的人工终止妊娠的；实施假节育手术、进行假医学鉴定、出具假计划生育证明的；拒绝、阻碍计划生育行政部门及其工作人员依法执行公务的，构成犯罪的，依法追究刑事责任。

侵犯公民人身权、财产权和其他合法权益的；滥用职权、玩忽职守、徇私舞弊的；索取、收受贿赂的；截留、克扣、挪用、贪污计划生育经费或者社会抚养费的；虚报、瞒报、伪造、篡改或者拒报人口与计划生育统计数据的，构成犯罪的，依法追究刑事责任。

思考题

1. 简述计划生育技术服务的内容。
2. 简述公民的生育权利与义务。
3. 简述公民违法人口与计划生育法应承担的行政责任。
4. 简述我国人口发展规划制度的实施。
5. 简述《人口与计划生育法》立法目的。

第十七章

公共卫生法律制度

掌握：学校卫生的概念、公共场所卫生法的概念、突发公共卫生事件的概念、放射卫生的概念。

熟悉：学校卫生工作管理、公共场所卫生监督、生活饮用水标准、突发公共卫生事件应急处理、放射卫生监督的法律规定。

了解：违反学校卫生法、公共场所卫生法、生活饮用水卫生法、突发公共卫生事件处理法、放射卫生法及控制吸烟法的法律责任。

第一节 学校卫生法律制度

一、学校卫生及学校卫生法概述

(一) 学校卫生及学校卫生法释义

1. 学校卫生的概念。学校卫生，是指根据儿童和青少年生长发育的特点，通过制定相应的法律规定，提出相应的学校卫生要求和卫生标准，消除各种不利于儿童和青少年学习、生活的因素，创造良好的学校教育环境，保护和促进学生的正常发育、身心健康，以实现德、智、体全面发展的社会主义教育目标的卫生活动。

学校卫生包括普通中小学、农业中学、职业中学、中等专业学校、技工学校、普通高等学校的卫生。

2. 学校卫生法的概念。学校卫生法，是指调整因改善和加强学校卫生工作、提高学生健康水平而产生的各种社会关系的法律规范的总称。

(二) 学校卫生立法

1. 学校卫生法的创立。新中国成立以后，为了加强学校卫生工作，高教部、教育部、卫生部等部门陆续颁布了《关于改善各级学校学生健康状况的决定》《关于开展学校保健工作的指示》《关于加强学校保健工作领导的联合指示》《关于在各级学校中大搞爱国卫生运动和加强体育运动的通知》《关于保护学生视力的通知》等有关学校卫生的全国性规范性文件。

2. 学校卫生法的形成。改革开放以来，我国学校卫生立法工作得到长足发展，教育部、卫生部先后颁布了《中、小学卫生工作暂行规定（草案）》《高等院校卫生工作暂行规定（草案）》《保护学生视力工作实施办法（试行）》《中小学教室采光和照明卫生标准》《电视教室座位布置范围和照度卫生标准》《中小学和大专学生、学龄前儿童课桌椅卫生标准》《中小学校建筑间距卫生标准》《中小学健康教育规范》等17项卫生标准。1990年6月4日，国家教委、卫生部发布了《学校卫生工作条例》，至此，我国的学校卫生法规体系基本形成。

3. 学校卫生法的完善。1996年，卫生部发布了《学生集体用餐卫生监督办法》；1999年，卫生部根据世界卫生组织《健康促进学校发展纲领》制定了《健康促进学校工作指南》，2002年5月，教育部、卫生部联合发布了《关于加强学校预防艾滋病健康教育工作的通知》，2002年11月，教育部、卫生部联合颁布了《学校食堂与学生集体用餐卫生管理规定》，2003年7月，国务院办公厅转发了教育部、卫生部《关于加强学校卫生防疫与食品卫生安全工作的意见》。

此外，国家还批准颁布了一系列学校卫生国家标准，包括：中小学校建筑设计规范（GB50099-2011）、中小学校教室采光和照明卫生标准（GB7793-2010）、学校课桌椅卫生标准（GB7792-87）等。进一步完善了学校卫生法律体系。

二、学校卫生的法律规定

(一) 学校卫生工作的任务

学校卫生工作的主要任务是：①监测学生健康状况；②对学生进行健康教育，培养学生良好的卫生习惯；③改善学校卫生环境和教育卫生条件；④加强对传染病、学生常见病的预防和治疗。

（二）学校卫生的主要内容

1. 教学过程卫生。

（1）教学和作息时间。教学过程要严格遵守卫生保健原则，根据学生年龄，合理安排教学进度和作息时间，使学生的学习能力保持在最佳状态。根据我国教育部和卫生部的规定，学生每日学习时间（包括自习）为：小学不超过 6 个学时，中学不超过 8 个学时，大学不超过 10 个学时。学校还必须保证学生有课间休息的时间，课间休息时间应当至少保证有 10 分钟。

（2）劳动卫生。学校应当根据学生的年龄，组织学生参加适当的劳动，安排适当的劳动工种和劳动量。对参加劳动的学生，要进行安全生产教育，严格遵守操作规程。并采取必要的安全和卫生防护措施。

普通中小学校组织学生参加劳动，不得让学生接触有毒有害物质或者从事不安全工种的作业，不得让学生参加夜班劳动。

普通高等学校、中等专业学校、技工学校、农业中学、职业中学组织学生参加生产劳动，接触有毒有害物质的，按照国家有关规定，提供保健待遇。学校应当定期对他们进行体格检查，加强卫生防护。

（3）体育卫生。体育卫生主要指包括体育课、课外体育活动和假期活动在内的卫生。学校应保证学生每天至少有一个小时的体育活动时间，体育及格率在 85% 以上。学校要根据学生的生理承受能力和体质健康状况，合理安排适合学生的运动项目和运动强度，防止发生伤害事故。还应当注意女学生的生理特点，给予必要的照顾。

2. 教学环境设施卫生。

（1）学校在新建、改建、扩建校舍时，其选址、设计应当符合国家的卫生标准，并取得当地卫生行政部门的许可，竣工验收应当有当地卫生行政部门参加。

（2）学校教学建筑、环境噪声、室内微小气候、采光、照明等环境质量以及黑板、课桌椅的设置应当符合国家有关标准。

（3）学校应当按照有关规定为学生提供充足的符合卫生标准的饮用水。

（4）学校体育场地和器材应当符合卫生和安全要求。

（5）设置厕所和洗手设施；寄宿制学校还应当为学生提供相应的洗漱、

洗澡等卫生设施。

3. 学生卫生保健与疾病预防。

（1）完善学生健康管理制度。学校应当建立学生健康管理制度，根据条件定期对学生进行体格检查，建立学生体质健康卡片，纳入学生档案。加强对学生个人卫生、环境卫生以及教室、宿舍卫生的管理。

（2）开展健康检查与疾病预防。学校应当积极做好近视眼、弱视、沙眼、龋齿、寄生虫、营养不良、贫血、脊柱弯曲、神经衰弱等学生常见疾病的群体预防和矫治工作。学校对体格检查中发现学生有器质性疾病的，应当配合学生家长做好转诊治疗。学校应当认真贯彻执行传染病防治法律、法规，做好急、慢性传染病的预防和控制管理工作，同时做好地方病的预防和控制管理工作。学校对残疾、体弱学生，应当加强医学照顾和心理卫生工作。

4. 营养与饮食卫生。 学校应当认真贯彻执行食品安全法律、法规，加强饮食卫生管理，办好学生膳食，加强营养指导。

5. 学生用品卫生。 供学生使用的文具、娱乐器具、保健用品，必须符合国家有关卫生标准。

6. 卫生宣传与健康教育。 学校应当把健康教育纳入教学计划。普通中小学必须开设健康教育课，普通高等学校、中等专业学校、技工学校、农业中学、职业中学应当开设健康教育选修课或者讲座。学校应当开展学生健康咨询活动。

三、学校卫生工作管理的法律规定

我国学校卫生工作由教育行政部门、卫生行政部门共同管理。

（一）学校卫生管理机构

普通高等学校、中等专业学校、技工学校和规模较大的农业中学、职业中学、普通小学可以设立学校卫生管理机构。普通高等学校设校医院或卫生科；城市普通中小学、农村中心小学和普通中学设卫生室，并按学生人数600：1的比例配备专职卫生技术人员；中等专业学校、技工学校、农业中学、职业中学可根据需要，配备专职卫生技术人员。学生人数不足600人的学校，可以配备专职或者兼职保健教师，开展学校卫生工作。

（二）区域性中小学生卫生保健机构

经本地区卫生行政部门批准，教育行政部门可以成立区域性中小学生卫生保健机构。其主要任务是：调查研究本地区中小学生体质健康状况；开展中小学生常见疾病的预防与矫治；开展中小学卫生技术人员的技术培训和业务指导。

（三）疾病预防控制机构的任务

各级疾病预防控制机构，对学校卫生工作承担下列任务：①实施学校卫生监测，掌握本地区学生生长发育和健康状况，掌握学生常见病、传染病、地方病动态；②制定学生常见病、传染病、地方病的防治计划；③对本地区学校卫生工作进行技术指导；④开展学校卫生服务。

四、学校卫生工作监督的法律规定

（一）学校卫生工作监督机构及其职责

县以上卫生行政部门对学校卫生工作行使监督职权。其职责是：①对新建、改建、扩建校舍的选址、设计实行卫生监督；②对学校内影响学生健康的学习、生活、劳动、环境、食品等方面的卫生和传染病防治工作实行卫生监督；③对学生使用的文具、娱乐器具、保健用品实行卫生监督。

国务院卫生行政部门可以委托国务院其他有关部门的卫生主管机构，在本系统内根据上述①、②职责行使学校卫生监督职权。

（二）学校卫生监督员及其职责

行使学校卫生监督职权的机构设立学校卫生监督员，由省级以上卫生行政部门聘任并发给学校卫生监督员证书。学校卫生监督员执行卫生行政部门或者其他有关部门交付的学校卫生监督任务。学校卫生监督员在执行任务时应出示证件，在进行卫生监督时，有权查阅与卫生监督有关的资料，搜集与卫生监督有关情况，被监督的单位或者个人应当给予配合。学校卫生监督员对所掌握的资料、情况负有保密责任。

五、法律责任

1. 未经卫生行政部门许可新建、改建、扩建校舍的，由卫生行政部门对直接责任单位或个人给予警告、责令停止施工或者限期改正。

2. 学校环境设施不符合国家有关标准的，由卫生行政部门对直接责任单位或者个人给予警告并责令限期改进，情节严重的，可以同时建议教育行政

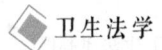

部门给予行政处分。

3. 在组织学生参加劳动时违反学校卫生有关规定致使学生健康受到损害的，由卫生行政部门对直接责任单位或个人给予警告，责令限期改正。

4. 供学生使用的文具、娱乐器具、保健用品，不符合国家有关卫生标准的，由卫生行政部门对直接责任单位或个人给予警告；情节严重的可以会同工商行政部门没收其不符合国家有关卫生标准的物品，并处以非法所得 2 倍以下的罚款。

5. 拒绝或者妨碍学校卫生监督员依照本条例实施卫生监督的，由卫生行政部门对直接责任单位或者个人给予警告；情节严重的，可以建议教育行政部门给予行政处分或者处以 200 元以下罚款。

第二节　公共场所卫生法律制度

一、公共场所及公共场所卫生法概述

（一）公共场所的概念

广义的公共场所，是指供公众进行社交、工作、学习、休息、娱乐、体育、参观、游览和满足部分生活需求所使用的公共建筑物、场所及其设施。依据《公共场所卫生管理条例》第 1 条的规定，公共场所是指公共使用的具有围护结构的场所。包括七大类 28 种：

1. 宾馆、饭馆、旅店、招待所、车马店、咖啡馆、酒吧、茶座。
2. 公共浴室、理发店、美容店。
3. 影剧院、录像厅（室）、游艺厅（室）、舞厅、音乐厅。
4. 体育场（馆）、游泳场（馆）、公园。
5. 展览馆、博物馆、美术馆、图书馆。
6. 商场（店）、书店。
7. 候诊室、候车（机、船）室、公共交通工具。

（二）公共场所卫生法的概念

公共场所卫生法，是指国家为创造良好的公共场所卫生条件，预防疾病，保障人体健康而制定的，由国家强制力保证实施的，用以调整在公共场所卫生管理与监督过程中产生的各种社会关系的法律规范的总和。

(三) 公共场所卫生立法

公共场所是人群聚集的活动环境，加强公共场所卫生管理是预防疾病、保障大众健康的重要环节。为此，1987年4月1日，国务院发布了《公共场所卫生管理条例》，这是新中国成立以来，由国家最高行政机关发布的第一部公共场所卫生管理法规，它标志着我国公共场所卫生监督进入了法制化管理轨道。1991年3月11日，卫生部发布了《公共场所卫生管理条例实施细则》，2011年卫生部又对该实施细则进行了修订并重新发布，使之更加完善和更具操作性。此外，卫生部还于1987年、1988年陆续制定颁布了《公共场所卫生监督监测要点》《公共场所从业人员培训大纲》《旅店业卫生标准》等12项公共场所国家卫生标准，初步形成了公共场所卫生法律体系。

二、公共场所卫生质量的法律规定

《公共场所卫生管理条例》与《公共场所卫生管理条例实施细则》规定，公共场所的下例项目应符合国家卫生标准和要求：

1. 空气。公共场所经营者应当保持公共场所空气流通，室内空气质量应当符合国家卫生标准和要求。公共场所采用集中空调通风系统的，应当符合公共场所集中空调通风系统相关卫生规范和规定的要求。

2. 水质。公共场所经营者提供给顾客使用的生活饮用水应当符合国家生活饮用水卫生标准要求。

3. 采光照明、噪音。公共场所的采光照明、噪声应当符合国家卫生标准和要求。公共场所应当尽量采用自然光。自然采光不足的，公共场所经营者应当配置与其经营场所规模相适应的照明设施。公共场所经营者应当采取措施降低噪声。

4. 顾客用具。公共场所经营者提供给顾客使用的用品用具应当保证卫生安全，可以反复使用的用品用具应当一客一换，按照有关卫生标准和要求清洗、消毒、保洁。禁止重复使用一次性用品用具。

5. 卫生设施。公共场所经营者应当根据经营规模、项目设置清洗、消毒、保洁、盥洗等设施设备和公共卫生间。建立卫生设施设备维护制度，定期检查卫生设施设备，确保其正常运行，不得擅自拆除、改造或者挪作他用。公共场所设置的卫生间，应当有单独的通风排气设施，保持清洁无异味。

6. 预防控制蚊、蝇、蟑螂、鼠和其他病媒生物的设施设备及废弃物存放专用设施设备。 公共场所经营者应当配备安全、有效的预防控制蚊、蝇、蟑螂、鼠和其他病媒生物的设施设备及废弃物存放专用设施设备,并保证相关设施设备的正常使用,及时清运废弃物。

7. 建筑设施。 公共场所的选址、设计、装修应当符合国家相关标准和规范的要求。公共场所室内装修期间不得营业。进行局部装饰装修的,经营者应当采取有效措施,保证营业的非装饰装修区域室内空气质量合格。

8. 控制吸烟。 室内公共场所禁止吸烟,公共场所经营者应当设置醒目的禁止吸烟警语和标志。室外公共场所设置的吸烟区不得位于行人必经的通道上。公共场所不得设置自动售烟机。

三、公共场所卫生管理的法律规定

(一)建立卫生管理制度

公共场所的主管部门应当建立卫生管理制度,配备专职或者兼职卫生管理人员,并对所属经营单位(包括个体经营者,下同)的卫生状况进行经常性检查,并提供必要条件。

公共场所的法定代表人或者负责人是其经营场所卫生安全的第一责任人。

公共场所经营者应当设立卫生管理部门或者配备专(兼)职卫生管理人员,具体负责本公共场所的卫生工作,建立健全卫生管理制度和卫生管理档案。

(二)卫生知识的培训和考核

公共场所经营者应当建立卫生培训制度,组织从业人员学习相关卫生法律知识和公共场所卫生知识,并进行考核。对考核不合格的,不得安排上岗。

(三)从业人员持证上岗

公共场所经营者应当组织从业人员每年进行健康检查,从业人员在取得有效健康合格证明后方可上岗。患有痢疾、伤寒、甲型病毒性肝炎、戊型病毒性肝炎等消化道传染病的人员,以及患有活动性肺结核、化脓性或者渗出性皮肤病等疾病的人员,治愈前不得从事直接为顾客服务的工作。

(四)卫生检测

公共场所经营者应当按照卫生标准、规范的要求对公共场所的空气、微小气候、水质、采光、照明、噪声、顾客用品用具等进行卫生检测，检测每年不得少于一次；检测结果不符合卫生标准、规范要求的应当及时整改。

（五）事故应急与报告

公共场所经营者应当制定公共场所危害健康事故应急预案或者方案，定期检查公共场所各项卫生制度、措施的落实情况，及时消除危害公众健康的隐患。

公共场所发生危害健康事故的，经营者应当立即处置，防止危害扩大，并及时向县级人民政府卫生行政部门报告。任何单位或者个人对危害健康事故不得隐瞒、缓报、谎报或者授意他人隐瞒、缓报、谎报。

四、公共场所卫生监督的法律规定

（一）公共场所卫生监督机构

《公共场所卫生管理条例实施细则》第3条规定，国家卫生计生委主管全国公共场所卫生监督管理工作。

县级以上地方各级人民政府卫生计生行政部门负责本行政区域的公共场所卫生监督管理工作。

国境口岸及出入境交通工具的卫生监督管理工作由出入境检验检疫机构按照有关法律法规的规定执行。

铁路部门所属的卫生主管部门负责对管辖范围内的车站、等候室、铁路客车以及主要为本系统职工服务的公共场所的卫生监督管理工作。

（二）公共场所卫生监督机构的职责

1. 对公共场所实行卫生许可证管理。

公共场所经营者应当按照规定向县级以上地方人民政府卫生计生行政部门申请卫生许可证。

公共场所卫生监督的具体范围由省、自治区、直辖市人民政府卫生计生行政部门公布。

公共场所经营者变更单位名称、法定代表人或者负责人的，应当向原发证卫生计生行政部门办理变更手续。

公共场所经营者变更经营项目、经营场所地址的，应当向县级以上地方人民政府卫生计生行政部门重新申请卫生许可证。

公共场所经营者需要延续卫生许可证的，应当在卫生许可证有效期届满30日前，向原发证卫生计生行政部门提出申请。

2. 对公共场所进行新建、改建、扩建的，按照有关规定办理预防性卫生审查手续。

3. 对公共场所的健康危害因素进行监测、分析，为制定法律法规、卫生标准和实施监督管理提供科学依据。

县级以上疾病预防控制机构应当承担卫生计生行政部门下达的公共场所健康危害因素监测任务。

4. 对公共场所卫生监督实施量化分级管理，根据卫生监督量化评价的结果确定公共场所的卫生信誉度等级和日常监督频次。

公共场所卫生信誉度等级应当在公共场所醒目位置公示。

5. 依据有关卫生标准和要求，采取现场卫生监测、采样、查阅和复制文件、询问等方法对公共场所进行监督检查。

6. 加强公共场所卫生监督抽检，并将抽检结果向社会公布。

7. 对发生危害健康事故的公共场所，可以依法采取封闭场所、封存相关物品等临时控制措施。经检验，属于被污染的场所、物品，应当进行消毒或者销毁；对未被污染的场所、物品或者经消毒后可以使用的物品，应当解除控制措施。

五、法律责任

（一）行政责任

1. 公共场所经营者违反公共场所卫生法律规定，卫生计生行政部门可以根据情节轻重，给予警告、罚款、停业整顿、吊销《卫生许可证》等行政处罚：

（1）对未依法取得公共场所卫生许可证擅自营业的，由县级以上地方人民政府卫生计生行政部门责令限期改正，给予警告，并处以500元以上5000元以下罚款；有下列情形之一的，处以5000元以上3万元以下罚款：①擅自营业曾受过卫生行政部门处罚的；②擅自营业时间在3个月以上的；③以涂改、转让、倒卖、伪造的卫生许可证擅自营业的。

（2）对涂改、转让、倒卖有效卫生许可证的，由原发证的卫生计生行政部门予以注销。

（3）公共场所经营者有下列情形之一的，由县级以上地方人民政府卫生计生行政部门责令限期改正，给予警告，并可处以2000元以下罚款；逾期不改正，造成公共场所卫生质量不符合卫生标准和要求的，处以2000元以上2万元以下罚款；情节严重的，可以依法责令停业整顿，直至吊销《卫生许可证》：①未按照规定对公共场所的空气、微小气候、水质、采光、照明、噪声、顾客用品用具等进行卫生检测的；②未按照规定对顾客用品用具进行清洗、消毒、保洁，或者重复使用一次性用品用具的。

（4）公共场所经营者有下列情形之一的，由县级以上地方人民政府卫生计生行政部门责令限期改正；逾期不改的，给予警告，并处以1000元以上1万元以下罚款；对拒绝监督的，处以1万元以上3万元以下罚款；情节严重的，可以依法责令停业整顿，直至吊销《卫生许可证》：①未按照规定建立卫生管理制度、设立卫生管理部门或者配备专（兼）职卫生管理人员，或者未建立卫生管理档案的；②未按照规定组织从业人员进行相关卫生法律知识和公共场所卫生知识培训，或者安排未经相关卫生法律知识和公共场所卫生知识培训考核的从业人员上岗的；③未按照规定设置与其经营规模、项目相适应的清洗、消毒、保洁、盥洗等设施设备和公共卫生间，或者擅自停止使用、拆除上述设施设备，或者挪作他用的；④未按照规定配备预防控制鼠、蚊、蝇、蟑螂和其他病媒生物的设施设备以及废弃物存放专用设施设备，或者擅自停止使用、拆除预防控制鼠、蚊、蝇、蟑螂和其他病媒生物的设施设备以及废弃物存放专用设施设备的；⑤未按照规定索取公共卫生用品检验合格证明和其他相关资料的；⑥未按照规定对公共场所新建、改建、扩建项目办理预防性卫生审查手续的；⑦公共场所集中空调通风系统未经卫生检测或者评价不合格而投入使用的；⑧未按照规定公示公共场所卫生许可证、卫生检测结果和卫生信誉度等级的；⑨未按照规定办理公共场所卫生许可证复核手续的。

（5）公共场所经营者安排未获得有效健康合格证明的从业人员从事直接为顾客服务工作的，由县级以上地方人民政府卫生计生行政部门责令限期改正，给予警告，并处以500元以上5000元以下罚款；逾期不改正的，处以5000元以上15 000元以下罚款。

(6) 公共场所经营者对发生的危害健康事故未立即采取处置措施，导致危害扩大，或者隐瞒、缓报、谎报的，由县级以上地方人民政府卫生行政部门处以 5000 元以上 3 万元以下罚款；情节严重的，可以依法责令停业整顿，直至吊销卫生许可证。

(7) 公共场所经营者违反其他卫生法律、行政法规规定，应当给予行政处罚的，按照有关卫生法律、行政法规规定进行处罚。

2. 县级以上人民政府卫生计生行政部门及其工作人员玩忽职守、滥用职权、收取贿赂的，由有关部门对单位负责人、直接负责的主管人员和其他责任人员依法给予行政处分。

(二) 民事责任

违反《公共卫生管理条例》规定造成严重危害公民健康的事故或中毒事故的经营单位或者个人，依法应当对受害者赔偿损失。

(三) 刑事责任

公共场所经营者对发生的危害健康事故未立即采取处置措施，导致危害扩大，或者隐瞒、缓报、谎报，构成犯罪的，依法追究刑事责任。

卫生计生行政部门及其工作人员玩忽职守、滥用职权、收取贿赂，构成犯罪的，依法追究刑事责任。

第三节 突发公共卫生事件应急处理法律制度

一、突发公共卫生事件应急法律制度概述

(一) 突发公共卫生事件的概念及其特征

1. 突发公共卫生事件的概念。 突发公共卫生事件，是指突然发生，造成或者可能造成社会公众健康严重损害的重大传染病疫情、群体性不明原因疾病、重大食物中毒和职业中毒以及其他严重影响公众健康的事件。

2. 突发公共卫生事件的特征。 突发公共卫生事件具有以下特征：

(1) 突发性。突发公共卫生事件都是突然发生。一般讲，突发公共卫生事件的发生是不易预测的，但突发公共卫生事件的发生和转归也具有一定的规律性。

(2) 公共性。突发公共卫生事件所危及的对象为不特定的社会群体。

(3) 危害的严重性。突发公共卫生事件可能对公众健康和生命安全、社会经济发展、生态环境等造成不同程度的危害，这种危害可以是对社会造成即时性严重损害，也可以是对社会未来造成严重的影响。

(4) 处理的综合性和系统性。突发公共卫生事件不仅仅是一个公共卫生问题，还是一个社会问题，它的处理涉及多系统、多部门，需要各有关部门共同努力，全社会共同参与，将其危害降低到最低程度。

(二) 突发公共卫生事件分级

根据突发公共卫生事件的性质、危害程度、涉及范围，突发公共卫生事件划分为四级：特别重大突发公共卫生事件（Ⅰ级）、重大突发公共卫生事件（Ⅱ级）、较大突发公共卫生事件（Ⅲ级）、一般突发公共卫生事件（Ⅳ级）。

1. 特别重大突发公共卫生事件（Ⅰ级）。 特别重大突发公共卫生事件主要包括：

(1) 肺鼠疫、肺炭疽在大、中城市发生并伴有扩散趋势，或肺鼠疫、肺炭疽疫情波及两个以上的省份，并有进一步扩散趋势。

(2) 发生传染性非典型肺炎、人感染高致病性禽流感病例，并有扩散趋势。

(3) 涉及多个省份的群体性不明原因疾病，并有扩散趋势。

(4) 发生烈性病菌株、毒株、致病因子等丢失事件。

(5) 发生新传染病或我国尚未发现的传染病发生或传入，并有扩散趋势，或发现我国已经消灭的传染病重新流行。

(6) 周边以及与我国通航的国家和地区发生特大传染病疫情，并出现输入性病例，严重危及我国公共卫生安全的事件。

(7) 国务院卫生行政部门认定的其他特别重大突发公共卫生事件。

2. 重大突发公共卫生事件（Ⅱ级）。 有下列情形之一的为重大突发公共卫生事件：

(1) 在一个县（市）行政区域内，一个平均潜伏期内（6天）发生5例以上肺鼠疫、肺炭疽病例，或者相关联的疫情波及两个以上县（市）。

(2) 发生传染性非典型肺炎、人感染高致病性禽流感疑似病例。

(3) 腺鼠疫发生流行，在一个市（地）行政区域内，一个平均潜伏期内多点连续发病20例以上，或流行范围波及两个以上市（地）。

(4) 霍乱在一个市（地）行政区域内流行，一周内发病30例以上，或波及两个以上市（地），有扩散趋势。

（5）乙类、丙类传染病波及两个以上县（市），一周内发病水平超过前5年同期平均发病水平2倍以上。

（6）我国尚未发现的传染病发生或传入，尚未造成扩散。

（7）发生群体性不明原因疾病，扩散到县（市）以外的地区。

（8）发生重大医源性感染事件。

（9）预防接种或群体预防性服药出现人员死亡。

（10）一次食物中毒人数超过100人并出现死亡病例，或出现10例以上死亡病例。

（11）一次性发生急性职业中毒50人以上，或死亡5人以上。

（12）境内外隐匿运输、邮寄烈性生物病原体、生物毒素造成我境内人员感染或死亡的。

（13）省级以上人民政府卫生行政部门认定的其他重大突发公共卫生事件。

3. 较大突发公共卫生事件（Ⅲ级）。有下列情形之一的为较大突发公共卫生事件：

（1）发生肺鼠疫、肺炭疽病例，一个平均潜伏期内病例数未超过5例，流行范围在一个县（市）行政区域内。

（2）腺鼠疫发生流行，在一个县（市）行政区域内，一个平均潜伏期内连续发病10例以上，或波及两个以上县（市）。

（3）霍乱在一个县（市）行政区域内一周内发病10~29例。或波及两个以上县（市），或市（地）级以上城市的市区首次发生。

（4）一周内在一个县（市）行政区域内，乙、丙类传染病发病水平超过前5年同期平均发病水平1倍以上。

（5）一个县（市）行政区域内发现群体性不明原因疾病。

（6）一次性食物中毒100人，或出现死亡病例。

（7）预防接种或群体预防性服药出现群体心因性反应或不良反应。

（8）一次发生急性职业中毒10~49人，或死亡4人以下。

（9）市（地）级以上人民政府卫生行政部门认定的其他较大突发公共卫生事件。

4. 一般突发公共卫生事件（Ⅳ级）。 有下列情形之一的为一般突发公共卫生事件：

（1）肺鼠疫在一个县（市）行政区域内发生，一个平均潜伏期内病例数未超过10例。

（2）霍乱在一个县（市）行政区域内，一周内发病9例以下。

（3）一次食物中毒人数30~99人，未出现死亡病例。

（4）一次性发生急性职业中毒9人以下，未出现死亡病例。

（5）县级以上人民政府卫生行政部门认定的其他一般突发公共卫生事件。

（三）突发公共卫生事件立法

我国应对突发公共卫生事件法律法规的建立，经历了一个逐渐发展的过程，1978年颁布的《急性传染病管理条例》和1989年颁布的《传染病防治法》，标志着我国公共卫生的法制建设进入了一个崭新时期。经过二十余年的发展，国家相继制定和颁布了一系列与公共卫生相关的法律法规，2003年5月9日，国务院颁布了《突发公共卫生事件应急条例》；2004年8月28日，第十届全国人大常委会第十一次会议对《传染病防治法》进行了修订。最新《传染病防治法》（2013年修订）和《突发公共卫生事件应急条例》（2011年修订）的颁布和实施，标志着我国应对突发公共卫生事件进一步纳入法制化的轨道，也标志着我国突发公共卫生事件应急机制进一步完善。

目前，已经颁布的与突发公共卫生事件应急有关的法律法规还有《职业病防治法》《食品安全法》《执业医师法》《使用有毒物品作业场所劳动保护条例》《危险化学品安全管理条例》《放射事故管理条例》《核事故医学应急管理规定》《突发公共卫生事件与传染病疫情监测信息报告管理办法》《食物中毒事故处理办法》等。

二、突发公共卫生事件处理原则

（一）预防为主，常备不懈

预防为主是我国卫生工作的基本方针。在突发公共卫生事件的预防中，主要是提高突发公共卫生事件发生的全社会防范意识，落实各项防范措施，有针对性地制定应急处理预案，对各种可能引发突发公共卫生事件的情况进行及时分析、预警、报告，做到早发现、早报告、早处理，有效应对和处理各种突发事件。

(二) 统一领导,分级负责

在突发公共卫生事件应急处理的各项工作中,必须坚持由各级人民政府统一领导,成立应急指挥部,对处理工作实行统一指挥。各有关部门在应急指挥部的领导下,根据部署和分工,开展各项应急处理工作。

(三) 反应及时,措施果断

反应及时,措施果断是有效控制突发公共卫生事件事态的前提。在突发公共卫生事件发生后,有关人民政府及其有关部门应当及时作出反应,决定是否启动应急预案,及时搜集、报告疫情,组织调查,积极开展救治工作,提出处理建议,有效控制事态发展。

(四) 依靠科学,加强合作

处理突发公共卫生事件要尊重科学、依靠科学,开展防治突发公共卫生事件相关科学研究。各有关部门、学校、科研单位等要通力合作,实现资源共享。

三、突发公共卫生事件的监测和预警

为了有效预防、及时控制和消除突发公共卫生事件及其危害,指导和规范各类突发公共卫生事件的应急处理工作,最大限度地减少危害,保障公众身心健康与生命安全。国家建立统一的突发公共卫生事件监测、预警与报告网络体系。

(一) 突发公共卫生事件的监测

各级医疗、疾病预防控制、卫生监督和出入境检疫机构负责开展突发公共卫生事件的日常监测工作。省级人民政府卫生行政部门要按照国家统一规定和要求,结合实际,组织开展重点传染病和突发公共卫生事件的主动监测。国务院卫生行政部门和地方各级人民政府卫生行政部门要加强对监测工作的管理和监督,保证监测质量。

(二) 突发公共卫生事件的预警

各级人民政府卫生行政部门根据医疗机构、疾病预防控制机构、卫生监督机构提供的监测信息,按照公共卫生事件的发生、发展规律和特点,及时分析其对公众身心健康的危害程度、可能的发展趋势,及时做出响应级别的预警,依次用红色、橙色、黄色和蓝色表示特别严重、严重、较重和一般四

个预警级别。

四、突发公共卫生事件报告及通报、信息发布制度

(一) 突发公共卫生事件应急报告及通报制度

1. 责任报告单位和责任报告人。

(1) 责任报告单位,是指县以上各级人民政府卫生行政部门指定的突发公共卫生事件监测机构;各级、各类医疗卫生机构;卫生行政部门;县级以上地方人民政府;其他有关单位,主要包括发生突发公共卫生事件的单位、与群众健康和卫生保健工作密切相关的机构,如检验、检疫机构、食品、药品监督管理机构、环境保护、监测机构、教育机构等。

(2) 责任报告人,是指执行职务的各级、各类医疗卫生机构的工作人员、个体开业医生。

2. 报告时限。

(1) 突发公共卫生事件监测机构、医疗卫生机构及有关单位发现突发公共卫生事件,应当在 2 小时内向所在地县级人民政府卫生行政主管部门报告;接到报告的卫生行政主管部门应当在 2 小时内向本级人民政府报告,并同时向上级人民政府卫生行政主管部门和国务院卫生行政主管部门报告。县级人民政府应当在接到报告后 2 小时内向设区的市级人民政府或者上一级人民政府报告;设区的市级人民政府应当在接到报告后 2 小时内向省、自治区、直辖市人民政府报告;各级人民政府应在接到事件报告后的 2 小时内向上一级人民政府报告。

(2) 有下列情形之一的,省、自治区、直辖市人民政府应当在接到报告 1 小时内,向国务院卫生行政主管部门报告:①发生或者可能发生传染病暴发、流行的;②发生或者发现不明原因的群体性疾病的;③发生传染病菌种、毒种丢失的;④发生或者可能发生重大食物和职业中毒事件的。

(3) 国务院卫生行政主管部门对可能造成重大社会影响的突发事件,应当立即向国务院报告。

3. 通报。国务院卫生行政主管部门应当根据发生突发事件的情况,及时向国务院有关部门和各省、自治区、直辖市人民政府卫生行政主管部门以及军队有关部门通报。突发事件发生地的省、自治区、直辖市人民政府卫生行

政主管部门，应当及时向毗邻省、自治区、直辖市人民政府卫生行政主管部门通报。接到通报的省、自治区、直辖市人民政府卫生行政主管部门，必要时应当及时通知本行政区域内的医疗卫生机构。县级以上地方人民政府有关部门，已经发生或者发现可能引起突发事件的情形时，应当及时向同级人民政府卫生行政主管部门通报。

（二）突发公共卫生事件信息发布制度

国家建立突发事件的信息发布制度。国务院卫生行政主管部门负责向社会发布突发事件的信息。必要时，可以授权省、自治区、直辖市人民政府卫生行政主管部门向社会发布本行政区域内突发事件的信息。

信息发布应当及时、准确、全面。

五、突发公共卫生事件应急处理的法律规定

（一）启动应急预案

突发事件发生后，卫生行政主管部门应当组织专家对突发事件进行综合评估，初步判断突发事件的类型，提出是否启动突发事件应急预案的建议。

在全国范围内或者跨省、自治区、直辖市范围内启动全国突发事件应急预案，由国务院卫生行政主管部门报国务院批准后实施。省、自治区、直辖市启动突发事件应急预案，由省、自治区、直辖市人民政府决定，并向国务院报告。

（二）监督与指导应急处理

全国突发事件应急处理指挥部对突发事件应急处理工作进行督察和指导，地方各级人民政府及其有关部门应当予以配合。省、自治区、直辖市突发事件应急处理指挥部对本行政区域内突发事件应急处理工作进行督察和指导。

（三）应急处理措施

1. 专业技术机构的工作。 省级以上人民政府卫生行政主管部门或者其他有关部门指定的突发公共卫生事件应急处理专业技术机构，负责突发公共卫生事件的技术调查、确证、处置、控制和评价工作。

2. 政府有关部门的工作。 突发公共卫生事件发生后，国务院有关部门和县级以上地方人民政府及其有关部门，应当保证突发公共卫生事件应急处理所需的医疗救护设备、救治药品、医疗器械等物资的生产、供应；铁路、交

通、民用航空行政主管部门应当保证及时运送。

3. 医疗卫生机构的工作。 医疗卫生机构应当对因突发公共卫生事件致病的人员提供医疗救护和现场救援，对就诊病人必须接诊治疗，并书写详细、完整的病历记录；对需要转送的病人，应当按照规定将病人及其病历记录的复印件转送至接诊的或者指定的医疗机构。

4. 指挥部可采取的控制措施。 突发公共卫生事件应急处理指挥部有权紧急调集人员、储备的物资、交通工具以及相关设施、设备。必要时，对人员进行疏散或者隔离，并可以依法对传染病疫区实行封锁。

5. 公安部门的工作。 在突发公共卫生事件中需要接受隔离治疗、医学观察措施的病人、疑似病人和传染病病人密切接触者在卫生行政主管部门或者有关机构采取医学措施时应当予以配合；拒绝配合的，由公安机关依法协助强制执行。

六、法律责任

（一）各级政府部门的责任

1. 县级以上地方人民政府及其卫生行政主管部门对突发事件隐瞒、缓报、谎报或者授意他人隐瞒、缓报、谎报的，对政府主要领导人及其卫生行政主管部门主要负责人，依法给予降级或者撤职的行政处分；造成传染病传播、流行或者对社会公众健康造成其他严重危害后果的，依法给予开除的行政处分；构成犯罪的，依法追究刑事责任。

2. 国务院有关部门、县级以上地方人民政府及其有关部门未依照本条例的规定，完成突发事件应急处理所需要的设施、设备、药品和医疗器械等物资的生产、供应、运输和储备的，对政府主要领导人和政府部门主要负责人依法给予降级或者撤职的行政处分；造成传染病传播、流行或者对社会公众健康造成其他严重危害后果的，依法给予开除的行政处分；构成犯罪的，依法追究刑事责任。

3. 突发事件发生后，县级以上地方人民政府及其有关部门对上级人民政府有关部门的调查不予配合，或者采取其他方式阻碍、干涉调查的，对政府主要领导人和政府部门主要负责人依法给予降级或者撤职的行政处分；构成犯罪的，依法追究刑事责任。

4. 县级以上各级人民政府卫生行政主管部门和其他有关部门在突发事件调查、控制、医疗救治工作中玩忽职守、失职、渎职的,由本级人民政府或者上级人民政府有关部门责令改正、通报批评、给予警告;对主要负责人、负有责任的主管人员和其他责任人员依法给予降级、撤职的行政处分;造成传染病传播、流行或者对社会公众健康造成其他严重危害后果的,依法给予开除的行政处分;构成犯罪的,依法追究刑事责任。

5. 县级以上各级人民政府有关部门拒不履行应急处理职责的,由同级人民政府或者上级人民政府有关部门责令改正、通报批评、给予警告;对主要负责人、负有责任的主管人员和其他责任人员依法给予降级、撤职的行政处分;造成传染病传播、流行或者对社会公众健康造成其他严重危害后果的,依法给予开除的行政处分;构成犯罪的,依法追究刑事责任。

(二) 医疗卫生机构的责任

医疗卫生机构有下列行为之一的,由卫生行政主管部门责令改正、通报批评、给予警告;情节严重的,吊销《医疗机构执业许可证》;对主要负责人、负有责任的主管人员和其他直接责任人员依法给予降级或者撤职的纪律处分;造成传染病传播、流行或者对社会公众健康造成其他严重危害后果,构成犯罪的,依法追究刑事责任:①未依照《突发公共卫生事件应急条例》的规定履行报告职责,隐瞒、缓报或者谎报的;②未依照《突发公共卫生事件应急条例》的规定及时采取控制措施的;③未依照《突发公共卫生事件应急条例》的规定履行突发事件监测职责的;④拒绝接诊病人的;⑤拒不服从突发事件应急处理指挥部调度的。

(三) 有关单位和个人的责任

1. 在突发事件应急处理工作中,有关单位和个人未依照《突发公共卫生事件应急条例》的规定履行报告职责,隐瞒、缓报或者谎报,阻碍突发事件应急处理工作人员执行职务,拒绝国务院卫生行政主管部门或者其他有关部门指定的专业技术机构进入突发事件现场,或者不配合调查、采样、技术分析和检验的,对有关责任人员依法给予行政处分或者纪律处分;触犯《治安管理处罚法》,构成违反治安管理行为的,由公安机关依法予以处罚;构成犯罪的,依法追究刑事责任。

2. 在突发事件发生期间,散布谣言、哄抬物价、欺骗消费者,扰乱社会秩序、市场秩序的，由公安机关或者工商行政管理部门依法给予行政处罚；构成犯罪的，依法追究刑事责任。

第四节 生活饮用水卫生法律制度

一、生活饮用水卫生及生活饮用水卫生法概述

（一）生活饮用水卫生的概念

生活饮用水卫生，是指由集中式供水单位直接供给居民作为饮水和生活用水，该水的水质必须确保居民终生饮用安全。

（二）生活饮用水卫生法的概念

生活饮用水卫生法，是指国家为保证生活饮用水卫生安全，保障人体健康而制定的，由国家强制力保证实施的，用以调整在对供水单位和涉及饮用水卫生安全的产品卫生监督管理过程中产生的各种社会关系的法律规范的总和。

（三）我国生活饮用水卫生立法

新中国成立初期，各级政府就行文号召各地群众搞好水源卫生防护和饮水消毒，减少疾病的发生。1959年，建工部、卫生部联合颁布了《生活饮用水卫生规程》，为生活饮用水卫生管理提供了依据。

1985年卫生部制定了《生活饮用水卫生标准》（GB5749-85），1989年《传染病防治法》的颁布为依法管理生活饮用水提供了法律依据。1994年国务院发布的《城市供水条例》对卫生行政部门在城市供水和水源地保护中的职责予以了规定。1997年1月1日起实施的《生活饮用水卫生监督管理办法》，标志着我国生活饮用水卫生监督管理进入了一个新阶段。2001年9月1日起实施的《生活饮用水卫生规范》引用世界卫生组织制定的《饮用水水质准则》（1993版）中规定的项目及限值，并针对我国地面水有机物及藻类污染日益严重的情况，把水质指标从《生活饮用水卫生监督管理办法》规定的35项增加到了96项，2006年卫生部颁布了《生活饮用水卫生标准》（GB5749-2006），同时发布的还有13项生活饮用水卫生检验方法国家标准，将我国的生活饮用水卫生标准提高到国际水平。

二、生活饮用水卫生的法律规定

（一）生活饮用水水质卫生的要求

生活饮用水水质应符合下列基本要求，保证用户饮水安全：

1. 生活饮用水中不得含有病原微生物。
2. 生活饮用水中对健康有害的化学物质不得危害人体健康。
3. 生活饮用水中放射性物质不得危害人体健康。
4. 生活饮用水的感官性状良好。
5. 生活饮用水应经消毒处理。
6. 生活饮用水水质应符合《生活饮用水卫生标准》（GB5749-2006）水质常规指标及限值和水质非常规指标及限值的卫生要求。集中式供水出厂水中消毒剂限值、出厂水和管网末梢水中消毒剂余量均应符合《生活饮用水卫生标准》（GB5749-2006）饮用水中消毒剂常规指标及要求。
7. 农村小型集中式供水和分散式供水的水质因条件限制，部分指标可暂按照《生活饮用水卫生标准》（GB5749-2006）农村小型集中式供水和分散式供水部分水质指标及限值执行。
8. 当发生影响水质的突发性公共事件时，经市级以上人民政府批准，感官性状和一般化学指标可适当放宽。

（二）生活饮用水水源卫生的要求

1. 采用地表水为生活饮用水水源时应符合《地表水环境质量标准》（GB3838-2002）要求。
2. 采用地下水为生活饮用水水源时应符合《地下水质量标准》（GB/T14848-93）要求。

三、生活饮用水卫生管理的法律规定

1. 供水单位供应的饮用水必须符合国家生活饮用水卫生标准。
2. 集中式供水单位取得工商行政管理部门颁发的营业执照后，还应当取得县级以上地方人民政府卫生计生主管部门颁发的卫生许可证，方可供水。
3. 供水单位新建、改建、扩建的饮用水供水工程项目，应当符合卫生要求，选址和设计审查、竣工验收必须有建设卫生计生主管部门参加。新建、改建、扩建的城市公共饮用水供水工程项目由建设行政主管部门负责组织选址、设计审查和竣工验收，卫生计生主管部门参加。

4. 供水单位应建立饮用水卫生管理规章制度，配备专职或兼职人员，负责饮用水卫生管理工作。

5. 集中式供水单位必须有水质净化消毒设施及必要的水质检验仪器、设备和人员，对水质进行日常性检验，并向当地人民政府卫生计生主管部门和建设行政主管部门报送检测资料。城市自来水供水企业和自建设施对外供水的企业，其生产管理制度的建立和执行、人员上岗的资格和水质日常检测工作由城市建设行政主管部门负责管理。

6. 直接从事供、管水的人员必须取得体检合格证后方可上岗工作，并每年进行一次健康检查。

凡患有痢疾、伤寒、甲型病毒性肝炎、戊型病毒性肝炎、活动性肺结核、化脓性或渗出性皮肤病及其他有碍饮用水卫生的疾病的和病原携带者，不得直接从事供、管水工作。直接从事供、管水的人员，未经卫生知识培训不得上岗工作。

7. 生产涉及饮用水卫生安全的产品的单位和个人，必须按规定向政府卫生计生主管部门申请办理产品卫生许可批准文件，取得批准文件后，方可生产和销售。任何单位和个人不得生产、销售、使用无批准文件的前款产品。

8. 饮用水水源地必须设置水源保护区。保护区内严禁修建任何可能危害水源水质卫生的设施及一切有碍水源水质卫生的行为。

9. 二次供水设施选址、设计、施工及所用材料，应保证不使饮用水水质受到污染，并有利于清洗和消毒。各类蓄水设施要加强卫生防护，定期清洗和消毒。具体管理办法由省、自治区、直辖市根据本地区情况另行规定。

10. 当饮用水被污染，可能危及人体健康时，有关单位或责任人应立即采取措施，消除污染，并向当地人民政府卫生计生主管部门和建设行政主管部门报告。

四、生活饮用水卫生监督的法律规定

国务院卫生计生主管部门主管全国饮用水卫生监督工作，县级以上地方人民政府卫生计生行政部门主管本辖区内饮用水卫生监督工作。

(一) 饮用水卫生监督管理的对象

依照《生活饮用水卫生监督管理办法》的规定,饮用水卫生监督的对象为集中式供水、二次供水单位及涉及饮用水卫生安全的产品。

(二) 卫生行政部门对生活饮用水卫生监督的职责

1. 负责本行政区域内供水单位和涉及饮用水卫生安全的产品的日常卫生监督和饮用水水质的监测和评价。

2. 负责本行政区域内新、改、扩建集中式供水项目的预防性卫生监督和饮用水的水源水质监测和评价。

3. 负责本行政区域内饮用水污染事故对人体健康影响的调查。

4. 对本行政区域内供水单位实施卫生许可证制度,监督供水单位从业人员的健康体检。

5. 按照分级管理的原则,省级卫生计生行政部门和国务院卫生计生主管部门分别对相关涉及饮用水卫生安全的产品进行卫生安全性评价。

五、法律责任

(一) 行政责任

1. 集中式供水单位安排未取得体检合格证的人员从事直接供、管水工作或安排患有有碍饮用水卫生疾病的或病原携带者从事直接供、管水工作的,县级以上地方人民政府卫生计生行政部门应当责令限期改进,并可对供水单位处以 20 元以上 1000 元以下的罚款。

2. 违反《生活饮用水卫生监督管理办法》规定,有下列情形之一的,县级以上地方人民政府卫生计生主管部门应当责令限期改进,并可处以 20 元以上 5000 元以下的罚款:①在饮用水水源保护区修建危害水源水质卫生的设施或进行有碍水源水质卫生的作业的;②新建、改建、扩建的饮用水供水项目未经卫生计生主管部门参加选址、设计审查和竣工验收而擅自供水的;③供水单位未取得《卫生许可证》而擅自供水的;④供水单位供应的饮用水不符合国家规定的生活饮用水卫生标准的。

3. 违反《生活饮用水卫生监督管理办法》规定,生产或者销售无卫生许可批准文件的涉及饮用水卫生安全的产品的,县级以上地方人民政府卫生计生主管部门应当责令改进,并可处以违法所得 3 倍以下的罚款,但最高不超过 3 万元，或处以 500 元以上 1 万元以下的罚款。

4. 城市自来水供水企业和自建设施对外供水的企业，有下列行为之一的，由建设行政主管部门责令限期改进，并可处以违法所得 3 倍以下的罚款，但最高不超过 3 万元，没有违法所得的可处以 1 万元以下罚款：①新建、改建、扩建的饮用水供水工程项目未经建设行政主管部门设计审查和竣工验收而擅自建设并投入使用的；②未按规定进行日常性水质检验工作的。

（二）民事责任

因生活饮用水以及涉水产品不符合国家卫生标准，造成他人人身健康损害的，供水单位或涉及生活饮用水产品的生产经营者应依法承担民事赔偿责任。

（三）刑事责任

供水单位提供的生活饮用水以及涉水产品不符合国家卫生标准，引起甲类传染病或者有严重传播危险，构成犯罪的，依法追究刑事责任。

第五节 放射卫生法律制度

一、放射卫生及放射卫生法概述

（一）放射卫生及放射卫生法的概念

1. 放射卫生的概念。放射卫生，是指以放射性生产厂矿企业、放射性同位素和射线装置使用单位、放射工作人员以及社会公众和环境为对象，对放射工作场所、放射工作人员及社会公众的受射线照射剂量进行监测与卫生学评价，提出预防放射性危害的卫生防护措施的一门科学。

2. 放射卫生法的概念。放射卫生法，是指调整因保护放射工作人员与广大公众的健康与安全以及生态系统，防止和减少电离辐射造成的危害而产生的各种社会关系的法律规范的总称。

（二）放射卫生立法

我国历来重视放射卫生防护工作，1960 年 1 月，国务院颁发了《放射性工作卫生防护暂行规定》，随后卫生部、国家科委制订了《电离辐射的最大容许浓度》等 3 项标准，并于 1964 年发布并试行了《放射性同位素工作卫生防护管理办法》，从而奠定了我国放射卫生法制的基础。

改革开放以后,我国的放射卫生法制建设得到了长足的发展,相继颁布了一批放射诊断、治疗及工、农业科研领域的规章标准。1989年10月,国务院颁布了《放射线同位素与射线装置放射防护条例》,根据该条例赋予卫生行政部门的职责,卫生部先后出台了放射卫生管理规章或规范性文件24个,放射卫生防护标准65项,放射病诊断标准25项,初步形成了放射卫生防护法规标准体系。

从1999年开始,卫生部有计划地对现有放射卫生管理规章进行了清理修订,并重新发布了《放射工作卫生防护管理办法》和《放射防护器材与含放射性产品卫生管理办法》,并会同公安部修订发布了《放射事故管理规定》;2003年6月28日,第十届全国人民代表大会常务委员会第三次会议通过《中华人民共和国放射性污染防治法》;2005年8月31日,国务院第104次常务会议通过了《放射性同位素与射线装置安全和防护条例》;2005年6月2日,卫生部部务会议讨论通过了《放射诊疗管理规定》;2007年3月23日,卫生部通过了《放射工作人员职业健康管理办法》;2011年3月24日,环境保护部审议通过《放射性同位素与射线装置安全和防护管理办法》。这些新的规章的颁布和实施,对进一步推进全国放射卫生工作起到积极作用。

二、放射卫生防护的任务和内容

(一) 放射卫生防护的任务

放射卫生防护的任务是以放射性生产厂矿企业,放射性同位素和射线装置使用单位、放射工作人员以及社会公众和环境为对象,对放射工作场所、放射工作人员及社会公众的受射线照射剂量,进行监测与卫生学评价,提出改善放射作业环境,减少受照射剂量,预防放射性危害的卫生防护措施,保护放射工作人员和社会公众的健康与安全,促进核技术和射线应用事业的发展。

(二) 放射卫生防护的内容

1. 放射工作场所的卫生防护。包括放射工作场所外照射剂量、工作场所表面污染剂量、工作场所空气污染所致工作人员内照射剂量等,控制在国家标准之下。

2. 放射工作人员的卫生防护。包括放射工作人员外照射剂量、工作服和皮肤表面污染、个人体内照射的所受剂量,控制在国家标准以下。

3. 广大公众的卫生防护。 包括环境放射性水平所致群体剂量、公众个人受照剂量、其中特别是由于医疗照射、使用含放射性产品和日用消费品所致受照剂量，控制在国家标准以下。

4. 放射事故的卫生防护。 包括由放射性同位素与射线装置所致各类放射事故，造成放射工作人员与广大公众的受照剂量，控制事故造成的损害最小，并做好医学应急和善后处理工作。

三、放射卫生防护的法律规定

（一）放射卫生监督制度

1. 放射卫生监督分级管理制度。 国务院环境保护主管部门对全国放射性同位素、射线装置的安全和防护工作实施统一监督管理。国务院公安、卫生等部门按照职责分工和《放射性同位素与射线装置安全和防护条例》的规定，对有关放射性同位素、射线装置的安全和防护工作实施监督管理。县级以上地方人民政府环境保护主管部门和其他有关部门，按照职责分工和《放射性同位素与射线装置安全和防护条例》的规定，对本行政区域内放射性同位素、射线装置的安全和防护工作实施监督管理。

2. 放射卫生监督分类管理制度。 国家对放射源和射线装置实行分类管理。根据放射源、射线装置对人体健康和环境的潜在危害程度，从高到低将放射源分为Ⅰ类、Ⅱ类、Ⅲ类、Ⅳ类、Ⅴ类，具体分类办法由国务院环境保护主管部门制定；将射线装置分为Ⅰ类、Ⅱ类、Ⅲ类，具体分类办法由国务院环境保护主管部门、国务院卫生主管部门制定。

（二）放射卫生许可制度

1. 放射卫生许可证的取得。 生产、销售、使用放射性同位素和射线装置的单位，应当取得许可证。

（1）生产放射性同位素、销售和使用Ⅰ类放射源、销售和使用Ⅰ类射线装置的单位的许可证，由国务院环境保护主管部门审批颁发。生产放射性同位素、销售和使用Ⅰ类放射源、销售和使用Ⅰ类射线装置之外的单位的许可证，由省、自治区、直辖市人民政府环境保护主管部门审批颁发。国务院环境保护主管部门向生产放射性同位素的单位颁发许可证前，应当将申请材料印送其行业主管部门征求意见。环境保护主管部门应当将审批颁发许可证的情况通报同级公安部门、卫生主管部门。

（2）医疗机构设置放射诊疗项目，新建、扩建、改建放射诊疗建设项目，应当向相应的卫生行政部门提交申请，卫生行政部门对申请项目进行审查，合格的予以批准，发给《放射诊疗许可证》。未取得《放射诊疗许可证》或未进行诊疗科目登记的，不得开展放射诊疗工作。同时开展不同类别放射诊疗工作的，向具有高类别审批权的卫生行政部门申请办理。

2. 放射卫生许可申请必须具备的条件。生产、销售、使用放射性同位素和射线装置的单位申请领取许可证，应当具备下列条件：

（1）有与所从事的生产、销售、使用活动规模相适应的，具备相应专业知识和防护知识及健康条件的专业技术人员。

（2）有符合国家环境保护标准、职业卫生标准和安全防护要求的场所、设施和设备。

（3）有专门的安全和防护管理机构或者专职、兼职安全和防护管理人员，并配备必要的防护用品和监测仪器。

（4）有健全的安全和防护管理规章制度、辐射事故应急措施。

（5）产生放射性废气、废液、固体废物的，具有确保放射性废气、废液、固体废物达标排放的处理能力或者可行的处理方案。

3. 放射卫生许可证办理的程序。其一，申请。生产、销售、使用放射性同位素和射线装置的单位，应当事先向有审批权的环境保护主管部门提出许可申请，并提交符合《放射性同位素与射线装置安全和防护条例》第7条规定条件的证明材料。使用放射性同位素和射线装置进行放射诊疗的医疗卫生机构，还应当获得卫生行政部门的许可。其二，审批。环境保护主管部门、卫生行政部门应当自受理申请之日起20个工作日内完成审查，符合条件的，颁发许可证，并予以公告；不符合条件的，书面通知申请单位并说明理由。

4. 放射卫生许可证的变更、重新申请与注销。持证单位变更单位名称、地址、法定代表人的，应当自变更登记之日起20日内，向原发证机关申请办理许可证变更手续。

有下列情形之一的，持证单位应当按照原申请程序，重新申请领取许可证：①改变所从事活动的种类或者范围的；②新建或者改建、扩建生产、销售、使用设施或者场所的。

持证单位部分终止或者全部终止生产、销售、使用放射性同位素和射线装置活动的，应当向原发证机关提出部分变更或者注销许可证申请，由原发证机关核查合格后，予以变更或者注销许可证。

5. 放射卫生许可证的有效期。许可证的有效期为 5 年。有效期届满，需要延续的，持证单位应当于许可证有效期届满 30 日前，向原发证机关提出延续申请。原发证机关应当自受理延续申请之日起，在许可证有效期届满前完成审查，符合条件的，予以延续；不符合条件的，书面通知申请单位并说明理由。

(三) 放射卫生防护管理制度

放射工作单位的上级行政管理部门，负责管理本系统的放射防护工作，并定期对本系统执行国家放射防护法规和标准进行检查。管理制度主要包括：

1. 放射性标志制度。凡是与放射有关的，都应设置放射性警示标志。放射性同位素的生产、使用、贮存场所和射线装置的生产、使用场所，在室外、野外从事放射工作时，都必须设置放射性标志。具体标志采用国家标准《安全标志》（GB2894-88）中规定的标志图案。

2. 放射性物质管理制度。包括放射性物质订购制度、运输制度、放射性物品口岸检查制度和放射性物质贮存保管制度。托运、承运和自行运输放射性同位素或装过放射性同位素的空容器，必须按国家有关运输规定进行包装和剂量检测，经县以上运输和卫生行政部门核查后方可运输。放射性同位素不得与易燃、易爆、腐蚀性物品放在一起，其贮存场所必须采取有效的防火、防盗、防泄漏的安全防护措施，并指定专人负责保管。贮存、领取、使用、归还放射性同位素必须进行登记，检查，做到帐物相符。

3. 放射性产品管理制度。主要包括放射性产品和射线装置产品卫生防护质量认证制度；含放射性消费品、民用品、物料和伴有产生 X 射线的电器产品的卫生防护管理制度；辐照加工产品，如辐照食品、药品、化妆品、医疗器材和其他用于人体的制品的卫生管理制度；放射防护用品和器材卫生防护质量管理制度。

4. 放射诊疗管理制度。放射诊疗工作人员对患者和受检者进行医疗照射时，应当遵守医疗照射正当化和放射防护最优化的原则，有明确的医疗目的，严格控制受照剂量；对邻近照射野的敏感器官和组织进行屏蔽防护，并事先告知患者和受检者辐射对健康的影响。

医疗机构在实施放射诊断检查前应当对不同检查方法进行利弊分析，在保证诊断效果的前提下，优先采用对人体健康影响较小的诊断技术。

5. 放射工作人员健康管理制度。放射工作人员健康管理制度包括放射工作人员个人剂量管理制度、放射工作人员健康管理制度、放射工作人员培训考核发放《放射工作人员证》制度。

（四）放射事故管理制度

1. 分级管理。根据辐射事故的性质、严重程度、可控性和影响范围等因素，从重到轻将辐射事故分为特别重大辐射事故、重大辐射事故、较大辐射事故和一般辐射事故四个等级。

2. 报告制度。发生辐射事故时，生产、销售、使用放射性同位素和射线装置的单位应当立即启动本单位的应急方案，采取应急措施，并立即向当地环境保护主管部门、公安部门、卫生主管部门报告。环境保护主管部门、公安部门、卫生主管部门接到辐射事故报告后，应当立即派人赶赴现场，进行现场调查，采取有效措施，控制并消除事故影响，同时将辐射事故信息报告本级人民政府和上级人民政府环境保护主管部门、公安部门、卫生主管部门。县级以上地方人民政府及其有关部门接到辐射事故报告后，应当按照事故分级报告的规定及时将辐射事故信息报告上级人民政府及其有关部门。发生特别重大辐射事故和重大辐射事故后，事故发生地省、自治区、直辖市人民政府和国务院有关部门应当在4小时内报告国务院；特殊情况下，事故发生地人民政府及其有关部门可以直接向国务院报告，并同时报告上级人民政府及其有关部门。

3. 应急处理。

（1）在发生辐射事故或者有证据证明辐射事故可能发生时，县级以上人民政府环境保护主管部门有权采取下列临时控制措施：一是责令停止导致或者可能导致辐射事故的作业；二是组织控制事故现场。

（2）辐射事故发生后，有关县级以上人民政府应当按照辐射事故的等级，启动并组织实施相应的应急预案。县级以上人民政府环境保护主管部门、公安部门、卫生主管部门，按照职责分工做好相应的辐射事故应急工作：①环境保护主管部门负责辐射事故的应急响应、调查处理和定性定级工作，协助公安部门监控追缴丢失、被盗的放射源；②公安部门负责丢失、被盗放射源的立案侦查和追缴；③卫生主管部门负责辐射事故的医疗应急。

（3）环境保护主管部门、公安部门、卫生主管部门应当及时相互通报辐射事故应急响应、调查处理、定性定级、立案侦查和医疗应急情况。国务院指定的部门根据环境保护主管部门确定的辐射事故的性质和级别，负责有关国际信息通报工作。

（4）发生辐射事故的单位应当立即将可能受到辐射伤害的人员送至当地卫生主管部门指定的医院或者有条件救治辐射损伤病人的医院，进行检查和治疗，或者请求医院立即派人赶赴事故现场，采取救治措施。

四、放射卫生防护监督的法律规定

（一）放射防护监督机构及其职责

放射防护监督由卫生行政部门、环境保护主管部门和公安部门三个行政部门实施。

1. 卫生行政部门的监督职责。国务院卫生行政部门负责全国放射诊疗工作的监督管理，县以上卫生行政部门负责本行政区域内放射诊疗工作的监督管理。其主要职责是：①定期对本行政区域内开展放射诊疗活动的医疗机构进行监督检查；②对使用放射性同位素与射线装置诊疗工作实施许可登记，发放放射诊疗工作许可证；③会同有关部门调查处理放射事故；④组织放射防护知识的宣传、培训和法规教育；⑤处理放射防护监督中的纠纷，对违反放射卫生法规的单位和个人进行行政处罚。

2. 环境保护主管部门的监督职责。国务院环境保护主管部门对全国放射性同位素、射线装置的安全和防护工作实施统一监督管理。县级以上地方人民政府环境保护行政主管部门对本辖区内的放射性同位素与射线装置的安全和防护工作实施监督管理，其主要职责是：①依法对生产、销售、使用放射性同位素和射线装置的单位进行监督检查；②对生产、销售、使用放射性同位素和射线装置的单位进行审批，颁发许可证；③对废水、废气、固体废物处理进行审查和验收；④对废水、废气、固体废物排放实施监督监测；⑤会同有关部门处理放射性环境污染事故。

3. 公安部门的监督职责。县级以上公安部门对放射性同位素应用中的安全保卫实施监督管理,其主要职责是:①登记放射性同位素和放射源;②检查放射性同位素及放射源保存、保管的安全性;③负责丢失和被盗放射源的立案、侦查和追缴;④参与放射事故处理。

(二) 放射防护监督员及其职责

县级以上人民政府环境保护主管部门应当配备辐射防护安全监督员。辐射防护安全监督员由从事辐射防护工作,具有辐射防护安全知识并经省级以上人民政府环境保护主管部门认可的专业人员担任。省级以上人民政府环境保护主管部门辐射防护安全监督员由环境保护部认可,设区的市级、县级人民政府环境保护主管部门辐射防护安全监督员由省级人民政府环境保护主管部门认可。

县级以上的卫生行政部门设放射防护监督员,由省级卫生行政部门任命。放射防护监督员依法对本辖区内放射工作进行监督和检查。

五、法律责任

(一) 行政责任

1. 对违反放射卫生法规的单位或者个人,县以上环境保护部门、卫生行政部门依照《放射性同位素与射线装置安全和防护条例》的职责分工,可以视其情节轻重,给予警告并限期改进、停工或者停业整顿,或者处以罚款和没收违法所得,直至会同公安部门吊销其许可登记证。

2. 在放射性废水、废气、固体废物排放中造成环境污染事故的单位和个人,由省级环保部门,按照国家环境保护法规的有关规定实行处罚。

3. 发生放射事故的单位和个人拒绝、阻碍卫生行政部门、公安机关的工作人员依法执行职务,构成违反治安管理行为的,由公安机关依法予以治安管理处罚。

4. 卫生行政部门及其卫生监督执法人员、公安机关工作人员、县级以上人民政府环境保护部门的工作人员在放射防护执法活动中玩忽职守、滥用职权、徇私舞弊,情节轻微的,由所在单位或上级主管部门予以行政处罚。

(二) 民事责任

违反放射卫生法规的规定,发生放射事故的单位或者个人,给他人造成损害的,应当依法承担民事责任。

(三) 刑事责任

1. 对于违反放射卫生防护法规造成严重后果，构成犯罪的，依法追究刑事责任。

2. 对利用放射性同位素或者射线装置进行破坏活动或者有意伤害他人，构成犯罪的，依法追究刑事责任。

3. 卫生行政部门及其卫生监督执法人员、公安机关工作人员、县级以上人民政府环境保护部门的工作人员，在放射防护执法活动中玩忽职守、滥用职权、徇私舞弊，构成犯罪的，依法追究刑事责任。

第六节　控制吸烟法律制度

一、域外控制吸烟立法

(一) 概况

人类为了控制吸烟，减少吸烟对人体的危害已进行了一百多年的斗争。在当代，随着科学与社会的发展，控制吸烟成为历史性潮流和发展趋势，为此，有关国际组织和许多国家及地区纷纷进行控烟立法。据统计，目前世界上已有九十多个国家制定了有关控烟的法规，并有许多国家制定了在公共场所禁止吸烟的法规，且数量不断增加。其中，在公共场所全面禁止吸烟的国家有澳大利亚、加拿大、爱尔兰、新西兰、挪威、南非和美国（纽约、加利福尼亚）等；实施部分禁烟的国家有比利时、塞浦路斯、捷克共和国、爱沙尼亚、法国、芬兰、希腊、匈牙利、意大利、拉脱维亚、立陶宛、马耳他、波兰、俄罗斯、斯洛伐克、斯洛文尼亚、西班牙和瑞典等。2003年5月，第56届世界卫生大会一致通过了《烟草控制框架公约》，成为第一部国际性的烟草控制公约。

(二) 禁烟场所

世界各国对禁止吸烟的场所立法规定不尽相同，但一般可概括为三种场所：一是公共场所，包括医院、电影院、车站、商场等；二是公共交通运输工具，包括飞机、火车、地铁、汽车、船只等；三是特殊场所，包括会议场所、政府机关办公场所等。

(三) 禁烟群体

目前世界各国立法普遍将未成年人规定为禁止吸烟的群体。如英国、意大利、日本、澳大利亚、爱尔兰等。

（四）对烟草制品生产经营的控制

包括对烟草制品毒害物质含量的限制，实行烟草制品专卖，烟草制品包装上的有害告诫、禁止香烟广告等。

二、我国控制吸烟立法概况

我国控烟立法工作相对滞后，至今还没有一部专门控制烟草的国家法律，全国性的控烟立法主要散见于其他法规，如《公共场所卫生管理条例》《中华人民共和国烟草专卖法》《中华人民共和国未成年人保护法》《公共场所卫生管理条例实施细则》《关于在公共交通工具及其等候室禁止吸烟的规定》等。随着《烟草控制框架公约》的生效，我国也于2005年8月28日正式批准了《烟草控制框架公约》，成为《烟草控制框架公约》的缔约国，并开始承担该公约规定的各项控烟管理义务。

此外，目前我国有45.7%的城市先后制定了公共场所禁止吸烟的地方性法规，如《上海市公共场所控制吸烟条例》《深圳经济特区控制吸烟条例》《北京市公共场所禁止吸烟范围的若干规定》《天津市控制吸烟条例》《杭州市公共场所控制吸烟条例》等。

三、我国控制吸烟的法律规定

（一）禁止吸烟场所

1. 室内公共场所禁止吸烟。具体包括宾馆、饭店、酒吧、影剧院、游艺厅（室）、展览馆、候车（机、船）室等场所。

2. 公共交通运输工具禁止吸烟。具体包括：各类旅客列车的软卧、硬卧、软座、硬座、旅客餐车车厢内；各类客运轮船的旅客座舱、卧舱及会议室、阅览室等公共场所，长途客运汽车；民航国内、国际航班各等客舱内；地铁、轻轨列车，各类公共汽车、电车（包括有轨电车）出租汽车，各类客渡轮（船）、游轮（船）、客运索道及缆车。

3. 中小学校、幼儿园、托儿所的教室、寝室、活动室和其他未成年人集中活动的场所禁止吸烟。

4. 医疗机构的候诊室、诊疗室、病房等。

（二）禁烟场所经营者的职责

禁止吸烟场所的经营者或管理单位应履行下列职责：

1. 在禁止吸烟场所必须设立明显的禁止吸烟标志。
2. 在禁止吸烟场所不得设置烟草广告标志，不放置吸烟器具；公共交通工具车身不得设置烟草广告标志。
3. 在禁止吸烟场所可以指定吸烟的区域或设置有通风装置的吸烟室。
4. 指定吸烟的区域和设置的吸烟室必须设立准许吸烟的明显标志。
5. 禁止吸烟场所的经营或管理单位必须对禁止吸烟的工作进行严格管理，设置卫生检查员监督管理本场所的禁烟工作，劝阻吸烟。
6. 禁止吸烟场所的经营或管理单位有责任和义务，采取各种形式开展吸烟有害的健康教育工作。

（三）禁止吸烟的场所被动吸烟者的权利

在禁止吸烟场所内，有权要求该场所内的吸烟者停止吸烟，有权要求该场所的经营或管理单位、卫生检查员劝阻吸烟。

四、法律责任

禁止吸烟场所的经营或管理单位违反有关法律规定，由卫生及有关主管部门责令其改正，或通报批评、取消有关荣誉称号，并根据情节轻重可以给予警告、罚款 500~1000 元的行政处罚，以上处罚可以单独使用，也可合并使用。

对在禁止吸烟场所吸烟者，卫生检查员应对其进行教育，责令其停止吸烟，并处以 10 元的罚款；经教育、劝阻仍不执行法律规定者，可处以 2 倍~5 倍罚款。

拒绝、阻碍卫生及有关主管部门的管理人员、卫生检查员依法执行公务，并使用暴力威胁的，由公安部门按照《治安管理处罚法》处理；对构成犯罪的，依法追究其刑事责任。

卫生及有关主管部门管理人员、卫生检查员应当严格遵守法纪、秉公执法。对徇私舞弊、索贿受贿、玩忽职守的给予行政处分；构成犯罪的，依法追究其刑事责任。

思考题

1. 学校卫生工作的任务是什么？《学校卫生工作条例》对学校卫生工作管理是如何规定的？

2. 什么是公共场所？《公共场所卫生管理条例》对公共场所卫生监督的法律规定有哪些？

3. 什么是突发公共卫生事件？突发公共卫生事件有哪些特征？《突发公共卫生事件应急条例》对突发公共卫生事件应急处理是如何规定的？

4. 《生活饮用水卫生监督管理办法》对生活饮用水卫生监督主体与监督对象是如何规定的？《生活饮用水卫生标准》（GB5749-2006）对生活饮用水卫生质量要求是如何规定的？违反生活饮用水卫生法规的法律责任是什么？

5. 什么是放射卫生法？放射卫生防护的任务和内容是什么？

6. 我国控制吸烟的法律规定有哪些？应如何完善我国控制吸烟法律规范？

第十八章 职业病防治法律制度

> **学习目标**
> 掌握：职业病的概念与种类。
> 熟悉：劳动者的职业卫生权利。
> 了解：职业病的预防与防护制度、职业病诊断与职业病病人的待遇以及违反职业病防治法的法律责任。

第一节 概 述

一、职业病的概念与种类

（一）职业病的概念

职业病是由于职业活动而产生的疾病，但并不是所有在劳动中所患的疾病都是职业病。依据《中华人民共和国职业病防治法》（以下简称《职业病防治法》）的规定，法定职业病，是指企业、事业单位和个体经济组织（以下统称"用人单位"）的劳动者在职业活动中，因接触粉尘、放射性物质和其他有毒、有害物质等因素而引起的疾病。

（二）职业病的种类

由于职业病危害因素种类很多，导致职业病范围很广，不可能把所有职业病都纳入到法定职业病范围。根据我国的经济发展水平，并参考国际上通行的做法，2013年12月23日，国家卫生计生委、安全监管总局、人力资源社会保障部和全国总工会联合组织联合印发的《职业病分类和目录》规定我国的职业病为十大类132种，具体包括：职业性尘肺病及其他呼吸系统疾病

19种、职业性眼病3种、职业性耳鼻喉口腔疾病4种、职业性放射性疾病11种、职业性化学中毒60种、物理因素所致职业病7种、职业性传染病5种、职业性皮肤性9种、职业性肿瘤11种、其他职业病3种。

值得注意的是，本次《职业病分类和目录》的调整增加了对医疗卫生人员的职业感染的关注，将医疗卫生人员职业活动中感染的艾滋病增加到了职业性传染病中。

二、职业病防治的立法

职业病防治法，是指调整在预防、控制和消除职业病危害，保护劳动者健康和相关权利，促进经济发展等活动过程中所发生的各种社会关系的法律规范的总称。

新中国成立以来，国家就十分重视职业病的防治，并通过立法取得了计划经济时期职业病防治的巨大成绩。1956年，国务院颁布了《工厂安全卫生规程》。1957年，卫生部发布了《职业病范围和职业病患者处理办法的规定》（1988年1月1日失效）。随着改革开放和工业化进程的加快，我国职业病危害日益突出，为此国家不断加强职业病防治立法。1987年12月3日，国务院颁布了《中华人民共和国尘肺病防治条例》；2001年10月27日，第九届全国人民代表大会常务委员会发布了《职业病防治法》。其后，卫生部颁布了《职业病危害事故调查处理办法》（2012年12月28日失效）、《职业卫生技术服务机构管理办法》（自2002年9月1日起施行）、《使用有毒物品作业场所劳动保护条例》（2002年5月12日发布）。为了更好的预防、控制和消除职业病危害，防治职业病，保护劳动者健康及其相关权益，促进经济社会发展，2011年12月31日，全国人民代表大会常务委员会对《职业病防治法》进行了修订。2013年2月19日，卫生部颁布了卫生部令第91号《职业病诊断与鉴定管理办法》。2013年12月23日，国家卫生计生委、安全监管总局、人力资源社会保障部和全国总工会联合组织发布了《职业病分类和目录》，对2002年原卫生部联合原劳动保障部发布的《职业病目录》中的职业病分类和目录进行了调整。

三、职业病防治的原则

(一) 预防为主、防治结合原则

所谓预防为主,就是在整个职业病防治过程中,要把预防措施作为根本措施和首要环节放在先导地位,控制职业病危害源头,并在一切职业活动中尽可能控制和消除职业病危害因素的产生,使工作场所职业卫生防护符合国家职业卫生标准和卫生要求。同时,减少职业病对劳动者健康危害还要坚持防治结合的原则,做到"防"中有"治","治"中有"防",以"治"促"防",通过"防"解决"治"的问题。这样,才能更好的保护劳动者的权益。

(二) 用人单位负责原则

用人单位负责原则,是指用人单位对本单位职业病工作全面承担责任,单位负责人对本单位职业病防治全面负责。

用人单位应当建立、健全职业病防治责任制,加强对职业病防治的管理,提高职业病防治水平,对本单位产生的职业病危害承担责任。用人单位的主要负责人对本单位的职业病防治工作全面负责,所有用人单位必须依法参加工伤保险。职业病防治的各种措施需要用人单位落实才能真正减少职业病危害,保护劳动者的健康权益。

(三) 国家机关监督原则

国务院安全生产监督管理部门、卫生行政部门、劳动保障行政部门依照《职业病防治法》和国务院确定的职责,负责全国职业病防治的监督管理工作。国务院有关部门在各自的职责范围内负责职业病防治的有关监督管理工作。

县级以上地方人民政府安全生产监督管理部门、卫生行政部门、劳动保障行政部门依据各自职责,负责本行政区域内职业病防治的监督管理工作。县级以上地方人民政府有关部门在各自的职责范围内负责职业病防治的有关监督管理工作。

县级以上人民政府安全生产监督管理部门、卫生行政部门、劳动保障行政部门(以下统称"职业卫生监督管理部门")应当加强沟通,密切配合,按照各自职责分工,依法行使职权,承担责任。

(四) 分类管理、综合治理原则

由于导致职业病危害的因素很多,职业病的危害程度也不完全相同,所以，在职业病防治管理工作中需要按照不同危害类别和职业病进行分类管理。综合治理就是要将职业病防治作为一项系统工程来抓，卫生行政部门作为国家主管部门进行统一的监督管理，同时要加强对职业病防治的宣传教育，普及职业病防治的知识，增强用人单位的职业病防治观念，提高劳动者的职业健康意识、自我保护意识和行使职业卫生保护权利的能力。

第二节　职业病的预防和防护

一、职业病的前期预防

（一）工作场所的职业卫生要求

用人单位应当依照法律、法规要求，严格遵守国家职业卫生标准，落实职业病预防措施，从源头上控制和消除职业病危害。产生职业病危害的用人单位的设立除应当符合法律、行政法规规定的设立条件外，其工作场所还应当符合下列职业卫生要求：

1. 职业病危害因素的强度或者浓度符合国家职业卫生标准。
2. 有与职业病危害防护相适应的设施。
3. 生产布局合理，符合有害与无害作业分开的原则。
4. 有配套的更衣间、洗浴间、孕妇休息间等卫生设施。
5. 设备、工具、用具等设施符合保护劳动者生理、心理健康的要求。
6. 法律、行政法规和国务院卫生行政部门、安全生产监督管理部门关于保护劳动者健康的其他要求。

（二）职业病危害项目申报制度

职业病危害，是指对从事执业活动的劳动者可能导致职业病的各种危害。《职业病危害因素分类目录》由国务院卫生行政部门会同国务院安全生产监督管理部门制定、调整并公布。用人单位工作场所存在职业病目录所列职业病的危害因素的，应当及时、如实向所在地安全生产监督管理部门申报危害项目，接受监督。职业病危害项目申报的具体办法由国务院安全生产监督管理部门制定。

（三）建设项目职业病危害预评价报告制度

新建、扩建、改建建设项目和技术改造、技术引进项目（以下统称"建设项目") 可能产生职业病危害的，建设单位在可行性论证阶段应当向安全生产监督管理部门提交《职业病危害预评价报告》。安全生产监督管理部门应当自收到《职业病危害预评价报告》之日起 30 日内，作出审核决定并书面通知建设单位。未提交《职业病危害预评价报告》或者该报告未经安全生产监督管理部门审核同意的，有关部门不得批准该建设项目。

《职业病危害预评价报告》应当对建设项目可能产生的职业病危害因素及其对工作场所和劳动者健康的影响作出评价，确定危害类别和职业病防护措施。

二、劳动过程中的防护与管理

(一) 用人单位的防护与管理义务

1. 职业病防治日常管理上的义务。用人单位应当采取下列职业病防治管理措施：

(1) 设置或者指定职业卫生管理机构或者组织，配备专职或者兼职的职业卫生专业人员，负责本单位的职业病防治工作。

(2) 制定职业病防治计划和实施方案。

(3) 建立、健全职业卫生管理制度和操作规程。

(4) 建立、健全职业卫生档案和劳动者健康监护档案。

(5) 建立、健全工作场所职业病危害因素监测及评价制度。

(6) 建立、健全职业病危害事故应急救援预案。

2. 如实告知劳动者职业病危害的义务。用人单位与劳动者订立劳动合同(含聘用合同，下同) 时，应当将工作过程中可能产生的职业病危害及其后果、职业病防护措施和待遇等如实告知劳动者，并在劳动合同中写明，不得隐瞒或者欺骗。

劳动者在已订立劳动合同期间因工作岗位或者工作内容变更，从事与所订立劳动合同中未告知的存在职业病危害的作业时，用人单位应当向劳动者履行如实告知的义务，并协商变更原劳动合同相关条款。否则，劳动者有权拒绝从事存在职业病危害的作业，用人单位不得因此解除或者终止与劳动者所订立的劳动合同。

3. 职业卫生培训的义务。用人单位的负责人应当接受职业卫生培训，遵守职业病防治法律、法规，依法组织本单位的职业病防治工作。

用人单位应当对劳动者进行上岗前的职业卫生培训和在岗期间的定期职业卫生培训，普及职业卫生知识，督促劳动者遵守职业病防治法律、法规、规章和操作规程，指导劳动者正确使用职业病防护设备和个人使用的职业病防护用品。

4. 采取新技术减少职业病危害的义务。 用人单位应当优先采用有利于防治职业病和保护劳动者健康的新技术、新工艺、新设备、新材料，逐步替代会导致职业病危害严重的技术、工艺、设备、材料。

5. 对严重危害岗位提醒的义务。 产生职业病危害的用人单位，应当在醒目位置设置公告栏，公布有关职业病防治的规章制度、操作规程、职业病危害事故应急救援措施和工作场所职业病危害因素检测结果。对产生严重职业病危害的作业岗位，应当在其醒目位置设置警示标识和中文警示说明。警示说明应当载明产生职业病危害的种类、后果、预防以及应急救治措施等内容。

6. 提供职业病防护设备的义务。 用人单位必须采用有效的职业病防护设施，并为劳动者提供个人使用的职业病防护用品。用人单位为劳动者个人提供的职业病防护用品必须符合防治职业病的要求；不符合要求的，不得使用。

对职业病防护设备、应急救援设施和个人使用的职业病防护用品，用人单位应当进行经常性的维护、检修，定期检测其性能和效果，确保其处于正常状态，不得擅自拆除或者停止使用。

对可能发生急性职业损伤的有毒、有害工作场所，用人单位应当设置报警装置，配置现场急救用品、冲洗设备、应急撤离通道和必要的泄险区。

对放射工作场所和放射性同位素的运输、贮存，用人单位必须配置防护设备和报警装置，保证接触放射线的工作人员佩戴个人剂量计。

7. 提供职业危害健康检查的义务。 对从事接触职业病危害的作业的劳动者，用人单位应当按照国务院卫生行政部门的规定组织上岗前、在岗期间和离岗时的职业健康检查，并将检查结果如实告知劳动者。职业健康检查费用由用人单位承担。

用人单位不得安排未经上岗前职业健康检查的劳动者从事接触职业病危害的作业；不得安排有职业禁忌的劳动者从事其所禁忌的作业；对在职业健康检查中发现有与所从事的职业相关的健康损害的劳动者，应当调离原工作岗位，并妥善安置；对未进行离岗前职业健康检查的劳动者不得解除或者终止与其订立的劳动合同。职业健康检查应当由省级以上人民政府卫生行政部门批准的医疗卫生机构承担。

用人单位应当为劳动者建立职业健康监护档案,并按照规定的期限妥善保存。职业健康监护档案应当包括劳动者的职业史、职业病危害接触史、职业健康检查结果和职业病诊疗等有关个人健康资料。劳动者离开用人单位时,有权索取本人职业健康监护档案复印件,用人单位应当如实、无偿提供,并在所提供的复印件上签章。

8. 职业病防护禁止性规定。任何单位和个人不得生产、经营、进口和使用国家明令禁止使用的可能产生职业病危害的设备或者材料。

任何单位和个人不得将产生职业病危害的作业转移给不具备职业病防护条件的单位和个人。不具备职业病防护条件的单位和个人不得接受产生职业病危害的作业。

用人单位不得安排未成年工从事接触职业病危害的作业;不得安排孕期、哺乳期的女职工从事对本人和胎儿、婴儿有危害的作业。

(二) 使用有毒物品作业场所职业病中毒的防护

1. 作业场所的预防措施。

(1) "三同时"审查。建设项目可能产生职业中毒危害的,应当依照《职业病防治法》的规定进行职业中毒危害预评价,并经卫生行政部门审核同意;可能产生职业中毒危害的建设项目的职业中毒危害防护设施应当与主体工程同时设计,同时施工,同时投入生产和使用;建设项目竣工,应当进行职业中毒危害控制效果评价,并经卫生行政部门验收合格。

(2) 隔离措施。用人单位的使用有毒物品作业场所,除应当符合职业病防治法规定的职业卫生,作业场所与生活场所分开,作业场所不得住人;有害作业与无害作业分开,高毒作业场所与其他作业场所隔离。

(3) 通风排毒。用人单位的使用有毒物品作业场所应当设置有效的通风装置;可能突然泄漏大量有毒物品或者易造成急性中毒的作业场所,设置自动报警装置和事故通风设施;高毒作业场所设置应急撤离通道和必要的泄险区。

(4) 警示措施。使用有毒物品作业场所应当设置黄色区域警示线、警示标识和中文警示说明。警示说明应当载明产生职业中毒危害的种类、后果、预防以及应急救治措施等内容。

高毒作业场所应当设置红色区域警示线、警示标识和中文警示说明,并设置通讯报警设备。

(5) 应急措施。从事使用高毒物品作业的用人单位,应当配备应急救援人员和必要的应急救援器材、设备,制定事故应急救援预案,并根据实际情况变化对应急救援预案适时进行修订,定期组织演练。事故应急救援预案和演练记录应当报当地卫生行政部门、安全生产监督管理部门和公安部门备案。

2. 劳动过程的防护。

(1) 配备职业卫生人员。用人单位应当依照职业病防治法的有关规定,采取有效的职业卫生防护管理措施,加强劳动过程中的防护与管理。从事使用高毒物品作业的用人单位,应当配备专职的或者兼职的职业卫生医师和护士;不具备配备专职的或者兼职的职业卫生医师和护士条件的,应当与依法取得资质认证的职业卫生技术服务机构签订合同,由其提供职业卫生服务。

(2) 特别防护。需要进入存在高毒物品的设备、容器或者狭窄封闭场所作业时,用人单位应当事先采取的措施包括保持作业场所良好的通风状态,确保作业场所职业中毒危害因素浓度符合国家职业卫生标准;为劳动者配备符合国家职业卫生标准的防护用品;设置现场监护人员和现场救援设备。

(3) 转换制度。用人单位应当按照规定对从事使用高毒物品作业的劳动者进行岗位轮换。用人单位应当为从事使用高毒物品作业的劳动者提供岗位津贴。

(4) 个人卫生措施。从事使用高毒物品作业的用人单位应当设置淋浴间和更衣室,并设置清洗、存放或者处理从事使用高毒物品作业劳动者的工作服、工作鞋帽等物品的专用间。劳动者结束作业时,其使用的工作服、工作鞋帽等物品必须存放在高毒作业区域内,不得穿戴到非高毒作业区域。

(5) 环境监测与评价。用人单位应当按照国务院卫生行政部门的规定,定期对使用有毒物品作业场所职业中毒危害因素进行检测、评价。检测、评价结果存入用人单位职业卫生档案,定期向所在地卫生行政部门报告并向劳动者公布。从事使用高毒物品作业的用人单位应当至少每一个月对高毒作业场所进行一次职业中毒危害因素检测;至少每半年进行一次职业中毒危害控制效果评价。

第三节　劳动者的职业卫生保护权利与义务

一、劳动者职业卫生保护的权利

职业卫生保护，是指为保护和增进职业健康，预防职业病危害，创造和改善适合人体生理、心理健康要求的工作环境和工作条件所采取的各种管理与技术措施。根据《职业病防治法》的规定，劳动者享有下列职业卫生保护权利：

1. 获得职业卫生教育、培训的权利。
2. 获得职业健康检查、职业病诊疗、康复等职业病防治服务的权利。
3. 了解工作场所产生或者可能产生的职业病危害因素、危害后果和应当采取的职业病防护措施的权利。
4. 要求用人单位提供符合防治职业病要求的职业病防护设施和个人使用的职业病防护用品，改善工作条件的权利。
5. 对违反职业病防治法律、法规以及危及生命健康的行为提出批评、检举和控告的权利。
6. 拒绝违章指挥和强令进行没有职业病防护措施的作业的权利。
7. 参与用人单位职业卫生工作的民主管理，对职业病防治工作提出意见和建议的权利。

二、劳动者职业卫生保护的义务

根据《职业病防治法》的规定，劳动者应当履行下列职业卫生义务：

1. 学习和掌握相关的职业卫生知识。
2. 遵守职业病防治法律、法规、规章和操作规程，正确使用、维护职业病防护设备和个人使用的职业病防护用品。
3. 发现职业病危害事故隐患应当及时报告。

第四节 职业病诊断与职业病病人保障

一、职业病诊断

（一）职业病诊断机构

1. 职业病诊断资质的取得。职业病的诊断由取得资质的医疗卫生机构承担。依据《职业病防治法》的规定，医疗机构从事职业病诊断应向省级卫生行政机关提出申请并获得批准，取得《职业病诊断机构批准证书》。

《职业病诊断机构批准证书》有效期为5年。职业病诊断机构需要延续依法取得的《职业病诊断机构批准证书》有效期的，应当在该批准证书有效期届满30日前，向原批准机关申请延续。经原批准机关审核合格的，延续批准证书。

2. 职业病诊断机构应具备的条件。医疗机构申请取得职业病诊断批准应当具备如下条件：①持有《医疗机构执业许可证》；②具有相应的诊疗科目及与开展职业病诊断相适应的职业病诊断医师等相关医疗卫生技术人员；③具有与开展职业病诊断相适应的场所和仪器、设备；④具有健全的职业病诊断质量管理制度。

3. 职业病诊断机构的职责。①受理并负责职业病诊断工作；②按照国家职业病诊断标准与诊断规范，进行执业范围内的职业病诊断，并出具《职业病诊断证明书》；③承担职业病报告工作；④承担《职业病防治法》中规定的其他职责。

（二）职业病诊断人员

1. 职业病诊断人员应具备的条件。从事职业病诊断的人员应当具备下列条件，并取得省级卫生行政部门颁发的《职业病诊断资格证书》：①具有《医师执业证书》；②具有中级以上卫生专业技术职务任职资格；③熟悉职业病防治相关法律法规和职业病诊断标准；④从事职业病诊断、鉴定相关工作3年以上；⑤按规定参加职业病诊断医师相应专业的培训，并考核合格。

2. 职业病诊断人员的职责。职业病诊断医师应当依法在其资质范围内从事职业病诊断工作，不得从事超出其资质范围的职业病诊断工作。

（三）职业病的诊断

1. 劳动者职业病诊断的选择权。申请职业病诊断时，劳动者可以选择用人单位所在地、本人户籍所在地或者经常居住地的职业病诊断机构进行职业病诊断。职业病诊断费用由用人单位承担。

2. 劳动者进行职业病诊断需提供的材料。劳动者进行职业病诊断需要提供下列材料：①职业史和职业病危害接触史（包括在岗时间、工种、岗位、接触的职业病危害因素名称等）；②职业健康检查结果；③工作场所职业病危害因素检测结果；④职业性放射性疾病诊断还需要个人剂量监测档案等资料；⑤与诊断有关的其他资料。

3. 职业病诊断的依据。职业病诊断应当综合分析病人的职业史、职业病危害接触史和现场危害调查与评价、临床表现以及辅助检查结果等。职业病诊断医师应当独立分析、判断、提出诊断意见，任何单位和个人无权干预。

4. 职业病诊断的组织。职业病诊断机构在进行职业病诊断时，应当组织3名以上单数职业病诊断医师进行集体诊断。

职业病诊断机构在进行职业病诊断时，诊断医师对诊断结论有意见分歧的，应当根据半数以上诊断医师的一致意见形成诊断结论，对不同意见应当如实记录。参加诊断的职业病诊断医师不得弃权。

没有证据否定职业病危害因素与病人临床表现之间的必然联系的，在排除其他致病因素后，应当诊断为职业病。

职业病诊断证明书应当由参与诊断的医师共同签署，并经承担职业病诊断的医疗卫生机构审核盖章。

5. 职业病的处理。用人单位和医疗卫生机构发现职业病病人或者疑似职业病病人时，应当及时向所在地卫生行政部门报告。确诊为职业病的，用人单位还应当向所在地劳动保障行政部门报告。

卫生行政部门和劳动保障行政部门接到报告后，应当依法作出处理。县级以上地方人民政府卫生行政部门负责本行政区域内的职业病统计报告的管理工作，并按照规定上报。

（四）职业病的鉴定

1. 鉴定的申请。当事人对职业病诊断机构作出的职业病诊断结论有异议的，可以在接到职业病诊断证明书之日起30日内，向职业病诊断机构所在地设区的市级卫生行政部门申请鉴定。设区的市级职业病诊断鉴定委员会负责职业病诊断争议的首次鉴定。

当事人对设区的市级职业病鉴定结论不服的,可以在接到鉴定书之日起15日内,向原鉴定组织所在地省级卫生行政部门申请再鉴定。

职业病鉴定实行两级鉴定制,省级职业病鉴定结论为最终鉴定。

2. 鉴定的受理、组织。 卫生行政机关设立职业病鉴定办事机构负责受理职业病鉴定申请。职业病诊断鉴定办公机构应当在受理鉴定后,在鉴定专家库中抽取5人以上单数专家组成鉴定委员会,并在60日内组织鉴定并作出鉴定结论。

3. 鉴定的费用。 职业病鉴定的费用由用人单位承担。

二、职业病病人的保障

1. 职业病病人依法享受国家规定的职业病待遇。用人单位应当按照国家有关规定,安排职业病病人进行治疗、康复和定期检查。用人单位对不适宜继续从事原工作的职业病病人,应当调离原岗位并妥善安置。用人单位对从事接触职业病危害的作业的劳动者,应当给予适当岗位津贴。

2. 职业病病人的诊疗、康复费用,伤残以及丧失劳动能力的职业病病人的社会保障,按照国家有关工伤社会保险的规定执行。职业病病人除依法享有工伤社会保险外,依照有关民事法律,尚有获得赔偿的权利的,有权向用人单位提出赔偿要求。

3. 劳动者被诊断患有职业病,但用人单位没有依法参加工伤社会保险的,其医疗和生活保障由最后的用人单位承担;最后的用人单位有证据证明该职业病是先前用人单位的职业病危害造成的,由先前的用人单位承担。

4. 职业病病人变动工作单位,其依法享有的待遇不变。用人单位发生分立、合并、解散、破产等情形的,应当对从事接触职业病危害的作业的劳动者进行健康检查,并按照国家有关规定妥善安置职业病病人。

5. 2002年5月12日,国务院发布并实施的《使用有毒物品作业场所劳动保护条例》对于患有职业病的劳动者,详细规定了能够享有的工伤保险待遇:①医疗费;②住院伙食补助费;③康复费;④残疾用具费;⑤停工留薪期待遇;⑥生活护理补助费;⑦一次性伤残补助金;⑧伤残津贴;⑨死亡补助金;⑩丧葬补助金;⑪供养亲属抚恤金;⑫国家规定的其他工伤保险待遇。

第五节 职业病防治的监督检查

依据《职业病防治法》第 62 条的规定，县级以上人民政府职业卫生监督管理部门依照职业病防治法律、法规、国家职业卫生标准和卫生要求，依据职责划分，对职业病防治工作进行监督检查。

一、卫生行政部门在执法过程中可采取的行政措施

为了确保卫生行政部门依法履行监督检查职责，《职业病防治法》第 63 条规定，安全生产监督管理部门履行监督检查职责时，有权采取下列行政措施：

1. 进入被检查单位和职业病危害现场，了解情况，调查取证。
2. 查阅或者复制与违反职业病防治法律、法规的行为有关的资料和采集样品。
3. 责令违反职业病防治法律、法规的单位和个人停止违法行为。

二、卫生行政部门可以采取的临时控制措施

发生职业病危害事故或者有证据证明危害状况可能导致职业病危害事故发生时，安全生产监督管理部门可以采取下列临时控制措施：

1. 责令暂停导致职业病危害事故的作业。
2. 封存造成职业病危害事故或者可能导致职业病危害事故发生的材料和设备。
3. 组织控制职业病危害事故现场。

在职业病危害事故或者危害状态得到有效控制后，安全生产监督管理部门应当及时解除控制措施。

三、职业卫生监督执法人员的执法行为规范

1. 职业卫生监督执法人员应当依法经过资格认定。
2. 职业卫生监督执法人员依法执行职务时，应当出示监督执法证件。
3. 职业卫生监督执法人员应当忠于职守，秉公执法，严格遵守执法规范；涉及用人单位的秘密的，应当为其保密。

4. 安全生产监督管理部门及其职业卫生监督执法人员履行职责时，不得有下列行为：①对不符合法定条件的，发给建设项目有关证明文件、资质证明文件或者予以批准；②对已经取得有关证明文件的，不履行监督检查职责；③发现用人单位存在职业病危害的，可能造成职业病危害事故，不及时依法采取控制措施；④其他违反《职业病防治法》的行为。

职业卫生监督执法人员依法执行职务时，被检查单位应当接受检查并予以支持配合，不得拒绝和阻碍。

第六节　法律责任

一、行政责任

（一）建设单位的行政责任

1. 建设单位有下列行为之一的，由安全生产监督管理部门和卫生行政部门给予警告，责令限期改正；逾期不改正的，处 10 万元以上 50 万元以下的罚款；情节严重的，责令停止产生职业病危害的作业，或者提请有关人民政府按照国务院规定的权限责令停建、关闭。

（1）未按照规定进行职业病危害预评价或者未提交《职业病危害预评价报告》，或者《职业病危害预评价报告》未经卫生行政部门审核同意，擅自开工的。

（2）建设项目的职业病防护设施未按照规定与主体工程同时设计、同时施工、同时投入生产和使用的。

（3）职业病危害严重的建设项目，其职业病防护设施设计不符合国家职业卫生标准和卫生要求施工的。

（4）未按照规定对职业病防护设施进行职业病危害控制效果评价、未经卫生行政部门验收或者验收不合格，擅自投入使用的。

2. 建设单位有下列行为之一的，由安全生产监督部门给予警告，责令限期改正；逾期不改正的，处 10 万元以下的罚款。

（1）工作场所职业病危害因素检测、评价结果没有存档、上报、公布的。

（2）未采取《职业病防治法》第 21 条规定的职业病防治管理措施的。

（3）未按照规定公布有关职业病防治的规章制度、操作规程、职业病危害事故应急救援措施的。

（4）未按照规定组织劳动者进行职业卫生培训，或者未对劳动者个人职业病防护采取指导、督促措施的。

（5）国内首次使用或者首次进口与职业病危害有关的化学材料，未按照规定报送毒性鉴定资料以及经有关部门登记注册或者批准进口的文件的。

（二）用人单位的行政责任

1. 用人单位有下列行为之一的，由安全生产监督管理部门责令限期改正，给予警告，可以并处5万元以上10万元以下的罚款。

（1）未按照规定及时、如实向安全生产监督管理部门申报产生职业病危害的项目的。

（2）未实施由专人负责的职业病危害因素日常监测，或者监测系统不能正常监测的。

（3）订立或者变更劳动合同时，未告知劳动者职业病危害真实情况的。

（4）未按照规定组织职业健康检查、建立职业健康监护档案或者未将检查结果如实告知劳动者的。

2. 用人单位有下列行为之一的，由安全生产监督管理部门给予警告，责令限期改正，逾期不改正的，处5万元以上20万元以下的罚款；情节严重的，责令停止产生职业病危害的作业，或者提请有关人民政府按照国务院规定的权限责令关闭：

（1）工作场所职业病危害因素的强度或者浓度超过国家职业卫生标准的。

（2）未提供职业病防护设施和个人使用的职业病防护用品，或者提供的职业病防护设施和个人使用的职业病防护用品不符合国家职业卫生标准和卫生要求的。

（3）对职业病防护设备、应急救援设施和个人使用的职业病防护用品未按照规定进行维护、检修、检测，或者不能保持正常运行、使用状态的。

（4）未按照规定对工作场所职业病危害因素进行检测、评价的。

（5）工作场所职业病危害因素经治理仍然达不到国家职业卫生标准和卫生要求时，未停止存在职业病危害因素的作业的。

（6）未按照规定安排职业病病人、疑似职业病病人进行诊治的。

（7）发生或者可能发生急性职业病危害事故时，未立即采取应急救援和控制措施或者未按照规定及时报告的。

（8）未按照规定在产生严重职业病危害的作业岗位醒目位置设置警示标识和中文警示说明的。

（9）拒绝职业卫生监督管理部门监督检查的。

（10）隐瞒、伪造、篡改、毁损职业健康监护档案、工作场所职业病危害因素检测评价结果等相关资料，或者拒不提供职业病诊断、鉴定所需资料的。

（11）未按照规定承担职业病诊断、鉴定费用和职业病病人的医疗、生活保障费用的。

3. 向用人单位提供可能产生职业病危害的设备、材料，未按照规定提供中文说明书或者设置警示标识和中文警示说明的，由安全生产监督管理部门责令限期改正，给予警告，并处5万元以上20万元以下的罚款。

4. 用人单位和医疗卫生机构未按照规定报告职业病、疑似职业病的，由有关主管部门责令限期改正，给予警告，可以并处1万元以下的罚款；弄虚作假的，并处2万元以上5万元以下的罚款；对直接负责的主管人员和其他直接责任人员，可以依法给予降级或者撤职的处分。

5. 用人单位有下列情形之一的，由安全生产监督管理部门责令限期治理，并处5万元以上30万元以下的罚款；情节严重的，责令停止产生职业病危害的作业，或者提请有关人民政府按照国务院规定的权限责令关闭：

（1）隐瞒技术、工艺、材料所产生的职业病危害而采用的。

（2）隐瞒本单位职业卫生真实情况的。

（3）可能发生急性职业损伤的有毒、有害工作场所、放射工作场所或者放射性同位素的运输、贮存不符合法律规定的。

（4）使用国家明令禁止使用的可能产生职业病危害的设备或者材料的。

（5）将产生职业病危害的作业转移给没有职业病防护条件的单位和个人，或者没有职业病防护条件的单位和个人接受产生职业病危害的作业的。

（6）擅自拆除、停止使用职业病防护设备或者应急救援设施的。

（7）安排未经职业健康检查的劳动者、有职业禁忌的劳动者、未成年工或者孕期、哺乳期女职工从事接触职业病危害的作业或者禁忌作业的。

（8）违章指挥和强令劳动者进行没有职业病防护措施的作业的。

6. 生产、经营或者进口国家明令禁止使用的可能产生职业病危害的设备或者材料的,依照有关法律、行政法规的规定给予处罚。

7. 用人单位已经对劳动者生命健康造成严重损害的,由安全生产监督管理部门责令停止产生职业病危害的作业,或者提请有关人民政府按照国务院规定的权限责令关闭,并处 10 万元以上 50 万元以下的罚款。

(三) 医疗机构的行政责任

1. 未取得职业卫生技术服务资质认证擅自从事职业卫生技术服务的,或者医疗卫生机构未经批准擅自从事职业病诊断的,由安全生产监督管理部门和卫生行政部门依据职责分工责令立即停止违法行为,没收违法所得;违法所得 5000 元以上的,并处违法所得 2 倍以上 10 倍以下的罚款;没有违法所得或者违法所得不足 5000 元的,并处 5000 元以上 5 万元以下的罚款;情节严重的,对直接负责的主管人员和其他直接责任人员,依法给予降级、撤职或者开除的处分。

2. 从事职业卫生技术服务的机构和承担职业健康检查、职业病诊断的医疗卫生机构有下列行为之一的,由安全生产监督管理部门和卫生行政部门依据职责分工责令立即停止违法行为,给予警告,没收违法所得;违法所得 5000 元以上的,并处违法所得 2 倍以上 5 倍以下的罚款;没有违法所得或者违法所得不足 5000 元的,并处 5000 以上 2 万元以下的罚款;情节严重的,由原认可或者批准机关取消其相应的资格;对直接负责的主管人员和其他直接责任人员,依法给予降级、撤职或者开除的处分:①超出资质认可或者批准范围从事职业卫生技术服务或者职业病诊断的;②不按照规定履行法定职责的;③出具虚假证明文件的。

3. 职业病诊断鉴定委员会组成人员收受职业病诊断争议当事人的财物或者其他好处的,给予警告,没收收受的财物,可以并处 3000 元以上 5 万元以下的罚款,取消其担任职业病诊断鉴定委员会组成人员的资格,并从省、自治区、直辖市人民政府卫生行政部门设立的专家库中予以除名。

(四) 政府、职业病监督管理机关及其工作人员的行政责任

1. 卫生行政部门、安全生产监督管理部门不按照规定报告职业病和职业病危害事故的,由上一级行政部门责令改正,通报批评,给予警告;虚报、瞒报的,对单位负责人、直接负责的主管人员和其他直接责任人员依法给予降级、撤职或者开除的处分。

2. 有关部门违反《职业病防治法》第 17、18 条的规定，擅自批准建设项目或者发放施工许可的，对该部门直接负责的主管人员和其他直接责任人员，由监察机关或者上级机关依法给予记过直至开除的处分。

3. 县级以上地方人民政府在职业病防治工作中未依照本法履行职责，本行政区域出现重大职业病危害事故、造成严重社会影响的，依法对直接负责的主管人员和其他直接责任人员给予记大过直至开除的处分。

4. 县级以上人民政府职业卫生监督管理部门不履行本法规定的职责，滥用职权、玩忽职守、徇私舞弊，依法对直接负责的主管人员和其他直接责任人员给予记大过或者降级的处分；造成职业病危害事故或者其他严重后果的，依法给予撤职或者开除的处分。

二、刑事责任

（一）用人单位的刑事责任

用人单位违反《职业病防治法》的规定，造成重大职业病危害事故或者其他严重后果，构成犯罪的，对直接负责的主管人员和其他直接责任人员，依法追究刑事责任。

（二）医疗卫生机构的刑事责任

从事职业卫生技术服务的机构和承担职业病诊断的医疗卫生机构违反本法规定，有下列行为之一，构成犯罪的，对直接负责的主管人员和其他直接责任人员，依法追究刑事责：①超出资质认可或者批准范围从事职业卫生技术服务或者职业病诊断的；②不按照本法规定履行法定职责的；③出具虚假证明文件的。

（三）国家机关工作人员的刑事责任

国家机关工作人员在职业病防治中违反《职业病防治法》规定，构成犯罪的，依法追究刑事责任。

三、民事责任

1. 职业病病人除依法享有工伤保险外，依照有关民事法律，尚有获得赔偿的权利的，有权向用人单位提出赔偿要求。

2. 劳动者被诊断患有职业病，但用人单位没有依法参加工伤保险的，其医疗和生活保障由该用人单位承担。

 **思考题**

1. 用人单位职业病防治的义务有哪些?
2. 简述劳动者职业卫生保护的权利与义务。
3. 职业病诊断的依据是什么?
4. 简述职业病患者的法定待遇。
4. 谈谈对我国职业病防治法律制度的看法。

第十九章
医药知识产权法律制度

> **学习目标**
>
> 掌握：医药知识产权的概念与种类、医药专利权的概念与类型、药品商标的概念和要求、医药商业秘密的概念与特征。
>
> 熟悉：医药知识产权申请与审批的法律规定、药品商标权取得与转让的法律规定。
>
> 了解：医药知识产权保护的法律规定及法律责任、药品商标保护的法律规定与法律责任、中药品种保护的法律规定、中医药商业秘密保护的内容。

第一节 概 述

一、知识产权的概念与特征

（一）知识产权的概念

知识产权（intellectual property）又称"智慧财产权""智力财产权"，是指人们基于自己的智力活动创造的成果和经营管理活动中的经验而依法享有的民事权利。是对包括著作权、专利权、商标权、发明权、发现权、商业秘密、商号、地理标识等科学技术成果权在内的一类民事权利的统称。

（二）知识产权的特征

作为一种财产权，知识产权属于民事权利的范畴，但与其他民事权利相比，知识产权具有以下特征：

1. 无形性。 知识产权区别于其他有形财产权的最根本特征在于知识产权的无形性。它是人们对无形的智力成果所拥有的权利,其贸易的标的物只能是无形财产的使用权,而不能是有形商品的使用权和所有权。

2. 法定性。知识产权是法律授予的一种权利,必须严格依法申请、审批,依法产生,才能够依法得到保护。

3. 专有性。知识产权的无形性决定了它有可能为多数人同时拥有,并为多数人同时使用而获得利益。知识产权的专有性表现为独占性和排他性,即知识产权只能授予权利人一次专有权,权利人只能有一个,只有权利所有人本人才能享有法律保护,未经权利人许可,他人不得利用此知识产权。

4. 地域和时间的有限性。知识产权是依一个国家的法律确认和保护的,因此一般只在该国领域内具有法律效力,在其他国家原则上不发生效力,这就是知识产权的地域性。知识产权所有权人对其智力成果的专有性也不是无限期存在的,即知识产权仅在一个法定期限内受到保护,超过这一期限,专有权利即终止,其智力成果即可进入公有领域,为人类所共享,这就是知识产权的时间性。

5. 可复制性。知识产权作为智力劳动的成果,必然通过一定的有形物,即载体表现出来,如作家的构思形成的手稿,根据专利技术生产的产品。知识产权作为财产权的性质,就是通过利用其而生产和复制的产品、作品或其他物品体现出来的。因此知识产权具有可复制性,并通过这种复制进一步表现知识产权的财产和价值。

二、医药知识产权的概念与种类

(一) 医药知识产权的概念

医药知识产权,是指人们对在医药领域中所创造的一切智力劳动成果依法享有的权利的统称。

(二) 医药知识产权的种类

医药知识产权不限于某一新产品、新技术,也不限于某一专利或商标,它是一个完整的体系,是相互联系、相互作用、相互影响的有机体。按照知识产权的范围划分,医药知识产权的种类应包括五大类:

1. 医药专利权。主要包括要申请专利和不要申请专利的新产品、新物质、新技术、新工艺、新材料、新配方、新构造、新设计、新用途以及动植物、微生物和矿物新品种的生产方法等。

2. 医药商标权。医药商标权主要包括已注册的标志、原产地名称以及不为公众所知的由医药企业拥有的涉及管理、工程、设计、市场、服务、研究开发、财务分析和技术转让等方面的信息。

3. 医药著作权。医药领域涉及的版权主要是由医药企业或人员创作或提供资金、资料等创作条件或承担责任的医药类百科全书、年鉴、辞书、教材、摄影、录像等作品的著作权和邻接权；以及医药计算机软件或多媒体软件，如药物信息咨询系统、药厂GMP管理系统、《药事管理学》教学课件等。

4. 医药商业秘密权。根据《中华人民共和国反不正当竞争法》（以下简称《反不正当竞争法》）的规定，商业秘密是指不为公众所知悉、能为权利人带来经济利益、具有实用性并经权利人采取保密措施的技术信息和经营信息。如中药复方制剂的秘方，制药企业的商业情报等等。

5. 原产地标记权。原产地标记指某一特定产品来源于某一特定地域（可以是国家，也可以是地区），而且其特性与该地理环境（包括自然因素和人为因素）密切相关，符合这些基本规定的特定地域即为原产地，其产品即为原产地域产品，如我国道地药材等。

三、我国医药知识产权立法

我国医药知识产权立法，既有着相同于其他知识产权立法的普遍性，也有着区别于其他知识产权的特殊性。其普遍性主要表现为：我国在专利、商标、版权、反不正当竞争、海关边境保护等方面所进行的宏观层面的知识产权立法，共同为医药以及其他产业和技术领域提供了普遍性的知识产权保护制度；其特殊性主要表现为：在微观层面上，医药领域的知识产权保护面临着一些专属于该领域的特殊问题，为了使医药知识产权得到充分有效的保护，国家在立法上做出了专门规定。

（一）宏观层面知识产权立法

20世纪80年代以前，我国有关专利、商标的知识产权主要通过行政法规予以保护。国家有关部门先后制定了《保障发明权与专利权暂行条例》（1950年）、《商标管理条例》（1963年）及有关版权的政策性文件、规章等，保护专利权、商标权及版权所有者的权益，并为知识产权立法奠定了基础。

第十九章 医药知识产权法律制度

20 世纪 80 年代以后，随着我国法律体系的健全和对知识产权保护认识的日渐深入，我国知识产权保护的法律体系逐渐形成。1982 年 8 月 23 日，第五届全国人大常委会第二十四次会议通过了《中华人民共和国商标法》（以下简称《商标法》）。1984 年 3 月 12 日，第七届全国人大常委会第四次会议审议通过我国第一部《中华人民共和国专利法》（以下简称《专利法》）。1990 年 9 月 7 日，第七届全国人大常委会第十五次会议通过了我国第一版《中华人民共和国著作权法》（以下简称《著作权法》），1991 年 6 月国务院发布《计算机软件保护条例》，1993 年 9 月第八届全国人大常委会第三次会议通过《反不正当竞争法》，我国知识产权保护从此走上正常有序的法制轨道。1995 年 7 月《中华人民共和国知识产权海关保护条例》（以下简称《知识产权海关保护条例》）的颁布实施和 1997 年 3 月《中华人民共和国植物新品种保护条例》的颁布实施，进一步扩大了知识产权保护的范围和权限。

为适应我国社会、经济、科技的发展，满足与国际接轨的需要，我国知识产权立法步伐进一步加快，20 世纪 90 年代以后，我国参照国际知识产权保护惯例，对专利法、商标法等法律进行了重大修订。1992 年 9 月、2000 年 8 月、2008 年 12 月，全国人大常委会先后三次修订《专利法》，专利法律保护体系日趋完善。1993 年 2 月、2001 年 10 月、2013 年 8 月，全国人大先后三次修订《商标法》。2003 年 6 月，国家工商行政管理总局根据《商标法》和《商标法实施条例》修订发布了《驰名商标认定和保护规定》及《集体商标、证明商标注册和管理办法》，并制定了《马德里商标国际注册实施办法》，我国的商标法制度进一步完善。2001 年 10 月、2010 年 2 月，全国人大常委会先后两次修订《著作权法》；2001 年 12 月国务院修订发布了新的《计算机软件保护条例》，并于 2011 年 1 月、2013 年 1 月先后两次修订《计算机软件保护条例》；另外，2003 年 12 月国务院修订发布了新的《知识产权海关保护条例》，实现了我国知识产权法律法规与世界贸易组织的全面衔接。

我国在建立知识产权法律保护制度的同时，积极参加知识产权的国际保护体系。1980 年我国加入了世界知识产权组织，1985 年加入了《保护工业产权巴黎公约》，1989 年加入了《商标国际注册马德里协定》，1992 年加入了《保护文学艺术作品伯尔尼公约》，同年加入《世界版权公约》，1993 年加入了《专利合作条约》。2001 年 11 月 11 日，我国正式加入世界贸易组织，成为

《与贸易有关的知识产权协定》（以下简称《TRIPS 协定》）成员国之一，我国知识产权的保护逐渐融入世界知识产权保护体系之中。

目前，我国以专利、商标、版权为三大支柱的知识产权法律框架已基本形成，知识产权的法律体系已基本建立，这些法律的基本框架和保护的水平都适应了国际发展的趋势，不仅有利于促进国际的科技合作和经济贸易，而且也为我国医药事业的发展创造了有利的法律环境。

（二）专属于医药领域的微观层面知识产权立法

医药知识产权保护具有明显区别于其他知识产权的特殊性，因此，只有针对这种特殊性加强专属于药品领域的微观知识产权立法工作，并使之与宏观层面的知识产权保护制度相互协调，才能构建一个完备的药品知识产权保护网。目前，我国已建立的专属于药品领域的微观知识产权制度主要有：

1987 年 3 月 24 日，卫生部发布并施行的《关于新药保护及技术转让的规定》，1992 年 10 月 14 日国务院发布的《中药品种保护条例》以及 1992 年 12 月 12 日国务院批准、同年 12 月 19 日国家医药管理局发布的《药品行政保护条例》，2007 年 6 月 18 日国家食品药品监督管理局局务会审议通过《药品注册管理办法》，并自 2007 年 10 月 1 日起施行。这些法规与规章既能单独对药品的保护起到一定的作用，又能起到弥补专利保护不足的作用。

第二节 医药专利保护法律制度

一、专利与医药专利概述

（一）专利的概念与特征

1. 专利的概念。 专利（patent），是指法律保障创造发明者在一定时期内由于创造发明而独自享有的利益。包含专利权、获得专利权的发明创造、专利文献，其核心是专利权。

2. 专利的特征。 专利属于知识产权的一部分，是一种无形的财产，具有与其他财产不同的特点。

（1）排他性。排他性是指同一发明在一定的区域范围内，其他任何人未经许可都不能对其进行制造、使用和销售等，否则属于侵权行为。专利权人对其权利的客体享有占有、使用、收益和处分的权利。

(2) 区域性。区域性是指专利权是一种有区域范围限制的权利，它只有在法律管辖区域内有效。除了在有些情况下，依据保护知识产权的国际公约，以及个别国家承认另一国批准的专利权有效以外，技术发明在哪个国家申请专利，就由哪个国家授予专利权，而且只在专利授予国的范围内有效，而对其他国家则不具有法律的约束力，其他国家不承担任何保护义务。但是，同一发明可以同时在两个或两个以上的国家申请专利，获得批准后其发明便可以在所有申请国获得法律保护。

(3) 时间性。时间性是指专利只有在法律规定的期限内才有效。专利权的有效保护期限结束以后，专利权人所享有的专利权便自动丧失，一般不能续展。发明便随着保护期限的结束而成为社会公有的财富，其他人便可以自由地使用该发明来创造产品。专利受法律保护的期限的长短由有关国家的专利法或有关国际公约规定。目前世界各国的专利法对专利的保护期限规定不一。《TRIPS 协定》第 33 条规定，专利"保护的有效期应不少于自提交申请之日起的第 20 年年终"。

(4) 实施性。除美国等少数几个国家外，绝大多数国家都要求专利权人必须在一定期限内，在给予保护的国家内实施其专利权，即利用专利技术制造产品或转让其专利。

(二) 医药专利的类型

《专利法》第 2 条规定，专利包括发明、实用新型和外观设计三类。发明，是指对产品、方法或者其改进所提出的技术方案，包括产品发明和方法发明两类；实用新型，是指对产品的形状、构造或其结合所提出的适于实用的新的技术方案；外观设计，是指对产品的形状、图案、色彩或其结合所作出的富有美感并适于工业上应用的新设计。

根据《专利法》的规定，医疗领域的专利包括以下类型：

1. 医药发明专利。 医药领域可授予专利权的发明主要有合成药及合成方法发明，药物制剂及制备工艺、配方发明，生化药及生物技术发明，天然药物及提取方法发明等，以及医药器械、设备发明等。按照一般发明专利的划分，可分为下面两大类：

(1) 产品发明。产品发明指明人工制造的各种有形物品的发明，是人们通过研究开发出来的关于各种新产品、新材料、新物质等的技术方案。医药产品发明包括：①新物质。包括有一定医疗用途的新化合物；新基因工程产品（生物制品）；用于制造药品的新原料、新辅料、中间体、代谢物和药物前体；新的异构体；新的有效晶型；新分离或提取得到的天然物质。②已知化合物。包括首次发现其有医疗价值，或发现其有第二医疗用途者。③药物组合物。由两种或两种以上物质组成，至少一种是活性成分，组合后具有协同作用或增强疗效作用者，主要是复方制剂和药物新剂型。④微生物及其代谢产物。当其经过分离成为纯培养物，并且具有特定工业用途时，可申请产品发明专利。⑤制药设备及药物分析仪器、医疗器械等。

（2）方法发明。方法发明包括所有利用自然规律的方法，是人们对制造产品或解决某个技术课题而研究开发出来的操作方法、制造方法及工艺流程等技术方案。方法发明可分为制造方法和操作使用方法两种类型。医药方法发明主要有两类：①制备方法、生产工艺，如上述产品的合成、制备、提取、纯化等方法。现实领域中，医药企业和科研机构往往在申请产品专利的同时申请其制备方法的专利，如"一类对血管紧张素Ⅱ受体具有阻滞作用的酰胺类化合物及其制备方法及用途"的专利。②药物新用途、药物的新适应证等。

2. 实用新型专利。医药领域中的实用新型专利主要是某些与功能有关的药物剂型、形状、结构的改变，如新的药物剂型；诊断用药的试剂盒与功能有关的形状、结构；某些药品的包装容器的形状、结构；某些医疗器械的新构造等。

3. 外观设计专利。主要是药品外观或包装容器外观等，包括有形药品的新造型或其与图案、色彩的搭配与组合；新的盛放容器，如药瓶、药袋、药品瓶盖等；富有美感和特色的说明书、容器等；包装盒等。

二、医药专利的申请与审批

（一）授予医药专利权的条件

依据《TRIPS协定》以及各国专利法公认的授予专利权的必要条件，授予专利权的发明和实用新型应具备新颖性、创造性和实用性。

1. 新颖性。新颖性，是指在申请日以前没有同样的发明或者实用新型在国内外出版物上公开发表过、在国内公开使用过或者以其他方式为公众所知，也没有同样的发明或者实用新型由他人向国务院专利行政部门提出过申请并且登记在申请日以后公布的专利申请文件中。新颖性一般以申请日为准,凡在申请日以前已经公开的发明创造,就成为现有技术的一部分,不能再取得专利权。但我国专利法规定,申请专利的发明创造在申请日以前6个月内,有下列情形之一的,不丧失新颖性:①在中国政府主办或者承认的国际展览会上首次展出的;②国务院有关主管部门或者全国性学术团体组织召开的学术会议或者技术会议上首次发表的;③他人未经申请人同意而泄露其内容的。

2. 创造性。创造性,是指同申请日以前已有的技术相比,该发明有突出的实质性特点和显著的进步,该实用新型有实质性特点和进步。

3. 实用性。实用性,是指该发明或者实用新型能够制造或者使用,并且能够产生积极效果。

授予专利权的外观设计应同申请日以前在国内外出版物上公开发表过或国内公开使用过的外观设计不相同和不近似,并不得与他人在先取得的合法权利相冲突。

对于科学发现、智力活动的规则和方法、疾病的诊断和治疗方法、动物和植物品种以及用原子核变换方法获得的物质等,不授予专利权。但动物和植物品种的生产方法可依照《专利法》规定授予专利权。

(二) 医药专利的申请

1. 专利申请的原则。依据《专利法》的规定,专利的申请遵循以下基本原则:

(1) 书面原则。即办理专利申请手续时,必须采用书面形式。

(2) 申请单一性原则。即一件专利申请只限于一项发明创造。属于一个总的发明构思的两项以上的发明或者实用新型,可以作为一件申请提出。用于同一类别并且成套出售或者使用的产品的两项以上的外观设计,可以作为一件申请提出。

(3) 先申请原则。即两个或两个以上申请人就同样的发明申请专利时,专利权授予最先申请的人。判断申请先后的标准为申请日。我国《专利法》规定,国务院专利行政部门收到专利申请文件之日为申请日。如果申请文件是邮寄的,以寄出的邮戳日为申请日。

(4) 优先权原则。即申请人自发明或者实用新型在外国第一次提出专利申请之日起12个月内,或者自外观设计在外国第一次提出专利申请之日起6

个月内,又在中国就相同主题提出专利申请的,依照该外国同中国签订的协议或者共同参加的国际条约,或者依照相互承认优先权的原则,可以享有优先权。申请人自发明或者实用新型在中国第一次提出专利申请之日起12个月内,又向国务院专利行政部门就相同主题提出专利申请的,可以享有优先权。优先权须以书面形式提出。

2. 医药专利的申请。 申请医药发明或实用新型专利的,提交请求书、说明书及其摘要和权利要求书等文件;申请外观专利设计的,应当提交请求书以及该外观设计的图片或者照片等文件,并且应当写明使用该外观设计的产品及其所属类别。

关于当前很多医药专利涉及的国际申请,我国专利法规定,中国单位或者个人将其在国内完成的发明创造向外国申请专利的,应当先向国务院专利行政部门申请专利,委托其指定的专利代理机构办理,并遵守有关保密的规定。

3. 医药专利的申请审查和批准。 医药发明专利实行早期公开、请求审查制,实用新型和外观设计只进行初步审查。

(1)发明专利申请的审查和批准程序。依据我国《专利法》的规定,发明专利的审批程序分为受理、初审、公布、实质审查和授权五个阶段:受理→初步审查→自申请日起18个月内,即行公布(可根据申请人的请求早日公布)→自申请日起3年内,根据申请人请求进行实质性审查→实质审查→经实质审查没有发现驳回理由的,由国务院专利行政部门授予专利权,并予登记和公告。发明专利权自公告之日起生效。

(2)实用新型和外观设计的审查和批准程序。受理→初步审查→未发现驳回理由的,由国务院专利行政部门授予实用新型专利权或外观设计专利权,并予以登记和公告。专利权自公告之日起生效。

(3)复审。专利申请人对国务院专利行政部门驳回申请的决定不服气的,可自收到通知之日起3个月内向专利复审委员会请求复审。专利申请人对复审决定不服的,可自收到通知之日起3个月内向人民法院起诉。

(三)专利权人的权利和义务

1. 专利权人的范围。 有权申请专利和取得专利权,并承担相应义务的自然人和法人是专利权人。根据我国《专利法》的规定,医药职务发明创造的专利权人为单位;非职务发明创造的专利权人为自然人或设计人;医药发明创造的专利权人还包括共同发明人，合法受让人以及依照其所属国同中国签订的协议或共同参加的国际条约，或依照互惠原则，成为专利权主体的外国人、外事企业或外国其他组织。

2. 专利权人的权利。专利权人对其专利依法拥有独占实施权、转让权、许可实施权和标记权。

（1）独占实施权。独占实施权，是指专利权人对其专利产品依法享有的进行制造、使用、销售、允许销售的专有权利，或者专利权人对其专利方法依法享有的专有使用权以及对依照该专利方法直接获得的产品的专有使用权和销售权。

（2）转让权。转让权，是指专利权人将其获得的专利所有权转让给他人的权利。转让专利权的，当事人应当订立书面合同，并向国务院专利行政部门登记，由国务院专利行政部门予以公告。专利权的转让自登记之日起生效。中国单位或者个人向外国人转让专利权的，必须经国务院有关主管部门批准。

（3）许可实施权。许可实施权，是指专利权人通过实施许可合同的方式，许可他人实施其专利并收取专利使用费的权利。

（4）标记权。标记权，是指专利权人有权自行决定是否在其专利产品或者该产品的包装上标明专利标记和专利号。

3. 专利权人的义务。专利权人在享有权利的同时，负有实施其专利发明创造和缴纳年费的义务。为保证发明创造能够得到及时实施和应用，我国《专利法》中规定了"强制许可"和"指定许可"的制度。专利权人未以合理的条件在合理的时间内许可他人实施其专利时，国务院专利行政部门可给予实施专利的强制许可。在国家出现紧急状态或非常情况时，或为了公共利益目的，国务院专利行政部门可给予实施专利的强制许可。一项专利较以前的专利具有显著经济意义的重大技术进步，其实施有赖于前一专利的实施，国务院专利行政部门可根据后一专利权人申请对前者实施强制许可。国有企事业单位的发明专利，对国家利益或公共利益具有重大意义时，经国务院批准，可在批准范围推广使用，允许指定单位实施。

三、医药专利权的保护

（一）医药专利权保护的范围和期限

1. 医药专利权的保护范围。医药发明或实用新型专利权的保护范围和其他专利一样,以其权利要求的内容为准,说明书及附图可用于解释权利要求;外观设计专利权的保护范围以表示在图片或者照片中的该外观设计专利产权为准。

2. 医药专利权的保护期限。医药发明专利权的期限为 20 年,实用新型专利权和外观设计专利权的期限为 10 年,自申请之日起计算。

(二) 医药专利权的终止和无效

1. 医药专利权的终止。专利权在期限届满时终止。没有按规定缴纳年费的,或专利权人以书面声明放弃其专利权的,专利局可在期限届满前终止其专利权。

2. 医药专利权的无效。自国务院专利行政部门公告授予专利权之日起,任何单位或个人认为该专利权的授予不符合《专利法》有关规定的,可请求专利复审委员会宣告该专利权无效。专利复审委员会对请求及时审查,作出决定,并公告专利权无效的决定,由国务院专利行政部门登记公告。宣告无效的专利权视为自始即不存在。

(三) 药品专利链接制度

1. 药品专利链接制度的概念。药品专利链接(patent linkage),是指仿制药上市批准与创新药品专利期满相"链接",即仿制药注册申请应当考虑先前已上市药品的专利状况,从而避免可能的专利侵权。

药品专利链接制度,是指国家药品注册主管部门在审批药品注册申请的过程中,不仅对申请注册药品的安全性、有效性和质量可控性进行审查,同时还适度考虑该药品是否存在侵犯他人专利权的法律制度。

2. 药品专利链接法律规定。

(1) 药品专利状况和不侵权声明。申请人应当对其申请注册的药物或者使用的处方、工艺、用途等,提供申请人或者他人在中国的专利及其权属状态的说明;他人在中国存在专利的,申请人应当提交对他人的专利不构成侵权的声明。对申请人提交的说明或者声明,药品监督管理部门应当在行政机关网站予以公示。药品注册过程中发生专利权纠纷的,按照有关专利的法律法规解决。

(2) 仿制药申请期限限制。对他人已获得中国专利权的药品,申请人可以在该药品专利期届满前 2 年内提出注册申请。国家食品药品监督管理部门按照《药品注册管理办法》予以审查，符合规定的，在专利期满后核发药品批准文号、《进口药品注册证》或者《医药产品注册证》。

（3）Bolar 例外。Bolar 例外（Bolar exception）又称为 Bolar 豁免（Bolar exemption），是指在专利法中对药品专利到期前他人未经专利权人的同意而进口、制造、使用专利药品进行试验，以获取药品管理部门所要求的数据等信息的行为视为不侵犯专利权的例外规定。我国《专利法》第 69 条规定，"为提供行政审批所需要的信息，制造、使用、进口专利药品或者专利医疗器械的，以及专门为其制造、进口专利药品或者专利医疗器械的。"不视为侵犯专利权。即为了提出药品注册申请所进行的临床试验可以被解释成 Bolar 例外，可以"不视为侵犯专利权"，不能对此提出侵权诉讼。

四、中医药专利保护法律制度

根据《专利法》的规定，1995 年中医药管理局制定了《中医药专利管理办法（试行）》为中医药专利保护提供了专门法律依据。

（一）中医药专利申请

1. 中医药专利申请的原则。

（1）中医药行业企事业单位在进行研究开发、技术改造、技术引进、技术合作等活动中做出的发明创造，要在向社会公开之前及时申请专利。

（2）涉及中医药行业关键技术（炮制技术、传统中药的专有技术等）和产品申请专利，需报国家中医药管理局批准。

（3）中医药行业企事业单位在国内完成的发明创造在向外国申请专利之前，须向国家中医药管理局提出申请；由国家中医药管理局委托指定的涉外专利代理机构为其代理。

2. 中医药专利权人。

（1）法人。凡在本职工作中或利用本单位名义做出的发明创造主要利用本单位物质条件（资金、设备、原材料、对外保密的技术资料等）完成的发明创造，包括离退休或因各种原因离开本职工作一年内做出的与其在原单位承担的工作相关的发明创造为职务发明。

中医药行业企事业单位职工完成的职务发明，其专利申请权属于单位。专利申请人为法人。

(2) 自然人。中医药行业企事业单位接收外来的学习、进修或合作研究人员、研究生、进修生等，其在接收单位学习或工作期间完成的发明创造，其专利申请权归接收单位持有或由协议明确所有权者持有。

中医药行业企事业单位派出的出国人员（访问学者、进修人员、公派留学生等）在国外完成的发明创造，其专利申请权归派出单位持有或由协议明确的所有权者持有。

在国内、国外科技合作研究开发项目时必须明确其专利申请权的归属，并在合同书中签订专利权归属的条款。

中医药行业企事业单位职工完成的职务发明，其专利申请费用及与其有关的费用由专利申请单位支付；专利批准后的年费由持有单位支付。

3. 中医药职务发明专利的申请程序。中医药行业企事业单位职工完成的职务发明，其专利申请程序为：

（1）由发明项目负责人或发明人向本单位专利管理部门提出专利申请（申报书）；申报书要写明发明创造内容，说明申请专利或作为技术秘密的理由，并附文献检索报告。

（2）单位专利管理部门负责对申请专利的技术内容、条件进行研究评审，提出初步意见后报单位主管专利工作的领导。

（3）经专利主管领导审批后，由单位专利管理部门办理专利申请手续，或委托专利服务机构进行专利代理。

（二）中医药专利实施与许可

1. 持有专利的中医药企事业单位，必须组织专利实施；本单位无实施条件的，要及时许可他人实施。

2. 中医药企事业单位的职务发明专利在许可贸易中签订专利许可合同时，必须有本单位主管专利工作的领导或专利工作者参加。

（三）中医药专利保护

1. 凡能形成专利的中医药科学研究项目（新工艺、新方法、新产品），必须申请专利。

2. 凡要申请专利的中医药职务发明，在提出专利申请前，研究人员不得进行学术交流、发表论文和参加展览；专利申请在中国专利局专利公告前，研究人员对发明研究的整体过程及技术应严格保密。

3. 有关中医药技术的进出口工作，必须与中医药专利管理部门取得联系，接受业务指导，了解专利在进出口国的法律状态，以避免或减少损失。

4. 引进技术项目和设备的中医药企事业单位，必须对涉及该项目的专利技术及专利的法律状态进行调查，并列入引进技术项目的可行性报告中，为谈判、签约提供依据。

5. 拟出口的中医药新产品、新技术，符合申请国外专利要求的，须在出口国（地区）申请专利，不申请专利的要采取相应的保护措施。

6. 发生专利侵权行为时，应及时报告中医药企事业单位专利管理部门，专利管理部门要协助专利权人或利害关系人进行调处，或委托当地专利管理机关进行调处；调处不能解决的，向人民法院起诉。

第三节 药品商标保护法律制度

一、商标的概念、特征及分类

（一）商标的概念

商标，是指商品生产或者经营者为区别于其他商品生产者和经营者所生产或经营的同一和类似商品，而使用于自己的商品上的由文字、图形或者其组合所构成的显著标记。

（二）商标的特征

1. 显著性。 商标是具有显著性的标志，既区别于具有叙述性、公知公用性质的标志，又区别于他人商品或服务的标志，从而便于消费者识别。

2. 独占性。 注册商标所有人对其商标具有专用权、独占权，未经注册商标所有人许可，他人不得擅自使用。

3. 价值性。 商标代表着商标所有人生产或经营的质量、信誉等，商标所有人通过商标的创意、设计、申请注册及使用，使商标具有了价值，也增加了商品的附加值。

（三）商标的分类

根据世界各国的商标制度，商标分为注册商标、驰名商标和使用商标。注册商标是经国家商标局核准注册的商标；驰名商标是在市场上享有较高的声誉并为相关公众所熟知的注册商标；使用商标是商标经在该国使用后即产生专用权。我国《商标法》规定，自然人、法人或者其他组织对其生产、制造、加工、拣选或者经销的商品，或提供的服务项目需要取得商标专用权的，应当向商标局申请商品商标注册或服务商标注册。受法律保护的主要是注册商标。

二、药品商标的概念及特殊要求

（一）药品商标的概念

药品商标，是指文字、图形、字母、数字、三维标志或颜色组合，以及上述要素的组合，医药生产者、经营者用来区别于他人生产、经营的药品或药学服务的可视性标记。

（二）药品商标的特殊要求

1. 药品商标必须与医药行业的属性相吻合。
2. 申请药品商标时应当附送药品批准证明文件。
3. 药品商标不得使用药品通用名称。

三、药品商标权的取得及内容

（一）药品商标权的取得

1. 药品商标注册的原则。

（1）申请在先原则。申请在先原则又称注册在先原则，是指两个或者两个以上的商标注册申请人，在同一种商品或者类似商品上，以相同或者近似的商标申请注册的，申请在先的商标，其申请人可获得商标专用权，在后的商标注册申请予以驳回。我国《商标法》在坚持申请在先原则的同时，还强调使用在先的正当性，防止不正当的抢注行为。《商标法》第32条规定："申请商标注册不得损害他人现有的在先权利，也不得以不正当手段抢先注册他人已经使用并有一定影响的商标。"

（2）自愿注册原则。自愿注册原则，是指商标使用人是否申请商标注册取决于自己的意愿，在自愿注册原则下，商标注册人对其注册商标享有专用权，受法律保护。未经注册的商标，可以在生产服务中使用，但其使用人不享有专用权，无权禁止他人在同种或类似商品上使用与其商标相同或近似的商标，但驰名商标除外。

在实行自愿注册原则的同时，我国规定了在极少数商品上使用的商标实行强制注册原则，作为对自愿注册原则的补充。目前必须使用注册商标的商品只有烟草制品，包括卷烟、雪茄烟和有包装的烟丝。

2. 药品商标注册的申请。药品商标注册申请人申请商标注册须按规定格式填写商标注册申请书和报送商标图样，并且应当附送卫生行政部门发给的证明文件。

3. 药品商标注册的条件。药品商标注册应当符合我国《商标法》的有关规定：

（1）药品商标应当具有显著性，不得与他人的在先权利相冲突。

（2）不得作为商标使用的标志：①同中华人民共和国的国家名称、国旗、国徽、国歌、军旗、军徽、军歌、勋章等相同或者近似的，以及同中央国家机关的名称、标志、所在地特定地点的名称或者标志性建筑物的名称、图形相同的；②同外国的国家名称、国旗、国徽、军旗等相同或者近似的，但经该国政府同意的除外；③同政府间国际组织的名称、旗帜、徽记等相同或者近似的，但经该组织同意或者不易误导公众的除外；④与表明实施控制、予以保证的官方标志、检验印记相同或者近似的，但经授权的除外；⑤同"红十字""红新月"的名称、标志相同或者近似的；⑥带有民族歧视性的；⑦带有欺骗性，容易使公众对商品的质量等特点或者产地产生误认的；⑧有害于社会主义道德风尚或者有其他不良影响的。

（3）不得作为商标注册的情形：①仅有药品的通用名称、图形、型号的；②仅直接表示药品的质量、主要原料、功能、用途、重量、数量及其他特点的；③其他缺乏显著特征的。前述所列标志经过使用取得显著特征，并便于识别的，可以作为商标注册。

4. 药品商标注册的审查和批准。药品商标注册要经过两级核转，形式审查，实质审查，公告、核准和复审等阶段。

（1）两极核转。即市、县两级工商行政管理部门首先对申请人提交的申请药品商标注册的文件进行初审，然后报送省、自治区、直辖市工商行政管理部门审查，两级审查同意后，再报送国家商标局审查。

（2）形式审查。国家商标局受理注册后，首先进行审查，主要是审查药品商标注册申请是否符合法定条件和手续。经过形式审查，认为不符合《商标法》规定的,由商标局驳回申请或限期补交文件;认为符合规定的即转入实质审查。

(3) 实质审查。国家商标局对受理的药品商标注册主要从以下几个方面进行实质审查:①药品商标构成要素是否符合法律规定;②药品商标所用文字、图形是否具有显著特征;③是否违反了《商标法》的禁用条例;④申请注册的药品商标是否与已经注册或初步审定的用于相同或类似商品上的商标相同或近似。

(4) 公告、核准和复审。国家商标局对申请注册的药品商标经初步审定合格的,予以刊登《商标公告》,自公告之日起3个月内,如果无异议,或有异议经裁定不能成立的,异议期满,则予以核准注册,发给商标注册证,并再次刊登《商标公告》,药品商标注册申请人即取得药品商标专用权。如果裁定异议成立,则撤销《商标公告》,不予以注册核准。

(二) 药品商标权的内容

我国《商标法》规定,经商标局核准注册的商标为注册商标,商标注册人享有商标专用权,受法律保护。商标专用权包括独占使用权,禁止他人未经许可使用、伪造、擅自制造与其相同或相近商标的权利,转让权和许可使用权。

四、药品商标权的保护和转让

(一) 药品商标的保护期限

注册药品商标的有效期为10年,自核准注册之日起计算。注册药品商标有效期满,需要继续使用的,药品商标注册人应当在期满前12个月内按照规定办理续展手续;在此期间未能办理的,可以给予6个月的宽展期。每次续展注册的有效期为10年,自该药品商标上一届有效期满次日起计算。期满未办理续展手续的,注销其注册药品商标。商标局应当对续展注册的药品商标予以公告。

(二) 商标的转让和使用许可

1. 药品商标的转让。药品商标转让是药品商标注册人在注册药品商标的有效期内,依法定程序,将药品商标专用权转让给另一方的行为。《商标法》第42条规定,转让注册商标的,转让人和受让人应当签订转让协议,并共同向商标局提出申请。受让人应当保证使用该注册商标的商品质量。

转让注册商标的，商标注册人对其在同一种商品上注册的近似的商标，或者在类似商品上注册的相同或者近似的商标，应当一并转让。对容易导致混淆或者有其他不良影响的转让，商标局不予核准，书面通知申请人并说明理由。转让注册商标经核准后，予以公告。受让人自公告之日起享有商标专用权。

2. 商标的使用许可。商标注册人可以通过签订商标使用许可合同，许可他人使用其注册商标。许可人应当监督被许可人使用其注册商标的商品质量。被许可人应当保证使用该注册商标的商品质量。

经许可使用他人注册商标的，必须在使用该注册商标的商品上标明被许可人的名称和商品产地。

许可他人使用其注册商标的，许可人应当将其商标使用许可报商标局备案，由商标局公告。商标使用许可未经备案不得对抗善意第三人。

五、中药品种保护

1992 年 10 月 14 日，国务院第 106 号令发布了《中药品种保护条例》，并于 1993 年 1 月 1 日起实施。该条例的颁布与实施，标志着我国对中药的研制生产、管理工作走上了法制化的轨道。

（一）中药品种保护的范围和监督管理部门

1. 中药保护品种的范围。依据《中药品种保护条例》（以下简称《条例》）中药保护品种的范围，是指中国境内生产制造的中药品种，包括中成药、天然药物的提取物及其制剂和中药人工制品。申请专利的中药品种，依照《专利法》的规定办理，不适用本条例。

（1）必须是国家药品标准收载的品种。

（2）国家药品监督管理部门批准的新药，若符合本条例规定的，在新药保护期限届满前 6 个月，可以依照本条例的规定申请保护。

2. 中药保护品种的监督管理部门。《条例》总则规定："国务院卫生行政部门负责全国中药品种保护的监督管理工作。国家中药生产经营部门协同管理全国中药品种的保护工作。"根据《条例》规定，国务院卫生行政部门负责组织了国家中药品种保护审评委员会，作为审批中药保护品种的专业技术审查和咨询机构。

(二) 中药保护品种等级的划分和审批

1. 中药保护品种等级的划分。受保护的中药品种分为一、二两级。

(1) 符合下列条件之一的中药品种，可以申请一级保护：①对特定疾病有特殊疗效的；②相当于国家一级保护野生药材物种的人工制成品；③用于预防和治疗特殊疾病的。

(2) 符合下列条件之一的中药品种，可以申请二级保护：①符合上述一级保护的品种或者已经解除一级保护的品种；②对特定疾病有显著疗效的；③从天然药物中提取的有效物质及特殊制剂。

2. 中药保护品种的申请和审批程序。

(1) 中药生产企业向所在地省级中药生产经营主管部门提出申请，经初审签署意见后，报国家药品监督管理部门。在特殊情况下，中药生产企业也可以直接向国务院卫生行政部门提出申请。

(2) 国务院卫生行政部门委托国家中药品种保护审评委员会进行审评。

(3) 国务院卫生行政部门根据审评结论，决定对申请的中药品种是否给予保护。经批准保护的中药品种，由国务院卫生行政部门发给《中药保护品种证书》，并在指定的专业媒介上予以公告。

(三) 中药保护品种的保护与管理

1. 保护期限。中药一级保护品种的保护期限分别为 30 年、20 年、10 年；中药二级保护品种的保护期限为 7 年。

2. 保护内容。

(1) 除临床用药紧张的中药保护品种另有规定外，被批准保护的中药品种在保护期内仅限于已获得《中药保护品种证书》的企业生产。

(2) 对已批准保护的中药品种，如果在批准前是由多家企业生产的，其中未申请《中药保护品种证书》的企业应当自公告发布之日起 6 个月内向国务院卫生行政部门申报，按规定提交完整的资料，经指定的药品检验机构对申报品种进行质量检验，达到国家药品标准的，经国务院卫生行政部门审批后，补发批准文件和《中药保护品种证书》。未达到国家药品标准的，国家药品监督管理部门依照药品管理的法律、行政法规的规定，撤销该中药品种的批准文号。

(3) 擅自仿制中药保护品种的，以生产假药论处；伪造《中药保护品种证书》及有关证明文件进行生产、销售的，由县级以上卫生行政部门依《条例》和《药品管理法》的有关规定，给予没收、罚款等行政处罚；构成犯罪的，由司法机关依法追究刑事责任。

3. 中药一级保护品种的保护与管理规定。

（1）中药一级保护品种的该品种处方组成、工艺制法在保护期内由获得《中药保护品种证书》的生产企业和有关的药品监督管理部门、单位和个人负责保密，不得公开。负有保密责任的有关部门、企业和单位应按照国家有关规定，建立必要的保密制度。

（2）向国外转让中药一级保护品种的处方组成、工艺制法，应当按照国家有关保密的规定办理。

（3）因特殊情况需要延长保护期的，由生产企业在该品种保护期满前6个月，依照中药品种保护的申请办理程序申报。由国务院卫生行政部门确定延长的保护期限，不得超过第一次批准的保护期限。

4. 中药二级保护品种的保护规定。 中药二级保护品种在保护期满后可以延长保护期限，时间为7年，由生产企业在该品种保护期满前6个月依据条例规定的程序申报。

5. 中药保护品种生产企业的义务。

（1）生产中药保护品种的企业及有关主管部门应重视生产条件的改进，提高品种的质量。

（2）中药保护品种在保护期内向国外申请注册时，必须经过国务院卫生行政部门批准同意，否则不得办理。

第四节　医药商业秘密和医药未披露数据保护法律制度

一、商业秘密与医药商业秘密

（一）商业秘密的概念与特征

1. 商业秘密的概念。 商业秘密，是指不为公众所知悉、能为权利人带来经济利益，具有实用性并经权利人采取保密措施的技术信息和经营信息。商业秘密包括两部分：技术信息和经营信息。如生产配方、工艺流程、技术诀窍、设计图纸等技术信息；管理方法，产销策略、客户名单、货源情报等经营信息。

2. 商业秘密的特征。商业秘密和其他知识产权（专利权、商标权、著作权等）相比，具有以下特点：

（1）秘密性。作为商业秘密的信息必须是"不为公众所知悉"的经营信息或者技术信息，商业秘密的权利人对其秘密采取了保密措施。这是构成商业秘密的核心要件。

（2）价值性。商业秘密能为权利人带来实际的或者潜在的经济价值或竞争优势，这是法律对商业秘密予以保护的内在根据，也是权利人维持商业秘密的商业状态的内心起因。

（3）实用性。商业秘密不是一种纯理论方案，而应是能够直接在生产经营领域实际应用的信息。实用性是商业秘密价值性的外在表现。

（二）医药商业秘密的概念与类型

1. 医药商业秘密的概念。医药商业秘密，是指在医药行业中，不为公众所知悉、能为权利人带来经济利益、具有实用性并经权利人采取保密措施的技术信息和经营信息。

2. 医药商业秘密的类型。依据我国《反不正当竞争法》对商业秘密的规定，医药商业秘密主要包括两大类：一是医药技术秘密；二是医药经营秘密。

（1）医药技术秘密，主要包括产品信息、药品配方与工艺、机器设备的改进、研究开发的有关文件等。

（2）医药经营秘密，主要包括与公司各种重要经营活动有关联的文件、客户情报、经营过程中的管理技术等。

二、中医药商业秘密保护

我国中医药商业秘密保护主要包括三个方面：

第一，技术秘密，即凭经验和技能产生的，在实践中尤其是中药生产工艺中适用的技术情报、数据和知识。中药技术秘密是中药商业秘密的重要组成部分，其中包括中药的制造技术、生产工艺流程、特定配方、有关设备和材料的制作工艺的专门知识、经验等信息。

早在1993年，卫生部原药政管理局在《关于中药新药质量标准发布事由》中提出："由于中医药的特殊性，如果新药'处方'和'制法'全部公开,可能会出现互相模仿,处方大同小异等现象,造成新药研制工作的低水平重复,影响临床确切用药,也势必对中药新药的发展和审批管理工作不利。而且质量标准中这两项内容对检验结果影响不大。鉴此,我局同意药典会意见,在颁布中药新药质量标准(包括试行和转正标准)时,对其'处方'和'制法'可根据具体情况,有些品种采取部分公开的格式。但对研制、生产单位及其所在地卫生厅(局)、药检所须发送质量标准的全部内容。"从而在一定程度上对中药处方的技术秘密给予了保护。

第二,中药经营秘密,主要是指具有秘密性质的、与经营密切相关的情报和信息。

第三,管理秘密,指在农工商各个领域、各个环节中有效运作的专门管理技术,包括管理模式、管理方法、管理步骤等。

三、医药未披露数据的保护

(一)医药未披露数据的概念和内容

1. 医药未披露数据的概念。医药未披露数据,是指在含有新型化学成分药品注册过程中,申请者为获得药品生产批准证明文件向药品注册管理部门提交的关于药品安全性、有效性、质量可控性的未披露的试验数据。

2. 医药未披露数据的内容。医药未披露数据包括试验系统试验数据、生产工艺流程、生产设备与设施、生产质量控制等研究数据、人体的临床试验数据。

(二)医药未披露数据的特征

医药未披露数据具有以下三个特征:①医药未披露数据不具有独占性;②医药未披露数据获得途径不具备创新性;③医药未披露数据的保护,是在药品专利之后进行的知识产权保护形式,专利已公开的数据不在保护范围之内。

(三)医药未披露数据保护的法律依据

医药未披露数据保护是对未在我国注册过的含有新型化学成分药品的申报数据进行保护,在一定的时间内,负责药品注册的管理部门和药品仿制者既不能披露也不能依赖该新药研发者提供的证明药品安全性、有效性、质量可控性的试验数据。

目前，我国医药未披露数据保护的主要法律依据有：《药品管理法实施条例》《药品注册管理办法》《TRIPS 协定》。

1. 《药品管理法实施条例》第 35 条规定，国家对获得生产或者销售含有新型化学成分药品许可的生产者或者销售者提交的自行取得且未披露的试验数据和其他数据实施保护，任何人不得对该未披露的试验数据和其他数据进行不正当的商业利用。

自药品生产者或者销售者获得生产、销售新型化学成分药品的许可证明文件之日起 6 年内，对其他申请人未经已获得许可的申请人同意，使用前款数据申请生产、销售新型化学成分药品许可的，药品监督管理部门不予许可；但是，其他申请人提交自行取得数据的除外。除下列情形外，药品监督管理部门不得披露本条第一款规定的数据：①公共利益需要；②已采取措施确保该类数据不会被不正当地进行商业利用。

2. 《药品注册管理办法》第 20 条规定，按照《药品管理法实施条例》第 35 条的规定，对获得生产或者销售含有新型化学成份药品许可的生产者或者销售者提交的自行取得且未披露的试验数据和其他数据，国家食品药品监督管理局自批准该许可之日起 6 年内，对未经已获得许可的申请人同意，使用其未披露数据的申请不予批准；但是申请人提交自行取得数据的除外。

3. 《TRIPS 协定》第 39 条规定：

（1）在确保针对巴黎公约 1967 年文本第 10 条所规定的不正当竞争行为提供有效保护的过程中，缔约方应该根据下述第 2 款的规定对未公开的信息提供保护，根据下述第 3 款的规定对于由政府或政府性机构提供的数据提供保护。

（2）自然人或法人应有可能防止他人在未经其同意的情况下以非诚实商业活动的方式（对于本规定来说，所谓"以非诚实商业活动的方式"指的至少是诸如破坏合同，违背信义和诱导违背信义的行为，并且包括通过第三方来获得非公开的信息，该第三方知道或者本应知道，却因为粗心大意而不知道在获得过程中包含了这样的行为）透露、获得或使用合法地处于其控制之下并满足下述条件的信息：①在如下的意义上是保密的，即对于通常涉及该类信息的同行业中的人来说，它不是以整体或者其组成部分的准确排列组合为这样的人所公知或者为这样的人所能获得；②由于是保密的，因而具有商业价值;③合法支配该信息的人采取了为具体情况所需的合理措施来保守秘密。

(3) 如果缔约方要求以提交未公开的测试数据或其他数据作为批准一种采用新化学成分的药品或农业化学产品投放市场的条件,而上述数据的产生需要付出相当的努力,则该缔约方应禁止对这种数据的不正当商业性使用。此外,除非是为保护公众所必需。或者除非已经采取措施来确保防止对这样数据的不正当商业性使用,否则缔约方应禁止公开这样的数据。

第五节 法律责任

一、医药专利侵权及其法律责任

我国《专利法》规定了两种侵犯专利权的行为:未经许可实施他人专利的行为和假冒他人专利的行为。

(一) 民事责任

专利侵权的民事责任主要有两种:停止侵权和赔偿损失。

侵犯专利权的赔偿数额按照权利人因被侵权所受到的实际损失确定;实际损失难以确定的,可以按照侵权人因侵权所获得的利益确定。权利人的损失或者侵权人获得的利益难以确定的,参照该专利许可使用费的倍数合理确定。赔偿数额还应当包括权利人为制止侵权行为所支付的合理开支。

权利人的损失、侵权人获得的利益和专利许可使用费均难以确定的,人民法院可以根据专利权的类型、侵权行为的性质和情节等因素,确定给予1万元以上100万元以下的赔偿。

(二) 行政责任

1. 假冒专利的,除依法承担民事责任外,由管理专利工作的部门责令改正并予公告,没收违法所得,可以并处违法所得4倍以下的罚款;没有违法所得的,可以处20万元以下的罚款。

2. 管理专利工作的部门根据已经取得的证据,对涉嫌假冒专利行为进行查处时,可以询问有关当事人,调查与涉嫌违法行为有关的情况;对当事人涉嫌违法行为的场所实施现场检查;查阅、复制与涉嫌违法行为有关的合同、发票、账簿以及其他有关资料;检查与涉嫌违法行为有关的产品,对有证据证明是假冒专利的产品,可以查封或者扣押。

3. 违反法律,擅自向外国申请专利,泄露国家机密的,由行为人所在单位或者上级主管机关给予行政处分。

4. 侵夺发明人或者设计人的非职务发明创造专利申请权和《专利法》规定的其他权益的,由所在单位或者上级主管机关给予行政处分。

(三) 刑事责任

1. 违反《专利法》规定向外国申请专利,泄露国家秘密的,构成犯罪的,依法追究刑事责任。

2. 假冒他人专利,情节严重的,处3年以下有期徒刑或者拘役,并处或者单处罚金。

3. 从事专利管理工作的国家机关工作人员以及其他有关国家机关工作人员玩忽职守、滥用职权、徇私舞弊,构成犯罪的,依法追究刑事责任。

二、医药商标侵权及其法律责任

依据《商标法》第57条规定,有下列行为之一的,均属侵犯注册商标专用权:

1. 未经商标注册人的许可,在同一种商品上使用与其注册商标相同的商标的。

2. 未经商标注册人的许可,在同一种商品上使用与其注册商标近似的商标,或者在类似商品上使用与其注册商标相同或者近似的商标,容易导致混淆的。

3. 销售侵犯注册商标专用权的商品的。

4. 伪造、擅自制造他人注册商标标识或者销售伪造、擅自制造的注册商标标识的。

5. 未经商标注册人同意,更换其注册商标并将该更换商标的商品又投入市场的。

6. 故意为侵犯他人商标专用权行为提供便利条件,帮助他人实施侵犯商标专用权行为的。

7. 给他人的注册商标专用权造成其他损害的。

(一) 民事责任

依据《商标法》的规定,商标侵权的民事责任主要有两种:停止侵权和赔偿损失。

侵犯商标专用权的赔偿数额，按照权利人因被侵权所受到的实际损失确定；实际损失难以确定的，可以按照侵权人因侵权所获得的利益确定；权利人的损失或者侵权人获得的利益难以确定的，参照该商标许可使用费的倍数合理确定。对恶意侵犯商标专用权，情节严重的，可以在按照上述方法确定数额的1倍以上3倍以下确定赔偿数额。

赔偿数额应当包括权利人为制止侵权行为所支付的合理开支。

权利人因被侵权所受到的实际损失、侵权人因侵权所获得的利益、注册商标许可使用费难以确定的，由人民法院根据侵权行为的情节判决给予300万元以下的赔偿。

（二）行政责任

对侵犯注册商标专用权的，工商行政管理机关可以采取下列措施：

1. 责令立即停止侵权行为。

2. 没收、销毁侵权商品和主要用于制造侵权商品、伪造注册商标标识的工具。

3. 销售不知道是侵犯注册商标专用权的商品，能证明该商品是自己合法取得并说明提供者的，由工商行政管理部门责令停止销售。

4. 罚款。违法经营额5万元以上的，可以处违法经营额五倍以下的罚款，没有违法经营额或者违法经营额不足5万元的，可以处25万元以下的罚款。对五年内实施两次以上商标侵权行为或者有其他严重情节的，应当从重处罚。

（三）刑事责任

1. 未经注册商标所有人许可，在同一种商品上使用与其注册商标相同的商标，构成犯罪的，依法追究刑事责任。

2. 销售明知是假冒注册商标的商品，构成犯罪的，依法追究刑事责任。

3. 伪造、擅自制造他人注册商标标识或者销售伪造、擅自制造的注册商标标识，构成犯罪的，依法追究刑事责任。

4. 销售明知是假冒注册商标的商品，构成犯罪的，依法追究刑事责任。

5. 商标代理机构有下列行为之一，构成犯罪的，依法追究刑事责任：①办理商标事宜过程中，伪造、变造或者使用伪造、变造的法律文件、印章、签名的；②以诋毁其他商标代理机构等手段招徕商标代理业务或者以其他不

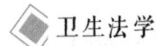

正当手段扰乱商标代理市场秩序的；③违反《商标法》第 19 条第 3、4 款规定的。

6. 从事商标注册、管理和复审工作的国家机关工作人员玩忽职守、滥用职权、徇私舞弊，违法办理商标注册、管理和复审事项，收受当事人财物，牟取不正当利益，构成犯罪的，依法追究刑事责任。

三、医药商业秘密侵权及其法律责任

依据我国《反不正当竞争法》的规定，商业秘密侵权行为包括：①以盗窃、利诱、胁迫或者其他不正当手段获取权利人的商业秘密；②披露、使用或者允许他人使用以前项手段获取权利人的商业秘密；③违反约定或者违反权利人有关保守商业秘密的要求，披露、使用或者允许他人使用其所掌握的商业秘密。

第三人明知或者应知前款所列违法行为，获取、使用或者披露他人的商业秘密，视为侵犯商业秘密。

（一）民事责任

根据民法通则的基本原理，结合侵犯商业秘密案件自身的特性，侵犯商业秘密的行为人应承担下列民事责任：

1. 停止侵害。根据最高人民法院《关于贯彻执行〈中华人民共和国民法通则〉若干问题的意见（试行）》第 162 条的规定，对于商业秘密侵权案件，如果商业秘密的权利人能够证明以下几点，法院也可以应权利人的申请在诉讼前诉讼中先行作出停止侵害的裁定：原告初步证明被告侵犯了其商业秘密；如不停止侵权行为，将对权利人造成难以弥补的损失；停止侵害不会给被告造成不合理的损害。要求法院先行裁定停止侵害的权利人应当提供担保。

2. 赔偿损失。依据《反不正当竞争法》的规定，经营者违反本法规定，给商业秘密权利人造成损害的，应当承担损害赔偿责任，被侵害的经营者的损失难以计算的，赔偿额为侵权人在侵权期间因侵权所获得的利润；并应当承担被侵害的经营者因调查该经营者侵害其合法权益的不正当竞争行为所支付的合理费用。

（二）行政责任

违反《反不正当竞争法》规定侵犯商业秘密的，监督检查部门应当责令

停止违法行为,可以根据情节处以 10 万元以上 50 万元以下的罚款情节严重的处 50 万元以上 300 万元以下的罚款。

(三) 刑事责任

有下列侵犯商业秘密行为之一,给商业秘密的权利人造成重大损失的,处 3 年以下有期徒刑或者拘役,并处或者单处罚金;造成特别严重后果的,处 3 年以上 7 年以下有期徒刑,并处罚金:

1. 以盗窃、利诱、胁迫或者其他不正当手段获取权利人的商业秘密的。
2. 披露、使用或者允许他人使用以前项手段获取的权利人的商业秘密的。
3. 违反约定或者违反权利人有关保守商业秘密的要求,披露、使用或者允许他人使用其所掌握的商业秘密的。

单位犯《刑法》第 213~219 条规定之罪的,对单位判处罚金,并对其直接负责的主管人员和其他直接责任人员,依照《刑法》第 219 条第 1 款的规定处罚。

思考题

1. 什么是医药知识产权?医药知识产权有哪些种类?
2. 什么是医药专利?医药专利的类型有哪些?我国法律对医药专利保护的范围、期限、终止与无效是如何规定的?医药专利侵权的法律责任是什么?
3. 商标的概念与特征是什么?药品商标有哪些特殊要求?药品商标权的内容与取得原则是什么?医药商标侵权及其法律责任有哪些?
4. 《中药品种保护条例》对中药品种保护是如何规定的?
5. 医药未披露数据的概念与特征是什么?

第二十章 精神卫生法律制度

> **学习目标**
>
> 掌握：精神卫生工作的方针原则和主要内容；心理健康促进的方法和精神障碍预防的措施；精神障碍诊断的标准；精神障碍患者的基本权益及其监护人的责任。
>
> 熟悉：精神卫生工作的保障措施；维护精神障碍患者合法权益的法律规定。
>
> 要求：了解精神卫生立法的重要意义、立法进程及违反精神卫生法应承担的法律责任。

第一节 概 述

一、与精神卫生相关的概念

精神卫生（mental health）又称心理卫生或精神健康。广义的精神卫生，是指维护和增进心理健康，培养健全人格，提高人类对环境的适应和改造生活质量的各种活动的总称。狭义的精神卫生，主要是指对于人类精神障碍疾病的预防、治疗和康复。

精神障碍（mental disorder）是精神疾病的统称，旧称精神疾病，是指具有诊断学意义的精神方面的问题，是由各种因素导致的大脑功能失调，主要表现为感知、思维、注意、记忆、智能、情感、意志和行为等某个方面或某些方面发生了显著的变化，可伴有痛苦体验和（或）功能损害，需要进行医学或心理学干预的情况。

精神病（psychosis），主要是指精神障碍中为数不多但情况较为严重的疾病，如精神分裂症等。是重性精神障碍，病人的社会功能受到严重受损。

精神病学（psychiatry），主要是指研究精神障碍病因、发病机制、临床表现、治疗和预防措施的一门临床医学学科。

二、精神病学的发展历史

(一) 西方精神病学的发展历程

在古希腊，医学家希波克拉底（Hippocrates）提出了精神病的体液论病理理论，认为如果人体内的四种体液，即血液、黏液、黄胆汁和黑胆汁间平衡，那么人体就处于健康状态，反之，就会出现各种疾病，如抑郁症就是过多的黑胆汁进入脑内的原因。古罗马时期的医学家俄斯克利皮亚多兹（Asclepiades）对精神障碍的错觉、幻觉、妄想等症状多有记述，强调精神疾病与情绪之间的关系，并提出了音乐治疗等方法。

在漫长的中世纪，由于受到基督教思想的影响，精神病人被视为魔鬼附体。采用的治疗方法中，其温和者是用祷告、符咒等方式；其残酷者是用烧灼、针刺等手段来驱除附体的魔鬼，并说这是"惩罚其肉体，拯救其灵魂"。

文艺复兴时期，人道主义精神兴起，人们对待精神疾病的态度也发生了一定的改变，甚至有时认为疯癫比理性更接近真理。也是在这一时期，有学者开始致力于研究人类的精神结构，并出现了精神科医师。

17—18世纪，精神病学实现了重大进步，精神病开始被认为是一种需要治疗的疾病。法国医生菲利普·皮内尔（Philippe Pinel）在法国大革命时期主张要去掉精神病人身上的铁链和枷锁，并将"疯人院"变成医院。

19—20世纪初期，精神病学获得了长足发展。德国医生格里辛格（Griesinger）在1845年发表专著，提出了精神失常是一种脑病的论断，被尊为现代精神病学的创始人。德国医生克雷佩林（Kraepelin）在临床观察的基础上，将精神病定义为有着客观规律的生物学过程，提出了系统的精神病分类理论，建立了描述精神病学的理论基础，被誉为现代精神病学之父。奥地利心理学家西格蒙德·弗洛伊德（Sigmund Freud）利用自由联想和梦的解析了解人类的心理症结，是动力精神医学的代表人物，将精神医学带入心因性病因论的研究范畴和治疗方式。

从 20 世纪开始，精神卫生运动得到广泛开展。1909 年，美国心理卫生协会成立，1930 年召开了首届国际心理卫生大会。从 20 世纪 20 年代开始，新的精神障碍治疗方法，如高热疗法、胰岛素昏迷疗法、电抽搐疗法、行为疗法、药物疗法、精神外科等治疗方法不断涌现，深刻影响了精神疾病的治疗模式。也是在这一时期，精神病学家对于精神病的病因、病理、临床表现等分别从大脑解剖学、生理学和心理学等方面进行了大量的研究和探讨，从而形成了精神病学中的各种学派。在这个世纪，精神病学不断走向成熟。

(二) 中国精神病学的发展历程

中国古代医籍中都有关于精神疾病的论述。如《黄帝内经·素问》描述发狂的症状："病甚则弃衣而走，登高而歌，或至不食数日，逾垣上屋，所上之处，皆非其素所为也，……妄言骂詈，不避亲疏而歌……"体现了对于精神疾病的经验认识。

汉代张仲景在《伤寒杂病论》和《金匮要略》中提出了"谵妄""郑声""奔豚""脏躁"和"百合病"等精神障碍病名，并描述了临床症状。晋代皇甫谧的《针灸甲乙经》和葛洪的《肘后备急方》中记录了一些精神病的针灸和药物治疗方法。唐代孙思邈在《千金方·风癫》中对癫狂有着翔实的描述："或有默默而不声，或复多言而谩说，或歌或哭，或吟或笑或眠，坐沟渠啖食粪秽，或裸形露体，或昼夜游走，或嗔骂无度。"并在病因上提出了"风入阳则狂，风入阴则癫"的理论。王焘在《外台秘要》一书中指出，发狂的病理是气血失调。

金元时期的刘完素强调火热过亢而引起癫狂，主张治必泻火。张从正和朱丹溪则认为"痰"是引起癫狂的病因。朱丹溪主张以情胜情，发挥了中医的七情五志的心理治疗方法。

明代医家王肯堂在其《证治准绳·癫痫狂总论》中区分了癫和痫两症，并将精神病分为癫狂痫、烦躁、惊悸恐三大类，使中国古代的精神病分类学取得了重大进步。张介宾的《景岳全书》提出类似精神分裂症的"痴呆症"。清代的陈士铎在《石室秘录》中将精神病分为狂病、癫病、花癫和呆病四类。叶桂在《医效秘传》中对癫、狂、痫的病因和治疗进行了分析和说明。王清任在《医林改错》中创造了癫狂梦醒汤等方剂，主张用活血化瘀治疗精神病。

新中国成立之前，我国的精神卫生事业也有一定的发展。国外的精神病学在 19 世纪末传入我国，从 20 世纪初开始，北京、大连、上海、南京等地相继设立了精神病医疗机构，北京协和医学院在 1922 年就设立了精神病学课程，之后其他一些医学院校也开设了相关课程。

新中国成立之后，我国的精神病学得到了长足发展。到 1958 年已经设立了 62 所精神病医院，并出版了专业的教材。80 年代之后，精神病学的科研和临床水平不断提高，精神病防治机构纷纷建立，精神病的流行病调查广泛开展。中华神经精神科学会组织专家根据世界卫生组织和美国的有关精神病分类标准，分别在 1982 年、1989 年和 2001 年制定并颁布了三版《精神疾病分类与诊断标准》。2012 年 10 月，《中华人民共和国精神卫生法》（以下简称《精神卫生法》）正式颁布，并于 2013 年 5 月 1 日实施。标志着我国精神卫生法制工作取得了重大的进步。

三、精神卫生现状

（一）世界精神卫生现状

2003 年，世界卫生组织发布的《精神卫生政策与服务指南》对世界精神障碍的现状和发展趋势进行了描述。世界范围内，有约 1.21 亿人患有抑郁症，约 7000 万人受到酒精成瘾的困扰，约 2400 万人患精神分裂症，约 3700 万人患痴呆症。前 20 位致残的因素中，精神障碍占第 6 位，其中抑郁症可能成为世界上第 2 位的致残疾病。

精神障碍造成的总体经济负担是巨大的。在美国，每年的直接治疗费用近 1480 亿美元，占国民生产总值的 2.5%。在发达国家，精神障碍的间接消耗是直接治疗费用的 2 倍~6 倍。而在发展中国家，间接花费占总体治疗花费的比重更大。在大多数国家，因为缺少公共资金支持，家庭承担了大部分经济负担。家庭负担还会导致社会负担，如照顾残疾家庭成员带来的情绪负担，降低了照顾者的生活质量，造成社会隔绝、耻感甚至丧失未来自我发展的机会。

（二）中国精神卫生现状

随着我国社会的飞速发展，精神疾病的患病率也呈上升趋势，从 20 世纪 50 年代的 0.27% 到 70 年代的 0.54%、80 年代的 1.11%、90 年代的 1.35%，精神疾病患者已达 1600 余万人。精神疾病占我国全部疾病负担的 20%，成为第 1 位的疾病负担。如果加上心理行为问题引发的躯体疾病、自杀和交通事故，则占到全部疾病负担的50%。

世界卫生组织专家认为，没有任何一种灾难能像心理危机那样在今天给人类带来如此持续而深刻的痛苦，人类已进入"心理疾病"时代。

四、精神卫生立法

（一）我国精神卫生立法

我国目前正处于社会转型期，各种社会矛盾增多，竞争压力增大，精神障碍患病率呈上升趋势，精神卫生问题已成为重大的公共卫生问题和突出的社会问题。经过六十多年的建设，中华人民共和国精神卫生服务资源从短缺到不断增长，具备了一定的服务能力。尤其是国家加大精神卫生服务能力建设，投资改建、扩建了一批精神专科医院和设精神科的综合医院，医疗服务的机构和床位数量增加。但是全国精神卫生服务资源分布存在较大差距，无论是机构、床位还是专业人员分布，都存在明显的地域分布不平衡和层次布局不合理的情况。与同等经济发展水平国家相比，我国精神卫生服务资源数量明显不足。精神卫生立法有利于解决精神障碍患者救助救治、服务管理中的薄弱环节以及非自愿住院治疗制度缺失等突出问题，也是当前加强和创新社会管理的重要举措之一。精神卫生立法对于规范和保障精神卫生服务，保障患者合法权益，发展精神卫生事业，增进公众身心健康，保障我国经济社会全面、协调和可持续发展都具有重要意义。

长期以来，我国对精神卫生工作一直比较重视。1958年、1986年和2001年三次召开了全国精神卫生工作会议，研究和部署精神卫生工作。2002年4月，卫生部、民政部、公安部、中国残联印发《中国精神卫生工作规划》（2002—2010年），提出"我国精神卫生工作既包括防治各类精神疾病，也包括减少和预防各类不良心理及行为问题的发生"，确立了精神卫生工作涵盖范围。2004年9月，国务院办公厅转发《关于进一步加强精神卫生工作的指导意见》，提出加强组织领导、重点人群心理行为干预、精神疾病防治与康复、工作队伍建设、科研与监测、患者权益保护等要求，同时要求各级政府"要按照精神卫生机构为主体，综合性医院精神科为辅助，基层医疗卫生机构和精神疾病社区康复机构为依托的原则，建立健全精神卫生服务体系和网络"。

2006年11月，经国务院批准，成立由卫生部牵头，中宣部、国家发改委、教育部、公安部、民政部、司法部、财政部、人力资源和社会保障部、文化部、国家食品药品监管局、国务院法制办、中国科学院、全国总工会、共青团中央、全国妇联、中国残联、全国老龄办 18 个部门和组织参加的"精神卫生工作部际联席会议制度"。2008 年 1 月，卫生部等 17 个精神卫生工作部际联席会议成员单位联合印发《全国精神卫生工作体系发展指导纲要》（2008—2015 年），提出要"建立与'政府领导、部门合作、社会参与'工作机制相适应的精神卫生工作体系"，明确了联席会议各成员单位在精神卫生工作中的职责。

2009 年 11 月，卫生部印发《重性精神疾病管理治疗工作规范》（2012 年修订），建立重性精神疾病管理治疗制度。在全国推动"以精神卫生专业机构、社区卫生服务机构和农村医疗卫生机构等基层医疗卫生机构为基础，建设重性精神疾病管理治疗网络，设立重性精神疾病登记和报告制度，建立精神卫生专业机构与其他医疗卫生机构之间的衔接机制，开展重性精神疾病随访、病情监测等社区管理工作"。

2010 年 9 月，国家发改委、卫生部、民政部印发《精神卫生防治体系建设与发展规划》，明确了精神卫生专业机构、基层医疗卫生机构、精神疾病社区康复机构、疾病预防控制机构以及一般综合医院在精神卫生防治体系中的功能定位和任务，启动了 2010—2012 年精神卫生防治机构建设。2012 年 10 月 26 日，十一届全国人大常委会第二十九次会议审议并通过了《精神卫生法》。2012 年 10 月，《精神卫生法》颁布并于 2013 年 5 月 1 日起实施。《精神卫生法》适用于中华人民共和国境内开展维护和增进公民心理健康、预防和治疗精神障碍、促进精神障碍患者康复的活动。

(二) 国外精神卫生立法

国际上早期的精神卫生立法的主要目的是管理与监护精神病患者，如 1800 年在英国诞生的《精神错乱者条例》即主要规定对精神病患者的收容和监护措施，1890 年修订时增加了治疗和保护患者基本权益的内容。日本 1900 年的《精神病人监护法》和 1919 年的《精神病院法》，也是主要关于患者的监护与管理的。1938 年法国颁布世界上首次命名为《精神卫生法》的法律以来，精神卫生立法逐渐增加患者权益保障、治疗和康复、公民心理健康等方面的内容。这些变化脱离不开社会发展和精神医学进展的大背景，而涉及精神障碍的诊断、治疗和管理的内容依然是重中之重。并且，自 20 世纪 80 年代以来，在一些国际精神卫生立法和患者权益保障的声明和宣言的影响下，相关的法律更加完善，具体条款更加严谨和合理。

五、精神卫生法的主要内容

《精神卫生法》共七章 85 条，对精神卫生工作的方针原则和管理机制、心理健康促进和精神障碍预防、精神障碍的诊断和治疗精神障碍的康复、精神卫生工作的保障措施、维护精神障碍患者合法权益等做了规定。精神卫生法规定的上述几方面内容，充分体现了这部法律的精神：一是立足现实，解决当前精神卫生工作的突出问题；二是切实保障精神障碍患者的合法权益；三是坚持服务与管理相结合；四是坚持预防为主，预防与治疗、康复相结合；五是明确责任，建立机制。

六、精神卫生工作的方针和原则

2002 年，卫生部等印发《中国精神卫生工作规划》（2002—2010 年），其中提出"我国精神卫生工作既包括防治各类精神疾病，也包括预防各类不良心理及行为问题的发生"，首次明确了精神卫生工作的范畴也即主要内容是：心理卫生服务和重性精神疾病管理治疗两方面。《精神卫生法》第 3 条规定，精神卫生工作实行预防为主的方针，坚持预防、治疗和康复相结合的原则。

（一）精神卫生工作的方针

精神卫生工作实行预防为主的方针。精神障碍是可以预防的，精神障碍的预防主要是增强心理健康的保护因素，减少危险因素，通过采取各种有效措施防止精神障碍的发生。预防是精神卫生工作中非常重要的一环，通过积极有效的预防，可以减少精神障碍的发生，促进全民的心理健康。

精神卫生预防分为三级预防：一级预防即病因预防，通过消除或者减少致病因素来防止或减少精神障碍的发生；二级预防的重点是早期发现、早期诊断、早期治疗，并争取疾病缓解后有良好的预防，防止复发；三级预防的重点是做好精神障碍患者康复训练，最大限度地促进患者社会功能的恢复，减少功能残疾，延缓疾病衰退的进程，提高患者的生存质量。

（二）精神卫生工作的原则

坚持预防、治疗和康复相结合的原则。长期以来防治结合一直是精神卫生工作的重要原则，它主要通过早发现、早诊断、早治疗来控制疾病，降低危害。康复是对精神障碍患者进行医学治疗，同时开展生活自理能力、社会适应能力和职业技能等方面的训练，以减少残疾和社会功能损害，防止疾病复发。

七、制定精神卫生法的重要意义

精神卫生法是发展精神卫生事业、规范精神卫生服务、维护精神障碍患者合法权益的重要法律。制定精神卫生法是顺应国际社会发展趋势的需要。填补了我国精神卫生领域的法律空白，是我国精神卫生领域具有里程碑意义的大事，将对我国的精神卫生工作产生广泛而深远的影响。制定精神卫生法的重要意义主要体现在：

1. 精神卫生法的颁布实施有利于提高公众心理健康水平。
2. 精神卫生法的颁布实施有利于维护精神障碍患者合法权益。
3. 精神卫生法的颁布实施有利于保障和促进精神卫生事业发展。
4. 精神卫生法的颁布实施有利于构建社会主义和谐社会。

八、我国精神卫生法的立法宗旨与调整对象

（一）立法宗旨

根据《精神卫生法》第1条规定，为了发展精神卫生事业，规范精神卫生服务，维护精神障碍患者的合法权益，制定本法。可见，精神卫生立法的宗旨在于发展精神卫生事业、规范精神卫生服务和维护精神障碍患者的合法权益。

（二）调整对象

《精神卫生法》第2条规定，在中华人民共和国境内开展维护和增进公民心理健康、预防和治疗精神障碍、促进精神障碍患者康复的活动，适用本法。所以精神卫生法的调整对象为精神障碍患者和全体公民。对于精神障碍患者来说，精神卫生法从预防、治疗和康复等方面分别作了专门规定和说明。对于全体公民来说，应当通过促进心理健康来预防精神障碍的发生。

九、精神卫生工作的政府职责

《精神卫生法》第6条规定，精神卫生工作实行政府组织领导、部门各负

其责、家庭和单位尽力尽责、全社会共同参与的综合管理机制。第7条规定，县级以上人民政府领导精神卫生工作，将其纳入国民经济和社会发展规划，建设和完善精神障碍的预防、治疗和康复服务体系，建立健全精神卫生工作协调机制和工作责任制，对有关部门承担的精神卫生工作进行考核、监督。乡镇人民政府和街道办事处根据本地区的实际情况，组织开展预防精神障碍发生、促进精神障碍患者康复等工作。

（一）县级以上政府的职责

1. 统一领导。统一领导，是指县级以上政府对精神卫生工作承担统一领导的职责。精神卫生属于一项重要的公共卫生事业，所以各级政府应当担负起统一领导的责任，在精神障碍的预防、治疗、康复以及保障精神卫生事业发展等方面发挥重要作用。

2. 纳入规划。纳入规划，是指县级以上政府将精神卫生工作纳入本国国民经济和社会发展规划。

3. 建设体系。建设体系，是指县级以上政府组织建设和完善精神障碍的预防、治疗和康复服务体系。只有体系建设起来，才能解决预防不力，患者得不到治疗，不能得以康复等问题的出现，才能保障和促进精神卫生事业的发展。《精神卫生法》中第61、63条对体系的建立做了具体的规定。

（二）乡镇政府和街道办事处的职责

《精神卫生法》第7条第2款规定，乡镇人民政府和街道办事处根据本地区的实际情况，组织开展预防精神障碍发生、促进精神障碍患者康复等工作。这就明确了乡镇人民政府和街道办事处在精神卫生工作中的职责主要是预防和康复两个方面。

十、精神卫生工作的主管部门和有关职责部门

《精神卫生法》第8条规定，国务院卫生行政部门主管全国的精神卫生工作。县级以上地方人民政府行政部门主管本行政区域的精神卫生工作。县级以上人民政府司法行政、民政、公安、教育、人力资源社会保障等部门在各自职责范围内负责有关的精神卫生工作。

精神卫生工作的主管部门根据法律规定，国务院卫生行政部门主管全国的精神卫生工作，县级以上地方人民政府卫生行政部门主管本行政区域的精

神卫生工作。《全国精神卫生工作体系发展指导纲要》（2008—2015 年）确定的卫生部门的职责是：①卫生部门负责制定精神卫生工作的规划、规范、技术标准；②依照有关法律、法规规定实施精神卫生专业机构、精神卫生专业人员的准入和管理；③组织精神疾病预防、治疗和康复工作的监督、检查、评估和技术指导；④开展精神疾病调查和信息收集；⑤指导医疗卫生机构按照国家有关政策规定开展精神卫生工作。

司法行政部门负责对监狱、强制性教育机构等单位履行精神卫生法规的精神障碍预防义务的情况进行督促和指导。同时，按照职责范围，对有关鉴定机构、鉴定人员依据精神卫生法开展的鉴定活动进行监管等。

民政部门按照职责分工，对查找不到近亲属的流浪乞讨疑似精神障碍患者，应当帮助送往医疗机构进行精神障碍诊断。精神障碍患者通过基本医疗保险支付医疗费用后仍有困难，或者不能通过基本医疗保险支付医疗费用的，民政部门应该优先予以医疗救助。对符合城乡最低生活保障条件的重症精神病患者，民政部门应当会同有关部门及时将其纳入最低生活保障。对于农村属于五保供养对象的重症精神病患者，以及城市中无劳动能力、无生活来源且无法定赡养、抚养、扶养义务人，或者其法定赡养、抚养、扶养义务人无赡养、抚养、扶养能力的重性精神病患者，民政部门应当按照国家有关规定予以供养、救济。此外，对上述规定以外的重性精神病患者确有困难的，民政部门可以采取临时救助等措施，帮助解决其生活困难。

公安部门负责对看守所、拘留所、强制隔离戒毒所等单位履行精神卫生法规定的精神障碍预防义务的情况进行督促和指导。

县级以上政府教育部门负责对精神卫生专门人才的培养工作，监督指导有关院校加强精神医学的教学和研究，培养精神医学专门人才。

在精神障碍预防方面，县级以上人力资源和社会保障部门对有关用人单位履行精神卫生法规定的精神障碍预防义务的情况进行督促和指导。

第二节 心理健康的促进与精神障碍的预防

一、心理健康的促进

《精神卫生法》第 13 条规定，各级人民政府和县级以上人民政府有关部门应当采取措施,加强心理健康促进和精神障碍预防工作,提高公众心理健康水平。心理健康促进是解决心理健康问题的新策略,通过借鉴国外先进的健康促进政策对我国心理健康服务体系建设有以下启示:

1. 转变心理健康服务观念,树立以人为本的健康价值观。
2. 加强心理健康服务体系的理论研究。
3. 完善组织管理体制,建立国家心理健康促进委员会统一规划指导全国的健康促进工作。
4. 建立高效务实的心理健康服务体系,实现人人健康目标。

二、相关单位和人员预防精神障碍的责任和义务

根据《精神卫生法》第二章第13~23条,内容大致可分为三大部分。

第一部分是关于各级政府、有关政府部门及基层政权组织在心理健康促进、精神障碍预防、灾难心理援助这几方面的工作中所起的组织、领导、监督、保障作用和责任。

第二部分是按照社会组织、机构、行业的特殊性,重点提出用人单位、学校、医院、公安和司法机构、新闻媒体及社会组织在心理健康促进和精神障碍预防方面的重要性及相应的工作职责和任务;另外,鉴于中国文化背景下家庭对于心理健康的高度重要性,提出建设和谐家庭的理念,以及看护、照顾精神障碍家庭成员的责任和义务。

第三部分是第23条,关于心理自学人员业务素质、职业规范和尊重隐私、保密义务的责任和义务。

三、精神卫生监测网络

《精神卫生法》第24条规定,国务院卫生行政部门建立精神卫生监测网络,实行严重精神障碍发病报告制度,组织开展精神障碍发生状况、发展趋势等的监测和专题调查工作。精神卫生监测和严重精神障碍发病报告管理办法,由国务院卫生行政部门制定。国务院卫生行政部门应当会同有关部门、组织,建立精神卫生工作信息共享机制,实现信息互联互通、交流共享。根据2012年卫生部印发的《重性精神疾病信息管理办法》,重性精神疾病信息管理范围包括国家重性精神疾病信息管理系统中的患者基本信息、治疗与随

访信息及精神卫生工作报表，以及与之相关的各类纸质材料。

重性精神疾病管理工作，坚持分级负责、属地管理、服务患者、安全有效的原则。卫生部对全国重性精神疾病信息实行统一管理。地方各级卫生行政部门负责本地区重性精神疾病信息的管理工作。各级精神卫生防治技术管理机构受本级卫生行政部门委托承担本辖区重性精神疾病信息的管理工作。精神卫生医疗机构和基层医疗卫生机构承担重性精神疾病信息收集与报送任务，并对本部门信息安全负责。卫生部和省级卫生行政部门依法发布全国或本地区重性精神疾病信息。其他部门和机构人员无权向社会发布相关信息。省市两级建立卫生部门与公安机关之间的重性精神疾病信息定期交换与共享机制。交换范围仅限于危险评估三级及以上患者相关信息。为确保安全，应制定信息交换流程，有专人负责交换，并记录和备案。

第三节 精神障碍的诊断和治疗

一、精神卫生医疗机构的条件

《精神卫生法》第 25 条规定，开展精神障碍诊断、治疗活动，应当具备下列条件，并依照医疗机构的管理规定办理有关手续：①有与从事的精神障碍诊断、治疗相适应的精神科执业医师、护士；②有满足开展精神障碍诊断、治疗需要的设施和设备；③有完善的精神障碍诊断、治疗管理制度和质量监控制度。从事精神障碍诊断、治疗的专科医疗机构还应当配备从事心理治疗的人员。

二、精神障碍的诊断依据

《精神卫生法》第 26 条规定，精神障碍的诊断、治疗，应当遵循维护患者合法权益、尊重患者人格尊严的原则，保障患者在现有条件下获得良好的精神卫生服务。精神障碍分类、诊断标准和治疗规范，由国务院卫生行政部门组织制定。《精神卫生法》第 27 条规定，精神障碍的诊断应当以精神健康状况为依据。联合国大会决议《保护精神病患者和改善精神保健的原则》的原则规定如下：

1. 确定一人是否患有精神病，应以国际接受的医疗标准为依据。

2. 确定是否患有精神病，绝不应以政治、经济或社会地位，或是否属某个文化、种族和宗教团体，或与精神健康状况无直接关系的其他任何理由为依据。

3. 家庭不和或同事间不和，或不尊奉一个人所在社区的道德、社会、文化或政治价值观或宗教信仰之行为，不得作为诊断精神病的一项决定因素。

4. 过去作为患者的治疗或住院背景本身不得作为目前或今后对精神病的任何确定的理由。

5. 除与精神病直接有关的目的或精神病后果外，任何人或权力机构都不得将一个人归入精神病患者一类，也不得用其他方法表明其为精神病患者。

三、精神障碍患者送诊的主体和条件

《精神卫生法》第28条规定，除个人自行到医疗机构进行精神障碍诊断外，疑似精神障碍患者的近亲属可以将其送往医疗机构进行精神障碍诊断。对查找不到近亲属的流浪乞讨精神障碍患者，由当地民政等有关部门按照职责分工，帮助送往医疗机构进行精神障碍诊断。疑似精神障碍患者发生伤害自身、危害他人安全的行为，或者有伤害自身、危害他人安全的危险的，其近亲属、所在单位、当地公安机关应当立即采取措施予以制止，并将其送往医疗机构进行精神障碍诊断。医疗机构接到送诊的疑似精神障碍患者，不得拒绝为其作出诊断。

四、自愿与非自愿治疗患者的权益保护

根据《精神卫生法》第30条可以做以下解释和规定：精神障碍的住院治疗实行自愿原则。自愿治疗，是指个人在选择就诊地点和就诊方式、接受医学检查和治疗、进行康复活动的全部过程中，享有自由表达意愿和自主做出选择的充分权利。非自愿医疗，是指违背患者意志，不同程度限制患者自由，使患者在特定的医疗机构接受一段时间的观察、诊断或治疗包括非自愿就诊和接受医学检查，非自愿入院观察和非自愿住院治疗。

精神障碍的非自愿住院治疗，必须符合精神卫生法规定的条件，即诊断结论、病情评估表明，就诊者为严重的精神障碍患者并有以下情形之一的，应当对其实施住院治疗：①已经发生伤害自身的行为，或者有伤害自身的危

险；②已经发生危害他人安全的行为，或者有危害他人安全的危险。精神障碍患者已经发生伤害自身的行为，或者有伤害自身的危险情形的，经其监护人同意，医疗机构应当对患者实施住院治疗；监护人不同意的，医疗机构不得对患者实施住院治疗。监护人应对在家居住的患者做好看护工作。

五、精神障碍患者的再次诊断和鉴定

《精神卫生法》第32条规定，患者或者其监护人对需要住院治疗的诊断结论有异议，不同意对患者实施住院治疗的，可以要求再次诊断和鉴定。依照前款规定要求再次诊断的，应当自收到诊断结论之日起3日内向原医疗机构或者其他具有合法资质的医疗机构提出。承担再次诊断的医疗机构应当在接到再次诊断要求后指派两名初次诊断医师以外的精神科执业医师进行再次诊断，并及时出具再次诊断结论。承担再次诊断的执业医师应当到收治患者的医疗机构面见、询问患者，该医疗机构应当予以配合。对再次诊断结论有异议的，可以自主委托依法取得执业资质的鉴定机构进行精神障碍医学鉴定；医疗机构应当公示经公告的鉴定机构名单和联系方式。接受委托的鉴定机构应当指定本机构具有该鉴定事项执业资格的两名以上鉴定人共同进行鉴定，并及时出具鉴定报告。

六、医疗机构管理

（一）环境设施

《精神卫生法》第38条规定，医疗机构应当配备适宜的设施、设备，保护就诊和住院治疗的精神障碍患者的人身安全，防止其受到伤害，并为住院患者创造尽可能接近正常生活的环境和条件。

（二）告知和知情同意

《精神卫生法》第39条规定，医疗机构及其医务人员应当遵循精神障碍诊断标准和治疗规范，制定治疗方案，并向精神障碍患者或者其监护人告知治疗方案和治疗方法、目的以及可能产生的后果。

（三）保护性医疗措施

《精神卫生法》第40条规定，精神障碍患者在医疗机构内发生或者将要发生伤害自身、危害他人安全、扰乱医疗秩序的行为医疗机构及其医务人员

在没有其他可替代措施的情况下，可以实施约束、隔离等保护性医疗措施。实施保护性医疗措施应当遵循诊断标准和治疗规范，并在实施后告知患者的监护人。禁止利用约束、隔离等保护性医疗措施惩罚精神障碍患者。

（四）药物使用

《精神卫生法》第41条第1款规定，对精神障碍患者使用药物，应当以诊断和治疗为目的，使用安全、有效的药物，不得为诊断或者治疗以外的目的使用药物。

（五）精神外科手术

神经外科手术治疗某些精神疾病具有高风险，其安全性和有效性尚需进一步验证；此类技术属限制性医疗技术，并涉及伦理评价问题，应严格在限定的机构、人员和条件下，有限制地实施。《精神卫生法》第42条规定，禁止对依照规定实施住院治疗的下列精神障碍患者实施以治疗精神障碍为目的的外科手术：①已经发生伤害自身的行为，或者有伤害自身行为危险的；②已经发生危害他人安全的行为，或者有危害他人安全的危险。

（六）尊重住院精神障碍患者权利

《精神卫生法》第44条规定，自愿住院治疗的精神障碍患者可以随时要求出院，医疗机构应当同意。《精神卫生法》第46条规定，医疗机构及其医务人员应当尊重住院精神障碍患者的通讯和会见探访者等权利。除在急性发病期或者为了避免妨碍治疗可以暂时性限制外，不得限制患者的通讯和会见探访者等权利。

（七）精神障碍患者病历记录

《精神卫生法》第47条规定，医疗机构及其医务人员应当在病历资料中如实记录精神障碍患者的病情、治疗措施、用药情况、实施约束、隔离措施等内容，并如实告知患者或者其监护人。患者及其监护人可以查阅、复制病历资料；但是，患者查阅、复制病历资料可能对其治疗产生不利影响的除外。病历资料保存期限不得少于30年。

七、精神障碍患者出院

自愿住院治疗的精神障碍患者可以随时要求出院，医疗机构应当同意。对有《精神卫生法》第30条第2款第1项情形的精神障碍患者实施住院治疗的，监护人可以随时要求患者出院，医疗机构应当同意。医疗机构认为前两款规定的精神障碍患者不宜出院的，应当告知不宜出院的理由；患者或者其监护人仍要求出院的，执业医师应当在病历资料中详细记录告知的过程，同时提出出院后的医学建议，患者或者其监护人应当签字确认。对有《精神卫生法》第 30 条第 2 款第 2 项情形的精神障碍患者实施住院治疗，医疗机构认为患者可以出院的，应当立即告知患者及其监护人。医疗机构应当根据精神障碍患者病情，及时组织精神科执业医师对依照《精神卫生法》第 30 条第 2 款规定实施住院治疗的患者进行检查评估。评估结果表明患者不需要继续住院治疗的，医疗机构应当立即通知患者及其监护人。精神障碍患者出院，本人没有能力办理出院手续的，监护人应当为其办理出院手续。

八、心理治疗

心理治疗（psycho therapy）又称精神治疗，医务人员运用心理学的理论和技术，通过其言语、表情、举止行为并结合其他特殊的手段来改变病人不正确的认知活动、精神障碍和异常行为的一种治疗方法。《精神卫生法》第 51 条规定，心理治疗活动应当在医疗机构内开展。专门从事心理治疗的人员不得从事精神障碍的诊断，不得为精神障碍患者开具处方或者提供外科治疗。心理治疗的技术规范由国务院卫生行政部门制定。

九、精神障碍患者违法行为的处理

《精神卫生法》第 53 条规定，精神障碍患者违反治安管理处罚法或者触犯刑法的，依照有关法律的规定处理。

第四节 精神障碍的康复

一、精神障碍患者康复的提供与保障

（一）精神障碍患者康复工作的提供

按目前国际趋势，精神障碍患者的康复主要在社区进行，社区康复给精神病学带来了时代性的进步。让精神障碍患者在所在社区得到较好康复服务就是要综合协调性地应用医学、教育、社会、职业培训和其他一切可能的措

施,对他们进行反复训练、减轻致残因素造成的后果,使大多数患者能够尽快和最大限度地改善或者恢复其已经削弱、丧失的各方面功能从而达到躯体、心理、社会功能以及职业能力的恢复,促进其重新参与社会活动,提高生命质量。

(二) 精神障碍患者康复工作的保障

《精神卫生法》规定,县级以上人民政府卫生行政部门会同有关部门依据国民经济和社会发展规划的要求,制定精神卫生工作规划并组织实施。精神障碍患者的康复工作保障包括:①人才培养:精神障碍患者康复服务,离不开精神卫生义务社会工作人员和精神康复治疗人员;②经费保障:各级人民政府应当根据精神卫生工作需要,加大财政投入力度,保障精神卫生工作所需经费,将精神卫生工作经费列入本级财政预算;③科学研究和对外交流:鼓励和支持开展精神卫生科学技术研究,发展现代医学、我国传统医学、心理学,提高精神障碍预防、诊断、治疗、康复的科技水平;④鼓励和扶持措施:鼓励和支持组织、个人提供精神卫生志愿服务,捐助精神卫生事业,兴建精神卫生公益设施。

二、精神障碍患者的基本权利

《精神卫生法》第 4 条规定:"精神障碍患者的人格尊严、人身和财产安全不受侵犯。精神障碍患者的教育、劳动、医疗以及从国家和社会获得物质帮助等方面的合法权益受法律保护。有关单位和个人应当对精神障碍患者的姓名、肖像、住址、工作单位、病历资料以及其他可能推断出其身份的信息予以保密;但是,依法履行职责需要公开的除外。"

精神障碍患者的基本权利包括:

1. 精神障碍患者的人格尊严、人身和财产安全不受侵犯。

2. 精神障碍患者的教育、劳动、医疗以及从国家和社会获得物质帮助等方面的合法权益受法律保护。

3. 有关单位和个人应当对涉及精神障碍患者的隐私及与病情有关的信息予以保密。

4. 精神障碍患者有获得尊重、理解和关爱的权利。

三、监护人及家庭的职责

（一）监护人的职责

根据《民法通则》和最高人民法院的司法解释的有关规定，精神障碍患者的监护人的法定职责包括：

1. 保护被监护人的人身、财产等合法权益。
2. 管理被监护人的财产。
3. 代理进行民事活动。
4. 照顾被监护人。
5. 代理被监护人进行诉讼。
6. 对被监护人给他人造成的损害承担民事责任。

（二）家庭的职责

家庭在精神障碍的预防、治疗和康复方面可以而且应当发挥积极的作用。《精神卫生法》明确规定了家庭的职责：

1. 精神障碍患者的监护人应当履行监护职责，维护精神障碍患者的合法权益。
2. 家庭成员之间应当相互关爱，创造良好、和睦的家庭环境，提高精神障碍预防意识。发现家庭成员可能患有精神障碍的应当帮助其及时就诊，照顾其生活，做好看护管理。
3. 精神障碍患者的监护人应当妥善看护未住院治疗的患者，按照医嘱督促其按时服药、接受随访或者治疗。

四、相关机构和单位的义务

《精神卫生法》第54条规定，社区康复机构应当为需要康复的精神障碍患者提供场所和条件，对患者进行生活自理能力和社会适应能力等方面的康复训练。

医疗机构应当为在家居住的严重精神障碍患者提供精神科基本药物维持治疗，并为社区康复机构提供有关精神障碍康复的技术指导和支持。

社区卫生服务机构、乡镇卫生院、村卫生室应当建立严重精神障碍患者的健康档案，对在家居住的严重精神障碍患者进行定期随访，指导患者服药和开展康复训练,并对患者的监护人进行精神卫生知识和看护知识的培训。

县级人民政府卫生行政部门应当为社区卫生服务机构、乡镇卫生院、村卫生室开展上述工作给予指导和培训。

村民委员会、居民委员会应当为生活困难的精神障碍患者家庭提供帮助,并向所在地乡镇人民政府或者街道办事处以及县级人民政府有关部门反映患者及其家庭的情况和要求,帮助其解决实际困难,为患者融入社会创造条件。

残疾人组织或者残疾人康复机构应当根据精神障碍患者康复的需要,组织患者参加康复活动。

用人单位应当根据精神障碍患者的实际情况,安排患者从事力所能及的工作,保障患者享有同等待遇,安排患者参加必要的职业技能培训,提高患者的就业能力,为患者创造适宜的工作环境,对患者在工作中取得的成绩予以鼓励。

精神障碍患者的监护人应当协助患者进行生活自理能力和社会适应能力等方面的康复训练。精神障碍患者的监护人在看护患者过程中需要技术指导的,社区卫生服务机构或者乡镇卫生院、村卫生室、社区康复机构应当提供。

第五节 保障措施

一、精神卫生工作规划的制定

县级以上人民政府卫生行政部门会同有关部门依据国民经济和社会发展规划的要求,制定精神卫生工作规划并组织实施。精神卫生监测和专题调查结果应当作为制定精神卫生工作规划的依据。

二、建设和完善精神卫生服务体系

省、自治区、直辖市人民政府根据本行政区域的实际情况,统筹规划,整合资源,建设和完善精神卫生服务体系,加强精神障碍预防、治疗和康复服务能力建设。县级人民政府根据本行政区域的实际情况,统筹规划,建立精神障碍患者社区康复机构。县级以上地方人民政府应当采取措施,鼓励和支持社会力量举办从事精神障碍诊断、治疗的医疗机构和精神障碍患者康复机构。综合性医疗机构应当按照国务院卫生行政部门的规定开设精神科门诊或者心理治疗门诊,提高精神障碍预防、诊断、治疗能力。

三、精神卫生工作的财政保障

各级人民政府应当根据精神卫生工作需要,加大财政投入力度,保障精神卫生工作所需经费,将精神卫生工作经费列入本级财政预算。国家加强基层精神卫生服务体系建设,扶持贫困地区、边远地区的精神卫生工作,保障城市社区、农村基层精神卫生工作所需经费。

四、精神卫生专门人才的培养

医学院校应当加强精神医学的教学和研究,按照精神卫生工作的实际需要培养精神医学专门人才,为精神卫生工作提供人才保障。医疗机构应当组织医务人员学习精神卫生知识和相关法律、法规、政策。从事精神障碍诊断、治疗、康复的机构应当定期组织医务人员、工作人员进行在岗培训,更新精神卫生知识。县级以上人民政府卫生行政部门应当组织医务人员进行精神卫生知识培训,提高其识别精神障碍的能力。师范院校应当为学生开设精神卫生课程;医学院校应当为非精神医学专业的学生开设精神卫生课程。县级以上人民政府教育行政部门对教师进行上岗前和在岗培训,应当有精神卫生的内容,并定期组织心理健康教育教师、辅导人员进行专业培训。

五、精神障碍人群权益的保护

县级以上人民政府卫生行政部门应当组织医疗机构为严重精神障碍患者免费提供基本公共卫生服务。精神障碍患者的医疗费用按照国家有关社会保险的规定由基本医疗保险基金支付。医疗保险经办机构应当按照国家有关规定将精神障碍患者纳入城镇职工基本医疗保险、城镇居民基本医疗保险或者新型农村合作医疗的保障范围。县级人民政府应当按照国家有关规定对家庭经济困难的严重精神障碍患者参加基本医疗保险给予资助。人力资源社会保障、卫生、民政、财政等部门应当加强协调,简化程序,实现属于基本医疗保险基金支付的医疗费用由医疗机构与医疗保险经办机构直接结算。精神障碍患者通过基本医疗保险支付医疗费用后仍有困难,或者不能通过基本医疗保险支付医疗费用的,民政部门应当优先给予医疗救助。对符合城乡最低生活保障条件的严重精神障碍患者,民政部门应当会同有关部门及时将其纳入最低生活保障。对属于农村五保供养对象的严重精神障碍患者，以及城市中无劳动能力、无生活来源且无法定赡养、抚养、扶养义务人，或者其法定赡养、抚养、扶养义务人无赡养、抚养、扶养能力的严重精神障碍患者，民政部门应当按照国家有关规定予以供养、救助。前面规定以外的严重精神障碍患者确有困难的，民政部门可以采取临时救助等措施，帮助其解决生活困难。县级以上地方人民政府及其有关部门应当采取有效措施，保证患有精神障碍的适龄儿童、少年接受义务教育，扶持有劳动能力的精神障碍患者从事力所能及的劳动，并为已经康复的人员提供就业服务。国家对安排精神障碍患者就业的用人单位依法给予税收优惠，并在生产、经营、技术、资金、物资、场地等方面给予扶持。

六、精神卫生工作人员权益的保护

精神卫生工作人员的人格尊严、人身安全不受侵犯，精神卫生工作人员依法履行职责受法律保护。全社会应当尊重精神卫生工作人员。县级以上人民政府及其有关部门、医疗机构、康复机构应当采取措施，加强对精神卫生工作人员的职业保护，提高精神卫生工作人员的待遇水平，并按照规定给予适当的津贴。精神卫生工作人员因工致伤、致残、死亡的，其工伤待遇以及抚恤按照国家有关规定执行。

第六节 法律责任

一、医疗机构及工作人员的法律责任

根据《精神卫生法》第73、74、75、77、78条以及其他相关条款，医疗机构及其工作人员因违反精神卫生法的规定应承担法律责任的情形如下：

（一）行政责任

不符合《精神卫生法》规定条件的医疗机构擅自从事精神障碍诊断、治疗的，由县级以上人民政府卫生行政部门责令停止相关诊疗活动，给予警告，并处5000元以上1万元以下罚款，有违法所得的，没收违法所得；对直接负责的主管人员和其他直接负责人员依法给予或者责令给予降低岗位等级或者撤职、开除的处分；对有关医务人员，吊销其执业证书。

1. 医疗机构及其工作人员有下列行为之一的，由县级以上人民政府卫生行政部门责令改正，给予警告；情节严重的，对直接负责的主管人员和其他直接负责人员依法给予或者责令给予降低岗位等级或者撤职、开除的处分，并可以责令有关医务人员暂停1个月以上6个月以下执业活动：

（1）拒绝对送诊的疑似精神障碍患者做出诊断的。

（2）对依照《精神卫生法》第30条第2款规定实施住院治疗的患者未及时进行检查评估或者根据评估结果做出处理的。

2. 医疗机构及其工作人员有下列行为之一的，由县级以上人民政府卫生行政部门责令改正，对直接负责的主管人员和其他直接负责人员依法给予或者责令给予降低岗位等级或者撤职的处分；对有关医务人员，暂停6个月以上1年以下执业活动；情节严重的，给予或者责令给予开除的处分，并吊销有关医务人员的执业证书：

（1）违反《精神卫生法》规定，实施约束、隔离等保护性医疗措施的。

（2）违反《精神卫生法》规定，强迫精神障碍患者劳动的。

（3）违反《精神卫生法》规定，对精神障碍患者实施外科手术或者实验性临床医疗的。

（4）违反《精神卫生法》规定，侵害精神障碍患者的通讯和会见探访者等权利的。

（5）违反精神障碍诊断标准，将非精神障碍患者诊断为精神障碍患者的。

有关单位和个人违反《精神卫生法》第4条第3款规定，给精神障碍患者造成损害的，依法承担赔偿责任；对单位负责的直接主管人员和其他直接责任人员，还应当依法给予处分。

（二）民事责任

违反《精神卫生法》规定，有下列情形之一，给精神障碍患者或其他公民造成人身、财产或其他损害的，依法承担赔偿责任：

1. 将非精神障碍患者故意作为精神障碍患者送入医疗机构治疗的。

2. 精神障碍患者的监护人遗弃患者，或者有不履行监护职责的其他情形的。

3. 歧视、侮辱、虐待精神障碍患者，侵害患者的人格尊严、人身安全的。

4. 非法限制精神障碍患者人身自由的。

5. 其他侵害精神障碍患者合法权益的情形。

二、监护人的法律责任

(一) 民事责任

根据《精神卫生法》第78、79条的规定,精神障碍患者的监护人遗弃患者,或者有不履行监护职责的其他情形,给精神障碍患者或者其他公民造成人身、财产或者其他损害的,依法承担赔偿责任。医疗机构出具的诊断结论表明精神障碍患者应当住院治疗而其监护人拒绝,致使患者造成他人人身、财产损害的,其监护人依法承担民事责任。

(二) 刑事责任

歧视、侮辱、虐待精神障碍患者,侵害患者的人格尊严、人身安全,给精神障碍患者或其他公民造成人身、财产或者其他损害的,依法承担赔偿责任。我国《刑法》规定,虐待家庭成员情节恶劣的,处2年以下有期徒刑、拘役或者管制。

三、机构、部门及其他人的法律责任

(一) 政府管理部门的法律责任

根据《精神卫生法》第72条的规定,县级以上人民政府卫生行政部门和其他有关部门未按照本法规定履行精神卫生工作职责,或者滥用职权、玩忽职守、徇私舞弊的,由本级人民政府或者上一级人民政府有关部门责令改正,通报批评,对直接负责的主管人员和其他直接责任人员依法给予警告、记过或者记大过的处分;造成严重后果的,给予降级、撤职或者开除的处分。

(二) 心理咨询和心理治疗人员的法律责任

心理咨询和心理治疗人员违反《精神卫生法》规定时,由县级以上人民政府卫生行政部门、工商行政管理部门依据各自职责责令改正,给予警告,并处以5000元以上1万元以下罚款,有违法所得的,没收违法所得;造成严重后果的,责令暂停6个月以上1年以下执业活动,直至吊销执业证书或者营业执照:

1. 心理咨询人员从事心理治疗或者精神障碍的诊断、治疗的。
2. 从事心理治疗的人员在医疗机构以外开展心理治疗活动的。

3. 专门从事心理治疗的人员从事精神障碍的诊断的。

4. 专门从事心理治疗的人员为精神障碍患者开具处方或者提供外科治疗的。

心理咨询人员、专门从事心理治疗的人员在心理咨询、心理治疗活动中造成他人人身、财产或者其他损害的，依法承担民事责任。

（三）其他人员的法律责任

其他人员构成违反《精神卫生法》规定的行政责任较少涉及，主要是民事责任和刑事责任。关于民事责任和刑事责任的类型及承担方式和前文介绍基本一致，此不再赘述。

（四）构成违反治安管理行为的法律责任

根据《精神卫生法》规定，对于违反本法并有其他构成违反治安管理行为的，依法给予治安管理处罚。这是一个高度概括的兜底型条款，涵盖了所有可能触犯治安管理法律的行为。

思考题

1. 精神卫生法主要包括哪几部分内容？
2. 精神卫生工作的方针和原则是什么？
3. 公民和精神障碍患者的合法权益如何受到保障？

第二十一章
其他卫生法律制度

掌握：保健用品、化妆品、医疗器械等相关概念。

了解：保健用品、化妆品、医疗器械卫生管理的法律规定以及违反规定可能会承担的法律责任。

第一节 保健用品卫生管理法律制度

一、保健用品的概念和特点

1. 概念。 保健用品，是指不以治疗疾病为目的，以非食用的方式直接或间接作用于人体，从而达到调节机体生理功能、预防疾病、促进健康的物品。

2. 特点： ①达到国家规定的卫生指标和卫生保健功能；②安全卫生，无毒无害，不允许对人体产生不良反应和副作用，不能损害使用者的身体健康；③不以治疗疾病为目的，不能具有特定治疗疾病的病种及疗效；④不得进入人体组织内部，仅是直接或间接地接触人体表面。

二、我国保健用品卫生管理立法

我国保健用品卫生管理，目前尚无专项立法，主要根据《产品质量法》《消费者权益保护法》《反不正当竞争法》等法律法规的规定进行规范调整。

三、保健用品卫生许可证制度

生产、经营保健用品实行卫生许可证制度，未取得卫生许可证，不得进行保健用品的生产、经营活动。由生产、经营者主动提出申请，卫生行政部门依法对其文件资料、科技资料、人员资格及人员健康情况、工艺流程等进行审查，审查合格者颁发许可证。

四、保健用品的生产审批制度

保健用品生产企业应当向省级人民政府卫生行政部门提出申请，产品经审查合格，由卫生行政部门签发保健用品卫生批准证书和批准文号。未取得批准证书和批准文号，不得进行保健用品的生产活动。

五、保健用品的卫生管理

（一）对生产经营场所的管理

1. 生产经营场所应当建在清洁区域内，与有毒有害场所保持符合卫生要求的距离，保持经营场所内外环境整洁。

2. 有与生产经营品种、数量相适应的原料、加工、包装、摆放、储存场所。

3. 有相应的防尘、防潮、防鼠、防蚊蝇、防蟑螂和防其他有害物质的措施及设施，有健全的管理制度。

4. 生产经营场所的空气质量、微小气候、采光、照明、噪声等项目应符合国家公共场所卫生标准和要求。

（二）对产品质量的管理

1. 生产车间建筑与装修应按照药品或化妆品生产车间有关部门规定执行，应当有相应的生产及净化设施。

2. 生产工艺应能保持产品的功效成分的稳定性，工艺流程合理，人流物流分开，避免交叉污染。

3. 生产企业应当设置质量检测室和微生物检验室，有供检测的仪器设备和健全的管理制度。

4. 生产企业必须对每批产品进行卫生质量检验，质量合格的产品应当拥有合格标记，未经检验或不符合卫生标准的产品不得出厂。

（三）对生产经营人员的管理

直接从事保健用品生产、销售的人员，每年必须进行一次健康体检，取

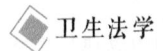

得健康合格证后并经卫生知识培训，方可从事保健用品的生产销售活动。

凡患有手癣、指甲癣、手部湿疹、发生于手部的银屑病或者鳞屑、渗出性皮肤病、痢疾、伤寒、病毒性肝炎、活动性肺结核等传染病以及其他有碍保健用品卫生的人员，不得直接从事保健用品的生产、销售活动。

六、保健用品的卫生监督

我国对保健用品实行卫生监督制度。县级以上地方人民政府卫生行政部门在管辖范围内行使保健用品卫生监督管理。其职责是：

1. 对保健用品生产经营企业的新建、扩建、改建工程的选址和设计进行卫生审查，并参加工程验收。
2. 定期或不定期对保健用品生产、经营情况进行监督检查。
3. 定期对保健用品卫生状况进行评价、公布。
4. 宣传保健用品卫生知识。

七、法律责任

体外保健用品依据保健器械有关法律规定进行处罚；贴身或涂抹用品依据现行化妆品有关规定进行处罚。因使用保健用品造成人身伤害后果的，依照民法负民事赔偿责任。后果严重构成犯罪的，追究刑事责任。组织生产经营者因组织生产经营管理原因造成后果的，应负行政责任，依法给予行政处罚。

对保健用品监督管理机关因审查监督的失误或徇私舞弊，或应作为而不作为，或应不作为而作为，致使不合格产品、假冒伪劣产品进入市场、损害消费者权益的，应追究法律责任，对直接责任人给以行政处分，对于受贿、渎职构成犯罪的，依法追究刑事责任。

第二节 化妆品卫生管理法律制度

一、化妆品的概念和分类

1. 概念。 化妆品，是指以涂擦、喷洒或者其他类似的方法，散布于人体表面任何部位（皮肤、毛发、指甲、口唇等），以达到清洁、清除不良气味、护肤、美容和修饰目的的产品。

2. 分类。我国目前的化妆品种类很多，但无统一的分类方法。按其用途可分为护肤用、美发护发用、清洁用、美容用、芳香用和类药物化妆品；按其剂型可分为膏类、液状、粉状、固状化妆品；按其使用对象可分为男用、女用、儿童用和老年用化妆品；按其管理可分为一般用途和特殊用途化妆品。

二、我国化妆品卫生立法

为了规范化妆品的生产和经营，加强化妆品的卫生管理，1987年，卫生部发布了《化妆品卫生标准》，1989年国务院批准颁布了《化妆品卫生监督条例》，1991年3月发布了《化妆品卫生监督条例实施细则》，2007年卫生部颁布了新的《化妆品生产企业卫生规范》和《化妆品卫生规范》，国家食品药品监督管理局发布了《关于印发化妆品生产经营日常监督现场检查工作指南的通知》《关于印发化妆品技术审评要点和化妆品技术审评指南的通知》等一系列化妆品管理的规范性文件，以及《刑法》对生产、销售不符合卫生标准的化妆品行为给予定罪量刑等法律规定，为我国化妆品生产和经营的监督管理提供了法律依据。

三、化妆品卫生要求

《化妆品卫生标准》和《化妆品卫生规范》对化妆品的卫生标准提出了明确的要求。

1. 化妆品的一般要求。①化妆品必须外观良好，不得有异臭；②化妆品不得对皮肤和黏膜产生刺激和损伤作用；③化妆品必须无感染性，使用安全。

2. 对原料的要求。①禁止使用421种（类）物质为化妆品组分；②限制使用67种化学物质为化妆品组分的，确定55种防腐剂和21种紫外线吸收剂不得超剂量使用；③规定45种着色剂可暂时用于化妆品生产，但不得超越允许使用的范围和限制条件。

3. 对产品的要求。①化妆品的微生物学质量应符合下述规定：眼部、口唇、口腔黏膜用化妆品以及婴儿和儿童用化妆品细菌总数不得大于500cuf/ml或500cuf/g，其他化妆品细菌总数不得大于1000cuf/ml或1000cuf/g，每克或每毫升产品中不得检出粪大肠菌，绿脓杆菌和金黄色葡萄球菌；②化妆品所含有毒物质不得超过规定的限量：汞<1ppm；铅<40ppm，砷<10ppm，甲醇<0.2%。

四、化妆品生产和经营的管理

(一) 化妆品生产的管理

国家对化妆品生产企业实行卫生许可证制度,许可证由省级人民政府卫生行政部门批准并颁发。化妆品生产企业卫生许可证有效期4年,2年复核1次。未取得《化妆品生产企业卫生许可证》的单位,不得从事化妆品生产。生产用于育发、染发、烫发、脱毛、美乳、健美、除臭、祛斑、防晒等特殊用途的化妆品,必须经国务院卫生行政部门批准,取得批准文号后方可生产。

化妆品生产企业必须符合下列卫生要求:①生产企业应当建在清洁区域内,与有毒、有害场所保持符合卫生要求的间距;②生产企业厂房的建筑应当坚固、清洁。车间内天花板、墙壁、地面应当采用光洁建筑材料,应当具有良好的采光(或照明),并应当具有防止和消除鼠害和其他有害昆虫及其滋生条件的设施和措施;③生产企业应当设有与产品品种、数量相适应的化妆品原料、加工、包装、贮存等厂房或场所;④生产车间应当有适合产品特点的相应的生产设施,工艺规程应当符合卫生要求;⑤生产企业必须具有能对所生产的化妆品进行微生物检验的仪器设备和检验人员。

生产化妆品所需的原料、辅料以及直接接触化妆品的容器和包装材料必须符合国家卫生标准。使用化妆品新原料生产化妆品,必须经国务院卫生行政部门批准。

直接从事化妆品生产的人员,必须每年进行健康检查,取得健康证后方可从事化妆品的生产活动。凡患有手癣、指甲癣、手部湿疹、发生于手部的银屑病或者鳞屑、渗出性皮肤病以及患有痢疾、伤寒、病毒性肝炎、活动性肺结核等传染病的人员,不得直接从事化妆品生产活动。

化妆品标签上应用中文注明产品名称、生产企业、产地、包装上要注明批号。对含有药物的化妆品或可能引起不良反应的化妆品尚需注明使用方法和注意事项。

生产企业在化妆品投放市场前,必须按照国家《化妆品卫生标准》对产品进行卫生质量检验,对质量合格的产品应当附有合格标记。未经检验或者不符合卫生标准的产品不得出厂。

(二) 化妆品经营的管理

化妆品经营单位和个人不得销售下列化妆品:①未取得《化妆品生产企

业卫生许可证》的企业所生产的化妆品；②无质量合格标记的化妆品；③标签、小包装或者说明书不符合管理规定的化妆品；④未取得批准文号的特殊用途化妆品；⑤超过使用期限的化妆品。

首次进口的化妆品，进口单位必须提供该化妆品的说明书、质量标准、检验方法等有关资料和样品以及出口国（地区）批准生产的证明文件，经国务院卫生行政部门批准，方可签订进口合同。进口的化妆品，必须经国家商检部门检验。检验合格的，方准进口。个人自用进口的少量化妆品，按照海关规定办理进口手续。

五、化妆品卫生监督

依据《化妆品卫生监督条例》第3条的规定，国务院卫生行政部门主管全国化妆品的卫生监督工作，县以上各级人民政府卫生行政部门主管本辖区内化妆品的卫生监督工作，各级卫生行政部门行使化妆品卫生监督职责，并指定化妆品卫生监督检验机构负责本辖区内化妆品的卫生监督检验工作，各级卫生行政部门设化妆品卫生监督员，对化妆品实施卫生监督。

六、法律责任

（一）行政责任

凡未取得化妆品生产企业卫生许可证而擅自生产化妆品的企业；生产未取得批准文号的特殊用途的化妆品，或者使用化妆品禁用原料和未经批准的化妆品的新原料；进口或者销售不符合国家卫生标准的化妆品，以及违反其他有关规定的，卫生监督部门可视具体情节，处以警告、限期改进、停产或停止营业、没收产品及违法所得、罚款、吊销化妆品生产企业卫生许可证、撤销特殊用途化妆品批准文号等行政处罚。

（二）民事责任

凡违反化妆品卫生监督法规，造成人体损伤或者发生中毒事故的，有直接责任的生产企业和经营单位或者个人，对受害者承担赔偿责任。

（三）刑事责任

凡化妆品生产企业、经营单位或化妆品卫生监督员，违反化妆品卫生监督法规的有关规定，造成严重后果，构成犯罪的，由司法机关依法追究刑事责任。

第三节 医疗器械卫生管理法律制度

一、医疗器械的概念和使用目的

1. 概念。医疗器械,是指直接或者间接用于人体的仪器、设备、器具、体外诊断试剂及校准物、材料以及其他类似或者相关的物品,包括所需要的计算机软件,其效用主要通过物理等方式获得,不是通过药理学、免疫学或者代谢的方式获得,或者虽然有这些方式参与但是只起辅助作用。

2. 使用目的:①疾病的诊断、预防、监护、治疗或者缓解;②损伤的诊断、监护、治疗、缓解或者功能补偿;③生理结构或者生理过程的检验、替代、调节或者支持;④生命的支持或者维持;⑤妊娠控制;⑥通过对来自人体的样本进行检查,为医疗或者诊断目的提供信息。

二、我国医疗器械卫生管理立法

随着现代科学技术的发展,医疗器械在医疗卫生事业中起着越来越重要的作用,为了加强对医疗器械的监督管理,保证医疗器械安全、有效,保障人体健康和生命安全,1996年9月国家药品监督管理局发布了《医疗器械产品注册管理办法》,1995年3月国家工商行政管理总局、国家药品监督管理局发布了《医疗器械广告审查办法》,1997年12月国家经济贸易委员会、国家医药管理局、财政部、中国人民银行、卫生部联合发布了《国家药品医疗器械储备管理暂行办法》,2000年1月4日,国务院发布了《医疗器械监督管理条例》,此后,国家药品监督管理局又相继发布了《医疗器械注册管理办法》《医疗器械分类规则》《医疗器械新产品审批规定(试行)》《医疗器械说明书管理规定》《医疗器械生产企业监督管理办法》《医疗器械经营企业监督管理办法》《医疗器械生产企业质量体系考核办法》《医疗器械临床试验规定》等规章,逐步建立健全我国医疗器械监督管理的法律体系。2017年5月4日,国务院发布了新修订的《医疗器械监督管理条例》,为医疗器械的监督管理提供了有力的法律依据。

三、医疗器械的分类管理

国家对医疗器械按照风险程度实行分类管理。第一类是风险程度低，实行常规管理可以保证其安全、有效的医疗器械；第二类是具有中度风险，需要严格控制管理以保证其安全、有效的医疗器械；第三类是具有较高风险，需要采取特别措施严格控制管理以保证其安全、有效的医疗器械。

国务院食品药品监督管理部门负责制定医疗器械的分类规则和分类目录，并根据医疗器械生产、经营、使用情况，及时对医疗器械的风险变化进行分析、评价，对分类目录进行调整。

四、医疗器械生产、经营和使用的管理

(一) 医疗器械生产的管理

国家对医疗器械实行产品注册与备案制度，生产医疗器械，必须进行注册与备案登记。生产第一类医疗器械，由设区的市级人民政府食品药品监督管理部门进行备案；生产第二类医疗器械，由省级食品药品监督管理部门审查，批准后发给医疗器械注册证；生产第三类医疗器械，由国务院食品药品监督管理部门审查，批准后发给医疗器械注册证。医疗器械注册证有效期为5年。有效期届满需要延续注册的，应当在有效期届满6个月前向原注册部门提出延续注册的申请。

从事第一类医疗器械生产企业，应当经所在地设区的市级人民政府食品药品监督管理部门审查备案；从事第二类、第三类医疗器械生产企业，应当经所在地省级食品药品监督管理部门审查批准，并发给《医疗器械生产许可证》。《医疗器械生产许可证》有效期5年，有效期届满需要延续的，依照有关行政许可的法律规定办理延续手续。

从事医疗器械生产活动，应当具备下列条件：①有与生产的医疗器械相适应的生产场地、环境条件、生产设备以及专业技术人员；②有对生产的医疗器械进行质量检验的机构或者专职检验人员以及检验设备；③有保证医疗器械质量的管理制度；④有与生产的医疗器械相适应的售后服务能力；⑤产品研制、生产工艺文件规定的要求。

医疗器械产品应当符合医疗器械强制性国家标准；尚无强制性国家标准

的,应当符合医疗器械强制性行业标准。

医疗器械应当有说明书、标签。说明书、标签的内容应当与经注册或者备案的相关内容一致。第二类、第三类医疗器械还应当标明医疗器械注册证编号和医疗器械注册人的名称、地址及联系方式。

(二) 医疗器械经营的管理

从事医疗器械经营活动,应当有与经营规模和经营范围相适应的经营场所和贮存条件,以及与经营的医疗器械相适应的质量管理制度和质量管理机构或者人员。从事第二类医疗器械经营的,应当由所在地设区的市级人民政府食品药品监督管理部门进行审查备案。从事第三类医疗器械经营的,应当由所在地设区的市级人民政府食品药品监督管理部门审查,对符合规定条件的,准予许可并发给《医疗器械经营许可证》。《医疗器械经营许可证》有效期为5年。有效期届满需要延续的,依照有关行政许可的法律规定办理延续手续。

医疗器械经营企业应当查验供货者的资质和医疗器械的合格证明文件,建立进货查验记录制度,不得经营未依法注册、无合格证明文件以及过期、失效、淘汰的医疗器械。从事第二类、第三类医疗器械批发业务以及第三类医疗器械零售业务的经营企业,还应当建立销售记录制度。进货查验记录和销售记录应当真实,并按照国务院食品药品监督管理部门规定的期限予以保存。

(三) 医疗器械使用的管理

医疗器械使用单位应当有与在用医疗器械品种、数量相适应的贮存场所和条件。

医疗器械使用单位购进医疗器械,应当查验供货者的资质和医疗器械的合格证明文件,不得使用未依法注册、无合格证明文件以及过期、失效、淘汰的医疗器械。

对重复使用的医疗器械,应当按照国务院卫生计生主管部门制定的消毒和管理的规定进行处理。一次性使用的医疗器械不得重复使用,对使用过的应当按照国家有关规定销毁并记录。

对需要定期检查、检验、校准、保养、维护的医疗器械,应当按照产品说明书的要求进行检查、检验、校准、保养、维护并予以记录,及时进行分析、评估，确保医疗器械处于良好状态，保障使用质量；对使用期限长的大型医疗器械，应当逐台建立使用档案，记录其使用、维护、转让、实际使用时间等事项。记录保存期限不得少于医疗器械规定使用期限终止后 5 年。

医疗器械使用单位应当妥善保存购入第三类医疗器械的原始资料，并确保信息具有可追溯性。使用大型医疗器械以及植入和介入类医疗器械的，应当将医疗器械的名称、关键性技术参数等信息以及与使用质量安全密切相关的必要信息记载到病历等相关记录中。

医疗器械使用单位应当加强对工作人员的技术培训，按照产品说明书、技术操作规范等要求使用医疗器械。

五、医疗器械不良事件的处理与召回制度

（一）医疗器械不良事件的处理

国家建立医疗器械不良事件监测制度，对医疗器械不良事件及时进行收集、分析、评价、控制。

医疗器械生产经营企业、使用单位应当对所生产经营或者使用的医疗器械开展不良事件监测；发现医疗器械不良事件或者可疑不良事件，应当按照国务院食品药品监督管理部门的规定，向医疗器械不良事件监测技术机构报告。

国务院食品药品监督管理部门负责医疗器械不良事件监测信息网络建设，建立医疗器械不良事件监测技术机构，加强医疗器械不良事件信息监测，主动收集不良事件信息；发现不良事件或者接到不良事件报告的，应当及时进行核实、调查、分析，对不良事件进行评估，并向食品药品监督管理部门和卫生计生主管部门提出处理建议。

食品药品监督管理部门应当根据医疗器械不良事件评估结果及时采取发布警示信息以及责令暂停生产、销售、进口和使用等控制措施。省级以上人民政府食品药品监督管理部门应当会同同级卫生计生主管部门和相关部门组织对引起突发、群发的严重伤害或者死亡的医疗器械不良事件及时进行调查和处理，并组织对同类医疗器械加强监测。

（二）医疗器械的召回制度

医疗器械生产、经营企业发现其生产的医疗器械不符合强制性标准、经

注册或者备案的产品技术要求或者存在其他缺陷的,应当立即停止生产、经营活动,通知相关生产经营企业、使用单位和消费者,停止经营和使用,召回已经上市销售的医疗器械,采取补救、销毁等措施,记录相关情况,发布相关信息,并将医疗器械召回和处理情况向食品药品监督管理部门和卫生计生主管部门报告。

医疗器械生产经营企业未按规定实施召回或者停止经营的,食品药品监督管理部门可以责令其召回或者停止经营。

六、医疗器械的监督检查

食品药品监督管理部门应当对医疗器械的注册、备案、生产、经营、使用活动加强监督检查,并对下列事项进行重点监督检查:①医疗器械生产企业是否按照经注册或者备案的产品技术要求组织生产;②医疗器械生产企业的质量管理体系是否保持有效运行;③医疗器械生产经营企业的生产经营条件是否持续符合法定要求。

国家食品药品监督管理部门在监督检查中依法行使下列职权:①进入现场实施检查、抽取样品;②查阅、复制、查封、扣押有关合同、票据、账簿以及其他有关资料;③查封、扣押不符合法定要求的医疗器械,违法使用的零配件、原材料以及用于违法生产医疗器械的工具、设备;④查封违反规定从事医疗器械生产经营活动的场所。

省级以上人民政府食品药品监督管理部门根据抽查检验结论及时发布医疗器械质量公告。设区的市级和县级人民政府食品药品监督管理部门应当加强对医疗器械广告的监督检查;发现未经批准、篡改经批准的广告内容的医疗器械广告,应当向所在地省级人民政府食品药品监督管理部门报告,并由其向社会公告。

国务院食品药品监督管理部门建立统一的医疗器械监督管理信息平台。食品药品监督管理部门应当通过信息平台依法及时公布医疗器械许可、备案、抽查检验、违法行为查处情况等日常监督管理信息。

七、法律责任

(一)行政责任

1. 有下列情形之一的,由县级以上人民政府食品药品监督管理部门没收违法所得、违法生产经营的医疗器械和用于违法生产经营的工具、设备、原材料等物品；违法生产经营的医疗器械货值金额不足 1 万元的，并处 5 万元以上 10 万元以下罚款；货值金额 1 万元以上的，并处货值金额 10 倍以上 20 倍以下罚款；情节严重的，5 年内不受理相关责任人及企业提出的医疗器械许可申请：①生产、经营未取得《医疗器械注册证》的第二类、第三类医疗器械的；②未经许可从事第二类、第三类医疗器械生产活动的；③未经许可从事第三类医疗器械经营活动的。其中，有第一项情形，情节严重的，由原发证部门吊销《医疗器械生产许可证》或者《医疗器械经营许可证》。

2. 提供虚假资料或者采取其他欺骗手段取得《医疗器械注册证》《医疗器械生产许可证》《医疗器械经营许可证》《广告批准文件》等许可证件的，由原发证部门撤销已经取得的许可证件，并处 5 万元以上 10 万元以下罚款，5 年内不受理相关责任人及企业提出的医疗器械许可申请。

3. 伪造、变造、买卖、出租、出借相关医疗器械许可证件的，由原发证部门予以收缴或者吊销，没收违法所得；违法所得不足 1 万元的，处 1 万元以上 3 万元以下罚款；违法所得 1 万元以上的，处违法所得 3 倍以上 5 倍以下罚款；构成违反治安管理行为的，由公安机关依法予以治安管理处罚。

4. 未依照规定备案的，由县级以上人民政府食品药品监督管理部门责令限期改正；逾期不改正的，向社会公告未备案单位和产品名称，可以处 1 万元以下罚款。

5. 备案时提供虚假资料的，由县级以上人民政府食品药品监督管理部门向社会公告备案单位和产品名称；情节严重的，直接责任人员 5 年内不得从事医疗器械生产经营活动。

6. 有下列情形之一的，由县级以上人民政府食品药品监督管理部门责令改正，没收违法生产、经营或者使用的医疗器械；违法生产、经营或者使用的医疗器械货值金额不足 1 万元的，并处 2 万元以上 5 万元以下罚款；货值金额 1 万元以上的，并处货值金额 5 倍以上 10 倍以下罚款；情节严重的，责令停产停业，直至由原发证部门吊销《医疗器械注册证》《医疗器械生产许可证》《医疗器械经营许可证》：①生产、经营、使用不符合强制性标准或者不符合经注册或者备案的产品技术要求的医疗器械的；②医疗器械生产企业未按照经注册或者备案的产品技术要求组织生产，或者未依照《医疗器械监督管理条例》规定建立质量管理体系并保持有效运行的;③经营、使用无合格证明文件、过期、失效、淘汰的医疗器械,或者使用未依法注册的医疗器械的;④食品药品监督管理部门责令其实施召回或者停止经营后,仍拒不召回或者停止经营医疗器械的;⑤委托不具备规定条件的企业生产医疗器械,或者未对受托方的生产行为进行管理的。

7. 有下列情形之一的,由县级以上人民政府食品药品监督管理部门责令改正,处 1 万元以上 3 万元以下罚款;情节严重的,责令停产停业,直至由原发证部门吊销《医疗器械生产许可证》《医疗器械经营许可证》:①医疗器械生产企业的生产条件发生变化、不再符合医疗器械质量管理体系要求,未依照规定整改、停止生产、报告的;②生产、经营说明书、标签不符合规定的医疗器械的;③未按照医疗器械说明书和标签标示要求运输、贮存医疗器械的;④转让过期、失效、淘汰或者检验不合格的在用医疗器械的。

8. 有下列情形之一的,由县级以上人民政府食品药品监督管理部门和卫生计生主管部门依据各自职责责令改正,给予警告;拒不改正的,处 5000 元以上 2 万元以下罚款;情节严重的,责令停产停业,直至由原发证部门吊销《医疗器械生产许可证》《医疗器械经营许可证》:①医疗器械生产企业未按照要求提交质量管理体系自查报告的;②医疗器械经营企业、使用单位未依照《医疗器械监督管理条例》规定建立并执行医疗器械进货查验记录制度的;③从事第二类、第三类医疗器械批发业务以及第三类医疗器械零售业务的经营企业未依照规定建立并执行销售记录制度的;④对重复使用的医疗器械,医疗器械使用单位未按照消毒和管理的规定进行处理的;⑤医疗器械使用单位重复使用一次性使用的医疗器械,或者未按照规定销毁使用过的一次性使用的医疗器械的;⑥对需要定期检查、检验、校准、保养、维护的医疗器械,医疗器械使用单位未按照产品说明书要求检查、检验、校准、保养、维护并予以记录,及时进行分析、评估,确保医疗器械处于良好状态的;⑦医疗器械使用单位未妥善保存购入第三类医疗器械的原始资料,或者未按照规定将大型医疗器械以及植入和介入类医疗器械的信息记载到病历等相关记录中的;⑧医疗器械使用单位发现使用的医疗器械存在安全隐患未立即停止使用、通知检修,或者继续使用经检修仍不能达到使用安全标准的医疗器械的;⑨医疗器械生产经营企业、使用单位未依照《医疗器械监督管理条例》规定开展医疗器械不良事件监测，未按照要求报告不良事件，或者对医疗器械不良事件监测技术机构、食品药品监督管理部门开展的不良事件调查不予配合的。

9. 违反规定开展医疗器械临床试验的，由县级以上人民政府食品药品监督管理部门责令改正或者立即停止临床试验，可以处 5 万元以下罚款；造成严重后果的，依法对直接负责的主管人员和其他直接责任人员给予降级、撤职或者开除的处分；有医疗器械临床试验机构资质的，由授予其资质的主管部门撤销医疗器械临床试验机构资质，5 年内不受理其资质认定申请。

10. 医疗器械临床试验机构出具虚假报告的，由授予其资质的主管部门撤销医疗器械临床试验机构资质，10 年内不受理其资质认定申请；由县级以上人民政府食品药品监督管理部门处 5 万元以上 10 万元以下罚款；有违法所得的，没收违法所得；对直接负责的主管人员和其他直接责任人员，依法给予撤职或者开除的处分。

11. 医疗器械检验机构出具虚假检验报告的，由授予其资质的主管部门撤销检验资质，10 年内不受理其资质认定申请；处 5 万元以上 10 万元以下罚款；有违法所得的，没收违法所得；对直接负责的主管人员和其他直接责任人员，依法给予撤职或者开除的处分；受到开除处分的，自处分决定作出之日起 10 年内不得从事医疗器械检验工作。

12. 发布未取得批准文件的医疗器械广告，未事先核实批准文件的真实性即发布医疗器械广告，或者发布广告内容与批准文件不一致的医疗器械广告的，由工商行政管理部门依照有关广告管理的法律、行政法规的规定给予处罚。

13. 篡改经批准的医疗器械广告内容的，由原发证部门撤销该医疗器械的广告批准文件，2 年内不受理其广告审批申请。

14. 发布虚假医疗器械广告的，由省级以上人民政府食品药品监督管理部门决定暂停销售该医疗器械，并向社会公布；仍然销售该医疗器械的，由县级以上人民政府食品药品监督管理部门没收违法销售的医疗器械，并处 2 万元以上 5 万元以下罚款。

15. 医疗器械技术审评机构、医疗器械不良事件监测技术机构未依照规定履行职责，致使审评、监测工作出现重大失误的，由县级以上人民政府食品药品监督管理部门责令改正，通报批评，给予警告；造成严重后果的，对直接负责的主管人员和其他直接责任人员,依法给予降级、撤职或者开除的处分。

16. 县级以上人民政府食品药品监督管理部门或者其他有关部门不履行医疗器械监督管理职责或者滥用职权、玩忽职守、徇私舞弊的,由监察机关或者任免机关对直接负责的主管人员和其他直接责任人员依法给予警告、记过或者记大过的处分;造成严重后果的,给予降级、撤职或者开除的处分。

(二) 民事责任

违反《医疗器械监督管理条例》规定,造成人身、财产或者其他损害的,依法承担赔偿责任。

(三) 刑事责任

违反《医疗器械监督管理条例》规定,构成犯罪的,依法追究刑事责任。

思考题

1. 什么是保健品?保健品有哪些特点?
2. 如何对化妆品的生产和经营进行监督管理?
3. 医疗器械分类管理的主要内容是什么?

第二十二章 现代医学与法律问题

掌握：人工生殖技术、器官移植、脑死亡、安乐死、基因工程的含义。
熟悉：现代医学面临的法律问题及争议。
了解：医疗新技术的国际发展趋向和我国的做法。

第一节 人工生殖技术与法律

一、人工生殖技术概述

人工生殖技术（artificial reproduction technique，简称 ART）又称人类辅助生殖技术，是指运用现代医学科学技术和方法对配子、合子、胚胎进行人工操作，代替人类自然生殖过程中某一环节或全部过程，以达到受孕目的的技术。包括人工授精、体外受精和无性生殖。

（一）人工授精

人工授精（artificial insemination，简称 AI），是指用人工技术将精子注入女性子宫以取代性交途径使其妊娠的一种方法。

人工授精的先决条件是女方的生育力完全正常，主要用来解决丈夫不育的问题。根据精子的来源不同又可以分为夫精人工授精（artificial insemination using husband's semen，简称 AIH）和供精人工授精（artificial insemination using semen from donors，简称 AID）。夫精人工授精，是指使用丈夫的精子进行人工授精，又称同源人工授精。如果丈夫的精子数较少，但活动度较好，可以采用夫精人工授精。如果丈夫的精子数较少，而且无活动性，或者丈夫患有遗传性疾病不宜生育，在夫妻双方协商一致的情况下，可以采用第三者的供精授精，又称异源人工授精。但是，第三者的精子要经过严格检查，在确诊无传染病、性传播疾病等疾病，且血型也配对成功时方可使用。

由于人工授精成功率比较高，且这种方法既简便又经济，因此人工授精技术越来越被患有不孕症的家庭所接收。

（二）体外受精

体外受精（in vitro fertilization，简称IVF），是指用人工方法从妇女卵巢中取出卵子，在器皿内培养后，加入经技术处理的精子，并使卵子和精子在试管内结合并继续培养，到形成早期胚胎时，再转移到子宫内着床，发育成胎儿直至分娩的技术，也叫体外受精-胚胎移植，用这种技术生育的婴儿称为"试管婴儿"。

1978年7月25日，英国的罗伯特·爱德华兹首先采用体外受精和胚胎移植技术，成功诞生了世界上第一个试管婴儿路易斯·布朗，这成为治疗人类不孕症的新的里程碑。体外受精技术主要适用于女性因输卵管阻塞、输卵管缺陷或者损坏以及男子精子数量低等不孕症，其研究本身还可能会更深刻地揭示人类遗传病的奥秘，甚至有可能引起避孕方法的革新。

（三）代孕生育

代孕生育，是指运用夫妻自身的精子和卵子，经人工授精后请代孕母亲代为怀孕生育，或者夫妻只提供精子，借用代孕母亲的卵子授精，或者采用他人的精子和卵子人工授精后，植入代孕母亲体内，在其代为生育后给付一定的报酬，俗称"借腹生子"。

代孕母亲（surrogate mother），是指代人妊娠的妇女。一般是指用他人的受精卵植入自己的子宫妊娠，或用自己的卵子人工授精后妊娠，分娩后将孩子交给委托人抚养的妇女。代孕母亲实际就是出借子宫（有些情况下还出借卵子）代替别人怀孕，其中可能涉及金钱交易，但也有些不涉及金钱交易。

（四）无性生殖

无性生殖（cloning）也称克隆，是指生物体并不是通过性细胞的受精，而是从一个共同的细胞、组织或者器官繁殖而得到一群遗传结构完全相同的细胞或生物，即无性繁殖。高等生物繁衍生命的自然规律本是有性繁殖，即通过精子和卵子两性细胞的结合而达成。克隆技术却改变了这种自然规律，以无性繁殖代替有性繁殖。1997年2月英国克隆羊"多利"的出生标志着高级哺乳动物的无性繁殖研究取得重大进步，这为解决全球人口问题而愈显严峻的粮食和资源的缺乏提供了新的途径和方法。但因其成果应用到人类并不难，由此引发了一场如何看待克隆技术及如何应用克隆技术的全球争议。目前国际上普遍禁止克隆人的研究。

二、人工生殖技术产生的法律问题

人工生殖技术改变了人类自然的生殖过程，给人类带来科学进步的同时也对人类社会原来的秩序、法律和伦理都产生了巨大的冲击，由此产生了一系列的法律问题。

（一）夫精人工授精（AIH）婴儿的法律地位

AIH所生子女与生母之夫存在着自然血缘关系，被视为婚生子女，一般没有过多的法律异议问题。但在丈夫死亡后，利用亡夫生前存于"精子库"的冷冻精液怀孕所生子女是否具有同等的权利，现行的法律没有规定。但现行的《中华人民共和国继承法》中有两项原则：其一，继承人与被继承人存在配偶、子女、父母关系的，享受同等的继承权；其二，继承的时间从被继承人死亡时开始，如果遗产分割时被继承人的遗腹子尚未出生的，当保留胎儿的继承份额。按照继承法的第一个原则，用亡夫精子怀孕分娩的子女应具有同样的继承权，而按照第二项原则，他们在其父死亡时根本不存在，不可能有继承权。这种情况下传统的继承法已经无法判定。

（二）供精人工授精（AID）婴儿的法律地位

AID所生子女与生母之夫并不存在自认血缘关系，而是来自于第三者，因此可能引起抚养、继承等法律问题。

从多数国家的发展趋势看，主张经过夫妻同意后出生的人工授精子女视为婚生子女，与生母之夫的关系视为亲生父母子女关系。采用AID出生的婴儿可以说存在两个父亲，一个是生物学（遗传学）父亲，即供精者；另一个是社会学（养育者）父亲，即生母之夫。从现许多国家的有关立法来看，大都认定后者为合法父亲。承担相应的权利和义务。通过合意进行人工授精的夫妇离婚后，养育父亲不能拒绝对AID出生子女履行抚养义务，AID出生成年子女也不能拒绝履行赡养年老、无劳动能力的养育父亲。如果丈夫并未同意或者根本不知情，则他对婴儿有否认权。

（三）体外受精（IVF）婴儿的法律地位

体外受精所生的婴儿称为"试管婴儿"，该技术主要用来解决女性不孕问题。但 AID 提出的"谁是孩子父亲"问题同样适用 IVF，IVF 则将问题扩大为"谁是父母"？有关谁是 IVF 婴儿父亲的问题，与在 AID 中的情况一样，而将同样的原则应用到卵子提供者身上，则认定孕育并生下婴儿的妇女为合法母亲。即便采用 IVF 技术出生的孩子与准备充当孩子养育父母的夫妇双方毫无遗传和血缘关系，仍应确定这对夫妇为孩子的合法父母。通过 IVF 所生子女是他们的婚生子女，享有婚生子女的一切权利。因为孩子的遗传学父母仅仅是分别提供了精子和卵子而已。

（四）代孕生育及其法律问题

在解决卵子提供者与 IVF 婴儿法律关系的问题上，法律确定了"孕育母亲在母权确定中比遗传母亲处于优势"的原则，同时推定该妇女的丈夫为该孩子的父亲。从而解决了谁是 IVF 婴儿父亲的问题。但随着代孕母亲的出现和职业化，这一原则又遇到了法律阻碍。由于"代孕生育"总是以金钱交易为基础，容易使代孕母亲与因此而出现的婴儿被视为商品。代孕生育给不育夫妇带来孩子的同时，也产生了一系列相关的社会、伦理、法律问题。

因供精、供卵、体外受精、代孕生育技术相结合，一个孩子可能有五个父母。两个父亲：供精者、养育者；三个母亲：供卵者、养育者、代孕母亲。谁是"代孕母亲所生婴儿的父母"的法律规定不尽相同，主要有三种情况：其一，以遗传学为根据确定亲子关系。即提供精子和卵子的男女为婴儿的父母。这是人类在漫长的历史中一直适用的最基本原则。其二，以生者为母。不论精子、卵子由谁提供，生育婴儿的妇女与其丈夫被推定为婴儿的父母。其三，按契约约定确定亲子关系，即代孕母亲所生婴儿为委托方夫妇的子女。

代孕母亲的出现存在以下法律问题：

1. 代孕母亲代生婴儿的归属问题。代孕母亲在漫长的怀孕期间可能会对腹中胎儿产生感情，孩子出生后，拒绝放弃抚养权，可能会引发社会纠纷。另外，由于所生婴儿存在某种缺陷，双方都不愿承担该孩子的抚养责任。

2. 存在出租子宫收取酬金的现象。代孕母亲将自己的子宫变成制造婴儿换取金钱的机器。侵犯妇女的尊严。同时，婴儿被当作商品，自由买卖，侵犯了婴儿的人权。

3. 代孕母亲可能会导致人伦关系的混乱。代孕母亲的选择，虽然有较大的选择范围，但如果选择的对象是有直系血缘关系，使得婚姻管理中对近亲婚配的限制处于尴尬境地。有的母亲替女儿代孕，祖母替孙女代孕，导致婴儿在家庭中的地位微妙，破坏了现行亲属关系制度而造成混乱。

由于这些问题的存在，除了我国大陆是属于典型禁止代孕的国家以外，国外也不少国家是完全或者部分禁止代孕行为的。如瑞士、德国、西班牙、意大利、法国等国家也对代孕行为明令禁止，澳大利亚属于部分禁止。也有不少国家允许代孕行为，比如比利时、荷兰、丹麦、匈牙利、罗马尼亚、芬兰和希腊都属于允许代孕的国家，而且像印度、泰国、俄罗斯以及一些东欧国家不仅允许代孕，而且还对商业性代孕大加支持。

（五）受精卵和胚胎的法律地位和处置问题

胚胎冷藏技术的发展为体外受精的临床应用奠定了基础，但也引出如何确定胚胎和受精卵的法律地位及一系列相关的法律问题。对此，目前存在两种截然不同的意见：一种意见认为受精卵和胚胎应当归属为人，应当得到尊重，未经本人同意不能随意处置；另一种意见则认为不能归属为人，不具有与人相同的法律地位，因为世界各国的民法一般都规定自然人的权利能力始于出生，终于死亡。

德国颁布的《胚胎保护法》中规定禁止人胚胎研究，不允许用已死亡人的精子和卵子进行体外受精，而且除了患有严重遗传疾病危险的人外，不允许提前鉴定胎儿的性别。对于胚胎的冷藏盒保管，英国《人类授精和胚胎学法案》规定，配子的最长保管期为10年，胚胎保管期为5年。法国《生命科学与人权法案》规定，冷冻胚胎的保存期为5年。5年后，胚胎的亲生父母因死亡、离婚而不再是夫妻后，必须对其进行销毁，但也可以转增其他夫妇。世界各国法律都规定禁止商业性获取胚胎。

三、我国人工生殖技术的立法

我国人工生殖技术的研究和应用较发达国家要晚。1983年，湖南医科大学生殖医学研究室首次用冷冻精液进行人工授精获得成功。1986年，青岛医学院建立了我国第一座人工精子库。1988年3月10日，我国第一例试管婴儿在北京医科大学第三附属医院顺利诞生。1990年3月，我国第一个冷冻胚胎库在湖南医科大学建成。

为保证我国人工生殖技术能够安全、有效和健康的发展，规范人工生殖技术的应用和管理，2001年卫生部发布了《人类辅助生殖技术管理办法》和《人类精子库管理办法》。2003年卫生部发布了《人类辅助生殖技术与人类精子库技术规范、基本标准和伦理原则》和《人类辅助生殖技术与人类精子库评审、审核和审批管理程序》。2007年卫生部又下发了《关于加强人类辅助生殖技术和人类精子库设置规划和监督管理的通知》。进一步规范了人类辅助生殖技术行为，加强了对人工生殖技术和人类精子库的监督和管理。

（一）我国人工生殖技术的相关规定

1. 我国人工生殖技术的应用原则：①人类辅助生殖技术的应用应当在医疗机构中进行，并以医疗为目的，符合国家计划生育政策、伦理原则和有关法律规定；②人类辅助生殖技术实施严格的行政许可原则；③禁止以任何形式买卖配子、合子和胚胎；④医疗机构及其医务人员不得实施任何形式的代孕技术；⑤遵循知情同意原则；⑥医疗机构应当为当事人保密。

2. 开展人工生殖技术的审批。依据《人类辅助生殖技术管理办法》第5、6条的规定：

（1）卫生部根据区域区域卫生规划、医疗需求和技术条件等实际情况，制订人类辅助生殖技术应用规划。

（2）申请开展人类辅助生殖技术的医疗机构应当符合下列条件：①具有与开展技术相适应的卫生专业技术人员和其他专业技术人员；②具有与开展技术相适应的技术和设备；③设有医学伦理委员会；④符合卫生部制定的《人类辅助生殖技术规范》的要求。

（3）申请开展夫精人工授精技术的医疗机构，由省级人民政府卫生行政部门审查批准。申请开展供精人工授精、胚胎移植技术及其衍生技术的医疗机构，由省级人民政府卫生行政部门提出初审意见报卫生部审批。

（4）批准开展人类辅助生殖技术的医疗机构应当按照《医疗机构管理条例》的有关规定，持省级人民政府卫生行政部门或者卫生部的批准证书到核发其医疗机构执业许可证的卫生行政部门办理变更登记手续。人类辅助生殖技术批准证书每两年校验一次，校验由原审批机关办理。校验合格的，可以继续开展人类辅助生殖技术；校验不合格的，收回其批准证书。

(二) 人类精子库的管理

人类精子库是以治疗不孕症、预防遗传病和提供生殖保险等为目的，利用超低温冷冻技术，采集、检测、保存和提供精子的机构。

1. 人类精子库的设置。依据《人类精子库管理办法》第6、7条规定的：设置人类精子库应当经卫生部批准。申请设置人类精子库的医疗机构应当符合下列条件：①具有医疗机构执业许可证；②设有医学伦理委员会；③具有与采集、检测、保存和提供精子相适应的卫生专业技术人员；④具有与采集、检测、保存和提供精子相适应的技术和仪器设备；⑤具有对供精者进行筛查的技术能力；⑥应当符合卫生部制定的《人类精子库基本标准》。

2. 精子的采集与提供。精子的采集和提供应当在经过批准的人类精子库中进行，未经批准，任何单位和个人不得从事精子的采集与提供活动。《人类精子库管理办法》第14条："精子的采集与提供应当严格遵守卫生部制定的《人类精子库技术规范》和各项技术操作规程。" 供精者应当是年龄在22~45岁之间的健康男性，人类精子库应当对其进行健康检查和严格的筛选。供精者只能在一个人类精子库供精，且一个供精者的精子最多只能提供给5名妇女受孕。精子库工作人员应当向供精者说明精子的用途、保存方式以及可能带来的社会伦理等问题，并与供精者签署知情同意书。精子库采集精子后应当进行检验和筛查，并在冷冻6个月后复检合格方能提供，严禁提供新鲜精子和未经检验或者检验不合格的精子。严禁精子库向未经批准开展人类辅助生殖技术的医疗机构提供精子。人类精子库应当建立供精者档案，对供精者的详细资料和精子的使用情况进行计算机管理并永久保存。应当为供精者和受精者保密，未经当事人同意不得泄露有关信息。

(三) 法律责任

1. 未经批准擅自开展人类辅助生殖技术和设置精子库的非医疗机构，由县级以上人民政府卫生行政部门责令其停止执业活动，没收非法所得和药品、器械，并根据情节处1万元以下的罚款。

2. 未经批准擅自开展人类辅助生殖技术和设置精子库的医疗机构，根据《医疗机构管理条例》和《医疗机构管理条例实施细则》，由县级以上人民政府卫生行政部门予以警告、责令其改正，并可以根据情节处以3000元以下的罚款；情节严重的，吊销其《医疗机构执业许可证》。

3. 开展人类辅助生殖技术的医疗机构违反《人类辅助生殖技术管理办法》，有下列行为之一的，由省、自治区、直辖市人民政府卫生行政部门给予警告，处3万元以下罚款，并给予有关责任人员行政处分；构成犯罪的，依法追究其刑事责任：①买卖配子、合子和胚胎的；②实施代孕技术的；③使用不具有《人类精子库批准证书》机构提供的精子；④擅自进行性别选择的；⑤实施人类辅助生殖技术档案不健全的；⑥经指定技术评估机构检查质量不合格的；⑦其他违法该办法规定的行为。

4. 设置人类精子库的医疗机构违反《人类精子库管理办法》，有下列行为之一的，省、自治区、直辖市人民政府卫生行政部门给予警告、1万元以下罚款，并给予有关责任人员行政处分；构成犯罪的，依法追究刑事责任：①采集精液前，未按规定对供精者进行健康检查的；②向医疗机构提供未经检验的精子的；③向不具有人类辅助生殖技术批准证书的机构提供精子的；④擅自进行性别选择的；⑤经评估机构检查质量不合格的；⑥其他违反该办法规定的行为。

第二节 器官移植与法律

一、器官移植概述

器官移植，是指通过手术等方法摘取捐献人具有特定功能的器官的全部或者部分，将其植入接收人体内替换体内已经损伤的、病态的或者衰竭的器官，以达到治疗目的的一种医疗措施。广义上的器官移植分为三大类：自体移植、同种移植和异种移植，从临床上可分为脏器移植、组织移植和细胞移植三种类型。一般所指的是狭义的器官移植，即同种异体移植。

器官移植是人类在20世纪医学发展的重要体现。1954年，由美国波士顿的默里（Murray）第一次施行的同卵双生肾移植成功；1963年，美国进行了世界上的首例肝移植和肺移植；1967年，南非完成了世界上第一例心脏移植；1968年，世界首例心肺联合移植又在美国获得了成功。如今器官移植已经成为治疗某些晚期脏器坏死、衰竭等不可替代的手段。目前对人体内除了神经系统外的所有器官和组织都可以移植，其中肾移植的应用最为广泛。

二、器官移植中的法律问题分析

在器官移植技术为人类某些疾病的治疗带来了希望的同时，也面临着相关的伦理学争议、利益争夺以及由此引发的法律问题。其中比较重要的主要有：

1. 活体器官移植对供体的损伤。虽然活体器官移植有着显而易见的好处，但是很多人认为活体器官移植的伤害对于供者来说是百分之百。另外，移植手术不成功，对受者和供者所面临的风险和伤害将加倍。

2. 胎儿供体选择权的问题。由于胎儿没有选择权，出于一些利益目的，个别医生可能会滥用裁决权，而导致大量的诱导性流产；并且，母亲及其家属由于利益的驱使也有可能会滥用选择权。

3. 器官移植易滋生新的犯罪。由于供体的严重不足，人体器官成为一种高利润的物品，这就导致某些不法分子出卖、贩卖、偷取、骗取或者强制采摘他人的器官。甚至发生为了获取器官而伤害他人生命的行为。

4. 器官捐献商业化问题。由于移植器官严重供不应求，当前社会上已出现器官捐赠者变相收费或医生收取介绍器官捐献者费用的事件。

三、国外的器官移植立法

器官移植的法律问题大都涉及器官捐献的条件、原则、程序，器官移植的原则、程序、审核以及脑死亡标准等内容。为了解决供体来源问题，世界多数国家都通过立法保证器官来源的合法性，禁止器官买卖等商业化行为。如 1952 年英国制定了《角膜移植法》、1961 年制定了《人体组织法》、1989 年制定了《人体器官移植法》；1968 年美国通过了《统一人体组织捐献法》、1984 年制定了《全美器官移植法》；1987 年新加坡通过了《器官移植法》；1997 年日本修订实施新的《器官移植法》等。

（一）器官来源

1. 自愿捐献。自愿捐献，是指由死者生前自愿或者其家属自愿将死者器官捐献给他人。采用完全自愿和知情同意（经宣传后同意决定捐献）两种原则。死者生前同意捐献的则可摘取其遗体器官；死者生前明确表示不愿捐献器官的，必须尊重其意愿，任何人不得摘取其遗体器官；死者生前未作同意或者不同意表示的，其家属可以自愿作出捐献与否的决定。美国的《统一人体组织捐献法》对此的规定具有典型性和示范性：①超过18岁的个人可以捐献其身体的全部或者一部分用于教学、研究、治疗或移植；②死者生前未作出捐献声明，也没有足够证据证明其反对的，其近亲属有权作出捐献表示；③如果死者生前已作出捐献表示，亲属或其他人除法律允许的特殊原因外，不得取消。

对于采集活体器官，许多国家的法律规定：①必须优先考虑供体利益，并预料对供体的健康不会产生损害；②该器官的移植足以挽救受体的生命或者足以恢复或改善受体的健康状况；③没有任何第三者压力，必须经过知情同意的法定程序，确保供体是在真实自愿基础上作出自愿捐献器官决定的；④供体必须是已达法定年龄的成年人。

2. 推定同意。推定同意，是指法律规定公民在生前未作出不愿意捐出器官表示的，可以被推定为同意捐献器官。推定同意适用于尸体器官捐献，有两种形式：①医师推定同意。法律授权给医师，只要死者生前未表示反对，医师就可以推定其同意。法国、匈牙利、奥地利、瑞士、丹麦、新加坡等国采取这种做法。②亲属推定同意。医师确认死者亲属无反对意见，推定其同意捐献器官。芬兰、希腊、瑞典、挪威等国的法律采用了这种形式。

（二）尸体器官分配

国际移植学会曾于1986年制定了分配尸体器官的指导准则。要求尽可能确保捐献器官的最佳利用，将器官分配给医学上最适合移植的患者；应组建全国性或者区域性的器官分配网，并由该网做公平合理的分配；在分配的顺序上，应当遵循公正公平原则，排除任何政治、经济、观念等不正当的影响；从事器官移植的医师以及有关人员不可以涉及器官买卖，在器官分配中，不可以有使自己或自己所属医院获利的行为。

（三）禁止器官买卖

为防止医学科学技术的发展可能会给社会带来新的不公正倾向，国际上一般严禁人体器官买卖。一方面是因为人体器官是人格权的客体，不具有财产性，不能作为民法上的物进行交易；另一方面器官买卖体现了贫富两种截然相反的利益选择，有钱人买器官移植受益，穷人迫于贫困出卖器官，甚至损害生命。为此，世界卫生组织呼吁制定一个有关人体器官交易的全球性禁令，并敦促其成员国制定限制人体器官交易的法律，以保证医学科学研究及应用的正常秩序。

四、我国的器官移植立法

我国器官移植始于 20 世纪 50 年代,与国外相比起步较晚但发展较快。1999 年第九次全国医学伦理学术年会讨论通过的《器官移植伦理原则》是我国内陆地区关于人体器官移植的第一个伦理性文件。《上海市遗体捐献条例》(2001 年 3 月 1 日起施行)、《广州市志愿捐献遗体管理暂行条例》(2001 年 1 月 5 日制定)、《深圳经济特区人体器官捐献移植条例》(2003 年 10 月 1 日起施行)及《贵阳市捐献遗体和角膜办法》(2002 年 7 月 1 日起施行)等地方性规范性法律文件在这之后相继出台。2006 年 3 月 16 日,卫生部在吸收借鉴国内外器官移植立法经验基础上,经过广泛的意见征集,颁布了施行全国的《人体器官移植技术临床应用管理暂行规定》,该规定于 2006 年 7 月 1 日开始实施;2007 年 3 月 31 日,国务院第 171 次常务会议又审议并通过了《人体器官移植条例》,同年 5 月 1 日该条例生效。依据该条例,涉及人体器官移植的主要内容包括:

(一)人体器官移植的界定

根据《人体器官移植条例》第 2 条的规定,人体器官移植,是指摘取人体器官捐献人具有特定功能的心脏、肺脏、肝脏、肾脏或者胰腺等器官的全部或者部分,将其植入接受人身体以代替其病损器官的过程。在中华人民共和国境内从事人体器官移植,适用本条例;从事人体细胞和角膜、骨髓等人体组织移植,不适用本条例。

(二)人体器官捐献的法律规定

1. 人体器官捐献的基本原则。人体器官捐献应当遵循自愿、无偿的原则。公民享有捐献或者不捐献其人体器官的权利;任何组织或者个人不得强迫、欺骗或者利诱他人捐献人体器官。

2. 人体器官捐献主体的条件。捐献人体器官的公民应当具有完全民事行为能力。公民捐献其人体器官应当有书面形式的捐献意愿,对已经表示捐献其人体器官的意愿,有权予以撤销。公民生前表示不同意捐献其人体器官的,任何组织或者个人不得捐献、摘取该公民的人体器官;公民生前未表示不同意捐献其人体器官的,该公民死亡后,其配偶、成年子女、父母可以以书面形式共同表示同意捐献该公民人体器官的意愿。任何组织或者个人不得摘取未满18周岁公民的活体器官用于移植。

3. 活体器官接受人的限制条件。活体器官接受人限于活体器官捐献人的配偶、直系血亲或者三代以内旁系血亲，或者有证据证明与活体器官捐献人存在因帮扶等形成亲情关系的人员。

（三）人体器官移植的法律规定

1. 医疗机构从事人体器官移植，应当依照《医疗机构管理条例》的规定，向所在地省、自治区、直辖市人民政府卫生主管部门申请办理人体器官移植诊疗科目登记。医疗机构从事人体器官移植，应当具备下列条件：①有与从事人体器官移植相适应的执业医师和其他医务人员；②有满足人体器官移植所需要的设备、设施；③有由医学、法学、伦理学等方面专家组成的人体器官移植技术临床应用与伦理委员会，该委员会中从事人体器官移植的医学专家不超过委员人数的1/4；④有完善的人体器官移植质量监控等管理制度。

2. 省、自治区、直辖市人民政府卫生主管部门对符合条件的医疗机构进行人体器官移植诊疗科目登记，并及时公布已经办理人体器官移植诊疗科目登记的医疗机构名单。

3. 已经办理人体器官移植诊疗科目登记的医疗机构不再具备法律规定条件的，应当停止从事人体器官移植，并向原登记部门报告。原登记部门应当自收到报告之日起2日内注销该医疗机构的人体器官移植诊疗科目登记，并予以公布。

4. 省级以上人民政府卫生主管部门应当定期组织专家根据人体器官移植手术成功率、植入的人体器官和术后患者的长期存活率，对医疗机构的人体器官移植临床应用能力进行评估，并及时公布评估结果；对评估不合格的，由原登记部门撤销人体器官移植诊疗科目登记。具体办法由国务院卫生主管部门制订。

5. 医疗机构及其医务人员从事人体器官移植，应当遵守伦理原则和人体器官移植技术相关管理规范。

6. 实施人体器官移植手术的医疗机构及其医务人员应当对人体器官捐献人进行医学检查，对接受人因人体器官移植感染疾病的风险进行评估，并采取措施，降低风险。

7. 在摘取活体器官前或者尸体器官捐献人死亡前，负责人体器官移植的执业医师应当向所在医疗机构的人体器官移植技术临床应用与伦理委员会提出摘取人体器官审查申请。人体器官移植技术临床应用与伦理委员会不同意摘取人体器官的，医疗机构不得做出摘取人体器官的决定，医务人员不得摘取人体器官。

8. 人体器官移植技术临床应用与伦理委员会收到摘取人体器官审查申请后，应当对下列事项进行审查，并出具同意或者不同意的书面意见：①人体器官捐献人的捐献意愿是否真实；②有无买卖或者变相买卖人体器官的情形；③人体器官的配型和接受人的适应征是否符合伦理原则和人体器官移植技术管理规范。经 2/3 以上委员同意，人体器官移植技术临床应用与伦理委员会方可出具同意摘取人体器官的书面意见。

9. 从事人体器官移植的医疗机构及其医务人员摘取活体器官前，应当履行下列义务：①向活体器官捐献人说明器官摘取手术的风险、术后注意事项、可能发生的并发症及其预防措施等，并与活体器官捐献人签署知情同意书；②查验活体器官捐献人同意捐献其器官的书面意愿、活体器官捐献人与接受人存在《人体器官移植条例》第 10 条规定关系的证明材料；③确认除摘取器官产生的直接后果外不会损害活体器官捐献人其他正常的生理功能。从事人体器官移植的医疗机构应当保存活体器官捐献人的医学资料，并进行随访。

10. 摘取尸体器官，应当在依法判定尸体器官捐献人死亡后进行。从事人体器官移植的医务人员不得参与捐献人的死亡判定。从事人体器官移植的医疗机构及其医务人员应当尊重死者的尊严；对摘取器官完毕的尸体，应当进行符合伦理原则的医学处理，除用于移植的器官以外，应当恢复尸体原貌。

11. 从事人体器官移植的医疗机构实施人体器官移植手术，除向接受人收取下列费用外，不得收取或者变相收取所移植人体器官的费用：①摘取和植入人体器官的手术费；②保存和运送人体器官的费用；③摘取、植入人体器官所发生的药费、检验费、医用耗材费。前款规定费用的收取标准，依照有关法律、行政法规的规定确定并予以公布。

12. 申请人体器官移植手术患者的排序，应当符合医疗需要，遵循公平、公正和公开的原则。具体办法由国务院卫生主管部门制订。

13. 从事人体器官移植的医务人员应当对人体器官捐献人、接受人和申请人体器官移植手术的患者的个人资料保密。

14. 从事人体器官移植的医疗机构应当定期将实施人体器官移植的情况向所在地省、自治区、直辖市人民政府卫生主管部门报告。

(四) 法律责任

1. 违法摘取人体器官的法律责任。 未经公民本人同意摘取其活体器官的，公民生前表示不同意捐献其人体器官而摘取其尸体器官的，或摘取未满18周岁公民的活体器官的，如构成犯罪，依法追究刑事责任。

2. 买卖器官或者从事相关活动的法律责任。 违反《人体器官移植条例》规定，买卖人体器官或者从事与买卖人体器官有关活动的，由设区的市级以上地方人民政府卫生主管部门依照职责分工没收违法所得，并处交易额8倍以上10倍以下的罚款；医疗机构参与上述活动的，还应当对负有责任的主管人员和其他直接责任人员依法给予处分，并由原登记部门撤销该医疗机构人体器官移植诊疗科目登记，该医疗机构3年内不得再申请人体器官移植诊疗科目登记；医务人员参与上述活动的，由原发证部门吊销其执业证书。国家工作人员参与买卖人体器官或者从事与买卖人体器官有关活动的，由有关国家机关依据职权依法给予撤职、开除的处分。

2011年，全国人大常委会颁布的《刑法修正案(八)》中针对社会上买卖人体器官的现象，新设了"组织出卖人体器官罪"，规定组织他人出卖人体器官的，处5年以下有期徒刑，并处罚金；情节严重的，处5年以上有期徒刑，并处罚金或者没收财产。

3. 医疗机构擅自从事人体器官移植的法律责任。 医疗机构未办理人体器官移植诊疗科目登记，擅自从事人体器官移植的，应依法予以处罚。实施人体器官移植手术的医疗机构及其医务人员违反《人体器官移植条例》规定，未对人体器官捐献人进行医学检查或者未采取措施，导致接受人因人体器官移植手术感染疾病的，应依法予以处罚。

4. 医务人员违反规定的法律责任。 医务人员有下列情形之一的，依法给予处分；情节严重的；情节特别严重的，由原发证部门吊销其执业证书：①未经人体器官移植技术临床应用与伦理委员会审查同意摘取人体器官的；②摘取活体器官前未依照《人体器官移植条例》第19条的规定履行说明、查验、确认义务的；③对摘取器官完毕的尸体未进行符合伦理原则的医学处理，恢复尸体原貌的。

从事人体器官移植的医务人员参与尸体器官捐献人的死亡判定的,由县级以上地方人民政府卫生主管部门依照职责分工暂停其6个月以上1年以下执业活动;情节严重的,由原发证部门吊销其执业证书。

5. 国家机关工作人员违反规定的法律责任。国家机关工作人员在人体器官移植监督管理工作中滥用职权、玩忽职守、徇私舞弊,构成犯罪的,依法追究刑事责任;尚不构成犯罪的,依法给予处分。

第三节 脑死亡与法律

一、脑死亡概述

脑死亡,是指整个中枢神经系统的全部死亡,包括脑干在内的全脑机能不可逆转、永久性的丧失。它同心跳和呼吸停止一样,是自然生命现象的终止,是个体死亡的一种类型。

一直以来,传统的死亡概念认为心脏停止跳动、自主呼吸停止就是死亡。医学临床上也一直以心跳停止、呼吸和血压消失以及体温下降作为宣告死亡的依据。但随着医学科学技术的发展,对传统的死亡观念和标准提出了挑战,死亡判定的新规则——脑死亡概念和标准出现。

对脑死亡的最早研究出现于20世纪50年代,1959年法国学者在第23届国际神经学会上首次提出"昏迷过度"的概念并在报告中开始使用"脑死亡"一词。1966年,国际医学界正式提出"脑死亡"概念。随着对脑死亡研究的深入,世界各国先后制定了三十多种脑死亡诊断标准,其中,在1968年召开的世界第22次医学大会上,美国哈佛大学医学院特设委员会提出了比较完善的脑死亡标准,得到国际医学界的赞同和支持。脑死亡的哈佛标准包括:①不可逆的深度昏迷。病人完全丧失对外部刺激和内部需要的所有感受能力。②自主运动包括自主呼吸运动停止,呼吸机关闭3分钟而无自动呼吸。③一切反射消失。脑干反射消失,瞳孔散大,瞳孔对光反射、角膜反射、眼运动反射等均消失。④脑电沉默。即脑电图平直记录20分钟。

二、确立脑死亡的意义

（一）有利于科学地确定死亡，维护生命尊严

传统的死亡标准有其局限性，在医学临床上，脑死亡的确立可以更准确地鉴别死亡的真与假，使许多假死病人的及时救治成为可能，可以倡导人类追求高质量、有价值的生命，推动医学伦理观念的更新，可以更好地维护人的生命尊严，更好地尊重人的生命价值。

（二）有利于医疗资源的合理配置

对脑死亡病人而言，继续的抢救治疗已经没有了客观的意义，对其运用先进仪器和昂贵的药物实施的救治只是一种对病人家属的安慰性的手段，却造成经济、人力和精神上的巨大浪费。如果确认脑死亡标准，就可以适时地终止对脑死亡病人的医疗措施，减少不必要的医疗支出，将有限的医疗资源用于那些需要救治且能救治的病人，发挥出更大的效益。在减轻社会负担同时，也缓解了脑死亡病人家属的精神痛苦和经济负担。

（三）有利于法律关系的稳定和法律的实施

死亡不仅是个医学概念，而且是个法律概念。死亡的准确界定对于法律的适用具有重要意义。各国的民事法律、刑事法律等许多部门法领域都涉及自然人的死亡问题，如死亡决定民事权利的终止，继承的开始，婚姻关系的终结，保险金、赔偿金的取得，合伙、代理等民事法律关系的变更和终止以及刑事责任的免除等问题。

（四）有利于开展器官移植

脑死亡的确立为同种异体器官移植所需的大量器官来源提供了十分有利的条件。在适宜的新鲜供体严重短缺的情况下，依靠科学技术维持脑死亡者的呼吸和循环功能，使之成为医学上最理想的器官移植的供体以及天然的、极好的人体器官和组织的储存库。医生可以根据移植需要，从容地做好各项准备工作后再适时地摘取供体器官，从而提高器官移植的成功率。

三、国外脑死亡的相关立法

1970年，美国的堪萨斯州通过了《死亡和死亡定义法》，首先允许医生使用"心死"或"脑死"两种死亡标准。1971年，芬兰制定了《尸体组织摘

除公告》,是世界上第一个在法律上确立脑死亡的国家。1983年,美国通过了《统一死亡判定法》,它堪称现代脑死亡立法的典范,对各国相关立法具有重要的借鉴意义。此后,加拿大、阿根廷、瑞典、澳大利亚、奥地利、希腊、意大利、英国、法国、西班牙等国家也先后制定了脑死亡法律。德国、印度、荷兰、新西兰、韩国、瑞士等国家虽然没有明文规定,但临床上已经承认脑死亡状态并用来作为宣布患者死亡的依据。

四、我国脑死亡立法的现状与研究

我国台湾地区于1987年就公布了《脑死亡判定步骤》;香港则于1996年确定了脑死亡法。相比之下,大陆地区受传统文化、经济社会发展等多种因素的影响,对脑死亡持有相当谨慎的态度。目前我国尚未制定出统一的具有法律权威的脑死亡标准,为了配合国家立法需要,国家卫生部组织专家审定在技术层面上起草的脑死亡判定标准和技术规范。2004年5月,在中华医学学会第七届全国神经病学学术会议上,我国《脑死亡判定标准(成人)》和《脑死亡判定技术规范》已经通过医学专家审定。但制定脑死亡判定标准和技术规范与实施脑死亡判定是两件不同的事情,实施脑死亡判定必须以相应的法律规范为前提,目前医疗机构还不能据此来实施脑死亡判定,即上述标准和规范只有通过立法程序生效并公布后才能实施。一般认为脑死亡立法应着重关注以下几个问题:

(一) 明确死亡定义,允许两种死亡标准并存

定义死亡时既要寻求精确性,又要保留必要的灵活性。根据我国的具体国情以及我国传统的社会观念和文化习俗,在现阶段对死亡的确定可以采取选择性的标准,允许心肺死亡与脑死亡并存。鉴于传统死亡标准在我国有深厚的群众基础和普遍的认同感,应该继续承认其有效性。尤其是在农村地区和偏远贫困地区,应允许公众有个逐步认识的过程。

(二) 区分植物人状态,严格脑死亡诊断标准

植物人,是指病人的脑干功能健全,可以自主呼吸,心脏也可以自主跳动,若无其他意外,或罹患其他疾病,其生命仍可维持多年,少数病人还有从昏迷中苏醒的可能。可见植物人不等于脑死亡,长期昏迷不醒、没有意识的病人与脑死亡病人是两种不同的病例。因此,脑死亡立法应当明确区分植

物状态，对植物状态中的脑功能已不可逆、永久性丧失的病人才可以宣告死亡，但绝不能将所有植物人宣布为脑死亡者而不予以治疗抢救或者摘除其器官用于移植。鉴于我国的医疗实践，确立严格脑死亡标准非常重要，其内容包括：

1. 脑死亡判定的先决条件。昏迷原因明确；排除了各种原因的可逆性昏迷。

2. 临床判定。深昏迷；脑干反射消失；无自主呼吸（靠呼吸机维持，自主呼吸激发试验证实无自主呼吸）。以上三项必须全部具备。

3. 脑功能测试。正中神经短潜伏期体感诱发电位（SLSEP）；脑电图（EEG）；经颅多普勒超声（TCD）。确认试验的优先顺序依次为 SLSEP、EEG、TCD，确认试验应至少两项符合脑死亡判定标准。

4. 脑死亡观察。脑死亡首次判定后，观察 12 小时复查无变化，即可确定脑死亡。

（三）实施资格准入，建立完善的脑死亡管理制度

1. 脑死亡诊断机构的条件。三级医院具有经考核合格并取得脑死亡判定医师执业资格证书的医务人员；具有相应的医疗仪器、设备和相关卫生技术人员；具有完善的脑死亡判定管理的规章制度；组建有合格的医学伦理委员会。

2. 脑死亡诊断医师的条件。应当具有国家执业医师资格；从事神经内科、神经外科、麻醉科、急救科或者危重病监护临床工作达到规定年限并具有高级专业技术职称；经过脑死亡诊断专项培训并考核合格，取得脑死亡判定医师职业资格证书。

3. 参加脑死亡判定的人员的要求。病人的原诊断医师和具有脑死亡判定资格的两名医师组成诊断小组，每个医师独立诊断，死亡判定应由两人同时作出。与器官移植有关的医生应当回避，不得参与脑死亡诊断。

4. 脑死亡诊断证明书签发的要求。在病人近亲属书面申请下，经所在医疗机构的伦理委员会审查同意后，由病人近亲属签署知情同意书；经过临床脑死亡诊断小组确认并经全体诊断医师签名后，方可由所在医疗机构签发脑死亡诊断证明书。

（四）强化脑死亡判定监督，明确相应法律责任

脑死亡判定具有极强的专业技术特征，任何的诊断失误和不当判定，都

有可能带来严重的危害后果。因此在立法时，应当严格脑死亡诊断各个环节的程序要求，明确脑死亡判定的适用范围、程序和条件以及主管部门的职责。脑死亡立法应当明确规定违反脑死亡法律法规的相应责任：①对于违法执业资格和相关法律规范的行为，如果行为人主观上是故意，客观上造成了严重后果，应承担相应的刑事责任；②对于在确定死亡的程序中，由于操作疏忽，而作出错误判断的非恶意的医疗过错行为，应以按照医疗侵权或医疗事故处理。对于利用死亡确定程序，故意宣布非死亡病人为死亡具备刑法上故意杀人罪的犯罪构成的行为，应以故意杀人罪论处。

第四节 安乐死与法律

一、安乐死概述

安乐死一词源出希腊文"euthanasia"，是由"美好"和"死亡"两个字组成的。其原意为安宁而轻松地死亡或者无痛苦地死亡。古希腊所理解的安乐死是一种哲学的而非医学的概念。

在现代社会，安乐死作为一种特殊的死亡形式，是一个颇受争议的命题，至今尚无一个统一完整的定义。《牛津法律大辞典》的定义是："指在不可救药的或者病危患者自己的要求下，所采取的引起或者加速其死亡的措施。"我国的《中国大百科全书·法学》对安乐死的解释是："对于现代医学无法挽救的逼近死亡的病人，医生在患者本人真诚委托的前提下，为减少病人难以忍受的剧烈痛苦，可以采取措施提前结束病人的生命。"根据以上两种定义，可以看出安乐死不是生与死的选择，而是病人面临的安乐死还是痛苦死亡方式的选择。本质上，安乐死不是授人以死，而是授人以死之安乐，通过人为的调节与控制，使死亡由痛苦向安乐转化，使死亡呈现出一种良好的状态，以避免精神和肉体的痛苦折磨，达到舒适或愉快，即改善死者濒临死亡时的自我感觉状态，保障死亡的质量，维护死亡的尊严。

就实施安乐死行为人的意愿和行为方式的不同，通常对安乐死作出两种分类：一是按照当事人对安乐死接受与否的意愿，分为自愿安乐死和非自愿安乐死，前者指病人要求或者同意安乐死；后者指病人未要求安乐死或者没有表示过同意安乐死。二是依照安乐死的行为方式，分为主动安乐死和被动安乐死，前者又称积极安乐死，是指医务人员或者其他人在无法挽救病人生命的情况下采取措施主动结束病人的生命或者加速病人死亡的过程；后又称消极安乐死，是指终止维持病人生命的一切治疗措施以任其死亡，被动安乐死在国内外不少医院实际上已不鲜见。由于这两种分类存在交叉和混同，实践中还不能作出各自严格而明确的界定。

二、安乐死的发展及争议

安乐死的历史源远流长。早在史前时代，安乐死的实践就已经存在。古游牧部落在迁移时，就常常把年老体弱和伤残病人留在原来的区域或者水草丰足的地方，使其自生自灭，免受部落迁移的种种艰难困苦。在古希腊和古罗马，国家允许病人结束自己的生命，并可请外人助死。也有许多知名的西方思想家倡导安乐死亡，亚里士多德曾在其著作中表示支持这种做法。在《理想国》一书中，柏拉图赞成自杀作为解除无法治疗的痛苦地一种方法。弗兰西斯·培根认为，延长生命是医学的崇高目的，安乐死也是医学技术的必要领域。《乌托邦》的作者莫尔则提出"有组织的安乐死"和"节约安乐死"的概念。

现代意义上的安乐死，一般认为是从19世纪开始的，当时已经将安乐死看作一种减轻患者不幸的特殊医护措施。20世纪20年代—30年代，安乐死开始引起人们的高度关注。1936年，英国首先成立了"自愿安乐死协会"；1938年，美国成立了"无痛苦致死学会"；1944年，澳大利亚和南非也成立了类似的组织。但是，在二战期间，由于德国纳粹借用所谓"安乐死计划（euthanasia program）"杀害了数百万无辜的人，致使安乐死一词招人反感，英美等地死亡相关活动稍以平息。20世纪60年代—70年代开始，由于医学科学和生物医学工程技术的进步和发展，传统的生命价值观念受到很大冲击，安乐死又重新成为人们的热门话题。1976年，在日本东京举行了第一次自愿安乐死国际会议，英、美、日、荷兰等国签署了《东京宣言》，要求尊重"生的意志"和"死的尊严"的权利。20世纪80年代以来，世界各国的医学界、法学界和伦理界重新对安乐死问题予以高度关注，主要原因是虽然随着多种药物、高科技医疗器械及器官移植技术的研发，大多数危重病人得以延长生命，然而避免死亡并非总是压倒一切的目标。越来越多的人已经承认，用所谓的高科技医疗技术延长病人死亡的剧烈痛苦是非人道的,也不符合人类尊严。

迄今为止,人们对安乐死仍褒贬不一。支持安乐死的人认为安乐死一方面可以减轻病人的痛苦,当病人因垂死而遭受病痛的折磨,感到生不如死的时候,死亡要比生存对他们来时更为人道,这体现了对生命尊严的维护和对生命权的尊重;另一方面也可以减轻病人家属的精神痛苦和经济负担,还可以节约医疗资源,使之发挥更大的效用。他们看重生命的内容和方式,提倡医学的根本任务是提升人的生死品质,在基本实现优生的前提下,医学也必须实现人的优死。而反对安乐死的人则认为,救死扶伤是医生的基本职业道德,对病人实施安乐死无异于医生用自己手中的技术"合法杀人",这不仅与医生的职责相违背,而且还可能成为病人配偶、子女等亲属为了减轻自己的负担,或者为了瓜分遗产等其他原因,被其不当利用,用以非法剥夺他人的生命。但是经过半个多世纪的争论,时至今日,赞成安乐死的呼声愈来愈高。

三、国外安乐死的相关立法

在世界范围内安乐死立法进程缓慢,在有关安乐死立法的国家,大多是对被动安乐死的认可,而对于主动安乐死,多数国家在法律上遭到反对和禁止。

1993年2月9日,荷兰议会通过了关于安乐死的法案,允许医生在严格的条件下,可以对病人实施安乐死。2001年,荷兰议会上院正式通过关于安乐死的法案,成为世界上第一个把安乐死合法化的国家,也是迄今为止在安乐死方面最前卫的举措。该法案规定:患不治之症的病人,在考虑成熟后,应自愿提出结束生命的书面申请请求,主治医生则应向患者详细陈述实际病情和后果预测,并由另一名医生协助诊断和确诊,最后实施"安乐死"。该法案还规定实施"安乐死"的手段必须是医学方法。

在安乐死立法运动中,美国是一个积极的国家,但各州对安乐死的立法不尽相同。1976年,加利福尼亚州州长签署了《自然死亡法》,这是美国第一个不成文的被动安乐死法。1977年以来,美国有38个州通过了《死亡权利法》,要求医生尊重病人安乐死的愿望。但是到目前为止,安乐死在美国大部分地区仍属于非法行为。只有俄勒冈州于1994年通过一项法律,允许内科医生在特定条件下协助病人自杀。

1995年5月25日,澳大利亚北部地方会议通过了一项安乐死法律——《晚期病人权利法》,并于1996年7月1日开始生效。但就在安乐死法律即将生效的前夕,联邦总理霍华德再次明确表示,他个人对这项立法持强烈的保留态度。由于反对势力十分强大且该法律效果不佳,1996年12月,联邦众议院以压倒性多数票终止了这部安乐死法案。1997年3月,澳大利亚联邦参议院正式否决了北方地区的安乐死法案。

法国采取对消极安乐死的认可态度。对于是否实施安乐死,法国进行了多年讨论,终于在2003年3月公布了一项研究结果:在法国实施安乐死应当被视为"非法行为",但是在所有医疗办法都无效的情况下,病人又强烈要求帮助解决无法忍受的痛苦时,只有在这种特殊情况下,实施安乐死是可以接受的。

日本是通过法院判例给安乐死以有条件的认可,并逐渐形成了日本安乐死判例法。是否属于安乐死,必须具备相应要件,如果要件全部具备,夺取病人的生命行为属于日本刑法规定的"正当行为"。可被认为相当于日本刑法规定的"紧急避难行为",执行安乐死而不追究法律责任。日本是亚洲第一个在法律上有条件地承认安乐死的国家。

除此之外,国外大多数国家对于安乐死仍持慎重态度。

四、我国安乐死立法的思考

安乐死在我国引起医学界、法学界、伦理界、社会界和公众的关注和讨论,始于20世纪80年代中期发生在陕西省汉中市一家医院的安乐死事件。1986年6月,汉中市人王明成为其身患绝症的母亲请求安乐死,经过反复要求,医生在其签字后为病人注射药物,加速了病人的死亡。事后,检察机关以王明成和医生涉嫌故意杀人罪提起公诉,1992年法院终审,王成明和医生被宣告无罪释放。但这并不意味着安乐死的合法性,安乐死仍是违法的,只不过该医生给患者开具的"冬眠灵(盐酸氯丙嗪)"其"不是患者致死的主要原因,危害不大",因此才不构成犯罪。这是中国首例安乐死案件,引起强烈的社会反响,迅速在全国引发激烈争议。

1989年初,全国人大常委会办公厅向第七届全国人大常委会第六次会议提交的代表建议办理情况报告中提到建议制定"安乐死法"的问题，此后，在八届全国人大二次、三次、四次会议上，2002年3月，政协九届五次会议上，都要代表递交有关安乐死立法问题的议案，认为安乐死关乎临终关怀事业的发展。但目前有关安乐死的立法，仍没有实质性的进展。参考国外安乐死立法的经验，我国今后对该问题的研究应着重围绕几个问题展开：

(一) 安乐死的条件和对象

适用安乐死必须符合以下条件：①自愿原则，即病人请求安乐死是自愿的、经过充分考虑的、一贯坚持和明确的；②严重痛苦，即按照目前的医学意见，病人的痛苦是不可忍受的，而且没有改善的希望；③濒临死亡；④施行方法应符合优质医疗实践，即执行安乐死的技术与方法必须是科学地、文明的、人道的。

结合安乐死可能引发的负面作用，对安乐死适用对象必须严格限定，通常局限于三种人：①身心极端痛苦的绝症病人；②依靠人工维持生命，长期昏迷、丧失自我意识的病人；③具有特别严重缺陷的新生儿。

(二) 安乐死的程序

为确保安乐死的合法施行，就实施安乐死行为的各方当事人分别设定严格的程序。

1. 申请。 安乐死的启动只能由病人或其近亲属提出申请请求。在病人意识清醒的状态下，只能由其本人亲自申请，申请必须是本人真实意愿的体现。应当坚持病人意愿至上的原则，充分保障病人自身的选择权利。在病人与其近亲属意见相左时，应以病人的意见为准，其近亲属无权替代本人作出生命权利的选择或者放弃。对于陷入永久性昏迷状态，病人自身不能表达意愿的情形下，可由病人的近亲属提出申请。申请一律采用书面形式，并附有身患绝症的医疗证明。

2. 受理和审查。 安乐死的受理机关必须是符合安乐死施行条件的医疗机构。设立由医学专家、法学专家、医学伦理专家等共同组成的安乐死审查委员会，对安乐死申请进行全面审查，防止误诊。对不符合安乐死条件的申请者，审查单位应当在法定期限内以书面形式告知，并说明理由。对符合条件的申请者，应当批准申请，并经公证机关公证后，安排施行。

3. 实施。 申请批准后，主管医护小组应按照规定的时间、地点、方式等进行，待证明患者死亡后立即报告医疗机构负责人，并由医疗机构按时报告公安机关。在施行前，如果申请人反悔，不同意安乐死的，应立即停止实施。

（三）法律责任

在安乐死立法中，应当明确安乐死的主管机关和相关实施安乐死的医务人员法律职责，对于违反安乐死实施规定和要求的违法及犯罪行为，应视情节轻重，对相关责任人施以民事、行政和刑事法律责任。

第五节 人类基因工程与法律

一、基因工程概述

基因（遗传因子）是遗传的基本单元，是DNA或RNA分子上具有遗传信息的特定核苷酸序列。基因通过复制把遗传信息传递给下一代，使后代出现与亲代相似的性状。也通过突变改变这自身的缔合特性，储存着生命孕育、生长、凋亡过程的全部信息，通过复制、转录、表达，完成生命繁衍、细胞分裂和蛋白质合成等重要生理过程。生物体的生、长、病、老、死等一切生命现象都与基因有关。它也是决定生命健康的内在因素。

基因工程（genetic engineering）又称基因拼接技术和DNA重组技术，是指以分子遗传学为理论基础，以分子生物学和微生物学的现代方法为手段，将不同来源的基因按预先设计的蓝图，在体外构建杂种DNA分子，然后导入活细胞，以改变生物原有的遗传特性、获得新品种、生产新产品。1973年，金黄色葡萄球菌的质粒DNA与大肠杆菌质粒DNA的成功重组获得具有双亲特点的新菌种，是基因工程的第一次成功实践。

基因诊断又称DNA诊断或分子诊断，是指通过分子生物学和分子遗传学的技术，直接检测出分子结构水平和表达水平是否异常，从而对疾病做出判断。1976年，凯恩等人借助DNA分子杂交方法首次成功地对地中海贫血作出产前诊断是基因诊断的最早应用。经过多年的发展，基因诊断已经可以应用于上百种疾病的诊断，尤其在遗传病诊断方面取得了巨大成就。

基因治疗，是指改变人体活细胞遗传物质的一种医学治疗方法，即通过基因诊断出异常的基因后，用正常的基因替代异常基因以达到治疗疾病的目的。1980年，基因治疗首次应用于人体，目前除我国之外，在美国、法国、荷兰、意大利，已有多个通过批准的临床基因标记和治疗项目。

为了揭示人类遗传的奥秘，美国科学家在1985年率先提出测绘和排序人类基因组计划。1989年，美国成立了国家人类基因组研究中心，1990年10月，正式启动了人类基因组计划，英国、日本、法国、德国和中国科学家先后加盟。人类基因组计划旨在通过国际合作测定人类基因组全序列，破译人类全部遗传信息。1999年11月，完成了10亿个碱基对的测定工作，2000年6月，六国16个中心联合宣布人类基因组"工作框架图"绘就，标志着人类科学史上又一个里程碑式的创举。

二、国外基因工程的立法及发展

基因工程从诞生起就引起了广泛的争议。为了控制基因工程发展，加强基因工程的安全管理，世界各国先后制定了系列法律法规进行相应的约束和引导。1976年6月23日，美国国家卫生研究院被授权制定并公布了世界上第一个实验室基因工程应用法规《重组DNA分子实验准则》。此后，联邦德国、英国、法国、日本、澳大利亚等近三十个国家分别制定了类似的法规。1980年，美国政府对《重组DNA分子实验准则》进行了修正。此外，为了防止重组DNA导致不测，一些西方国家和国际组织在重组DNA安全操作中制定了法规。1986年通过了《国际生物技术产业化准则》，日本、澳大利亚等国家制定了更为具体多大的《重组DNA技术工业化准则》《重组DNA技术制造药品的准则》等。1989年，联邦德国政府批准的《基因技术法草案》确定了国家对基因工程技术的监督地位。1997年，联合国教科文组织通过了指导基因研究的道德准则性文件《世界人类基因组与人权宣言》，要求禁止克隆人等有损人类权利与尊严的科研行为。上述法规对基因工程的研究和应用起到了积极的推动作用。

三、我国的基因工程立法

为促进我国生物技术的研究和发展，加强基因工程的安全管理，保障公众和基因工程工作人员健康，防止环境污染、维护生态平衡，1993年12月24日，国家科学技术委员会发布了《基因工程安全管理办法》，对基因工程的适用范围、安全性评价、申报审批和安全控制措施等方面作出了规定。同年，卫生部制定了《人的体细胞治疗及基因治疗临床研究质控要点》，强调基因治疗的临床试验在运作之前应当进行安全性论证、有效性评价和免疫学评价，同时特别注意其对社会伦理的影响。1998年12月，经国务院批准，科学技术部、卫生部共同制定了《人类遗传资源管理暂行办法》。2000年，在联合国环境规划和全球环境基金的支持下，国家环保总局联合科学技术部、农业部等部门制定了《中国国家生物安全框架》，提出了我国生物安全的政策体系、法规体系和能力建设的国家框架。2001年6月，国务院发布了《农业转基因生物安全管理条例》，随后，农业部又发布了与之相配套的《农业转基因生物安全评价管理办法》《农业转基因生物进口安全管理办法》和《农业转基因生物标识管理办法》。

四、人类遗传资源的管理

人类遗传资源，是指含有人体基因组、基因及其产物的器官、组织、细胞、血液、制备物、重组脱氧核糖核酸（DNA）构建体等遗传材料及相关的信息资源。

我国人口众多，56个民族形成了丰富的人类遗传资源，是研究人类基因组多样性和疾病易感性/抗性的不可多得的材料。我国的人类遗传资源主要包括我国特有民族构成的民族遗传资源、长期生活在特殊自然环境且具有特定生理体质或亚健康体质的人群构成的遗传资源、封闭人群和特殊表型家系遗传资源、健康体质遗传资源和环境与人体交互作用遗传多样性资源等部分组成，前者称之为民族遗传资源，后者称之为疾病遗传资源。

（一）人类遗传资源管理中存在的问题

1. 遗传资源研究水平有限，遗传资源流失严重。 由于目前我国还没有专门的人类遗传资源收集、保管和管理的机构，遗传资源的输出和输入也没有统一的法定程序和渠道。这种情况直接导致了目前遗传资源在收集、整理和开发利用上的混乱，我国人类遗传资源无偿流失的现象时有发生。

2. 濒危或稀缺人类遗传资源的收集、保存严重不足。 现有人类遗传资源收集工作低水平重复现象严重，而收集难度大的重点家系、隔离人群等具有重要价值的人类遗传资源却严重不足。当务之急应当抢救我国现有家系及隔离人群遗传资源。

3. 遗传资源的采集、收集存在诸多伦理问题。由于缺乏操作性强的法律法规，资源采集单位受到的约束较小，难以做到尊重当事人的知情同意权，相关义务也难以得到彻底执行。

4. 遗传资源管理信息化水平低。我国现存资源的信息化水平十分有限，许多遗传资源保藏单位内部遗传资源信息难以获得，造成了许多遗传资源信息的孤岛，资源使用单位难以获取或者重复采集相同的资源，造成许多资金的浪费。

(二) 我国人类遗传资源管理的法律制度

1. 分级管理，统一审批。国家对重要遗传家系和特定地区遗传资源实行申报登记制度，发现和持有重要遗传家系和特定地区遗传资源的单位或个人，应及时向有关部门报告。未经许可，任何单位和个人不得擅自采集、收集、买卖、出口、出境或以其他形式对外提供。

2. 管理机构。国务院科学技术行政主管部门和卫生行政主管部门共同负责管理全国人类遗传资源，联合成立中国人类遗传资源管理办公室，负责日常工作。中国人类遗传资源管理办公室聘请有关专家组成专家组，参与拟定研究规划，协助审核国际合作项目，进行有关的技术评估和提供技术咨询。各省、自治区、直辖市科学技术行政主管部门和卫生行政主管部门负责本地区的人类遗传资源管理工作。

3. 申报与审批。凡涉及我国人类遗传资源的国际合作项目，须由中方合作单位办理报批手续。中央所属单位按隶属关系报国务院有关部门，地方所属单位及无上级主管部门或隶属关系的单位报该单位所在地的地方主管部门，审查同意后，向中国人类遗传资源管理办公室提出申请，经审核批准后方可正式签约。国务院有关部门和地方主管部门在审查国际合作项目申请时，应当征询人类遗传资源采集地的地方主管部门的意见。

4. 研究开发项目的知识产权。我国境内的人类遗传资源信息，包括重要遗传家系和特定地区遗传资源及其数据、资料、样本等，我国研究开发机构享有专属持有权，未经许可，不得向其他单位转让。获得上述信息的外方合作单位和个人未经许可不得公开、发表、申请专利或以其他形式向他人披露。有关人类遗传资源的国际合作项目应当遵循平等互利、诚实信用、共同参与、共享成果的原则，明确各方应享有的权利和承担的义务，充分、有效地保护知识产权。中外机构就我国人类遗传资源进行合作研究开发，其知识产权按下列原则处理：①合作研究开发成果属于专利保护范围的，应由双方共同申请专利，专利权归双方共有。双方可根据协议共同实施或分别在本国境内实施该项专利，但向第三方转让或者许可第三方实施，必须经过双方同意，所获利益按双方贡献大小分享。②合作研究开发产生的其他科技成果，其使用权、转让权和利益分享办法由双方通过合作协议约定。协议没有约定的，双方都有使用的权利，但向第三方转让须经双方同意，所获利益按双方贡献大小分享。

5. 法律责任。我国的单位和个人违反《人类遗传资源管理暂行办法》的规定，未经批准，私自携带、邮寄、运输人类遗传资源材料出口、出境的，由海关没收其携带、邮寄、运输的人类遗传资源材料，视情节轻重，给予行政处罚直至移送司法机关处理；未经批准擅自向外方机构或者个人提供人类遗传资源材料的，没收所提供的人类遗传资源材料并处以罚款；情节严重的，给予行政处罚直至追究法律责任。

国（境）外单位和个人违反《人类遗传资源管理暂行办法》的规定，未经批准，私自采集、收集、买卖我国人类遗传资源材料的，没收其所持有的人类遗传资源材料并处以罚款；情节严重的，依照我国有关法律追究其法律责任。私自携带、邮寄、运输我国人类遗传资源材料出口、出境的，由海关没收其携带、邮寄、运输的人类遗传资源材料，视情节轻重，给予处罚或移送司法机关处理。

管理部门的工作人员和参与审核的专家负有为申报者保守技术秘密的责任。玩忽职守、徇私舞弊，造成技术秘密泄露或人类遗传资源流失的，视情节给予行政处罚直至追究法律责任。

思考题

1. 什么是人工生殖技术？
2. 什么是安乐死？其争议的原因何在？
3. 脑死亡立法的意义是什么？
4. 基因工程引发的医学法律问题是什么？

参考文献

一、专著

1. 吴崇其、达庆东主编：《卫生法学》，法律出版社 1999 年版。
2. 达庆东等编著：《卫生法学纲要》（第 2 版），上海医科大学出版社 2000 年版。
3. 赵同刚主编：《卫生法》，人民卫生出版社 2001 年版。
4. 卫生部、国家中医药管理局编：《常用卫生法规汇编》，法律出版社 2002 年版。
5. 赵同刚主编：《卫生法立法研究——卫生法课题汇编》，法律出版社 2003 年版。
6. 姜柏生、田侃主编：《医事法学》，东南大学出版社 2003 年版。
7. 王岳主编：《医疗纠纷法律问题新解》，中国检察出版社 2004 年版。
8. 孙东东主编：《卫生法学》，高等教育出版社 2004 年版。
9. 樊立华主编：《卫生法学》，人民卫生出版社 2004 年版。
10. 宋文质主编：《卫生法学》，北京大学医学出版社 2005 年版。
11. 吴崇其主编：《卫生法学》（第 1 版），法律出版社 2005 年版。
12. 赵同刚主编：《卫生法》（第 3 版），人民卫生出版社 2008 年版。
13. 翁开源、蔡维生主编：《卫生法学》，科学出版社 2008 年版。
14. 张静、王萍主编《卫生法学》，西南师范大学出版社 2008 年版。
15. 宋文质主编：《卫生法学》（第 2 版），北京大学医学出版社 2008 年版。
16. 李援等主编：《中华人民共和国食品安全法释解与应用》，人民出版社 2009 年版。
17. 吴崇其、张静主编：《卫生法学》（第 2 版），法律出版社 2010 年版。
18. 石超明主编：《卫生法学》，武汉大学出版社 2010 年版。
19. 陈瑶、田侃主编：《卫生法学》（第 1 版），科学出版社 2010 年版。
20. 邵蓉主编：《中国药事法理论与实务》，中国医药科技出版社 2010 年版。
21. 吴蓬、杨世民主编：《药事管理学》（第 4 版），人民卫生出版社 2010 年版。
22. 卫生部卫生政策法规司编：《中华人民共和国卫生法规汇编》（2008—2009），法律出版社 2010 年版。

23. 田侃编著：《中国药事法》（第2版），东南大学出版社2011年版。
24. 达庆东、田侃主编：《卫生法学纲要》（第4版），复旦大学出版社2011年版。
25. 佟子林主编：《医院管理学》，中国医药科技出版社2011年版。
26. 佟子林主编：《卫生法学》，中国中医药出版社2011年版。
27. 王灿平等主编：《卫生法学基础教程》，云南民族出版社2012年版。
28. 杨立新：《医疗损害责任法》，法律出版社2012年版。
29. 肖鹏主编：《卫生法学》，中央编译出版社2013年版。
30. 杜仕林主编：《卫生法学》（第1版），中山大学出版社2012年版。
31. 王梅红、张继旺主编：《中医药法学》，法律出版社2012年版。
32. 黎东生主编：《医院管理学》，人民卫生出版社2013年版。
33. 黎东生主编：《卫生法学》，人民卫生出版社2013年版。
34. 汪建荣主编：《卫生法学》（第4版），人民卫生出版社2013年版。
35. 吴祖祥：《医疗损害责任》，中国政法大学出版社2013年版。
36. 袁新秀、刘善玖主编：《卫生法学》，安徽大学出版社2013年版。
37. 汪建荣主编：《卫生法》，人民卫生出版社2014年版。

二、论文

1. 达庆东：《关于我国精神卫生立法的探讨》，载《医学与社会》1998年第6期。
2. 谢斌等：《精神卫生与法律——精神卫生立法的历史与现状》，载《上海精神医学》2000年第12期。
3. 冯燕、沈春明：《论我国精神卫生立法之衡平正义》，载《医学与哲学》2001年第11期。
4. 邝少明、刘鹏：《我国精神卫生立法的价值分析》，载《湖南社会科学》2003年第5期。
5. 王新、孙东东：《我国精神卫生立法若干问题研究》，载《法律与医学杂志》，2004年第2期。
6. 沈洁、王永宝：《〈药品价格管理办法（征求意见稿）〉政策解读及应对措施初探》，载《中国医药技术经济与管理》2010年第12期。
7. 刘东亮：《"被精神病"事件的预防程序与精神卫生立法》，载《法商研究》2011年第5期。
8. 彭少慧：《论精神卫生法的历史沿革以及对我国的启示》，载《山西警官高等专科学校学报》2011年第1期。
9. 孙大明：《精神卫生立法中鉴定条款的改进及相关问题研究——以〈精神卫生法（草案）〉为基础》，载《中国司法鉴定》2011年第4期。
10. 李冬、王岳：《中国与加拿大亚伯达省精神卫生立法之比较研究》，载《中国卫生法制》2012 年第 3 期。
11. 肖水源等:《精神卫生立法的公共卫生视角》,载《中国心理卫生杂志》2012 年第 2 期。
12. 吴菲:《精神卫生立法尘埃落定》,载《中国医院院长》2013 年第 8 期。
13. 谢斌:《中国精神卫生立法进程回顾》,载《中国心理卫生杂志》2013 年第 4 期。
14. 谢斌:《精神卫生立法史》,载《中国医院院长》2013 年第 13 期。
15. 万磊、王勇:《论我国精神卫生法基本原则的确立》,载《法制与社会》2014 年第 7 期。

声 明　1. 版权所有，侵权必究。

　　　　2. 如有缺页、倒装问题，由出版社负责退换。

图书在版编目（CIP）数据

卫生法学/陈瑶主编.—北京：中国政法大学出版社，2018.3（2024.1重印）
ISBN 978-7-5620-8062-6

Ⅰ.①卫… Ⅱ.①陈… Ⅲ.①卫生法－法的理论－中国 Ⅳ.①D922.161

中国版本图书馆CIP数据核字(2018)第024536号

出 版 者	中国政法大学出版社
地　　址	北京市海淀区西土城路25号
邮寄地址	北京100088 信箱8034分箱　邮编100088
网　　址	http://www.cuplpress.com（网络实名：中国政法大学出版社）
电　　话	010-58908291(编辑部) 58908334(邮购部)
承　　印	保定市中画美凯印刷有限公司
开　　本	720mm×960mm　1/16
印　　张	30
字　　数	500千字
版　　次	2018年3月第1版
印　　次	2024年1月第8次印刷
定　　价	69.00元